全国革命老区县发展史丛书——福建卷

惠安县革命老区发展史

惠安县老区建设促进会　编

厦门大学出版社 XIAMEN UNIVERSITY PRESS 国家一级出版社 全国百佳图书出版单位

图书在版编目(CIP)数据

惠安县革命老区发展史/惠安县老区建设促进会编.—厦门:厦门大学出版社,2019.12

(全国革命老区县发展史丛书.福建卷)

ISBN 978-7-5615-7689-2

Ⅰ.①惠… Ⅱ.①惠… Ⅲ.①惠安县—地方史 Ⅳ.①K295.74

中国版本图书馆 CIP 数据核字(2019)第 297686 号

出 版 人 郑文礼
责任编辑 章木良
美术编辑 李嘉彬
技术编辑 朱 楷

出版发行 厦门大学出版社
社 址 厦门市软件园二期望海路 39 号
邮政编码 361008
总 机 0592-2181111 0592-2181406(传真)
营销中心 0592-2184458 0592-2181365
网 址 http://www.xmupress.com
邮 箱 xmup@xmupress.com
印 刷 厦门兴立通印刷设计有限公司

开本 720 mm×1 000 mm 1/16
印张 26
插页 17
字数 352 千字
版次 2019 年 12 月第 1 版
印次 2019 年 12 月第 1 次印刷
定价 128.00 元

本书如有印装质量问题请直接寄承印厂调换

厦门大学出版社
微信二维码

厦门大学出版社
微博二维码

隆重纪念惠安武装暴动90周年

（1930—2020）

活动剪影

1953 年 3 月，时任福建省人民政府委员会委员江一真（前排中）到惠安视察治山治水工作。（惠安县水土办提供）

1960 年春，时任水利电力部部长钱正英（前排左二）视察惠女水库工程。（惠安县水土办提供）

2000 年 12 月，时任中共福建省委书记陈明义（右二）考察惠泉啤酒公司。（何跃忠摄）

2001 年 3 月，时任福建省政府省长黄小晶（前排右二）走访惠泉啤酒公司。（何跃忠摄）

2012 年 3 月 29 日，时任全国妇联副主席甄砚（后排左七）视察惠女水库。

（惠女水库提供）

2017 年 11 月 16 日，中国老促会会长王健中将（右一）与惠安县老促会会长林应欣合影。

（惠安县老促会提供）

2017 年 11 月 16 日，中国老促会会长王健（左）、福建省老促会会长谢先文（中）与惠安县老促会会长林应欣（右）合影。　　（惠安县老促会提供）

2017 年 12 月 21 日，时任泉州市人民政府市长康涛（前排左）到湖埭头村调研指导。　　（惠安县湖埭头村提供）

2016 年 4 月 12 日，中科院院士与市、县、镇领导在张文裕故居前合影。

（惠安县科协提供）

省老促会会长谢先文（右）到惠安县老促会办公室召开座谈会指导工作，县政府县长洪于权（中）、县老促会会长林应欣（左）陪同。

（惠安县老促会提供）

2014 年 12 月 21 日，惠安县第四届老促会领导与福建省政府原副省长施性谋(中)、省老区促进会领导合影。（惠安县老促会提供）

2016 年 9 月，中共惠安县委书记黄文胜(左三)到湖埭头老区村现场办公。（惠安县老促会提供）

2014 年 12 月 17 日，中共惠安县委书记肖汉辉（右）、县政府县长洪于权（中）和县老促会会长林应欣（左）为省级文物保护单位“惠安暴动”旧址揭碑。

（惠安县老促会提供）

惠安县老促会组织县医院医护人员到后洋革命老区村开展义诊活动。

（惠安县老促会提供）

清明节惠安县老促会等涉老部门，县、镇、村领导，以及学校师生、边防武警祭扫崇武“八六”反“围剿”革命烈士纪念馆合影留念。

（惠安县老促会提供）

惠安县老促会会长林应欣（右一）带领“金钳”扶困奖学基金会人员慰问老区贫困村民。（惠安县老促会提供）

2014 年 4 月 28 日，“金钳”集团扶困奖学基金会举行成立捐赠仪式。
（惠安县老促会提供）

2014 年 8 月 30 日，出席惠安县革命老区村首届“金钳”基金会奖学金颁发仪式的领导和嘉宾合影。
（惠安县老促会提供）

陈照玉（中）荣获革命老区减贫贡献奖。　　（惠安县老促会提供）

《中国老区建设》杂志社领导与编辑人员到惠安采编调研（之一）。（惠安县老促会提供）

《中国老区建设》杂志社领导与编辑人员到惠安采编调研（之二）。

（惠安县老促会提供）

惠安县政府县长赖清正（左一）在辋川革命老区村调研。

（惠安县政府办提供）

参加惠安县黄仲咸教育基金会奖学金发放仪式的领导与嘉宾合影留念。

（惠安县老促会提供）

2017 年 11 月 8 日，惠安县老促会组织人员到北京参观中国革命老区历史贡献和建设成就展。

（惠安县老促会提供）

《红土地》杂志主编兴致勃勃地参观新落成的革命老区崇武镇港墘村文化活动中心。（惠安县老促会提供）

革命遗址

惠安武装暴动屿头山战斗纪念碑外景　　　　　　（惠安县老促会提供）

惠东暴动旧址——屿头陈氏宗祠　　　　（中共惠安县委党史研究室提供）

惠安湖埭头村苏维埃政府纪念亭　　（惠安县老促会提供）

惠安治山治水纪念碑　　（惠安县老促会提供）

惠东暴动革命烈士纪念碑（惠安县老促会提供）

惠安革命历史纪念馆　　　　（惠安县老促会提供）

惠安革命烈士纪念碑　　　　　　　　　　　　　　（惠安县老促会提供）

惠安公学支部（又名“中共惠安支部”）遗址（中共惠安县委党史研究室提供）

五陈乡苏维埃政府旧址——宣美陈氏大宗祠（中共惠安县委党史研究室提供）

惠安武装暴动屿头山战斗纪念碑外貌（惠安县老促会提供）

惠安暴动临时战斗指挥所（土地庙）（中共惠安县委党史研究室提供）

蓝飞鹤烈士纪念碑（中共惠安县委党史研究室提供）

林权民烈士纪念碑（惠安县老促会提供）

惠安暴动筹备会遗址 （惠安县老促会提供）

惠安湖埭头苏维埃政府遗址　　（惠安县老促会提供）

惠安暴动旧址——飞凤寺　　（惠安县老促会提供）

东岭前林村林权民烈士故居　（惠安县老促会提供）

前林村革命历史纪念馆　（惠安县老促会提供）

1930 年惠安暴动红二团行军作战示意图

老区建设

县城夜景 （陈志宏摄）

新城如画 （戴艺摄）

世纪大道夜色 （陈志宏摄）

惠安中化厂区　　（陈海平摄）

惠泉新厂　　（王式能摄）

达利集团在香港交易所成功上市　　（达利集团提供）

走马埭现代农业　　（蔡学农摄）

全国"三八绿色工程"示范基地　　（惠安县志委提供）

惠女水库　　（庄清忠摄）

动车站　　（王式能摄）

2015 年 10 月 17 日，国际手工业理事会授予惠安县“世界石雕之都”牌匾。（王式能摄）

位于长沙橘子洲头的毛泽东青年雕塑（荣发集团承建）（曾志刚摄）

位于美国华盛顿国家广场的马丁 · 路德 · 金雕像（鼎元集团设计承建）

聚龙小镇夜色　（王式能摄）

凤舞观音　（张宗汉摄）

湄洲妈祖 （王式能摄）

总　序

在举国欢庆新中国成立70周年前夕，中国老区建设促进会王健会长请我为“全国革命老区县发展史丛书”作序，作为一名在老区战斗过并得到老区人民生死相助的老兵，回首往事，心潮澎湃，感慨万千，深感义不容辞，欣然应允。

中国革命老区，是以毛泽东为代表的中国共产党人在领导人民推翻帝国主义、封建主义和官僚资本主义三座大山，争取民族独立和人民解放伟大斗争中建立的革命根据地。在这片红色的土地上，诞生了无数可歌可泣的革命英雄儿女，为后人树起了一座不朽的丰碑，她是新中国的摇篮，是党和军队的根。

在艰苦卓绝的战争年代，老区人民把自己的命运与中华民族的命运紧紧地联系在一起，与中国共产党和人民军队的命运紧紧地联系在一起，他们生死相依，患难与共。我曾亲历过战争年代，并得到过老区红哥红嫂的救助，切身感受到发生在身边的一幕幕撼天动地的革命故事，在那极其艰难的条件下，老区人民倾其所有、破家支前，不怕艰难困苦，不怕流血牺牲。“最后一碗米送去做军粮，最后一尺布送去做军装，最后一件老棉袄盖在担架上，最后一个亲骨肉送去上战场”，这是当时伟大的老区人民为建立新中国做出巨大牺牲的真实写照，它将永远镌刻在中国共产党、中国人民解放军、中华人民共和国的历史丰碑上。他们的光辉业绩永载史册，他们的革命精神必将影响一代又一代的革命新人，造就一代又一代的民族脊梁。

在社会主义革命和建设时期，革命老区和老区人民响应党的号召，面对落后的面貌、脆弱的经济、恶劣的生态环境，他们本色不变，精神不丢，自力更生，艰苦奋斗，干一行爱一行。始终坚持“革命理想高于天”，自觉做共产主义远大理想的坚定信仰者和忠实实践者，勇于向恶劣的自然环境和贫穷落后宣战。他们在各条战线上为国建功立业，用平凡的双手创造了一个又一个不平凡的奇迹，彰显了老区人的崇高精神和人格力量。

在改革开放的伟大进程中，老区人民解放思想，勇于创新，发奋图强，攻坚克难，老区的经济社会建设取得了辉煌成就。特别是在改变中国的面貌、中华民族的面貌、中国人民的面貌、中国共产党的面貌的伟大实践中发挥了至关重要的作用。老区人民既是改革开放的参与者，也是改革开放的推动者。

艰苦练意志，危难见精神。老区人民在近百年的革命战争、社会主义建设和改革开放的伟大实践中，孕育形成了伟大的老区精神：爱党信党、坚定不移的理想信念；舍生忘死、无私奉献的博大胸怀；不屈不挠、敢于胜利的英雄气概；自强不息、艰苦奋斗的顽强斗志；求真务实、开拓创新的科学态度；鱼水情深、生死相依的光荣传统。这是党和人民宝贵的精神财富、丰厚的政治资源，是凝心聚力、振奋民族精神的重要法宝，也是社会主义核心价值观的重要内容。

中国老区建设促进会怀着强烈的政治责任感和历史使命感，组织全国各地老促会人员克服困难，尽心竭力编纂“全国革命老区县发展史丛书”，记录老区的光辉历史和辉煌成就，传承红色基因，弘扬老区精神，是功在当代、利及千秋的一件大事。手捧这部丛书的部分书稿，读着书中的故事，我倍感亲切，深感这部丛书具有资政、育人、存史的社会功能，有着重要的时代和历史价值。它是不忘初心、牢记使命的源头活水，是赞颂共产党、讴歌老区人民的一部精品力作，是弘扬老区精神、传承红色记忆的丰厚载体，是一项继承优秀传统文化、弘扬革命文化、发展社会主义先进文化，坚定“四个自信”的宏大文化工程。它必将成为一种文化品牌，为各界人士了解老区、宣传老区、支持老区提供一部有价值的研究史料。希望读者朋友们能从中了解并牢记这些为党和民族的利益不断奉献的老区人民，从中得到教益，汲取人生奋斗的精神动力。

新时代赋予新使命，新起点开启新征程。让我们更加紧密地团结在以习近平同志为核心的党中央周围，坚持以习近平新时代中国特色社会主义思想为指导，增强“四个意识”，坚定“四个自信”，做到“两个维护”，弘扬老区精神，铭记苦难辉煌。为实现“两个一百年”奋斗目标，实现中华民族伟大复兴的中国梦做出新的更大的贡献！

迟浩田

2019年4月11日

序

惠安县有光荣的革命传统。早在1926年12月，中共惠安支部成立，惠安成为大革命时期泉属地区第一个建立党组织的县份。在革命战争年代，英勇的惠安儿女响应中国共产党的号召，为伟大的土地革命战争、抗日战争和解放战争，前仆后继，浴血奋战，为中华民族的解放事业做出巨大的贡献。新中国成立后，特别是改革开放以来，惠安人民在中国共产党的领导下，坚持以经济建设为中心，推进计划经济向市场经济转型，经济建设、政治建设、文化建设、社会建设、生态文明建设、党的建设，以及各项改革卓有成效，初步建成一个经济繁荣、民生宽裕、社会和谐、生态优美、城乡一体的海峡西岸现代化工贸港口旅游中等城市。

按照中国老区建设促进会的安排和福建省老区建设促进会的通知，惠安县老区建设促进会编辑出版《惠安县革命老区发展史》，记述老区人民创建和发展革命根据地，缅怀革命先烈可歌可泣的事迹，整理惠安著名革命历史遗址、文物、纪念馆等红色资源，展现新中国成立以来，特别是党的十八大以后，老区人民在以习近平同志为核心的党中央领导下，发扬自力更生、艰苦奋斗的光荣传统，脱贫攻坚，改变贫困落后面貌所做出的巨大贡献及涌现出来的先进典型，讴歌惠安老区人民，这是一件很有意义的大事。本书的出版发行旨在收集和保存惠安老区发展史的珍贵资料，为后人留下一部较为系统翔实的地方史料，为爱国爱乡教育提供有益的教材。

借此机会，谨向付出艰辛劳动的全体编写人员致以崇高的敬意，向为此提供资料的各部门和各界人士表示衷心的感谢！愿与70多万名惠安人民一起，以史为鉴，同心同德，与时俱进，开拓创新，用勤劳和智慧创造惠安更加美好的未来。

披阅再三,感慨良多,权作序言。

惠安县人民政府县长　赖清正

2019年5月

编写说明

2017年6月，中国老区建设促进会组织全国各地老促会启动编纂“全国革命老区县发展史丛书”，按照“建立中国共产党、成立中华人民共和国、推进改革开放和中国特色社会主义事业”三大里程碑的历史脉络，系统书写革命老区百年历史，深入挖掘革命老区红色文化资源。这对于充实丰富中国革命史籍宝库、在新时代传承红色基因、弘扬革命精神、强固根本，对于激励人们在新的历史条件下夺取中国特色社会主义伟大胜利，实现中华民族伟大复兴的中国梦具有重要意义。

丛书编纂以习近平新时代中国特色社会主义思想为指导，以《中国共产党历史》《中国共产党的九十年》等重要文献为基本依据，以党的领导为核心，以老区人民为主体，以老区发展为主线，体现历史进程特征，突出时代发展特色，坚持辩证唯物主义和历史唯物主义相统一、历史真实性与内容可读性相统一的原则，书写革命老区从站起来、富起来到强起来的光辉革命史、不懈奋斗史、辉煌成就史，把老区人民的伟大贡献、伟大创造、伟大成就、伟大精神充分展示出来，形成一部具有厚重历史特征和鲜明时代特色的精品力作。这是一部培根铸魂、守正创新，既为历史立言，又为时代服务，字里行间流淌着红色血脉、催生着革命激情的传世之作。丛书的编纂出版将成为讴歌党、讴歌人民、讴歌时代、传播红色文化、为革命老区和老区人民树碑立传的重要载体。

丛书按照编年体与纪事本末体相结合、以编年体为主的编写体例确定框架结构；运用时经事纬、点面结合的方式记述史实；坚持人事结合、以事带人的原则处理人与事的关系；采取夹叙夹议、叙论结合、以叙为主的方法展开内容。做到了史料与史论、历史与现实、政治与学术统一，文献性、学术性、知识性相兼容。

为编纂好“全国革命老区县发展史丛书”，打造红色文化品牌，中国老区建设促进会认真组织积极协调，提出政治立场鲜明、史料真实准确、思想论述深刻、历史维度厚重、时代特色突出、编写体例规范、篇目布局合理、审读把关严格、出版制作精良的编纂出版总要求，力求达到革命史籍精品的精神高度、思想深度、知识广度、语言力度，增强丛书的权威性和社会影响力。各省(区、市)、市(州、盟)、县(市、区、旗)老促会的同志，以强烈的使命感、责任感和紧迫感，勇于担当，积极作为，认真实施，组织由老促会成员、专家学者等参加的十余万人编纂队伍。编纂工作主体责任在县(市、区、旗)，省(区、市)、市(州、盟)组织协调、有力指导、审读把关。各方面人员以高度负责的精神和科学严谨的态度，满腔热情地投入工作，为丛书编纂出版做出了重要贡献。丛书编纂工作还得到了党和国家有关部委、地方各级党委政府及有关部门的大力支持和积极参与，社会各界也给予了热情帮助。中共中央政治局原委员、中央军委原副主席、国务委员兼国防部长迟浩田首长，对革命老区建设发展十分关注，对老区人民怀有深厚情感，欣然为“全国革命老区县发展史丛书”作总序。

丛书由总册和1599部分册(每个革命老区县编纂1部分册)组成，共1600册。鉴于丛书所记述的史实内容多、时间跨度长和编纂时间紧，不妥之处，敬请批评指正。

中国老区建设促进会

凡　例

一、本书以马克思列宁主义、毛泽东思想、邓小平理论、“三个代表”重要思想、科学发展观、习近平新时代中国特色社会主义思想作为指导，坚持辩证唯物主义和历史唯物主义，实事求是地记述惠安革命老区在新民主主义革命时期和社会主义建设时期的发展历程，力求做到思想性、资料性和科学性的统一。

二、本书名为《惠安县革命老区发展史》，是一部“史志结合”的书，既有史，又有志，相辅相成，相得益彰。

三、本书编纂时间主要自大革命时期起至2016年12月。个别资料上溯至清末民初，下延至2018年12月。

四、本书由特记、概述、烽火岁月、红色文化、建设成就、老促会工作、打造“五个惠安”、大事记、附录等9部分组成。

五、本书大部分资料采用规范的计量单位，个别资料为保存历史记忆沿用旧的计量单位(如“亩”)。

六、本书资料参考《中共泉州地方史》《从中共泉州特支到泉州中心县委的革命斗争史》，以及《泉州市志》《惠安县志》《泉州六十年记忆》等书相关内容，不再一一备注。

七、本书对于频繁使用的名称，首次使用全称，其后采用规范化简称。例如中共惠安县委简称县委、惠安县人民政府简称县政府，其他类推。

八、本书沿用约定俗成的提法或单位名称。例如“党的”指“中国共产党的”，中共基层组织党的委员会、总支部委员会、支部委员会采用习惯简称“党委”“党总支”“党支部”，“新中国”指“中华人民共和国”等。

目 录

第一章 烽火岁月

第二章　红色文化

第三章　建设成就

第四章　老促会工作

第五章 打造“五个惠安”

特 记

习近平考察惠安

1997年11月22日，省委副书记习近平在惠安调研，考察走马埭现代农业示范园、中绿农业开发公司、净峰特种养殖场。

习近平就当前和今后一个时期农业和农村工作强调了几点意见。他指出，今年是我省基本实现小康、消除绝对贫困和完成造福工程的攻坚年，目前，泉州市已先期通过省级复查，成为全省率先基本实现小康的地级市之一。但是，我们决不能就此自满自足，必须清醒地认识到，基本实现小康只是农村经济和社会发展的一个阶段性目标，还有宽裕型小康、富裕型小康的发展道路要继续走下去，要做到机构不撤，队伍不散，力度不减。以小康建设统揽农村工作全局，总的思路是：巩固成果，减少返贫；搞好规划，改旧建新；扬长补短，提高水平。

习近平指出，全力推进农村新一轮创业，必须加快发展现代农业。现代农业就是指用现代设施和科学技术装备起来的，以现代经济制度为运行机制的，进行社会化、专业化生产和集约化、规模化、市场化经营，使自然和社会资源得到合理利用，经济、社会、生态高度统一，与第二产业、第三产业协调持续发展的农业形态。习近平指出，实现现代农业的重要纽带是大力推进农业产业化。当前，要把握好五个关键环节，即树立龙头是关键，搞好基地是基础，开拓市场是前提，创新机制是核心，强化领导是保证。

习近平强调，要积极引导乡镇企业走集团化、规模化的发展路子，加快推进农村的工业化和城乡一体化进程，从产权改革入手，提高企业集约化、规模化、集团化经营水平，形成新的生产力。在布局上要注意结合小城镇建设，加快城乡一体化步伐。

习近平强调，减轻农民负担是事关全局的问题，对此一定要站在讲政治的高度，丝毫不能松懈，要保持农村政策的稳定性和连续性，维护农村稳定。他指出，在新的形势下，要深化农村各项改革，在组织好农民“怎样赚”的基础上，也要注重“怎样花”的制度建设，搞好农村班子建设，抓好村财管理，提高人的素质，推进两个文明同步发展。

（摘自 1997 年 11 月 25 日《泉州晚报》）

党和国家领导人考察惠安

1958 年 3 月 11 日，最高人民检察院检察长张鼎丞到惠安，视察狮山乡、杏林乡的水土保持工作。

1983 年 10 月 29 日，国家主席李先念到惠安石雕厂视察。

1983 年 11 月 3 日，国务院总理赵紫阳到惠安石雕厂视察。

1983 年 11 月，国务院副总理薄一波到惠安视察。

1985 年 5 月 12 日，国务委员、财政部部长王丙乾到惠安视察。

1986 年 3 月 13 日，国务委员谷牧视察惠安石雕厂、明磊石板材厂。

1986 年 3 月 19 日，全国人大常委会副委员长班禅额尔德尼·确吉坚赞到惠安视察。

1986 年 10 月 2 日，中共中央政治局常委乔石到惠安视察明磊石板材厂和惠安石雕厂。

1988 年 2 月初，中共中央总书记赵紫阳到惠安明磊石板材厂和崇武考察。

1988 年 4 月 23 日，中共中央政治局候补委员丁关根到惠安视察肖厝港。

1988 年 11 月 26 日，全国人大常委会副委员长王汉斌到惠安视察。

1991 年 2 月中旬，全国人大常委会副委员长王汉斌到惠安视察，走访崇武渔村。

1991 年 12 月下旬，国务院副总理吴学谦到惠安，考察福建炼油厂和肖厝开发区。

1992 年 2 月下旬，全国政协副主席程思远考察惠安石雕厂，并题词“惠安石雕，中华一绝”。

1992 年 5 月 22 日，全国政协副主席马文瑞考察惠安石雕厂，并题词“惠安石雕，名扬天下”。

1993 年 9 月下旬，中共中央政治局候补委员、全国人大常委会副委员长王汉斌考察惠安石雕厂、福建炼油厂，并参加′93 中国惠安石文化节暨第五届亚洲惠安社团联谊会活动。

1997 年 11 月 17 日，全国人大常委会副委员长卢嘉锡到惠安，出席 1997 年惠安渔区文化节。

1997 年 11 月 22 日，中共福建省委副书记习近平考察走马埭现代农业示范园、中绿农业开发公司、净峰特种养殖场。

1998 年 10 月 15—17 日，全国政协副主席张思卿考察惠安县崇武古城。

1999 年 4 月 10—12 日，中共中央政治局委员、全国人大常委会副委员长田纪云到惠安视察。

1999 年 6 月，中共福建省委副书记习近平视察惠泉啤酒技改工程。

2000 年 6 月 11 日，中共中央政治局常委、全国政协主席李瑞环到崇武考察。

2000 年 6 月 26—28 日，省政府省长习近平率省直有关部门负责人到惠安调研农业产业化、企业产业升级等工作。

2000 年 12 月 19 日，省委书记宋德福、省政府省长习近平到惠安检查指导工作。

2001 年 5 月中旬，全国人大常委会副委员长布赫考察惠安走马埭现代农业示范片、崇武石雕工艺博览园。

2001 年 7 月 29—31 日，全国政协副主席、台盟中央主席张克辉率领台盟中央考察调研团在泉州开展“农业产业结构及农村税费改革”专题考察调研，实地考察惠安县走马埭现代农业示范区。

2002 年 4 月，中共福建省委副书记、省政府省长习近平到惠安县考察走马埭耕地保护区。

2002 年 5 月 14 日，中共中央政治局委员、全国人大常委会副委员长田纪云参观考察惠安崇武古城石雕博览园。

2003年9月9日，以“弘扬海丝文化·展示惠女风情”为主题的第五届泉州旅游节在惠安县崇武镇举办，全国政协副主席、台盟中央主席张克辉出席开幕式。

2005年7月上旬，全国人大常委会副委员长、全国妇联主席顾秀莲考察惠安霞飞影雕厂。

2006年5月22日，中共中央政治局委员、国务院副总理回良玉到惠安，考察走马埭现代农业示范片、辋川优质水稻示范片等处，了解特色农业和农业产业化经营情况。

2008年11月23日，全国人大常委会原副委员长王汉斌到惠安考察。

2009年5月15日，中共中央政治局常委、全国政协主席贾庆林到惠安台商创业基地考察。贾庆林与台商座谈，详细了解台商在当地投资兴业等情况。

2010年6月底，全国政协副主席阿不来提·阿不都热西提率领全国政协委员视察团到黄塘溪两岸，就加强水资源合理配置与节约保护问题开展视察。

2011年3月8日，中共中央政治局常委、国家副主席习近平接见出席十一届全国人大四次会议的达利集团董事长许世辉。

概　述

惠安县地处福建省东南沿海突出部，介于泉州湾与湄洲湾之间，位于北纬 24°49′—25°07′，东经 118°37′—119°05′之间。东濒台湾海峡，东南隔泉州湾与石狮市相望；西接洛江区，西北与仙游县毗连；南临泉州湾海域，与泉州台商投资区接壤；北邻泉港区。东西宽 42 千米，南北长 37 千米。全县陆域总面积 489.42 平方千米，海域面积 1725 平方千米。

惠安地质构造属于闽浙活化陆台，地质的基底由变质岩系组成，盖层广泛分布着中生代火山岩系。县域花岗岩石资源丰富，储量达 1 亿立方米。土壤类型多样，以砖红壤土和红壤土为多，由于侵蚀严重，耕地土层浅薄，质地多沙。其间还有小块海湾滩涂淤积地，为盐碱质黏土。中部、东部平原和河谷两岸，为江河冲积和内海滩涂淤积，土层深厚，土壤肥沃。

惠安一面依山，三面环海。地貌属于东南沿海低山丘陵区，地势西北高东南低，自西部、西北部向东部、东南部呈明显的阶梯状下降，由低山过渡到丘陵和台地，以丘陵台地为主。惠安山脉为戴云山东伸余脉。境内有大小山岭 1082 座，海拔高度 200 米以上的有 85 座，多分布于西部和西北部。最高山峰为大雾山，主峰海拔797.5 米。中部和东南部开阔平坦，海拔在 15—50 米之间，大都是海积沙土平原和台地。境内有林辋溪、黄塘溪、菱溪、坝头溪等四大溪流，溪水循山势自西北向东南，注入台湾海峡，总长 120 千米，流域面积 500 平方千米。惠安海岸线长，多港湾、岛屿，主要港湾有湄洲湾、大港湾、泉州湾；共计海湾 27 处，沙洲 7 处，浅滩 16 处，海岛（含岛礁）77 处。

惠安地处低纬度，又濒临太平洋，形成亚热带海洋性季风气候，温暖湿润、雨量充沛、四季常春；自然灾害较为频繁，主要为旱、涝、风灾等。

约 4000 年前，惠安境内音楼山、庄林柄等地有人群活动。西周（约前 11 世纪至前 771 年）初年，涂岭后埔有人群生息繁衍。三国吴永安三年(260 年),此地属建安郡东安县(县治在今南安市丰州镇)。南北朝梁天监年间(502—519 年),此地属南安郡晋安县(县治在今南安市丰州镇)。隋开皇九年(589 年),晋安县改为南安县,此地属南安县。宋太平兴国六年(981 年),析晋江东乡 16 个里置县,设崇武、崇善、城山等 3 个乡,县名惠安;庆历八年(1048 年),定为 18 个里,分 34 都。元至元十五年(1278 年),属泉州路。明清两代均属泉州府,清康熙二十年(1681 年),革去里班,改为 68 铺。民国三年(1914 年),属厦门道;民国十七年,直隶福建省,全县划分为 12 个区;民国二十三年 7 月,隶属第四行政督察区;民国三十年,全县设 3 个区,辖 30 个乡(镇);民国三十二年,全县编为 16 个乡(镇)。1949 年 8 月,惠安解放;9 月,隶属第五行政督察区,全县分为 8 个区、191 个乡。1950 年 9 月,属晋江专区。1953 年,全县划为 14 个区、198 个乡。1954 年 9 月,调整为 4 个镇、194 个乡。1955 年 10 月,全县编为 11 个区,辖 1 个镇、192 个乡、7 个自然镇。1958 年 10 月,撤销区、乡,成立 5 个公社;1961 年 10 月,析为 15 个公社、4 个农林牧场,辖 405 个生产大队(其中农业 362 个)、4267 个生产队(其中农业 3756 个);1962—1964 年,增设城关、崇武、洛阳等 3 个镇;1965 年,全县划为 16 个公社、1 个镇、1 个盐场和 3 个农林牧场,369 个生产大队,3808 个生产队;1979 年,全县划为 16 个公社。1984 年 10 月,政社分开,全县改为 15 个乡、2 个镇、1 个盐场,辖 388 个建制村、1708 个自然村。1985 年,隶属泉州市。至 1997 年,全县辖 19 个乡(镇)。2000 年,析山腰、后龙、南埔、涂岭、埭港等 5 个镇置泉州市泉港区(县级);2010 年,析洛阳、东园、张坂、百崎等 4 个乡(镇)置泉州台商投资区。至 2016 年,惠安县辖螺城、螺阳、黄塘、紫山、崇武、山霞、涂寨、东岭、东桥、净峰、小岞、辋川等 12 个镇,以及 207 个建制村、11 个社区。

惠安是福建的人口大县。据记载,南宋淳熙年间(1174—1189 年),全县丁口 49107 人;元至正年间(1341—1368 年),全县丁口 40000 人;明万历四十年(1612 年),全县丁口 30795 人;清乾隆三十二年至道光九年(1767—1829 年),全县男妇大小 482797 人;1949

年，全县人口371359人。新中国成立后，县内每年出生人数在2万人左右；1954年，出生率达51.43‰；1962—1976年，出生率保持在36.09‰—40.85‰之间；20世纪70年代，全县推行计划生育，1977年后人口出生率逐年下降。1989年，全县人口110多万人。1997年，全县人口119万多人。2010年，全县人口96万多人（扣除泉港区的人口）。至2016年，全县人口79.79万多人（扣除泉州台商投资区的人口），其中，汉族人口占总数的96.18%，其余为回族、畲族、蒙古族、壮族、侗族、黎族、苗族、土家族、藏族、布依族、瑶族、高山族等23个少数民族。境内通行闽南话。

惠安是福建省著名侨乡之一。宋元时期，有邑人迁居海外；明代，不少邑人居于南洋诸国；清末至民国时期，惠安人大批外迁，出国谋生。20世纪五六十年代，有侨眷获准移民新加坡、马来西亚及印尼等国。至1989年，侨居海外的惠安华侨、华裔67万多人，归侨1万多人，侨眷50多万人。至2016年，全县有华侨85万人，有归侨、侨眷37.8万人，分布在全世界159个国家或地区。

惠安是台湾汉族同胞的主要祖籍地之一。惠安和台湾两地人民来往至少有500年的历史。明嘉靖年间（1522—1566年），惠安县城南门外甲场头村王氏乡亲移居台湾台东县。其后，张坂后边村黄氏、东园庄氏兄弟等赴台湾谋生。清代，惠安人移居台湾人数最多。民国时期，惠安不少商人到台湾定居，仅獭窟一地就有1000多人。至2016年，惠安籍台胞有90多万人，主要分布在台北、高雄、基隆、台中、金门等地。

惠安是香港、澳门同胞的祖籍地之一。至2016年，旅居港澳的惠安乡亲有8.2万多人。

惠安是驰名中外的建筑之乡。清末至民国时期，名师涌现，精品迭出。石雕名匠蒋丙丁、泥水名匠杨护发就是惠安工匠的杰出代表。新中国成立后，惠安建筑产业兴盛，成为闽南地区古建筑行业的龙头。北京十大建筑、毛主席纪念堂、深圳特区的西班牙式别墅、西藏宾馆等大批著名建筑物，都是惠安工匠创造的巧夺天工的建筑艺术精品。惠安的工匠精神就是追求卓越的创造精神、精雕细刻的品质精神和用户至上的服务精神。至2016年年底，全县建筑业完成施工总产值501.6亿元，位居全省第一。

惠安雕艺历史悠久，技术精湛。惠安先后荣获“中国雕艺之都”“中国民间雕刻艺术（石雕）之乡”“世界石雕之都”等称号。南京中山陵的醒狮，特别是集美鳌园里的40余幅3400多件的浮雕塑群，都展现惠安雕刻大师的高超技艺，被称为“石雕博物大观园”“石雕艺术宝库”“世界美术史的奇迹”。2016年，全县石雕石材企业141家，产值191.04亿元，在产企业139家，从业人员14788人。

惠安妇女是中国妇女的骄傲，先后涌现出战天斗地建设惠女水库、八女跨海征荒岛、海防女民兵、创造“荒滩变绿洲”的女子护林队等一大批英雄群体，以及数以万计的巾帼英雄，孕育出“艰苦奋斗、尊重科学、无私奉献、拼搏创业”的惠女精神。

新中国成立后，特别是改革开放以后，惠安人民以“为有牺牲多壮志，敢教日月换新天”的英雄气概，艰苦创业、持之以恒，把一个贫穷落后的农业大县建设成为现代化经济强县，创造出跨越式发展奇迹。如今，惠安人民正紧密地团结在以习近平同志为核心的党中央周围，在中共惠安县委的坚强领导下，以党的十九大精神为指引，紧紧团结和依靠全县人民，凝心聚力、埋头苦干，为谱写惠安人民美好生活新篇章、决胜全面建成小康社会、夺取新时代中国特色社会主义伟大胜利而努力奋斗！

第一章　烽火岁月

惠安人民是勤劳勇敢的人民，是富有革命传统和斗争精神的人民。惠安革命斗争的特点，突出表现在党组织建立早、坚持时间长、活动范围广、斗争成果大等方面。早在1920年8月，上海的部分惠安籍青年在共产主义小组和社会主义青年团的领导下，开始接受马克思主义的教育和影响。1926年年底，惠安的共产党人即在泉属各县中率先建立第一个党支部。党的组织一经建立，就发动组织群众，反抗地方军阀的横征暴敛，严惩土豪劣绅的胡作非为，掀起第一次革命高潮。土地革命时期，精心组织发动震惊八闽、威慑敌胆的"惠安暴动"和惠北武装抗捐斗争，掀起第二次革命高潮。抗日战争时期，在极端困难的条件下，仍然坚持发动组织广大群众和学校师生，开展轰轰烈烈的抗日救亡运动，掀起第三次革命高潮。解放战争时期，紧紧依靠广大群众，不断发展壮大自身力量，在解放军攻克福州、直逼闽南的大好形势下，一举解放惠安全境，掀起第四次更大的革命高潮。他们以一系列重大革命业绩，对泉属地区乃至全省的革命斗争做出卓越的贡献。

第一节　大革命时期

1925年1月11—22日，中国共产党第四次全国代表大会在上海召开。会议通过的《对于组织问题之决议案》指出："在现在的时候，组织问题为吾党生存和发展之一个最重要的问题。"会议决定在全国范围内建立和发展中国共产党的组织。1926年12月，中共惠安支部成立，惠安成为大革命时期福建较早建立党组织的县份之一。惠安共产党人领导人民群众掀起反帝爱国运动，协助国民党人建立惠安县临时党部，在学生、工人、农民中成立群团组织，建立涂岭农民自卫军，走武装斗争的道路。

一、掀起反帝爱国运动

1925年5月15日，在集美学校求学的惠安籍学生组织反日运动宣传队，走出校门，回到家乡，深入民众，开展反对侵略、抵制日货的宣传运动。

6月，王德彰、柯联定、吴敦仁、吴国珍、苏克明等惠安青年一起参加福建青年协进社，积极参与对社会实际问题和国际政治状况的研究，提高宣传社会主义和共产主义的能力。

夏季，惠安时化学校学生陈平山、张邦彦、李建才、陈凤琪、周凯等人发动该校同学罢课，声援五卅运动。暑假期间，从上海公医学院和厦门大学分别回乡的进步学生陈祖禹、何适等一批进步青年在惠安城关、辋川、峰尾、崇武等地发动学生罢课、工人罢工、商人罢市，散发传单、张贴标语、游行示威，支持上海工人运动；组织学生和青年工人纠察队，控制沿海码头，抵制或焚烧走私的英、日货，惩办不法商人，掀起反帝爱国运动。

惠安进步青年学生的反帝爱国运动，激发了群众参加救国斗争的热情，大大提高了惠安人民的觉悟程度。

二、成立中共惠安支部

1926年10月，王德彰、柯联定、吴国珍分别接受中共厦门干事会、共青团厦门干事会和中共厦门大学支部的派遣，返回家乡惠安，筹备迎接国民革命军克复惠安，宣传中国共产党反帝反封建的革命纲领，发动工农群众，发展党团员，开展革命活动。

11月8日，王德彰组织带领“集美同学回乡宣传队”柯联定、吴敦仁、吴国珍等10多人返回惠安，以惠安公学为据点，吸收本县学生参加，队伍扩大到50多人，分成10个宣传队开展活动。同时，设立书摊，向学生和社会各界介绍《响导》《新青年》《中国青年》《京汉工人流血记》等大量进步刊物及图书。同月25日，北伐军张贞师所部黄克馨团进驻惠安县城。北洋军阀张毅北逃莆田，原驻惠安的北洋军阀孔昭同所部团长汪连潜逃涂寨，营长周文魁投降受编，北伐军指派何援接任县长，惠安宣告光复。宣传队当即组织民众举行“祝捷军民联欢大会”，并游行、演讲、演文明戏，印发《告学生书》《告农民书》《告工人书》等宣传品，欢迎北伐军进驻惠安，同时分赴各地，开展反帝、反封建、反军阀宣传活动。

12 月初，王德彰在惠安县城发展陈玉聪、吴敦仁加入中国共产党。尔后，他们 4 人在惠安公学成立中共惠安支部（亦称“公学支部”），书记王德彰。该支部受中共厦门特别支部领导，同时接受中共泉州特支负责人李松林的指导。这是中共在惠安建立的第一个支部。

支部成立后，当即利用国共两党合作的有利时机，着手组建惠安县学生联合会、共青团惠安县支部、惠安县总工会筹备处和惠安县农民协会等群团组织，作为党开展斗争的助手和后备军。12 月下旬，林大年、庄玉辉、柳培元及庄昭宗等人受共青团中央负责人施存统指派，从上海返回惠安，配合王德彰工作。其间，王德彰、庄玉辉协助国民党人建立国民党“惠安县临时党部”，国民党员杜辉任书记。与此同时，成立惠安县学生联合会，主席王德彰，各校成立学联分会；面业工会和轿夫工会联合成立惠安县总工会筹备处，会员 20 多名，负责人林大年；成立惠安县农民协会，负责人庄玉辉；涂寨、涂岭、山腰、坝头、大前黄等地也同时成立农民协会，会员 2000 多名。并且，决定针对惠安时局，开展“两反对”运动。首先，反对国民党惠安县政府粮房利用下乡征收钱粮之机，附加给农民的所谓夫马费、兵差费和下乡征收费等陋规，成立惠安县钱粮监督委员会，对征收钱粮实行监督，为农民复核钱粮串票，改分柜下乡征收钱粮为农民直接到县集中完纳，以减轻农民的徭赋负担。其次，反对国民党惠安县政府的“衙差”制度。国民党惠安县政府衙差经常利用下乡机会，勒索压迫人民群众，并带领反动军队到各校拘捕学生当挑夫。为惩罚其罪行，党支部发动群众，把一个表现特别恶劣的衙差捆绑起来，游街示众，同时敦促县政府废除“衙差”制度。通过“两反对”运动，初步提高人民群众的思想觉悟，也为日后开展各项政治斗争奠定基础。

1927 年 1 月，中共惠安支部改为中共惠安县临时委员会（简称县临委），书记王德彰。县临委下辖教员、学生 2 个党支部，党员 8 名。学生支部负责人吴敦仁，教员支部负责人柳培元。同时，建立 1 个团支部，负责人柯联定。县临委隶属于中共闽南部（特）委，同时接受中共泉州特支负责人李松林的指导。

至此，惠安成为泉属地区第一个建立中共基层组织的县份，也是福建省最早建立中共组织的县份之一。

三、解散“同善社”，取缔惠安保甲局办事处

1927年1月，在县临委领导下，王德彰以兴泉永政治监察署特派员的身份，与庄昭宗、庄玉辉、林大年等4人武装查封劣绅陈伯昭所把持的县城反动会道门“同善社”，焚烧其偶像、“善书”，没收其财产；同时，解散涂寨、崇武、洛阳、东园、涂岭等地的“同善社”。同月中旬，县临委以学生联合会的名义，由苏克明等8人组成钱粮监督委员会，对征收钱粮实行监督，为农民复核钱粮票证，并改分柜下乡征收为集中交纳，杜绝附加陋规。

3月中旬，王德彰率领农民武装人员取缔大土豪李荆瞻所把持的惠安保甲局办事处，并拆毁其牌子。26日，县临委下令逮捕县城土豪劣绅陈伯昭、李荆瞻；共产党员严谦、李松林也以兴泉永政治监察署名义前来惠安支持指导斗争。28日，县临委下令逮捕讼棍黄祖恩等人，李荆瞻窜逃福州，陈伯昭被我方诱捕后，在其爪牙拦劫与我方追捕中中弹受伤，不久死亡。惠安县当局将严谦等2人扣押，要挟兴泉永政治监察署。中共泉州特支负责人李松林与共产党员左明亮（原名林日高，台湾省台北市人）赶到惠安了解情况，然后回到泉州，请政治监察员陈文总（国民党左派人士）致电时在福州的北伐军东路军政治部主任江董琴及秘书陈尚友（陈伯达），要求协助解决。东路军政治部严令惠安县当局立即放人，严谦等人得以释放。

四、收回民军把持的惠洛公路权

辛亥革命前后，惠安渐有股匪滋生。民国初年，军阀割据，南北混战，地方政府糜烂，匪患随之猖獗，惠安处于军阀、土匪交替统治状态。以汪连为首的一批著匪，均混迹军阀，成为亦军亦匪之大集团，在其势力范围内公然活动，随心所欲地收捐派款，掳掠烧杀，蹂躏惠安达10多年之久，为害地方尤烈。

1927年2月6日，王德彰以特派员身份，推动杜辉、周文魁派出

1个排兵力，配合涂寨农民协会100多人，在山尾村进剿著匪杜建，捕匪10人，缴枪20多支。同月16日，县临委发动城关、涂寨、涂岭、山腰等地工人、农民、学生500多人，参加在县城考棚广场召开的群众大会。会议一致要求收回由民军汪连把持的惠（惠安）洛（洛阳）公路权，并推选王德彰、庄昭宗、庄玉辉、林大年为代表，与惠洛汽车公司交涉。公司经理汪子舟等人慑于工农群众联合行动的威力，当场交出汽车6辆以及公司的印章、账簿等。惠洛汽车公司自当日起由惠安县总工会筹备处负责人林大年实施统一管理。

县临委领导的收回惠洛公路权的行动，大大增强了群众反抗压迫的信心和参加革命的积极性。

五、建立涂岭农民自卫军

1927年4月12日，以蒋介石为首的国民党新右派发动反革命政变，大肆屠杀共产党员、国民党左派及革命群众。4月16日，国民党惠安县党部书记杜辉、县政府县长何援、驻军营长王全芝响应蒋介石"四一二"反革命政变，实施"清党"反革命活动。5月，著匪汪柴水受编为国民党"新编军"，以"清党特派员"身份带兵进入县城，勾结"清党委员"林诗篇、国民党县党部指导员连茹，加紧"清党"活动。县临委机关迁往东张村，后再转移后苏村。王德彰前往厦门向中共闽南特委汇报请示工作，吴国珍、吴敦仁撤回涂岭继续领导开展农运工作。

5—6月，施岑侬、许彩英受中共闽南特委指派，到惠安县涂岭区，与县临委接上关系，并以涂岭鼎新小学教员的身份做掩护，从事革命活动，领导该小学的进步教师，广泛开展宣传发动工作，举办农民培训班，培养农运骨干。培训班结束后，这些农民骨干到各乡、村开展宣传活动，发动组织农民参加斗争。他们在涂岭组织"父母会"（后改名"互助团"，也称"60人起义"），会员60名。经过艰苦细致的宣传发动工作，农民协会提出的"消灭土匪、打倒土豪劣绅，反对苛捐杂税"的口号深入民心。惠北的添奇铺、龙兴铺、承天铺等自然村的农民纷纷发动起来。7月14日，涂岭农民协会和涂岭农民自卫军在林角铺召开有上千人参加的成立大会，标有犁、镰刀图案的农会大旗迎风飘扬。农会会员手里都拿着写有标语口号的三角形小纸旗，自卫军成员则举着印有镰刀等标志的大红旗，每30人编为一队，每人肩扛各种枪支或扁担、铁叉。王德彰发表演讲，着重阐明农民协会的宗旨和奋斗目标，宣布各乡农会的组成、自卫军的建制以及农会会员、各连负责人名单。上午10时，会议结束。其后，举行游行，游行队伍从林角铺出发，高呼“打倒土豪劣绅！”“打倒帝国主义！”“农会万岁！”等口号，途经7个自然村，下午3点穿过涂岭街。沿途群众争着送上茶水，有的还燃放鞭炮表示庆祝。

至8月，涂岭农民自卫军先后打跑县田亩捐局局长陈民衷派遣的1个排的征税军队，击退泉州田亩捐总局局长周俊烈调派的1个连的兵力，从涂岭追击敌海军陆战队催捐部队300人左右至驿坂以南约5千米地等。这3次武装抗捐斗争，缴获枪械10多支及其他战利品多种。

此后，涂岭农民自卫军迅速发展壮大。至1927年年底，自卫军人员达近千人规模，惠安成为全省4个游击暴动区之一。

第二节　土地革命时期

1927年8月7日，中共中央在汉口召开紧急会议（又称八七会议）。毛泽东出席会议，并提出“枪杆子里面出政权”的光辉论断。会议通过《中国共产党中央执行委员会告全党党员书》等议案，正式确定实行土地革命和武装起义的方针。此后，惠安的中共地方组织得以迅速发展，中共惠安特支掀起涂岭农民运动，创建工农革命军，开展革命斗争。中共惠安县委成立后，以反苛捐杂税为中心，发动群众，开展“五抗”（抗捐、抗税、抗租、抗债、抗粮）斗争，组织惠安暴动，发动惠北武装抗捐。

一、掀起涂岭农民运动

1927年八七会议之后，中共中央发出致闽北、闽南临时委员会的指示信，指出“我们工作的中心问题是如何组织农民，如何武装农民，使他们能够自己起来，用暴力的方式夺取政权”。8月12日，中共惠安县临委负责人王德彰接受中共闽南特委的指示，从厦门返回惠安涂岭，建立中共惠安县特别支部委员会（简称惠安特支），书记王德彰。惠安特支下辖 3 个党支部，党员 12 名。9 月，惠安特支进一步发展农民武装力量，农会组织区域扩展到晋江、惠安、仙游等 3 县交界三坪山区 13 个据点村，农民协会会员发展到 1200 余人，农民自卫军发展到 500 多人枪，常备队 21 人枪。在党的领导下，农民协会、农民自卫军主动出击，顽强奋战。11 月，中共闽南临委调回施岑侬、许彩英，指派林泽民（又名张克敏，台湾人）、林树勋（又名林剑鹏，台湾人）前来惠安，加强对农民运动和武装斗争的领导。12 月 1 日，涂岭农民自卫军更名为惠安工农革命军，改编为 13 个连队，发展到近千人枪，林泽民、林树勋负责军事训练，王德彰负责政治训练。惠安工农革命军的军事本领和政治素质得到提高。

首战禁赌

当时，涂岭一带有不少赌棍做赌东，设立赌场，每逢旧节日、佛生日演戏酬神时，戏台下赌场林立。赌棍引诱群众赌钱，致使不少赌徒倾家荡产，卖田地卖儿女，妻离子散；有的赌徒赌输钱后铤而走险，沦为盗贼，破坏社会治安，人民不得安宁。农民协会成立后，即颁布告示，禁止赌博。赌棍王瑞兰设赌场做东，无视农会禁赌通告，仍然招诱赌徒行赌，农会即派 10 多名农民自卫军队员把他抓来严加训斥，直至王瑞兰认错表示悔改，并燃放鞭炮，感谢农会的教育。另一赌棍王辉跑到豪绅地主陈述生家藏匿，乞求陈述生保护，农民自卫军从陈述生家中抓出王辉严办。从此，赌风大刹，无人敢赌，群众拍手称快。

再战抗捐

1927 年 8—9 月，惠安县政府田亩捐局局长陈民衷带领 1 个排兵丁到涂岭催收“田亩捐”，不仅收正税，还要附加三成。为此，农会趁催税兵丁到保甲收税时，派出农民自卫军 60 名队员进行武装抗捐，打跑收税兵丁，从而促使农民的抗捐情绪进一步高涨，青壮年积极购置枪支，加入农民自卫军。不久，政府再派 1 个连兵丁到涂岭强行征税，农民自卫军又派出 100 多名队员参加战斗，再次打跑收税兵丁。

10月，国民党县政府不甘心失败，请求泉州派兵支援。泉州田亩捐总局当即派来武装部队，会同惠安县收税部队，总共多达1个营的兵力，阴谋“剿灭”农会，强行收税。此时，农会拥有一支25人枪的农民自卫军武装队伍。收税部队一到涂岭，农民自卫军马上给予迎头痛击。自卫军战士越战越勇，越战人数越多，有枪支的参加正面作战，没有枪支的拿起铁叉、扁担，呐喊助威。收税部队吓得丢盔弃甲，争先恐后逃跑。农民自卫军追至驿坂以南，缴获敌人10多支枪。国民党军政人员惊呼涂岭是“赤化区”，自此以后不敢再到涂岭收取捐税。

三战土匪

1927年9月，驻扎在晋江、惠安交界的土匪王朝英部属颜选把农会委员许树山的父亲抓去。许树山急报农会，农会即派出农民自卫军300多名队员进山剿匪，后击溃土匪，救出许树山的父亲。10月14日，施岑侬率领涂岭农民自卫军200多人枪，进剿陈田村著匪颜选，捣毁其匪穴，颜选窜逃晋北。冬季，仙游县园庄山区的匪首陈安裕窜到小坝、洪厝坑、甘蔗园、后头一带山村抢劫，烧毁农民房舍。当地农会会员急报农会。农会负责人陈冬水马上燃放烟火，召集农民自卫军出击，并手擎农民自卫军大旗冲锋在前，吴敦仁等则带领农民自卫军队员与土匪激战，把土匪赶入仙游县四脚亭山区。

四战“国军”

1927年9月，农民协会开展抵制和反对国民党官兵抓挑夫的斗争。一天，自卫军围缴林寿国海军陆战队一副官谢某短枪1支，并撕拆其臂章，迫使林寿国出具“甘结”，保证国民党军队过境不抓夫，并须事先通知农会，取得许可方能通过。10月中旬，中共涂岭区委发动群众四处张贴反对标语，召开大会，游行示威，赶跑窜入涂岭的泉州民团总头目秦望山带领的6名武装士兵。

1928年1月11日午夜至12日晨，国民党林寿国海军陆战队林炳洲补充团包围涂岭农民协会办公地址“魁星楼”，王德彰、林泽民、林树勋、廖立等4人不幸被捕。工农革命军立即组织武装队伍追击至县城北郊双龟牌村。因敌人紧闭城门，革命军抢救未果。同月16日，国民党林寿国海军陆战队杨献秋营300多人经仙游从涂岭西部包抄进犯，妄图一举摧毁涂岭农民协会组织。吴敦仁、吴国珍、陈冬水等领导指挥工农革命军在泗洲与敌人展开激战，毙敌30多人，俘敌70多人，缴获各种枪械200多支。

在惠安特支领导下，惠安农民运动开展得如火如荼，并逐步发展到夺取政权的暴动。

二、召开中共惠安县第一次代表大会

1929年春，陈平山、蓝飞鹤奔走于小岞、净峰、东岭等地开展兵运工作，争取打入以康伯沧为首的县民团总内部。与此同时，县学联宣传委员卢明堂接受党组织任务，在东关、东张一带发动群众，建立面业工会、互助会、读书研究会等赤色群众组织。6月，中共福建省委派朱思（平和县人）到惠安领导开展工作，恢复发展党团组织和群众组织。6—7月，朱思在县立中学先后发展一批党员，并建立党支部；同时，发起成立惠安县学生联合会。7—8月，全县恢复发展党员75名，建立6个党支部和1个党小组。

9月7日，在省委的指导下，中共惠安县第一次代表大会在城郊东张村召开，10多名党员参加。会议选举产生中共惠安县委，朱思任书记，陈平山、骆拔才为委员，王裕、陈冬水为候补委员，县委下设城关、涂岭、涂寨、五陈、东岭等5个区委；并相应成立共青团惠安县委，林权民为书记。党、团县委隶属于中共福建省委，机关分别在东张村和惠安公学两地。

中共惠安县第一次代表大会选举产生中共惠安县委，加强了统一领导，推动了惠安革命斗争的发展，为惠安暴动、惠北武装抗捐奠定了必要的组织基础和思想基础。

会议做出“发展工农武装，开展‘五抗’斗争，建立革命根据地”的决议，提出以反苛捐杂税为中心口号，指派党员干部打进敌军内部搞兵运工作，与敌争夺武装，加强涂岭的农运工作。

9月下旬，县委在惠东后洋召开活动分子会议，具体部署进一步开展学运、工运、农运、兵运工作和“五抗”斗争。与此同时，县委以公学为活动中心，联合8所学校，发起反抗学校当局迫害进步师生和反对政府侵吞捐税罢课斗争，以配合革命活动，进而扩大“五抗”斗争的宣传面。

10月，县委以县立中学为中心，再次发动清算“包税”斗争，逮捕县政府税契处主任徐觉民。县长周协民狼狈出逃。

11月，政府当局派海军陆战队魏杰民率2个连兵力包围县立中学，逮捕学生许世清（党员）、何尧庭（团员）、何焕文（团员）、何清波、胡仰清（党员）、陈明辉（党员）等6人。为保存革命力量，县委安排卢明堂到三李滨海地区隐蔽。同月下旬，县委发动反对县政府无理逮捕学生的运动，书面警告国民党惠安县党部书记杜辉。

12月18日，国民党反动当局变本加厉，调派海军陆战队由侦探金辛铭带队包围何邦基住家，逮捕朱思、何邦基、陈苦凡、汪镇基、王金城、曾志成等人。同月，县委机关迁往后洋、前林一带活动，陈平山接任县委书记。县委改为12个党支部，仍隶属中共福建省委。

三、组织惠安暴动

武装暴动前奏

1928年1月20日，中共福建省委在致惠安特支的《关于农运组织和宣传工作的指示》中指出：惠安农运应以涂岭为中心，逐步向惠安县城发展，并扩大土地革命、夺取政权的宣传，从武装斗争游击战术一直发展到夺取政权的暴动。同月28日，中共福建省委发布《对福建时局（声明）宣言》，又一次声援惠安人民的武装斗争。

1930年1月，县委遵照中共福建省委56号通告《目前福建政治形势与我们的工作》，加紧动员群众，发展武装力量，准备武装暴动的工作。2月15—20日，中共福建省第二次代表大会在厦门召开，会议决议指出：“泉属、莆田历来是军阀混战、土匪扰乱、群众受祸最烈的区域，应加紧发动和领导群众进行游击战争、武装暴动”，“泉属在三四月间，发动‘五抗’，举行地方暴动，建立苏维埃政权，加紧组织兵运工作”。3—4月，省委先后调派苏文波（长汀人，后叛变）、杨道平（又名沈玉田，军事干部）前来惠安协助县委工作。4月下旬，蓝飞凤受中共福建省委调派，任中共泉属特委宣传部部长。

蓝飞凤到惠安后，与中共泉属特委军委书记兼惠安县委书记陈平山、泉属特委组织部部长蓝飞鹤共同开展暴动准备工作。5月，县委在涂寨和弄村、涂岭乌面宫和大埔园寺，相继召开地下党员和积极分子会议，传达省党代会精神，加紧进行党的宣传教育，组织群众武装工作。6月，陈平山、蓝飞鹤配合涂岭吴敦仁、陈兴桂在惠北路口村组织青年俱乐部，发展农会组织，开办夜校，组织妇女会。卢明堂在涂岭洪厝坑、山腰前烧一带开展活动，进行宣传发动和组织群众工作。后洋妇女会、路口妇女会相继成立。

7月初，陈平山、蓝飞鹤受命来惠安。同月6日，蓝飞鹤与惠安县委的吴敦仁等人，发动路口、三朱、前烧等乡村近千名群众，有组织地武装反抗股匪汪汉民征收"烟苗捐"，在菱溪痛击汪匪，揭开惠安暴动的序幕。同月上旬，中共福建省委常委、团省委书记王德带领省委职委书记苏阿德（广东人，闽西赤卫队大队长）前来泉州、惠安，传达、贯彻省委决定：同意泉属特委、惠安县委《关于在惠安举行武装暴动的报告》，并指导研究部署暴动计划方案。同月下旬，中共福建省委书记罗明到泉州、惠安巡视检查暴动准备工作，在惠东湖埭头村召开泉属特委、惠安县委联席会议，听取惠安县委书记、泉属特委军委书记陈平山和惠安县委委员、泉属特委组织部部长蓝飞鹤汇报惠安暴动的准备工作。会议决定，改调泉属特委宣传部部长蓝飞凤任惠安县委书记。同月，福建红军惠安总指挥部成立。总指挥陈平山，政委林啸南（即蓝飞凤）。成立福建红军独立第一师，下辖2个团，第一团团长兼政委陈平山，第二团团长蓝飞鹤、政委陈琨，合计有武装1000余人枪。成立惠安县苏维埃政府筹备委员会，主席陈兴桂，副主席陈琨、陈冬水。

在此期间，惠东、惠北建立3条交通线：一是惠（惠安）枫（枫亭）公路交通线，在正常情况下使用；二是"辋川走廊"交通线，即从辋川经西山十三乡、山腰、古县进入涂岭，为战时联络路线；三是海上交通线，在特殊情况下使用。各条交通线设有许多交通站和秘密农会点。

8月，领导暴动的中共泉属特委、惠安县委负责人在五陈山尾村陈琨家中召开会议，研究确定暴动方案：惠北、惠东两地同时暴动。

红一团在惠北暴动

9月15日凌晨，陈平山率领红一团分头出发，主力向涂岭前进，迅速包围惠枫车站（即地主恶霸陈述生武装据点，当晚陈述生在此处过夜）；另派一部分红军队伍首先控制陈述生老家西吴村，阻止陈述生的爪牙出援。由于陈述生事前风闻暴动消息，早有戒备，故红军在进攻车站时遭到抵抗，一时攻不下来，战士出楼水攀上楼窗射击，不幸中弹退下来。

18日，在武装暴动的震慑下，陈述生仓皇外逃。

暴动期间，县城共产党组织发动面业工人和县中学生在城关一带散发暴动标语，砍电线杆，烧毁南门大桥、水关尾桥、溪边桥；岭头、蔡厝、盘龙等秘密联络点的基本群众也行动起来，散传单、烧桥梁、砍电杆，积极配合和支援武装暴动。

与此同时，泉州城郊、晋江安海、同安马巷、南安丰州和溪尾等地的党组织发动工人罢工，开展飞行集会，大力声援惠安暴动。

红二团在惠东暴动

9月16日清晨，红二团和宣传队200余人枪，在后洋村后大埔举行庄严的授旗、誓师仪式，宣布红军纪律。团长蓝飞鹤发布出击令后，指战员个个臂缠袖章，手握枪杆，向山柄村民团发起攻击。政委陈琨率先带领行动组，打响暴动的第一枪，里应外合，一举攻下山柄民团碉堡，击毙民团总陈鸣周及其父、土豪劣绅陈奕昭，并清算、处理其不义之财。群众见到红军为民除害，拍手称快，一片欢腾，并高呼“拥护共产党！”“打倒民团！”“打倒豪绅！”等口号。五颜六色的传单标语贴遍全村，广大青年农民纷纷要求参加工农红军，有的自带枪支、呼朋引伴加入武装暴动行列。在一片欢呼声中，五陈乡苏维埃政府宣告成立。这是泉属地区第一个乡级红色政权。红二团乘胜向前黄村、垵固村挺进。前黄村民团慑于暴动队伍的威力，即派曾传新向红军请降，交出武器。红二团又发动群众，清算该村高利贷剥削者吴明新罪行，没收其所囤积的粮食，当场分给贫苦农民，并焚烧其高利贷字据和房地产抵押契约。垵固村民团总曾纪章闻风逃跑。傍晚，红二团转战山腰村时，村头碉堡红旗飘扬，群众高兴地放起鞭炮，欢迎红军队伍进村。该村民团总杨瑞庵潜逃至三李（指东坑、下坑、东莲 3 个李姓村），被红军战士俘获押回村里。随即，红军没收该村民团武器，将民团总交由群众斗争看管。

17 日，召开群众大会，宣告成立湖埭头村苏维埃政府。

18 日早，林权民、林德馨带领红二团进入前林村，逮捕林孝纯、林亮川，召开斗争大会，群众争相揭发“二林”的罪恶。红二团接受群众要求，当场宣布“二林”罪状，判处死刑，立即执行。午后，暴动队伍按预定计划，经石井村，驻扎屿头村，派出第一中队的 2 个分队上山，抢占制高点。

19 日凌晨 3 时左右，国民党林寿国部某营营长陈忠缪带 2 个连、1 个迫击炮排，并纠集县民团常备队和涂寨、赤埕、东湖、辋川、后曾等处民团千余人枪，分三路由石井、赤埕、后曾向屿头山进犯。山下的红军队伍一发现敌情，立即上山，摆开阵势迎敌。红军战士们利用山石、树林做掩护，以步枪、鸟铳勇猛迎击来犯之敌。陈琨、曾赉弼身先士卒指挥冲杀，全体指战员在数倍于己的敌人围攻下，毫无惧色，历经 2 小时激战，打退敌人的屡次进犯。敌人被迫龟缩在山下，不敢再正面进攻。敌人出重赏招募“敢死队”，在枪、炮密集火力的掩护下，从山的东北角乌石嘴口潜登而上。红军发现敌人从侧翼进犯，陈琨、曾赉弼立即扑上阻击，并命令其他队伍组织火力掩护，让主力从北面缓坡下撤。曾赉弼不幸中弹，壮烈牺牲；陈琨大腿受重伤，坚持与敌搏斗，直至为革命流尽最后一滴血；年轻的红军战士陈天送、陈显文也献出宝贵的生命。红军队伍撤下山时，敌人企图追赶。红军在后溪村前杀“回马枪”，逼使敌人恐慌地撤退，只在远处鸣枪虚张声势。蓝飞鹤因患疟疾，几阵冲杀后体力不支。队伍撤离后，他与战士张栋才、苏灿东隐蔽在后溪村。19 日当午，蓝飞凤、万耀南、林权民等人集合红军余部，经埔殊村，从海滩转移到型厝乡，始告脱险。19 日午后，蓝飞鹤、张栋才、曾俊水、陈乌等 4 人从后曾海滩转移途中，不幸被辋川曾纯如民团逮捕，解往涂寨民团，再转押县城监狱。傍晚，暴动队伍由型厝到五群山后村即分散转移。大部分队伍由蓝飞凤带领，经交通站进驻大吴村；林权民深入白色恐怖区，做善后工作；万耀南等率部分队伍进驻东周松村，保住黄崎渡海上交通线；另有部分队伍分散转移到晋江、南安以及漳州、厦门等处。

武装暴动尾声

9 月 29 日，万耀南、蓝飞凤、林权民、陈平山、吴敦仁、吴国珍、陈兴桂等人在涂岭林角村会合。随后，他们在泗洲召开会议，总结经验教训，研究安排善后工作。

10 月中旬，根据省委指示，陈平山、吴敦仁等领导涂岭区委进行一番整顿，迅速在大路、南埔、路口、菱溪、赤土埔、陈田、樟脚等地建立党支部和发展农会组织；开辟涂岭至三坪山区（包括泗洲、洪厝坑、后头、甘蔗园、樟脚、寨后、陈田、黄田、义路、岭北等乡村）的游击活动区，使北起枫亭、园庄，南至驿坂，纵贯 15 千米的地带，一度出现武装游击赤色区的局面。

惠安暴动是土地革命时期福建省革命斗争的重大事件之一，是继平和暴动、永定暴动后，福建规模较大的农民武装暴动，也是党领导的兴泉永地区第一次群众性的武装斗争，震动八闽。它沉重地打击国民党在惠安的反动统治势力，并强烈地动摇其反动社会基础。暴动的浪潮震激泉属 7 个县和兴化地区，为以后这一地区此起彼落的武装斗争揭开革命序幕。

惠安暴动虽然失败了，但人民群众从此尝到当家做主的甜头，革命的暗流仍在涌动。经过这场农民武装暴动的实践，惠安党组织经受严峻的考验，从失败中吸取教训，提高领导群众开展武装斗争的组织指挥能力，为惠北武装抗捐创造条件，使惠安人民的革命斗争持续向前推进。

四、恢复发展党团组织

1931 年 2 月，中共莆属特委撤销，中共惠安县委随之失去隶属关系。3 月，中共福建省委驻厦办事处、晋南特支指派唐言福返回惠安，着手恢复党组织的工作。不久，在惠北成立中共普安支部，活动地点设在普安村打银店，并建立三朱、山腰、前黄、下江、赖厝、社坑、东岭、小岞等活动据点。其间，中共福建省委驻厦办事处贯彻中共福建省委的指示，派沈玉泉到惠安工作，成立党、团县委，沈玉泉任中共惠安县委书记，唐言福任共青团惠安县委书记。

6月，县委迅速恢复涂岭、甘蔗园、普安、三朱、山腰等地的党、团和群众组织，建立普安打银店地下交通站，开辟以三朱为中心的游击根据地，建立一支游击武装队伍。与此同时，上级党组织先后调李昭秀（化名陈子明）、穆国海（绰号“老虎”）和曹海（广东省大埔县人，马共党员）来惠安协助工作。同月，“十八乡”、山腰、坝头一带的“四八”（亦称“父母会”）、“五三”（亦称“扁担会”）等帮会计800多名武装群众派代表与地下党接洽，接受党的领导。

9月，沈玉泉奉命返回厦门。李文端（同安人，化名苏白厘、老李）受中共厦门中心市委指派，前来惠安接任县委书记。其间，县委机关先后设于普安、三朱两地。同月，在县委领导下，普安、三朱、钟厝、前黄、菱溪、郭厝、下江、赖厝以及惠南的东山、蔡厝等乡村，均成立妇女会。

11月，普安、前黄、三朱、山腰、郭厝、瓦厝、前郭、刘厝头、峰尾、双龟牌、王孙，以及东园、水宽等乡村发展党的组织或党员联络点，全县党员100多名。

1932年4—6月，蔡协民、李文端、唐言福先后被中共厦门中心市委调回厦门，受到批判。7月初，老黄（黄如海，海南人，原马共中央委员，后被反动当局驱逐回国）受中共厦门中心市委指派接任惠安县委书记，曹海任宣传委员，陈江能、李昭秀任县委委员。彭德清、李昭秀先后任团惠安县委书记。11月，中共厦门中心市委致惠安县委《关于工作指示和批评》的信中决定：改县委为特支建制，特支书记黄如海，组织委员陈江能，宣传委员曹海；团惠安县特支书记李昭秀。

五、发动惠北武装抗捐

1931年5月10日，中共福建省委驻厦办事处发出《致惠安县委信——关于与敌斗争的指示》，指出应把抗捐斗争与反对蒋介石征收“剿共公债”、反对白色恐怖、反对国民党投降政策的斗争联系起来，强调“目前以扩大惠北为中心，进行骚动工作”。县委做出决议：“迅速恢复涂岭、普安、三朱、山腰等地党组织和群众组织，开辟以三朱为中心的游击根据地；全力投入领导广大农民的抗捐斗争，建立普安打银店县委交通站。”从此，惠北的革命斗争再度发展起来。

夏季，福建省防军第一混成旅旅长陈国辉派遣陈育才率领1个团匪军进驻惠安，分别扎营于崇武、东岭、惠西、辋川、涂岭、坝头等区乡，横征暴敛，仅坝头区便被勒索“烟苗捐”50万银圆。

12月，中共惠安县委发动下九乡农民自卫军，围缴陈国辉部下乡征收“油园捐”的匪军20多人的枪械，点燃惠北武装抗捐运动的熊熊烈火。

1932年2月，蔡协民受中共厦门中心市委指派，带着市委指示信到惠安巡视工作。他组织指导惠北武装抗捐斗争，配合红军进攻漳州和牵制敌人兵力。卢明堂在赤埕开办群策（“策”与“赤”谐音）小学，以小学作为交通站和工作据点，发动群众组织支援惠北武装抗捐斗争。县委以三朱为抗捐运动指挥活动中心，先后在三朱、普安、曾炉寺、山腰等地召开8次党内会议，研究抗捐斗争问题，并做出决议：“在发动群众的基础上，建立统一战线，组织武装队伍，进行抗捐斗争，先打败陈国辉驻惠安的部队，然后进攻县城，最后建立苏维埃政权，逐步进行土地革命。”惠北采取“硬抗”的办法，即武装抗捐；惠南采取“软抗”的办法，即拖缓不交。同时，组建一支工农武装力量，将原来不定编的工农武装编为福建工农红军惠安游击队。尔后，县委在三朱昆山寺召开扩大会议，决议建立抗捐统一战线——惠北抗捐大同盟，唐言福为领导人。接着，惠北抗捐大同盟在三朱昆山寺举行成立大会，游击队员，“十八乡”、山腰、壖头等地农民代表，开明乡绅及“四八”“五二”帮会会首计40多人，全副武装出席。

3月4日，县委成立抗捐运动指挥部，联络各方力量，筹备举事。陈国辉部风闻惠北抗捐运动的消息后，即调派南辋区施德诚营林连及第三营2个排的兵力，分头下乡驻防，并挨乡强迫“认捐”，伺机弹压。当天，陈国辉部 200 多人进驻共产党活动中心——三朱，连部设在后林村祠堂，人员分驻在溪墘村、后林村。他们劈门破户，肆意抢掠群众财物。为避免兵灾，乡民公推开明绅士与之洽谈，并于 6 日夜设宴招待。陈国辉部以酒中有毒为借口，诬蔑三朱人“有意毒害”，蓄意制造“三朱事件”，当场逮捕朱丁元、朱振元、陈大泽等开明乡绅和炊事员朱明春作为人质，关押在壩头馆仔连九首楼房，要挟该乡认捐 1200 亩，并须按期如数缴清。

“三朱事件”发生后，县委研究建立抗捐运动指挥部，派人分头联络。3 月 14 日午前，县委直接掌握和指挥的武装骨干队伍(其核心力量由 30 多名游击队员组成)、“四八”“五二”帮会会员和“十八乡”抗捐群众上千人，在三朱都巡村召开抗捐誓师大会。会后，抗捐大军三四千人在李文端、唐言福等人的率领下，分兵三路，围攻驻防在壩头馆仔和朝林的匪军。激战 3 个小时，追敌一两千米，毙敌 3 人(其中书记官 1 人)，匪军 2 人投降，缴枪 20 多支，攻占敌“田亩捐办事处”及连九首楼房，救出朱丁元、朱振元、陈大泽、朱明春等 4 人，首战告捷。当日夜，敌人连夜退驻涂岭。15 日早，陈国辉部增调南辋区施德诚营一部，分兵再次侵占壩头、山腰、“十八乡”等地。抗捐队伍旋即出动，会攻敌军，与敌争夺阵地。至下午三四点，武装抗捐队伍发起冲锋，匪军抵挡不住，溃退朝林据守。这一战又俘敌 1 人，缴枪 10 多支。16 日上午 9 时，武装抗捐队伍分别集结于虎遇山、前埔岭等匪巢附近的小山头，采取“车轮”战术，轮番攻击陈匪。敌人被迫逃回县城。

4 月初，群众性的武装抗捐斗争转入武装游击斗争阶段，继续给予陈国辉武装收捐以有力的打击。25 日，南辋区施德诚营 5 名匪军，由收捐员吴晓生带路到“十八乡”下后郭村，李文端、唐言福等人立即率领 12 名武装游击队员赶往下后郭，在许桥伏击匪军。经 10 多分钟的战斗，活捉匪军、收捐员 6 名，缴获长、短枪 6 支。游击队在撤退途中，将 1 名收捐员毙于九头山，5 名匪军经教育后宽大释放。在武装群众和游击小分队的打击下，陈国辉看到单纯用“硬”的军事手段达不到目的，就采取软硬兼施的办法，打着“减收”的旗号，收买惠北各地的土豪、劣绅、乡长、房长、族长，逐乡逐里进行“调解”，从中分化瓦解惠北抗捐大同盟。同时，指使国民党惠安县政府县长叶明昆与党部要员到惠北进行“调解”活动。县委针对这一新动向，一面同陈国辉的阴谋展开针锋相对的斗争，继续开展宣传鼓动工作，号召农民“反抗陈国辉，不出一个钱的鸦片捐!”另一面积极开展游击活动，打击叶明昆等人的“调解”活动，迫使其乘汽船逃往厦门。

4 月上旬，中共厦门中心市委调蔡协民回厦门，“清算”他在惠安组织指导武装抗捐斗争中的所谓“富农路线”错误。5 月，中共厦门中心市委调李文端回厦门，批判其与蔡协民在惠安领导武装抗捐斗争中的所谓“右倾机会主义”错误。县委书记由唐言福代理。

6 月，惠北“十八乡”“四八”“五三”帮会组织受反动分子挑动，在坝头发生械斗。同月，中共厦门中心市委调唐言福回厦门，批判其在惠安工作期间的所谓“路线”错误。县委组织领导的武装游击斗争暂停。

十九路军进驻惠安后，各地群众团体、爱国爱乡人士及海外华侨向国民党中央、国府行政院、军委会电告陈匪在惠安的罪行，迫切要求军政当局“恳令十九路军对匪军陈国辉严加痛剿……惩办匪恶”。

陈国辉被十九路军枪毙后，陈匪所部败退惠安。至此，一场由我党领导的声势浩大的武装抗捐运动先后持续 3 个多月，终于破坏了陈国辉匪军妄图在惠北地区苛征鸦片捐 50 万块银圆的计划，取得了最后胜利!

惠北武装抗捐是继惠安暴动之后福建省内又一次较大规模的农民武装斗争，给予陈国辉所部及当地土豪以沉重打击，锻炼群众，推动惠安革命斗争的继续发展，并由此产生一支拥有数十名游击队员的武装队伍。

第三节　抗日战争时期

1931 年 9 月 18 日，日本发动九一八事变。东北人民和未撤走的东北军部队，组织起抗日义勇军，抵抗日军的侵略。中国共产党派杨靖宇等在东北组织游击队，开展抗日游击战争。中国人民的局部抗战开始。1937年7月7日夜，日本侵略军在北平西南的卢沟桥附近以军事演习为名，突然向当地中国驻军第二十九军发动进攻，第二十九军奋起抵抗，抗日战争全面爆发。在抗日战争时期，惠安的中共地方组织经历发展、精干、隐蔽、再发展的阶段，惠安特支开展抗日救亡宣传活动，建立交通站（点）开展隐蔽活动，扩大革命力量，投入抗日战争。

一、开展抗日救亡宣传活动

1933年4月，惠安特支发动组织华北义勇军抗日后援会，开展抗日宣传，募捐慰问品，发动学生书写慰问信，慰问前线抗日将士。

1937年七七事变发生后，惠安特支以学校的名义发表《告惠安父老兄弟姐妹书》，组织共产党员和师生利用暑假回乡之机，从山区到沿海，在每个集镇广泛张贴、散发传单，从而扩大政治影响，唤起民众投入抗日救亡运动。八九月间，经组织上同意，共产党员柯昆山从同安灌口转回惠安。在接上组织关系前，由柯英介绍，以个人名义参加国民党惠安县党部所属的抗敌后援会惠安分会的宣传队，任队长，负责组织戏剧巡回宣传队第二巡回队工作，开展抗日救亡宣传活动。

7月下旬，曾炉奉中共闽中工委指示，到三坪山区，深入惠安黄田、东坪、寨后、甘蔗园、卷头、西龙和仙游杜云、大埔等地发动群众，组织农民协会、学生会、互助会，并在三台龙建立晋江、南安、惠安、莆田、仙游等5个县的地下交通站，同时成立抗日救亡工作组。在中共晋南工委书记李刚的指导下，惠安特支以学校为阵地，从沿海到三坪山区发动知识青年组织民族抗日先锋队。春至暑假，李青阳根据党组织的指示，先后在张坂前见村和山霞东坑村、下坑村以教师身份为掩护，开展工作；开办有学员100多名的夜校，宣传共产党的抗日主张。国民党第八十师二三九旅旅长钱东亮派兵包围夜校，逮捕李绍芬、李雨亭、李非凡、李则鸣、李鸣钟等5名进步教师。后在李刚的协助营救下，5名教师全部获释。

1938年3月，共产党员何适水、曾木生分别在路口村、大路村办学；“厦青团”成员沈水金、洪耕夫和苏子贞分别在西山、东坑、下坑等地办学。与此同时，惠安特支指派许墉、何济民在三蔡、青山办学，大力开展抗日宣传活动。7 月，惠安特支派共产党员柯昆山，通过地方开明人士的关系，以灰色的面目介入福建省抗敌后援会惠安分会，担任宣传工作，组织爱国青年学生和小学教师开展抗日宣传。特支书记曾炉通过共产党员和进步教师，发动小学生给前方抗敌将士写慰问信。在李刚、曾炉的指导下，惠安特支很快就掌握惠安县部分抗敌后援会和大部分抗敌巡回宣传队。全县各学校进步教师组织起 12 支、有 400 多人参加的抗敌宣传巡回队，下乡巡回演出《放下你的鞭子》《游击队的母亲》《流亡三部曲》《流浪者》《怒吼》等剧目；同时，举行抗日歌咏活动，大力开展抗日救亡宣传活动。其中，惠安特支直接领导的有第二、第十一巡回队 2 支队伍。宣传队深入城镇、乡村，除演出剧目、展出漫画外，还举办战时夜校，设有成人班、妇女班和儿童班，把抗日救亡宣传工作做到男女老少当中去。10 月，抗敌宣传第十二巡回队（东园后港宣传队）继续在惠南一带公开活动，公演《逼上梁山》等文明剧目，引起国民党东园区分部书记黄文彩的恐惧和不安，他号叫“东园‘赤化’了”。

1939 年二三月间，曾炉在惠西北一带以学校为阵地，与党员骨干陈漏水、林晏明和秘密革命活动分子、进步青年师生，发起组织惠仙抗日工作委员会，开展“坚持抗战、反对投降，坚持团结、反对分裂，坚持进步、反对倒退”的宣传活动，扩大抗日力量。7 月，中共闽南特委书记李刚指派何邦基、李青阳等人从晋江返回惠安三李组织霞溪剧团，采取演文明戏的方法，开展抗日救亡、反封建、反压迫等革命宣传活动。秋季，侯如海、苏子贞、洪耕夫、苏小泰在三李一带以办学为名，开展抗日救亡宣传活动，开展地下革命斗争。

通过宣传活动，10 名青年自觉地向惠安特支要求奔赴抗日前线。他们报名参加闽南抗日义勇军第七联队第三大队，一部分人被选派加入抗日武装队伍，前往福州，参加新整编的新四军特务营，开赴皖南前线参加抗日战争。

二、开展对敌隐蔽斗争

1939年1月，惠安特支在县城东门水关尾交通站召开扩大会议，李刚到会指导，曾炉主持会议。会议做出如下决定：增补柯来法、柯昆山为特支委员；惠安地下斗争由半公开转入隐蔽状态；特支主要领导人实行分区负责制，即惠东地区（包括西山、东山、南庄、社坝、赤埕）由柳锦兴负责，惠南地区（包括城关、东园、割上、苏坑、三李）由柯昆山负责，惠北、惠西北地区（包括坝头、土坑、仑头、瓦厝、郭厝、东坪、园庄、寨后、东坑、杜云、陈田、黄田、岭北）由曾炉负责。2—3月，曾炉在惠西北一带发动穷苦农民参加农会组织，在西山、东园及惠北、惠西北等地进行募捐，慰劳抗日军队。发动和领导三坪山区农民100多人，开展抗捐抗税斗争，痛打义路村土豪、国民党缉私队队长郑昌美，惩办土劣郑构。柯昆山还与前来惠安的"厦青团"成员陈毕明（又名陈明，厦门人）接上关系，在涂寨一带开展活动。4月，共产党员陈忠烜、陈忠炳在洛阳岭头村建立交通点，配合割上沿海交通站解决陆上的交通联络问题。5月4日，惠安县"抗敌剧社"成立，共产党员柯昆山、陈忠烜、许墉及进步青年教师卜继业等10多人加入剧社。剧社成立时，公演《大路歌》歌剧，激励工农兵（指国民党抗日军队）联合起来，共同抗日。6月，国民党惠安县党部吴清汉带队四处侦查所谓"违反党国活动分子"。曾炉带领被敌人通缉的柯昆山到岭头、三朱和枫亭斗门等地隐蔽。八九月间，特支成员利用公开职业或合法组织，继续发动群众，开展"一五"（1个党、团员团结5个群众）运动。10月，曾炉在三坪山区进一步巩固农会组织，加强抗日统一战线工作，争取大路开明人士陈鸿儒、枫亭斗门进步人士欧元清对地下党组织的同情、支持和资助。

1940年春，地下党组织在三朱后宅村建立闽中秘密交通站，担负南来北往的革命工作者的住宿膳食、安全隐蔽等任务，并接受初入党的党员到据点村体验、锻炼。4月6日，省委特派员李铁、闽中特委书记李刚前来惠安，在西山召集曾炉、柯昆山、许运伙、朱伦炎等10多人召开扩大会，传达贯彻中共中央关于国统区"隐蔽精干，长期埋伏，积蓄力量，以待时机"的工作方针，党组织转入隐蔽活动阶段。其间，惠安特支分别安排陈毕明、杨坤婕到涂寨赤埕小学任教，庄昌文、温文宗到后苏松光小学任教，并开办夜校、妇女班，扩大抗日救亡的宣传教育工作。5月初，曾炉奉调参加省委武夷干校学习。中心县委委员许运伙接任惠安特支负责人。随后，惠安特支的工作据点由西山转移到三朱交通站。秋季，侯如海、陈忠烜由安溪转回惠安岭头据点，在洛阳、黄塘一带开展隐蔽活动。

1941年2月，陈忠烜与中心县委主要领导人许运伙、吴天亮、朱伦炎在惠安县城东门外交通站召开会议，研究恢复旧关系、开辟新据点等问题。4月，中心县委指派陈毕明任中共惠安县特派员，活动据点在县城东门外水关尾交通站。7—8月，陈毕明同意刘祖丕负责恢复、发展惠东党组织的工作，并通过集美学校学生陈纯元、刘森南等人的同学关系分头开展工作。

1942年5—6月，陈毕明提出不担任惠安县特派员。经吴天亮谈话、规劝无效，中共泉州临时工委指派宣传委员朱伦炎兼任。朱伦炎带领刘祖丕前往惠北开辟三川一带工作；尔后，在割山、城关一带发展党员。秋季，晋江、南安、惠安、莆田、仙游等5个县的重要交通站在三朱后宅村建立。该站成为惠安地下党活动的中心据点。其时，中共泉州临工委主要负责人或交通员侯如海、王经贤、许远足、杨翩、陈五、史爱珠等人经常来往于三朱交通站，有的还常住于此地开展隐蔽活动。

1943年3月，中共闽南特委决定把泉州党组织领导的范围划分为泉州地区和永德大地区，并在这2个地区分设特派员。其后，泉州地区特派员侯如海任命刘祖丕为中共惠安特派员。9月，朱伦炎带领刘祖丕、许集美、林拱振等人到中共闽南特委机关（永泰县梧桐尾山区）参加整风学习。整风学习结束后，刘祖丕暂留机关工作，中共惠安特派员工作由陈纯元代理。

1944年1月，中共泉州工委特派员侯如海根据省委指示和闽中特委部署，派人在本地区内全面开展打通秘密交通站的活动。1—3月，在惠北田里国民学校任教的陈纯元、李焕堂、方曙缄（同安人）联络一批进步知识青年，秘密组织马列主义学习小组。陈纯元通过同乡任乡长、保长的关系，接任田里国民学校校长，选聘教员，改校名为“梅东西南区中心学校田里分校”，使之成为抗日后期惠安地下党在北海区的中心据点。4 月，刘祖丕受闽中特委书记黄国璋指派返回惠安，继续担任中共惠安县特派员工作。刘祖丕到惠安后，获悉色彩暴露，即转入隐蔽活动。他负责打通惠西到仙游的路线，派许远目、陈相镖负责打通惠北的路线。刘祖丕、许远目、陈相镖等人通过寻找关系，结交朋友，做群众工作，把惠安的各据点联成一片，沟通与其他地区的联系。刘祖丕还先后在惠北、惠东、惠南的三山、前林、港墘、南庄等村开展党的工作，恢复和巩固三朱、西山、青山、下坑、岭头、东园等革命据点和三朱秘密交通站，为打通联结惠安、东坪、仙游的秘密交通路线奠定基础。七八月间，相继恢复沿海港墘、前林、型厝、西山、峰崎、三朱，到峰尾、三川、三朱、三台龙（三坪山区）等闽中特委机关的交通站、点。同时，重新恢复青山、西山、下坑、岭头、东园等革命基点村。其时，地下党组织还指派方瑶緘在仙游枫亭枫江中学任教，设立秘密交通点，从而打通惠安、仙游、莆田交通线。年底，张海天、洪瑞星、王福庆在崇武港墘据点村创办渔民夜校。通过发动渔、船民造桥、修路、做公益事业，扩大党的影响，为据点村、交通站（点）的工作打下扎实的群众基础。

1945 年 2 月，陈纯元领导三川一带群众发起反抗豪绅刘雪本高利贷（“放青苗”）剥削的斗争，并取得胜利。4 月，中共泉州中心县委书记侯如海在晋江安海十九间郑厝召开泉州党组织干部会议（又称“安海会议”），陈纯元参加。安海会议对所属党组织负责人进行调整，陈纯元担任中共惠安直属区委书记。陈纯元返回惠安后，召集林平凡、张海天、刘森南、李焕堂、刘玉燕等人在惠北割山村开会，传达安海会议精神。此后，中共惠安直属区委开辟惠东北沿海主要港口据点，打通三朱、涂岭、三坪、岭北点、线工作，配合我党在湄洲、南日岛开展武装斗争。全县划分为田里、土坑、港墘、前林等 4 个工作基点，开辟武装抗日游击根据地。6 月，刘祖丕由杨光辉派员护送，从莆田笏石搭船到惠安沙格登陆进入土坑村；翌日，转往三朱后宅村。粘文华在听取刘祖丕汇报海上情况后，即部署惠安县各地党组织转入隐蔽。8月后，惠安共产党组织的隶属关系再次中断，直属区委机构自行消失，所属共产党员和秘密工作者分散进行隐蔽活动。

惠安地下党组织领导的开展对敌隐蔽斗争，为积蓄力量，等待时机，配合反攻打下坚实基础，为惠安抗日根据地的巩固与壮大做出重要贡献。

第四节　解放战争时期

1945年8月29日至10月10日，中国共产党和中国国民党就中国未来的发展前途、建设大计在重庆进行了一次历史性会谈（又称“重庆谈判”），双方达成《政府与中共代表会谈纪要》（即《双十协定》）。1946年1月中下旬，政治协商会议召开，通过政协协议。此后不久，蒋介石撕毁停战协定和政协协议，悍然向解放区发动进攻。中国共产党领导人民军队被迫进行自卫作战。惠安的中共地方组织由闽浙赣、闽粤赣2个系统分别重建县、区工委机构、军事机构、群团组织机构，领导全县人民前仆后继，进行艰苦卓绝的顽强斗争，打击敌人，先后组织游击战争、三朱反“围剿”斗争，策动山腰盐署盐警起义、崇武港墘“八六”反“围剿”，解放惠安县城，建立新生政权，紧密配合全国解放战争。

一、游击战争歼敌记

1945年9月，中共福建省委发出《关于目前形势与我们的方针任务的指示》，要求各级党组织必须积极发展军事力量，做好阻击敌人进攻的充分准备。其间，布防在惠安的国民党兵力有第三二五师1个团、交警第八总队、省海上保安纵队第四支队、县警察局警卫队、县保安自卫队，多达2000人。中共惠安县级组织根据敌强我弱的不利状况，建立武装队伍，制定以分散隐蔽保存自己、集中力量主动出击消灭敌人的斗争策略，在敌后进行一系列的军事行动。

击杀国民党顽敌，摧垮其基层政权

1946年年底，中共（闽中）惠安县工委委员王福庆率领武工队，

袭击崇武国民党接兵部队和敌东园乡公所。

1948年3月，中共(闽中)惠安县工委领导的惠东中队攻打净峰乡公所，缴获步枪10支。4月，又集中东岭、螺城分队70多人突袭国民党惠安县党部。5月，惠东南中队攻打东园镇公所，烧毁文书档案，其乡长弃暗投明。9月，县工委抓紧开展地下武装斗争，指导中共涂坑总支组织武装人员在梅峰乡岩山、孝笠山一带，武装阻击国民党接兵部队。

1949年4月初，中共(闽中)惠安县工委书记朱汉膺、委员王福庆等人率领游击队100多人枪，攻打仙游股匪叶文尔，叶匪闻讯逃跑。同月中旬，中共(闽中)惠东南区工委指派张元法等人率领12名游击队员，于夜间袭击驻扎在崇武的国民党某部连长王忠带领的接兵部队，迫使敌人连夜逃离崇武。5月，根据中共闽中地委"集中力量打击敌人最顽固势力，争取进步力量，分化瓦解动摇分子"的指示，县工委连续2次在三朱召开各区工委负责人会议，决定进一步开展"打顽敌，挖蒋根"的武装斗争，确定首先打击顽固不化、死心塌地为国民党效劳、群众恨之入骨的辋川乡乡长江一枝。6月28日，书记朱汉膺与委员张海天、林平凡等人经过周密部署，率领游击队员30人，深入敌穴，奇袭国民党辋川乡公所，击毙国民党辋川乡乡长江一枝，捣毁村公所，打伤乡队副，缴获长、短枪11支；返回路上，恰遇县刑警队，击毙刑警队队长，缴获短枪3支。在游击队声威震慑和政治攻势下，有的乡镇保长为自己的出路着想，不愿再为国民党反动派卖命。他们通过各种渠道与游击队接触，表示悔改。例如涂寨乡、螺城镇的一些乡、保长表示不再与人民为敌，并交出驳壳枪3支、左轮枪1支。7月上旬，朱汉膺率领游击队60多人枪转战于惠安、仙游交界山区，有力地打击山区部分国民党基层反动政权。8月22日，中共惠安县工委(闽粤赣系统)领导的惠安武工大队接管涂寨乡公所，举行解放涂寨的游行庆祝活动。

组建游击大队，壮大武装力量

1947年3月，中共(闽中)惠安县工委分头贯彻中共闽中地委"尚干会议"精神，把分散隐蔽活动引向半公开或公开的武装斗争，建立武装游击队伍，粉碎国民党在其统治区的“攻势”；同时，发动群众反征兵、反征粮、反征税，组织学生运动，开展反饥饿、反迫害、反内战的斗争。7月，张海天、张元法奉命在港墘海上交通站筹建海上武装队伍。10月，在三朱交通站召开的扩大会明确指出要准备武装斗争。12月，县工委进一步打通港墘—东岭—峰崎—三朱—三台龙直至闽中根据地的水陆交通线，在三朱、港墘和三川各组建1支武装队伍。

1948年2月，中共(闽中)惠安县工委召开会议。会后，领导成员分别深入惠北、惠东、惠东南三大地区，继续以反“三征”为口号发动群众，抓紧筹集枪支弹药，组建武工队。7月，林平凡、张海天等人在港墘、前林接运轻机枪3挺、冲锋枪4支、卡宾枪3支、子弹3箱等一批武器弹药，经三朱交通站由朱联法带领10多名武装人员押送转交中共闽中地委，支持闽中武装革命斗争。9月，县工委抓紧开展秘密武装斗争，指导中共涂坑总支组织武装人员在梅峰乡岩山、孝笠山一带，武装阻击国民党接兵部队，震慑国民党惠安当局。从此，国民党惠安当局不敢到三川一带进行“三征”。

1949年2月，经中共闽中地委批准，中共(闽中)惠安县工委正式成立闽浙赣人民游击纵队闽中支队惠安人民游击大队。该大队拥有767人枪，朱汉膺任大队长兼政委，张海天任副大队长，林平凡任副政委。大队下辖4个中队：(1)惠北中队，下辖三朱、涂岭、北海、辋川等4个分队，以及黄塘孙清忠、晋北潘益源各掌握一支游击队，全中队拥有271人枪。(2)惠东中队，下辖前林直属、权民(东岭)、飞鹤(涂寨)、螺城(城关)等4个分队，以及涂寨王金泉分队，全中队拥有187人枪。(3)惠东南中队，下辖港墘直属、海燕、青山和东园等4个分队，拥有152人枪。(4)山腰盐场中队，由起义的山腰盐场税警改编，按连排班编列，拥有157人枪。

4月上旬，权民区工委利用王金泉与国民党惠安县政府县长覃斌秘书的旧关系，授意王金泉接受反动当局指派，出面组建惠东联防指挥所。他按照权民区工委的指示，选派中共党员、游击队员和地下基本群众40多人打入指挥所，掌握武器、粮饷，使该指挥所成为一支共产党掌握的“白皮红心”的武装队伍。中旬，中共三朱区工委钟盾支部加紧对山腰盐场盐警中队长樊新进行策反工作。樊新暗中向我党表示投诚，并提供一批武器，支持革命武装斗争。同月，中共(闽中)惠安县工委接收城工部惠安共产党组织的一批党员和40余人枪的武装队伍。

与此同时，中共(城工部)惠东南支部(闽粤赣系统)也于1949年1月底组建1支10多人枪的武装队伍。6月，中共惠安县工委(闽粤赣系统)成立闽粤赣边区纵队第八支队第四团惠安武工队，郑凯(林祖慰)任队长，陈瑄(何家沛)任指导员。7月，何家沛与中共洛阳总支策划，派中共晋江支部武委潘省虹利用与国民党第三二五师政治部主任吕德超的关系，乘该师在泉州招兵，组建师部直属工兵营，潘省虹任营长，打进该师搞策反工作。8月22日，中共惠安县工委集中武工队员300多人枪在涂寨庄内村葛山宫，成立闽粤边区纵队闽西南联合司令部泉州武装工作团惠安武工大队，李祖荫任大队长，何家沛任教导员；惠安武工大队下辖洛阳、陈三坝、城关、东园、崇武、东岭、涂寨等7个中队，有近600名队员。

袭击反动军警，骚扰敌人后方

1948年5月，涂岭乡五社上园村的群众因山林纠纷，打死国民党第八十师连长何冷水的儿子。25日，国民党惠安县当局即以此为借口，派遣警察局侦探队长潘奄勇、反动连长何冷水率军、警数十人，潜入五社，妄图“围剿”八担村我革命武装。26日凌晨，陈秋贵率领10多名游击队员反击，当场击毙警察潘瑞奎，逼使警探徐炳枝等2人投降，并缴获驳壳枪3支，敌人狼狈撤回县城。11月，林文学组织人员在山腰开办惠远票局，大量印发货币，流通于惠北各地，扰乱反动当局的货币市场。冬季，中共(闽中)惠安县工委先后在三朱、港墘召开会议。会后，陆续派员打进敌军、警组织，开展策反工作，敦促国民党军、警人员起义投诚。

1949年4月，中共(闽中)惠东南区工委指派张元法等率领12名游击队员，于夜间袭击驻扎在崇武的国民党某部连长王忠带领的接兵部队，迫使敌人连夜逃离崇武。4月底至5月初，晋江、南安、惠安、同安、安溪等5个县的地下党组织“抗丁大同盟”。中共惠安三朱区工委当即指示锦凤乡乡长连远实行“怠工”、责令乡公所停止办公，配合反“三征”斗争。5月，国民党惠安县政府县长覃斌带领1个连兵力进驻东岭，妄图“围剿”共产党组织。权民区工委立即派出10多名游击队员，夤夜袭击其驻地。覃斌和敌军吓得不敢动弹，于五更时分逃回县城。游击队乘势捣毁东岭乡公所，张贴标语、布告，警告乡长陈春魁及乡政人员改恶从善。尔后，陈春魁向中共（闽中）惠安县工委交出步枪10多支，并自动弃职，东岭乡公所随之垮台。五六月间，游击队统一行动，在一夜之间，割切电线，砍倒电杆，使全县通信中断。同时，烧毁福厦公路陈潼关、林厝埔2座公路桥，阻断敌军车辆通行，延缓敌军撤退。

6月，惠东游击队分三路潜入县城，张贴标语，散发传单，割断电话线，在东门马山和西门螺山顶放火鸣枪，一时两座山头大火熊熊，枪声大作，守城敌军惊恐万状，疑遭游击队攻城。第二天，急忙在县政府门口和要道垒起沙包，构筑工事，增设岗哨。群众看到《中国人民解放军布告》喜笑颜开，奔走相告。三朱游击队乘国民党交警换防时连人带枪俘虏2名掉队警兵。北海游击队将从平潭溃退的敌人12名（军人，其中1名营长）全部俘虏，缴获长、短枪6支。

夏季，中共惠安县工委（闽粤赣系统）领导的洛阳武工队密切监视国民党交警部队的活动，防止其破坏洛阳桥；洛阳、陈三坝2支武工队分别在坑尾山、山仔寺和坝下村集结待命。其时，驻洛阳的泉州武工团副团长卢良带领吴彰明等武工队员，前往西塘村缴获窜到该村的国民党惠安县民政科科长带领的2名随员的短枪2支及国民党自卫大队队长陈观涛的重机枪1挺、短枪数支，并俘虏陈观涛护兵。

7月1日，覃斌带领县警察局局长陈寿松，纠集600多人枪，疯狂“围剿”中共（闽中）惠安县工委所在地三朱据点村，被游击队击溃撤回县城。11日夜，国民党警探50多人包围东张村鹅东小学和螺城区工委负责人的家。游击队发觉后，敲锣鸣枪，邻近村庄的游击队和群众武装闻讯立即出动，敌人狼狈逃走。中旬，中共（闽中）惠安县工委命游击队员蒋济良、张挥戎、黄清木、张禾水、王金兔、黄吉成等人，前往官柱村袭击宪兵中校参谋刘开渠。路上，游击队员偶遇崇武镇镇长张培生，将他及1名护兵击毙，收缴驳壳枪、短枪各1支。龟宿在家的刘开渠闻讯后，慌忙潜逃。

8月上旬，中共(闽中)惠安县工委组织游击队和武装群众，击败联合"会剿"革命据点村港墘的惠安县政府县长覃斌和交警第八总队队长杨卓夫，以及国民党海上保安纵队第四支队队长庄毓英等人带领的国民党军警。

在游击队的沉重打击下，国民党惠安县、乡、镇、保政权处于瘫痪、半瘫痪状态，军政人员内部分崩离析。

二、成立中共(闽中)惠安县工委

1945年9月，中共福建省委发出《关于目前形势与我们的方针任务的指示》，要求各级党组织必须"利用一切和平条件，保持与群众联系，加深敌人矛盾，强化自己的力量"。中共泉州中心县委根据省委、闽中特委的指示，决定恢复、巩固、发展各县的党组织。

1946年1月中旬，中心县委派王经贤到惠安开展工作，加强惠安县党组织的领导力量。2月，王经贤指派张海天等人在港墘建立海上交通站，大力筹集武器、弹药，准备组织武装队伍。6月初，闽中特委决定成立中共(闽中)惠安县工作委员会[简称中共(闽中)惠安县工委]，接受中共泉州中心县委领导；林平凡任书记，张海天、王福庆为委员，王经贤仍留惠安协助林平凡工作；机关设在三朱交通站。其时，闽中特委指示中共(闽中)惠安县工委，要抓紧恢复旧关系、开辟新区域、发展党组织、建立武装队伍等方面的工作。中旬，中共(闽中)惠安县工委将全县划分为惠北、惠东和惠东南3个片，决定首先恢复三朱、前林2个党支部。这2个党支部分别组建一支20—30人的短小精悍的武工队伍。各个党总支、支部先后恢复后，大都设有武装委员，并建立3—5人的武工小组。秋季，中共(闽中)惠安县工委指派朱联法、林思敬到泉州海疆专科学校开展学生工作，发展党员、建立党的组织。冬季，王经贤与中共(闽中)惠安县工委领导人林平凡、张海天、王福庆等人在东园玉坂村召开会议，决定继续贯彻“分散发展”的地下斗争方针。

1947 年 8 月初，共产党员许惜今、许伙东受中共闽浙赣区党委城工部副部长孟起和福长林地委书记陆集圣指派，返回惠安开展地下活动，开辟据点，发展组织，建立武装，领导群众反“三征”；并建立中共惠东南支部，许惜今任书记，许伙东任副书记。同月，海疆学校地下党员利用暑假，在惠安前林村召开会议，成立中共惠安海疆支部，书记林思敬，副书记朱联法。8 月底至 9 月初，中共(闽中)惠安县工委在三朱召开会议决定：恢复建立中共涂坑支部，书记刘玉燕；重组中共港墘支部，书记张元法。10 月，中共闽中地委书记黄国璋到惠安，在三朱交通站主持召开干部会议。会议传达中共闽浙赣省委“八二八会议”精神，研究贯彻意见：决定恢复朱汉膺的党籍；指派粘文华任中共(闽中)惠安县工委书记，林平凡、张海天、王福庆任委员，增补朱汉膺为县工委委员。同时，决定成立惠东区工委，书记张海天(兼)，副书记林春法。11 月，中共(闽中)惠安县工委相继恢复或建立五刘、峰崎、东园、涂坑、钟眉等地党的支部或小组。

1948 年 2 月，根据中共闽中地委的指示，粘文华在崇武港墘网仔船上主持召开中共(闽中)惠安县工委会议。会议选举朱汉膺为县工委书记，林平凡、张海天、王福庆、何邦基(增补)为委员。粘文华调回地委机关工作。县工委领导做如下分工：朱汉膺负责惠北片，张海天负责惠东南片，林平凡负责惠东片。3 月，中共涂坑总支成立，书记刘玉燕；下设 3 个党支部，党员 17 名。6 月，中共港墘支部改为中共海燕总支，书记张元法。9 月，中共(闽中)惠安县工委指派朱成才到惠安中学开展学生工作，发展党的组织，建立中共惠中支部。与此同时，县工委抓紧开展地下武装斗争，指导中共涂坑总支组织武装人员在梅峰乡岩山、孝笠山一带，武装阻击国民党接兵部队。10 月，中共(闽中)惠安县工委所在地正式成立中共三朱区工委，书记朱联法，副书记朱成才。尔后，区工委坚持在斗争中发展壮大党的组织，先后建立 12 个党支部，发展 98 名党员。

1949 年 3 月，中共(闽中)惠安县工委在全县范围内相继建立 7 个区工委，即：涂岭区工委，书记陈金源；北海区工委，书记刘玉燕；

权民（东岭）区工委，书记林菊初；飞鹤（涂寨）区工委，书记林思敬；惠东南（包括东园）区工委，书记张元法；城关区工委，书记王显川；辋川区工委，书记柯木林。5 月，协和大学中共党员陈春三受中共福州市委（城工部）指派，返回惠北涂岭开展地下活动，建立中共火花支部，并创办《火花》出版社，负责印发中共（闽中）惠安县工委下发的文件、传单。

三、建立闽粤赣（闽西南）系统惠安党组织

1946 年 3 月，中共闽西南厦门工委同安中学总支委员兼教员支部书记何家沛陪同中共闽南地委特派员、宣传部部长罗林到惠安县洛阳陈三坝考察。罗林指派何家沛留在陈三坝开展革命工作，开辟新区，发展党、团组织。翌年冬，何家沛从同安中学转回惠安中学，以教书为掩护，在洛阳、陈三坝一带开展革命斗争。

1948 年春，中共洛阳总支成立，何家沛任书记，下辖洛阳、陈三坝、晋江等 3 个支部。秋季，菲律宾共产党员郑妈水、庄铭发和“菲共抗日华支”队员曾赉九回国后在洛阳白沙一带开展革命活动。后与中共闽南地委派来的许昭明（原菲共党员，回国后在中共闽南地委工作）接上组织关系，建立中共洛东支部。

1949 年 4 月，中共泉厦临工委和中共厦大总支派林祖慰、王奕铭、张文仁等人回惠安，与厦大城工部共产党员苏炳文、曾联辉联系，发展党员，在东岭张坑西头村成立中共（闽南）惠东南区工委，林祖慰任书记，苏炳文任组委，曾联辉任宣委；惠东南区工委直属中共泉厦临工委领导，庄炳章负责联系。6 月，中共泉厦临工委决定将何家沛在洛阳地区发展的组织、中共惠东南区工委发展的组织，以及与许昭明接上组织关系的中共洛东支部汇合，成立中共惠安县工委（闽西南系统），何家沛任书记（兼任新民主主义青年团惠安县工委书记和惠安人民解放同盟主任），林祖慰任组织部部长（后因病由曾联辉代理），曾联辉任宣传部部长（后由苏炳文代理）；相继成立闽粤赣边区纵队第八支队第四团惠安武工队。

惠安解放前后，中共惠安县工委（闽西南系统）共发展党团员 230 多名，为党组织培养一大批革命干部，为武装解放涂寨、东园、

洛阳、崇武等乡镇，筹集粮米，组织船队、民工，配合大军解放厦门，做出重大贡献。

四、组织三朱反“围剿”斗争

1949年6月30日晚，国民党惠安县政府县长覃斌、警察局局长陈寿松、第九七五团团长黄升辉等反动头目率领的县保安团、第三二五师2个营以及警察局大部分警察约600人，向大雾山进犯，准备“围剿”三朱村，却扑了个空。他们放火烧毁游击队经常往来活动的寺庙。7月1日，敌军警分两路包围三朱：一路从东边经前黄方向，另一路从北边经北坑方向，把三朱团团围住。各村都进驻军警部队，连续“围剿”3天。由于县工委的正确判断和及时部署，三朱区工委采取紧急措施，迅速动员群众开展反“围剿”斗争。各村除留少数老人外，其余群众或上山或向后宅、都巡等村转移，让群众在山洞过夜。敌人进村之前，游击队早已集中在都巡村待命。县工委认为三朱山多，村落分散，地势险要，群众基础较好，回旋余地大，有利因素多，决定武装人员全部上山，坚守山头，密切监视敌人动向，待机反击。

根据县工委的部署，三朱区工委通知附近支部集中武装人员，设置两层岗哨，紧密配合并及时接应县游击大队的行动。白天在“十八乡”通往三朱的路口设置岗哨，并以农活为掩护，在通往后宅和都巡村的地段增设联络哨，一旦发现情况，即及时通报；同时，抽调钟盾、许埭、普安、驿坂等地的武装人员，分别集中在三朱附近的后亭、金山、崇福等村，以昆山寺点火为号逐步向三朱靠拢，合击敌军。中共前黄支部负责侦察敌指挥机关的动向。县工委派钟德进找已表示愿意向我投诚的钟厝盐警中队，叫他们做好随时拉出队伍配合我部进行反击的行动准备。钟厝盐警中队完全同意，并主动送2箱手榴弹和500发子弹给游击队，但要求战斗结束后带领他们上山打游击。涂岭武工队则集结在三朱外围待命，随时准备投入战斗。县工委经过反复讨论，认为敌我力量悬殊，如果硬拼，我方将蒙受重大损失，广大人民群众的生命财产也会遭到严重威胁，因此决定采取外围骚扰、寻机打击敌人的策略。县游击队保持一支主力队伍，在三朱、三坪、大雾山一带迂回流动，造成反击声势；辋川区工委派王细法带领部分队员，配合惠东直属分队和螺城分队，组成一支30多人枪的小队伍，迅速向县城挺进，分头袭击敌“戡乱队”和驻军所在地，抄袭敌人老巢。外围骚扰造成敌人的惊恐，包围三朱的敌人不敢贸然进山“清剿”，一直龟缩在村里。两天过去，敌人一无所获，恼羞成怒，放火焚烧朱汉膺和朱春才的住宅，又烧毁昆山寺、岩窟寺(即前烧村岩山寺)，并把一向支持与掩护地下党革命同志的住持和尚朱金城捆绑至后宅村朱汉膺的家门口枪杀，然后慌忙离去。

三朱反“围剿”斗争进一步锻炼并考验了三朱的共产党组织和人民群众。尽管他们的财产遭受重大损失，但群众毫无怨言，革命意志更加坚定。从此，三朱游击队公开打出旗号，开展斗争。朱汉膺带领他们配合闽中游击支队，转战于惠北和晋江、惠安、仙游3县交界的山区，打击反动势力。

五、策动山腰盐署盐警起义

山腰是大革命时期惠安开展革命斗争较早的地区，又是我省海盐三大产区之一。国民政府在这里常设一个盐务机关——山腰盐务公署，同时配备一支有近200名兵力的武装盐警大队。盐务公署下设5个课、4个场务所、2个分所和1个泉州征收处，并在泉州和山腰设置2部电台，同国民政府上层机构直接沟通有关政治、经济、军事方面的消息。盐警大队编制4个中队和1个直属警卫班，分别驻扎在队部和埭港、菜堂、钟厝、埕边等4个场务所，军需供应，一应俱全。它是反动政府加紧对盐区人民进行压迫和剥削的统治机器。因此，认真执行党的统战政策，策动盐署盐警投诚起义，有利于分化瓦解敌人，壮大人民革命武装力量，加速惠安解放进程。

1949年4月，中国人民解放军渡江南下，直向华东、华南进逼，全国革命形势急速发展。其时，莆田、惠安、晋江一带革命斗争十分活跃，群众运动和游击活动此起彼伏，山腰盐民罢工也时有发生。山腰盐署头号人物、场长兼盐警大队队长郝志英闻风丧胆，携眷逃往泉州城里，场署的全盘工作由刚从辽宁营口解放区辗转调来山腰盐场担任秘书科科长的顾人增代理主持，盐署机关内开始骚动，课室人员惶惶不可终日。

中共(闽中)惠安县工委决定派人深入敌营垒进行策反工作，敦促国民党军警投诚起义。原城工部成员林文学、庄晚芳和庄祖荣等人先后从福州转移到老家山腰开展革命工作。庄晚芳曾任省农林公司总经理，为社会上层人物；庄祖荣则是山腰当地盐商，与盐署素有业务往来。这2人家又邻近盐署、警场队。县工委与他们接上关系后，一方面，决定利用地下革命工作者连远、庄祖荣、庄晚芳等人的特殊身份和有利条件，负责对盐署、盐警的正面沟联策反工作；另一方面则运用早已心向我党的革命基本群众、盐警班长徐建华，通过其与少校、副大队长的同乡关系，做盐警的内线联络策动工作。

根据县工委的决定，林文学、庄晚芳一面通过举办“补习班”，吸收一批进步青年和盐署中部分工人参加学习，从中进行党的政策宣传和革命形势教育；另一面由庄祖荣利用旧关系与顾人增、苏秉淦接触，正面提出问题，指明出路，鼓励他们明辨是非、转变立场、投奔革命、争取立功。与此同时，徐建华也从内部加紧串联警士、班长及中层官佐，酝酿“后院起火”。

盐署方面虽说倾向革命，力主起义，可自知手中没有兵权实力，如不争取盐警的支持，统一行动，恐怕义旗难举。为此，顾人增毛遂自荐，决意主动登门造访苏秉淦，当面探究这位兵权在握的盐警头领对时局的看法和应变的态度。经过几番面叙，谈论渐入佳境。

与此同时，徐建华也自下而上多方活动，先后争取驻埭港、菜堂、钟厝等3个中队的一些警士和班长。这班人开始暗中串联，每人捐献5发子弹，集中后由徐建华悄悄送交我游击队。

6月底，当庄祖荣再次与苏秉淦接谈时，苏秉淦明确表态决心伺机起义，双方还秘密协议：盐警保证对游击队到山腰一带活动，不采取敌对行动；游击队则对盐警岗哨和外出缉私，只要佩戴盐警标志，也不加干预。从此，山腰盐警与共产党正式建立关系，并由向我暗中通报敌情发展到向我输送枪支弹药。钟厝盐警中队队长樊新经我三朱区工委教育、争取后，真诚为革命效力，不仅尽量掩护我秘密革命工作者施云鹤到钟厝主办“妇女讲习班”(夜校)等革命活动，还暗中输送1箱手榴弹、500发子弹支持我游击队。当人民解放军乘胜挥师向南挺进时，县工委根据上级指示，向盐警、盐署提出保护盐场公堆存盐，以备大军南下及支援上海、湖南等地军需民食之用，署、警对此遵照执行（惠安解放时，全场尚存盐20多万担，表明他们归顺革命的真诚心迹）。

7月1日，反动军警600多人“围剿”我三朱据点村时，县工委派钟德进到钟厝盐警中队，并令樊新待命参战，做好增援准备；同时，派员到山腰盐警大队找苏秉淦，借出步枪50支、子弹数千发，充实人民武装力量。在县工委统一指挥下，县游击队与辋川、城关、涂岭、山腰等地游击队密切配合，击败敌人的“围剿”。

8月17日凌晨，解放军占领榕城，福州解放。盐署电台当晚收到福州解放消息，顾人增、苏秉淦代表盐署、盐警到达指定地点与县工委代表商谈起义。县工委根据时局发展态势，同意盐警、盐署一齐行动，即日起义，并指令盐警大队紧缩外围兵力，重新部署防卫重点，严防大股敌人袭击盐场，还约定与我游击队联络的办法等；并要求盐署和场所人员各自坚守岗位，保留原职原薪，等候接管。

苏秉淦、顾人增接到县工委密令后，立即赶回单位，分头召开盐警官佐，场署课长、主任会议，传达县工委的决定和指示，毅然决定山腰盐警全体官兵、山腰盐务公署全体员工即日起义。苏秉淦还在起义誓师会上根据县工委的指示，重新部署作战计划，命令各中队集中兵力向公路警戒，并增派便衣侦察人员，监视国民党惠安驻军和驻扎枫亭交警的活动情况。对于因路途远未能到会的埕边所盐警中队队长何辉鸿，苏秉淦征得中共青山总支苏克明同意，令何辉鸿就地率队起义，听候接管。盐署、盐警大队大部分人员对起义早有思想准备，故弃暗投明、集体起义行动一致，进展十分顺利，唯有场长郝志英在泉州城里。当晚，苏秉淦、顾人增商定，连夜派盐警大队书记员王仰慈和1名警士赶至泉州，把郝志英请回山腰；当苏秉淦、顾人增把全场员警起义情况对郝志英说明后，郝志英知大势已去、无可挽回，只好顺应革命潮流，表示赞成。

8月18日，县工委指派张海天、朱联法、连远等10多人到山腰庄晚芳家楼上，举行盐警、盐署起义的接收仪式。苏秉淦、顾人增分别代表山腰盐警大队和山腰盐务公署，向张海天呈交人员、武器、弹药、财产、物资等清册，正式宣告起义，并通过电台，把起义的消息通电全省各盐场。是日，全场上下群情激奋，官警人员欢欣鼓舞。苏秉淦抽调1个盐警班，全副武装配合游击队，由连远率领，前往山腰街上宣传，张贴、散发"热烈欢迎署警投诚归来""热烈祝贺山腰地区解放"等标语和传单。晚上，盐署又在庄晚芳家门口大埕召开欢迎游击队进驻盐署的联欢晚会。

山腰盐警、盐署起义，开创惠安国民党政警反正的先例，对莆田和诏安两地的盐警起义产生直接的影响，从而宣告国民党福建盐警总队应变计划的彻底破产。

8月底，山腰盐警参与解放惠安县城。9月，山腰盐警陆续奉调回山腰驻地，成为新中国成立后我省第一支人民盐警队，继续为党和社会主义建设事业贡献自己的力量。

六、崇武港墘"八六"反"围剿"

1949年7月，国民党崇武镇镇长张培生在龙西遭遇战中被我游击队击毙。此后，以庄毓英（后投诚起义）为首的敌海上保安纵队第四支队，多方策划要给游击队以报复性打击。他们组织地方反动武装约800人枪，企图对港墘地下党实行突击性进攻，但慑于我方雄厚的群众基础和优越的地理条件，一时不敢轻举妄动。紧接着，庄毓英又谎报军情，促请国民党第二十二兵团司令兼厦门警备司令李良荣下令，纠集交警第八总队1个全副美式装备的加强营500多兵力，总计1300多人，并由驻厦门海军派出炮艇2艘、机械船5艘，于8月5日下午水陆并进，对港墘红色据点村形成包围圈。

当晚8点多，国民党兵向港墘发起攻击。英勇的港墘村民毫不示弱，上至80岁老翁下至10多岁孩童，个个坚守战斗岗位，严阵以待，准备血战到底。为了搞好反"围剿"斗争，县工委领导在西山头召开区工委紧急会议，分析敌情，研究对策。鉴于敌我力量悬殊，为了保存实力，决定令岗哨和战斗队伍撤退转移，同时做好武装保护人民群众转移、掩蔽工作。这时，大岞村通过港墘张妈生转来惠安反动县长覃斌的一封公开信。信的内容大体是："这次'围剿'投入强大兵力，为民锄共，水陆并进，无路可逃，如敢抵抗，势必玉石俱焚。良民要呆在家里，不要外出走动，以免误伤。"县工委领导统一大家的意见，仍按区工委会的决定执行。但一些游击队员和革命群众思想有抵触，认为撤退是"长敌人志气，灭自己威风"。经耐心说服，直至深夜时分，一些岗哨才陆续撤退。

8月6日凌晨4时左右，敌人摸黑进村，四处搜捕地下党干部和革命群众，横行无忌，肆意杀掠，疯狂地折腾一整天，直到夕阳西下，因怕我方增援部队到来、切断他们的归路，才相继撤走。

在这次反"围剿"中，我方虽然基本上保存实力，但游击队队员和人民群众被捕139人，死伤12人，全村财物被洗劫一空，经济损失折合黄金3000两（包括营救被捕人员的赎金）以上。

七、解放惠安县城，建立新生政权

1949年8月中旬，山腰盐警起义后，闽浙赣游击纵队闽中支队惠安游击大队已拥有767人枪，下辖4个中队。其中，惠北中队271人枪，惠东中队187人枪，惠东南中队152人枪，山腰盐场中队（由起义的山腰盐警改编而成）157人枪。

8月23日，中共（闽中）惠安县工委命令山腰盐警中队出动2个分队、100余兵力，由马世杰、樊新带领到叶厝埔集中，与游击队会合，尔后整队出下江、经辋川、过峰崎，与惠东片游击队会师。他们一律佩戴红色臂章，在大队长兼政委朱汉膺、副大队长张海天、副政委林平凡率领下，4个中队、500多人全副武装，兵分三路入城，并由已入城的秘密革命工作者同已投诚的县警察局军警接应，顺利地接管国民党惠安县政府和县警察局，中共闽粤赣（闽西南）城关支部则接管国民党惠安县党部、商会和海滨日报社，正式宣告惠安解放。《海滨日报》在当天发出由闽中地下党员何必然（该报编辑）撰写的《惠安人民重见天日》的号外。惠安这块神奇而美丽的土地从此掌握在人民手中。

是时，解放军尚未到达惠安。县工委为防止溃退的敌军残部孤注一掷，即令盐警武装布防在城郊马山顶，以防敌人的突然偷袭；又令盐署驻泉州征收处电台报务员高光大随时向县工委报告泉州一带敌人的活动情况。

8月27日下午，朱汉膺参加闽中地委会议。会上宣布：尚书翰任中共惠安县委书记；朱汉膺任惠安县人民政府县长，王振海任副县长。同日，中国人民解放军第八十七师师长张强生、政委王义勋、政治部主任段六奎主持召开惠安地下党县工委会议。中共泉州工委书记许昭明，闽中系统朱汉膺、张海天、林平凡，闽西南系统何家沛、曾联辉、苏炳文等人出席会议。会上第八十七师首长宣布：经中国人民解放军朝阳部队批准，成立惠安县人民办事处，朱汉膺为主任，何家沛任副主任，张海天、林平凡、曾联辉、苏炳文和驻惠解放军某团团长杨增任委员。

8月31日，中国人民解放军朝阳部队进驻惠安，与惠安地下游击队胜利会师。

9月5日深夜，尚书翰、王振海带领20名南下干部、战士，由何邦基陪同抵达惠安县城。翌日，南下干部、战士在旧县政府大厅与当地干部胜利会师。何邦基宣读上级对中共惠安县委、惠安县人民政府领导干部的任命书：尚书翰任县委书记，朱汉膺任县政府县长，王振海任副县长，张海天任县政府秘书，张加清任县公安局局长，何邦基任组织部副部长，张乙英任宣传部部长，林平凡任农会主任（主席），何家沛任青年团县工委书记。领导班子具体分工：尚书翰、王振海负责建党建政工作，朱汉膺负责支前工作。过后，又任命张海天为副县长。

第二章　红色文化

惠安县有光荣的革命传统，在福建革命史上占有特殊的地位。1983年，县有关部门对革命老根据地（简称“老区”）进行调查研究。经呈报上级政府审核认定：全县的老区分布于15个乡（镇）、45个建制村、247个自然村，计29242户144530人。在1949年10月以前的革命斗争中牺牲被追认为老革命烈士的40名，不脱产的城乡地下党员（中共党员）、老接头户、交通员、游击队员、赤卫队员、失散的红军老战士和苏维埃政府的不脱产区、乡干部758名。这些老区中属于国内第二次革命战争时期建立的有181个，15310户76394人；抗日战争时期创建的有13个，3710户17664人；解放战争时期开辟的有52个，10222户50472人。

惠安有不少革命遗址。据有关部门认定，境内重要事件发生地有惠安公学、山柄大馆、大淡后乡宫、麟山小学、后洋飞凤寺、宣美陈氏大宗祠、胡文炳故居、屿头陈氏宗祠、屿头山土地庙、醒民学堂、中共惠安特支机关驻地旧址、洋坑村王氏宗祠、中共梅山村支部旧址、中共闽西南惠安县东南区工委成立地、霞庄文武馆、葛山宫等16处。

惠安有不少革命老区村。至2012年，经省政府有关部门先后认定的有霞光、城前、王孙、东关、中新、梅山、蒋吴、锦水、东风、港墘、大岞、五峰、大淡、田墘、下坑、新亭、瑞东、大厅、曲江、五柳、后许、后洋、山霞、松溪、新塘、东埭、西埔、峰崎、峰南、南星、许厝、湖埭头、彭城、东桥、锦东、宣美、荷山、胡厝、前林等39个革命老区村。

惠安有不少纪念设施。至2016年，全县修建的纪念碑和保存烈士墓等纪念设施22处。

惠安有不少革命先辈。革命战争年代，惠安人民做出重大的牺牲和不朽的贡献。全县可圈可点的革命先辈（即大革命时期、土地革命时期、抗日战争时期惠安县党组织负责人和解放战争时期县工委委员以上领导人）至少26名。

第一节　革命史迹

中共惠安支部遗址

中共惠安支部又称“中共惠安公学支部”，位于惠安县螺城镇东南社区。

1926 年 12 月中旬，中共惠安支部在惠安公学成立。这是中共在惠安建立的第一个支部，也是泉州地区第一个中共基层组织。

中共惠安支部建立后，当即利用国共两党合作的有利时机，着手组建惠安县学生联合会、共青团惠安县支部、惠安县总工会筹备处和惠安县农民协会等群团组织，作为党开展斗争的助手和后备军。同时，决定针对惠安时局，开展“两反对”运动。

新中国成立后，惠安公学改称“八二三小学”。20 世纪 90 年代，八二三小学整体搬迁，并更名为“惠安县八二三实验小学”。2000 年 8 月，惠安县文物管理委员会在原址竖立“惠安公学支部遗址”石碑。

山柄大馆

山柄大馆位于惠安县山霞镇山霞村，系乾隆年间陈氏顶房公建，原为私塾，馆前连接大厝，坐西向东，占地面积 280 平方米。

1928 年，陈琨在山柄大馆创办龙江小学，自任校长。他聘请一批进步青年教师，锐志革新教学，播种新文化思想种子，招收女生，修建运动场，开展体育活动，编演“文明戏”，设立“号鼓队”，举行“远足”等教学活动。1930 年 9 月 16 日，红二团政委陈琨带领红二团直捣山柄村民团巢穴，打响惠东地区武装暴动的第一枪。不久，敌海军陆战队纠集民团进犯红二团驻地屿头山，陈琨在掩护主力转移的战斗中壮烈牺牲，暴动失利。

陈琨牺牲后，龙江小学停办。后来小学复办，易名为侨南小学。再后又几经迁徙、易名。1945 年，小学回迁旧址山柄大馆，恢复校名龙江小学；1946 年，易名青山乡中心国民学校；1948 年，易名历山小学；1950 年，建成公立山柄完全小学；1952 年，学校迁往新街侨南校舍，山柄大馆成为山霞乡政府办公地址；公社化后，被征用作生产队仓库。

大淡后乡宫

后乡宫位于惠安县山霞镇大淡村，原为后乡村民敬奉青山王张悃的旧佛宫，占地面积 60 平方米。该宫所在的大淡村，四面环山，与后洋村相邻。

1928 年，为了开展革命工作，共产党人以后洋村为秘密活动中心，经常派员到大淡村宣传发动群众参与革命活动，暗中组织赤卫队。后乡宫因为地处村落偏僻位置，成为共产党人的临时集散联络地点。1929 年春，大淡村有赤卫队成员 30 多名。

新中国成立后，后乡宫被生产队用作牛棚。1976 年，重修后归于佛宫。1982 年，在原址翻建，归于青山宫。

麟山小学

麟山小学位于惠安县辋川镇峰崎村。

从土地革命到抗日战争、解放战争期间，麟山小学是中共党员开展地下革命斗争的重要据点。1930 年，蓝飞鹤、陈平山曾以麟山小学为据点，组织发动群众开展革命斗争。1940 年，何邦基从城关迁往峰南村落户，随后以麟山小学为依托，奔波于惠安、晋江开展革命活动。1942—1943 年，林平凡、庄昌文以麟山小学教员身份为掩护，建立小型武装工作队和地下交通联系站秘密传递信息，护送共产党人往来。

麟山小学建校之初，占地面积 120 平方米。1984 年，麟山小学重建，学校面貌焕然一新。

后洋飞凤寺

飞凤寺位于惠安县山霞镇后洋村，始建于清，面积 223 平方米，坐北朝南，由山门、两厢、大殿组成。

1930年9月14日夜，根据中共福建省委和泉属特委决定举行惠安暴动的部署，福建红军独立一师第二团在后洋村集结。随之红二团在飞凤寺召开分队（排）长以上军事会议，部署暴动方案。16日晨，红二团举行庄严的授旗誓师仪式，从后洋出发攻下山柄民团炮楼，击毙团总陈鸣周及其父陈奕昭，成立泉州地区第一个乡级红色政权——五陈乡苏维埃政府。

1987年，飞凤寺被县政府列为县级文物保护单位。2002年，被县政府列为县级爱国主义和国防教育基地。2003年，飞凤寺由村民集资重新翻建。2009年，被省政府列为省级文物保护单位。

宣美陈氏大宗祠

陈氏大宗祠位于惠安县山霞镇宣美村。

1930年7月，中共福建省委做出在惠安举行暴动的决定，中共泉属特委和中共惠安县委全力投入组织领导暴动的工作。8月初，泉属特委、惠安县委负责人在宣美村陈琨家中召开会议，制订暴动的具体计划和行动方案。9月16日清晨，红二团在后洋村后大埔打响惠东暴动第一枪，随后在宣美陈氏宗祠宣告成立五陈乡苏维埃政府。

宣美陈氏大宗祠始建于唐末，其后多次修葺。2000年，陈氏族人集资按照原貌重修。2006年，被县政府列为县级文物保护单位。

胡文炳故居

胡文炳故居位于惠安县东岭镇湖埭头村。

1930年7月下旬，省委书记罗明到泉属各地检查巡视工作，并到湖埭头村胡文炳家中召开会议，听取陈平山、蓝飞鹤汇报惠安暴动的准备工作，并做出举行惠安暴动、建立福建红军独立第一师、福建红军惠安总指挥部和成立惠安县苏维埃筹备委员会等机构的决定。

2018年，胡文炳故居作为惠安暴动筹备会旧址被县政府列为县级文物保护单位。

屿头陈氏宗祠

陈氏宗祠位于惠安县东桥镇屿头村。

1930 年 9 月，中共惠安县委在中共福建省委、泉属特委的领导下，举行震动闽属地区的惠安暴动。18 日午后，红二团队伍挺进屿头村，做好合攻县城的准备。红军整队入村，正是屿头村的普度日。他们驻扎在村里的陈氏宗祠内，严守纪律，谢绝村民请客，只吃地瓜稀饭，每锅地瓜稀饭付给群众 8 角钱。红二团驻扎屿头村后，马上在祠堂里做出屿头山阵地战的部署。

1999 年，屿头陈氏宗祠被县政府列为县级文物保护单位。

屿头山土地庙

土地庙又称“社公妈”，位于惠安县东桥镇屿头村，系民国初年修建，占地面积 15 平方米，为石结构单体建筑。

1930 年 9 月 16 日晨，福建红军独立一师二团在后洋举行暴动。18 日下午，红二团进驻屿头村，准备和红一团合攻县城。根据战斗部署，红二团以屿头山为阵地，以山上的土地庙为临时战地指挥所。双方在屿头山展开 2 个多小时激战，红军战士打退敌人的屡次进攻，终因寡不敌众，暴动失利。红二团被迫转战他处。

1987 年，屿头山土地庙被县政府列为县级文物保护单位；2002 年，被县政府列为县级爱国主义和国防教育基地；2009 年，被省政府列为省级文物保护单位。

醒民学堂

醒民学堂位于惠安县辋川镇五柳村的柯溪与东埔自然村之间，始建于元朝，占地面积 168 平方米，原为五柳村柳氏宗祠，至今 600 多年。

五柳是曹海等革命先辈开创的革命根据地。蓝飞鹤、曾炉等曾在醒民小学以教员身份，开展地下革命工作。为唤醒民众投入抗捐、反土豪斗争，校名定为“醒民学校”。该校大门至今还留有蓝飞鹤当时撰写的一副楹联:"醒狮怒吼依西山而发起,民众觉悟以教育为前提。"1940 年,惠安特支在西山醒民学堂召开扩大会议(即西山会议),省委特派员李铁、闽中特委书记李刚到会指导。醒民学堂成为闽中特委往返人员的交通站。

新中国成立后,醒民学堂曾改为五柳小学,后改为醒民小学。2005 年,醒民小学修建新校舍,坐落于醒民小学内西侧的五柳村柳氏宗祠重新修葺。

2018 年,醒民学堂被县政府列为县级文物保护单位。

中共惠安特支机关驻地旧址

中共惠安特支机关驻地旧址位于惠安县螺城镇北关社区双龟牌自然村。

1934 年 3 月,中共惠安特支机关移驻螺城双龟牌村,设在施世农家二楼,占地面积 100 平方米。特支在此创办机关刊物《警钟》小报,开展反苛捐杂税的宣传工作,揭露反动政府的种种罪行;还通过各地农会、盐民会、渔民会等群众组织,开展抗租抗债、反迫害斗争。1935 年 7 月,特支机关移出双龟牌村。

洋坑村王氏宗祠

王氏宗祠位于惠安县螺阳镇洋坑村。

1947 年,凤山小学创办,校址设在洋坑村王氏宗祠,占地面积 293 平方米。至 1949 年春,中共(闽中)惠安县工委负责人林平凡(化名林一峰)在凤山小学任教,以此作为掩护,开展党的秘密工作和革命活动,传播马列主义和党的方针、政策,发动群众,组织武工队,在县城内外张贴宣传标语,配合解放惠安县城。

新中国成立后,凤山小学的校名、校址多次变更。洋坑村王氏宗祠也旧貌换新颜。

中共梅山村支部旧址

中共梅山村支部旧址位于惠安县螺城镇梅山村,至今尚存。

1948 年，中共梅山村支部成立，创建人陈水奇是梅山村十八家自然村人。陈水奇在泉州海疆学校读书时，积极参加泉州反饥饿、反内战、反迫害的学生运动。回乡后，他与邻村进步青年共同投身革命。在中共城关区工委的领导下，他积极发展党员，在其寓所建立中共梅山村支部。支部建立后，积极发动群众开展抗丁、抗粮、抗税的斗争，并筹集武装，组织武工队参与夜袭县城，张贴革命传单，配合解放惠安县城等活动，为惠安解放事业做出贡献。

中共闽西南惠安县东南区工委成立地

中共闽西南惠安县东南区工委成立地位于惠安县净峰镇西头村张文仁祖厝。

1949 年 4 月，厦门大学惠安籍学生、中共闽西南系统党员林祖慰、王奕铭、张文仁，共青团员黄征帆等人，根据中共厦门市临时工委厦大总支书记庄炳章的指示，回到惠安开展工作，组织武装，迎接解放。他们以净峰西头村张文仁的祖厝为秘密机关，运用各种形式开展革命宣传、发展共青团员、建立武装组织、收集敌方情报。当月底，在此地成立中共闽西南惠安县东南区工作委员会。此后，区工委着手开辟宣传阵地，采用开办文化补习班、夜校和组织读书会等形式，开展宣传教育；发展武装力量，筹集武器弹药及粮食。至 1949 年 6 月，该工委有党、团员 170 多名，长短枪 120 多支。后宣告成立闽粤赣边纵第八支队第四团惠安武工队；打入敌人内部，了解敌情，开展统战工作。8 月 22 日，解放涂寨镇，次日挺进惠安县城，接管国民党惠安县党部、县商会。

霞庄文武馆

霞庄文武馆位于惠安县辋川镇后许村霞庄自然村。

1948 年，中共(闽中)惠安县工委派人到后许村宣传革命知识，发动群众参与革命活动。1949 年 6 月，中共后许支部成立后，霞庄文武馆成为共产党人的秘密活动联络据点。在党的领导下，后许人民开展抗丁、抗粮、抗税、反蒋革命斗争，并配合中共辋川区工委建立武工队。在县工委组织领导下，武工队在袭击辋川乡公所、镇压国民党乡长江一枝和刑警队队长潘奄勇的斗争中起到积极作用。

2013 年，霞庄文武馆重新翻建，占地面积 300 平方米。

葛山宫

葛山宫位于涂寨镇庄内村东葛山南麓的村道边，始建于宋代，原为儒师讲学授徒的场所。

1949 年 8 月 22 日，中共惠安县工委（闽粤赣系统）在葛山宫成立闽粤边区纵队闽西南联合司令部泉州武装工作团惠安武工队。中共闽西南泉州工委书记许昭明在此召集武工队员、党团员、文宣队员，合计 500 多人枪，举行誓师大会。随即，惠安武工队接管涂寨乡公所，举行解放涂寨的游行庆祝活动。

葛山宫曾多次重修。1992 年，葛山宫被县政府列为县级文物保护单位。1995 年，附近村民自发筹集资金，重新修造。

三朱地下交通站旧址

三朱地下交通站旧址位于今泉港区前黄镇三朱后宅自然村朱汉膺故居。

1930 年 7 月，中共泉属特委军委书记陈平山和特委宣传部部长、惠安县委书记蓝飞凤在三朱准备惠安暴动工作时，介绍朱汉膺加入中国共产党，成立中共三朱支部。朱汉膺家从此成为地下交通站。1932 年 2 月，中共厦门中心市委巡视员蔡协民、惠安县委书记李文端等领导成立惠北抗捐大同盟，又在朱汉膺家设立指挥部。1946 年 6 月，中共惠安县工委成立，县工委机关驻地设在三朱交通站。惠安县工委和游击大队以三朱为活动据点，发动群众开展武装斗争，直至 1949 年 8 月解放惠安县城。

三朱地下交通站旧址朱汉膺故居占地面积 260 平方米，为两进三间张一护厝楼，砖石建筑结构。后来重新修建的北面榉头，房外墙用块石所砌，条石板铺顶。2001 年 12 月，三朱地下交通站旧址被泉港区人民政府公布为文物保护单位，并于 2009 年立碑保护。

第二节　革命老区村

2000年，惠安析涂岭、前黄、山腰、后龙、南埔等5个镇置泉州市泉港区。经省、市有关部门认定，泉港区有39个革命老区村，它们是涂岭镇：涂岭、松园、小坝、前瓯、涂型、樟脚、寨后、路口、五社、邱后、溪西、芦朴、世上、汶阳、清美、溪头、下炉、白潼、秀溪、黄田、驿坂；前黄镇：三朱、前黄、后张、古县；山腰镇：普安、鸢峰、钟厝、海滨、埭港；后龙镇：土坑、东山、后墘、后田、割山、上西；南埔镇：先锋、凤翔；界山镇：鹅头。2010年，析洛阳、东园、张坂、百崎等4个乡（镇）置泉州台商投资区。该区有6个革命老区村，它们是东园镇：玉坂、上林、群青；张坂镇：前见、苏坑；洛阳镇：梅岭。按照修志撰史的属地原则，以上45个革命老区村未列入本史。

螺城镇王孙革命老区村

螺城镇王孙村位于该镇北大门、324国道边惠泉啤酒厂北厂对面，东临走马埭万亩耕地保护区域，西紧依惠安自来水厂、液化气站交界，南与本镇溪南村、南州村交界。

全村区域面积约2平方千米，下辖东张新村，有14个村民小组，现有780户2890人。

20世纪30年代，王孙村就有青年学生参加反帝大同盟，进行宣传抗日救亡运动；解放战争时期也有青年参加革命斗争活动。1955年，原在土地革命、抗日战争、解放战争时期建立的革命据点的东张村，因国防建设需要全村搬迁，部分村民迁居王孙村，另建东张新村。两地在革命时期都建立中共基层组织，积极从事革命活动。1983年，县政府为王孙革命老区村树碑。

2016年，村财收入74.48万元，人均收入约10871元。

螺城镇东关革命老区村

螺城镇东关社区位于惠安县城中心区域，东有国道324线，与惠安军用机场毗邻，西至启明街，南与新霞社区企塘新村为邻，北至马山顶与燕京惠泉啤酒有限公司旧厂区交界。

全社区区域面积约0.7平方千米，由马山顶、留山顶、下排吴、小田船、平顶、南圃、奎巷、文峰、市园、东升、后厝仔等11个自然村组成，辖28个村民小组，现有3344户9292人。

1928年6月，中共福建省委驻厦办事处派朱思来惠安领导开展秘密革命斗争。朱思以东关小田船和留山顶为据点，广泛发动群众，成立区工委；并以留山宫为中心办夜校，组织面业工会、互助会、秘密农会，发动群众散发传单、张贴标语，开展罢工、罢课、反抗苛捐杂税等斗争，一直坚持到1934年。1983年，县政府为东关革命老区村树碑。

2016年，村财收入339.64万元，人均收入16300元。

螺城镇中新革命老区村

螺城镇中新社区地处惠安县城中心地段，东临建设路，西至中山北路，北接惠兴街，南傍八二三东街。

全社区区域面积约0.3平方千米，辖32个居民小组，现有3945户10110人。

1938—1942年，中共惠安县特支在此发动群众，发展党员，并在猪槽潭和水关尾建立党的秘密交通站，接待过往的革命工作者，为革命做出贡献。1955年，原在土地革命、抗日战争、解放战争时期建立的革命据点村——东张村，因国防建设需要全村搬迁，部分村民迁到此处。1983年，县政府为中新革命老区村树碑。

2016年，村财收入50.28万元，人均收入37000元。

螺城镇梅山革命老区村

螺城镇梅山村位于该镇西北郊，东与霞西、西北、北关等社区毗邻，西、南与紫山镇的官溪、坝下、南安等3个村交界，北与辋川镇更新、玉围2个村接壤。

全村区域面积约11.2平方千米，由竹坑、过溪、石盘、草厝、大坝内、后仁、田七、田八、后馆、馆口、尖西岭、集佰家等12个自然村组成，辖12个村民小组，现有780户2762人。

1948年，梅山村十八家自然村村民陈水奇在海疆学校读书时参加泉州反饥饿、反内战、反迫害的学生运动；后毅然回乡，与邻村进步青年投身革命。在中共城关区工委领导下，发展党员，建立中共梅山支部；发动群众开展抗丁、抗粮、抗税的反蒋斗争；积极筹集武器，组织武工队参与夜袭县城，张贴革命传单，配合解放惠安县城，为惠安人民解放事业做出贡献。1983年，县政府为梅山革命老区村树碑。

2016年，村财收入48万元，人均收入约10827元。

螺阳镇蒋吴革命老区村

螺阳镇蒋吴村位于惠安机场东侧，邻陈芹林锏溪，西至机场，南至工农村、林锏溪，北至村下村。

全村区域面积约1.9平方千米，由蒋厝、吴厝、后苏仔、山头、进士、店仔、后埕、路下、溪西等9个自然村组成，辖15个村民小组，现有1088户4519人。

蒋吴村的店仔、路下2个自然村原属东张村。土地革命战争后，这2个自然村就有中共基层组织在活动。1929年夏，中共东张村支部成立，开展革命活动；7月，中共惠安县第一次代表大会在东张村举行，正式成立中共惠安县委、共青团惠安县委。1935年7月至1940年5月，路下自然村人曾炉任中共惠安特支书记。在抗日救亡运动和解放战争时期，革命青年接过先辈红旗，建立党支部，并在中共城关区工委领导下，发动群众开展革命斗争活动，直到惠安解放。1983年，县政府为蒋吴革命老区村树碑。

2016年，村财收入17.58万元，人均收入17162元。

螺阳镇锦水革命老区村

螺阳镇锦水村位于该镇最南端，与张坂、东园2个镇交界，交通以锦绣路为主线，西至福厦路，东线钱塘火车站直至惠安城内。

全村区域面积约2.2平方千米，由水枧、上塘、长箱尾、土堀、许单等5个自然村组成,下辖11个村民小组,现有705户2904人。

锦水村是林和平烈士的家乡。1931年秋,共产党员曹海到东山任教,发展林和平等人参加秘密革命斗争(后吸收入党),建立中共东山支部。从此,锦水村在党的领导下开展反对国民党黑暗统治、反对日本等帝国主义侵华活动。林和平历任党支部副书记、党的外围组织惠安青年反帝大同盟负责人、惠安特支机关小报《警钟》负责人。1934年,林和平在县城北门双龟牌村不幸被捕;12月26日,在马山顶英勇就义,年仅25岁。1983年,县政府为锦水革命老区村树碑。

2016年,村财收入6.23万元,人均收入16279元。

螺阳镇锦东革命老区村

螺阳镇锦东村位于该镇南部东角,东邻张坂镇大坪村,西至梧宅村,南到锦水村水枧,北至锦丰村。

全村区域面积约1.5平方千米,由前崎坑、后崎坑、东山等3个自然村组成,辖9个村民小组,现有685户2305人。

锦东村是林顺烈士的故乡。1931年秋,共产党员曹海到东山任教,发展林顺等人参加地下革命斗争(后吸收入党),建立中共东山支部。从此,锦东村在党的领导下开展反对国民党黑暗统治、反对日本等帝国主义侵华活动。1935年5月,林顺在锦水祠堂不幸被捕,当天在大坪山英勇就义,时年28岁。2005年,县政府为锦东革命老区村树碑。

2016年,村财收入14.55万元,人均收入15518元。

螺阳镇东风革命老区村

螺阳镇东风村距县城南2.5千米,属县城新区规划范围,东连城南工业区和火车站站前公路,国道324线福厦公路和惠安世纪大道南北贯通,交通便捷。

全村区域面积约4.8平方千米,由山前、前窑、岭下、沈厝、山村、前宅、厝斗、前吴、后厝、蔡庄等10个自然村组成,辖12个村民小组，现有 1939 户 6606 人。

1947 年夏，闽浙赣系统城市工作部福长林地委指派共产党员许惜今、许伙东回乡开展工作，先后建立 3 个党支部，发展党员 40 多名，广泛发动群众开展斗争。1947 年冬，建立一支武工队，积极开展抗丁、抗粮、抗税斗争，挖蒋根、打土霸，张贴标语，散发传单，开展宣传活动。以莲溪小学（现霞光小学）为据点办夜校妇女班，宣传革命道理，坚持革命斗争。1983 年，县政府为东风革命老区村树碑。

2016 年，村财收入 18.17 万元，人均收入 18055 元。

螺阳镇霞光革命老区村

螺阳镇霞光村位于惠安县城南拓的城乡接合部，东邻洋坑村，西至紫山镇石马村，南至东风村，北至螺城镇新霞社区，距县城约 2 千米。境内有西苑路、世纪大道和 308 线省道、324 线国道贯穿通过。

全村区域面积约 2.3 平方千米，由洪厝、甲场头、茂前、竿林、竿塘、后窑、东园、后埔、后亭等 9 个自然村组成，辖 11 个村民小组，现有 972 户 3436 人。

1947 年夏，闽浙赣系统城市工作部福长林地委指派共产党员许惜今、许伙东回惠安开展工作。他们以祖籍地霞光村（后窑自然村）为根据地，发展党组织，建立革命武装队伍，领导群众反“三征”，组建中共惠东南支部，迎接惠安的解放。1951 年 9 月，霞光村竿林自然村人张渊水在一次侦察敌情时被敌人发现，双方发生激烈枪战。张渊水在战斗中壮烈牺牲，后被民政部确认为革命烈士。1982 年，县政府为霞光革命老区村树碑。

2016 年，村财收入 27.59 万元，人均收入 16942 元。

黄塘镇松溪革命老区村

黄塘镇松溪村位于黄塘镇西部，东傍黄塘溪流至后郭村，西与下坂村接壤，南邻台商创业基地，北与洛江区交界。

全村区域面积约 9.3 平方千米，由夏厝、东湖、布袋内、尖山、石脚、石盘、前蔡、莲山、官茂、吴厝、东张、窑内、董埔、松溪等 14 个自然村组成，辖 13 个村民小组，现有 850 户 3490 人。

松溪的东张自然村，原位于县城东郊。1928 年夏季，中共福建省委驻厦办事处派朱思到惠安县开展革命斗争，先后在该村发展 13 人入党；秋季，建立党支部。1929 年 7 月，中共惠安县第一次代表大会在东张村召开。1946 年，中共党员王显川等人以鹅东小学为活动中心开展革命活动。1949 年 3 月，中共城关区工委会成立，下设 5 个党支部。该支部领导党的革命武装力量打击国民党基层政权，配合解放惠安县城。1955 年，因机场建设，东张自然村搬迁到松溪村。2003 年，县政府为松溪革命老区村树碑。

2016 年，村财收入 33.87 万元，人均收入近 13837 元。

崇武镇港墘革命老区村

崇武镇港墘村位于崇武半岛尖端，三面临海，北面有岞山、鹤山，子良港内港由本村南北居民区环抱；距崇武镇政府 4 千米，距台湾梧栖港 97 海里。

全村区域面积约 2.4 平方千米，由港墘、田北、西堡等 3 个自然村组成，现有 1997 户 7894 人。

1943 年，惠安党组织到港墘村开展秘密革命活动。1945 年 3 月，建立中共港墘支部。晋江“科任事件”后，党支部遭受破坏。1947 年，张海天重建支部，并改名“中共海燕支部”。之后，以此为据点建立中共海燕总支和中共惠东南区工委。张海天领导建立闽中海上交通站，组织群众反“三征”、挖蒋根，发展革命武装，港墘成为沿海革命据点村。1949 年 8 月上旬，国民党纠集 1300 多人“围剿”港墘村，港墘人民遭受重大损失。然而，港墘人民并不气馁，继续参与解放县城、支前等斗争，为革命做出重大贡献和牺牲。1956 年，省政府评定港墘为革命老区基点村。1983 年，县政府为港墘革命老区村树碑。

2016 年，村财收入 161.34 万元，人均收入 14736 元。

崇武镇大岞革命老区村

崇武镇大岞村位于崇武半岛东端的边陲海岬，三面环海，北邻湄洲湾，南接泉州湾，东临台湾海峡(距台湾梧栖港仅 97 海里)，西接本镇港墘村。

全村区域面积约 4.7 平方千米，下设东北、西北、东南、西南 4 个工作片，辖 40 个村民小组，现有 3501 户 13885 人。

土地革命战争时期，中共组织就在大岞村开展重大活动。其时，大岞渔民参加声势浩大的罢海罢市活动。1930 年，该村有革命群众参加惠安暴动。1947 年，中共惠安基层组织派员在此发动群众和发展党员，组织渔民会、青年会，办夜校，播下革命火种。1949 年 4 月，成立党支部和武工队。在党的领导下，大岞掀起反抗国民党反动统治，开展抗丁、抗粮、抗税等革命斗争。8 月，参加港墘“八六”反“围剿”和解放惠安县城、接管崇武伪镇公所，为惠安人民解放事业做出贡献。1983 年，县政府为大岞革命老区村树碑。

2016 年，村财收入 222.96 万元，人均收入 15919 元。

崇武镇五峰革命老区村

崇武镇五峰村地处崇武半岛中部，东邻西华、港墘 2 个村，西接溪底、霞西 2 个村，北面大海，南对西沙湾景区。

全村区域面积约 4 平方千米，由峰前、峰东、峰上、峰后等 4 个自然村组成，辖 20 个村民小组，现有 1322 户 5036 人。

1947 年，中共惠安基层组织派员到五峰村大力发动群众和发展党员，播下革命火种。1949 年，党支部和武工队成立，在党的领导下，打击国民党伪镇、保长，破坏伪基层政权和开展抗丁、抗粮、抗税等革命斗争；8 月，参加解放惠安县城，接管崇武、东园伪乡(镇)政权，为惠安人民解放事业做出贡献。1983 年，县政府为五峰革命老区村树碑。

2016 年，村财收入 137.48 万元，人均收入 16172 元。

山霞镇后洋革命老区村

山霞镇后洋村位于该镇东部，东至崇武镇溪底村，西接山霞村，南邻大淡村，北连龙港湾，惠崇公路和省道201线贯穿境域。

全村区域面积约4.1平方千米，由后洋、赤湖2个自然村组成，现有1017户4025人。

1929年，中共党员到此建立党支部。1930年，中共党员以办民团为掩护，发动群众暗中组织赤卫队，酝酿武装暴动；夏秋间，在惠东组建红军第二团，后洋有50多名赤卫队员参加。9月16日，惠安暴动开始，红军第二团在后洋飞凤寺集结队伍、誓师授旗，沿途打击反动民团，镇压地霸土劣，建立苏维埃政权；19日，屿头山战斗失利，红二团化整为零被迫转移，后洋人民遭受清剿摧残，为革命做出重大牺牲。1986年，县政府为后洋革命老区村树碑。

2016年，村财收入100.72万元，人均收入17177元。

山霞镇大淡革命老区村

山霞镇大淡村位于惠崇公路南侧，东邻赤湖工业区，西至山腰山，南接东坑山，北至后洋村，地处惠安（山霞、崇武）、泉州沿海大通道的枢纽地段。

全村区域面积约1.5平方千米，辖3个村民小组，现有398户1553人。

1928年，惠安特支工作由城市转移农村后，在该村开展地下革命活动。共产党员以民团为掩护，暗中组织赤卫队。1929年春，该村有赤卫队成员30多名，他们积极酝酿武装暴动。1930年9月，惠安暴动开始，红二团队伍在后洋村誓师授旗出发后，一路英勇无畏地打击国民党反动势力，镇压地霸土劣，直抵屿头村，与敌人展开激烈的屿头山战斗。最终因寡不敌众，暴动失利，队伍被迫转移后转入秘密革命活动。1983年，县政府为大淡革命老区村树碑。

2016年，村财收入68.6万元，人均收入17508元。

山霞镇山霞革命老区村

山霞镇山霞村(原名山柄村)位于山霞镇东北部,东与后洋村相邻,西至宣美村场下,南至田墘村埭头,北到龙村溪、龙潭港,惠崇公路自西向东贯穿全境。

全村区域面积约 2.4 平方千米,由山柄、新街 2 个自然村组成,辖 14 个村民小组,现有 980 户 3890 人。

1928 年,革命先辈陈琨在山柄乡大馆创办龙江小学,自任校长,结识进步青年教师,传播革命道理,以龙江小学为阵地深入附近村社发动组织群众。1930 年,陈琨入党后在此建立中共五陈区工委;8 月,中共泉属特委和惠安县委负责人在山尾陈琨家召开会议,全面研究暴动计划,做出相关决定;9 月 16 日,惠安暴动开始,最终因寡不敌众,暴动失利,陈琨等人壮烈牺牲。1948 年,党组织派人到这里发动群众,建立党支部,组织武工队,继续开展革命斗争,迎接惠安解放。1998 年,县政府为山霞革命老区村树碑。

2016 年,村财收入 139.7 万元,人均收入 17305 元。

山霞镇田墘革命老区村

山霞镇田墘村位于山霞镇北部,北连山霞村,东靠山腰村,南邻新塘村,西接前张村。

全村区域面积约 0.9 平方千米,由田墘、埭头、近内等 3 个自然村组成,辖 6 个村民小组,现有 465 户 1800 人。

1929 年,中共惠安县委机关由城关迁往惠东时,在田墘播下革命火种。1930 年,中共惠安县委在五陈区域成立区工委,酝酿武装暴动;8 月,惠安暴动领导人在山尾村召开会议,制订暴动计划,同时组建福建红军独立第一师。田墘革命者编入红军独立第一师第二团第三连,参与屿头山战斗,为革命做出牺牲和贡献。1983 年,县政府为田墘革命老区村树碑。

2016 年,村财收入 43.16 万元,人均收入 16157 元。

山霞镇新塘革命老区村

山霞镇新塘村位于山霞镇西部，308 县道惠崇公路的西侧，东临田墘村，西临张坂镇，南临山腰村，北临前张村，山青大道横穿全村。它与邻近 5 个陈姓村落并称“五陈”。

全村区域面积约 1.4 平方千米，下辖新塘自然村、8 个村民小组，现有 498 户 1844 人。

土地革命时期，五陈乡人民在党的领导下，积极开展抗租、抗饷、抗捐、抗税、抗粮的斗争，有力地支持中央苏区的反“围剿”斗争和中央红军的长征。1930 年，中共惠安县委在这里建立中共五陈区工委，建立工农武装红军第二团。惠安武装暴动后，在这里建立泉州地区第一个革命红色政权——五陈乡苏维埃政府。惠安暴动最终失利，新塘村的陈钦等红二团战士为革命献出自己宝贵的生命。2003 年，县政府为新塘革命老区村树碑。

2016 年，村财收入 43.91 万元，人均收入 16462 元。

山霞镇宣美革命老区村

山霞镇宣美村位于该镇西北部，处于龙港之畔，东邻山霞村及镇政府，西邻涂寨镇曲江村，北邻东岭镇前林村，308 县道从境内通过。

全村区域面积约 1.3 平方千米，由山尾、场下、水边等 3 个自然村组成，辖 8 个村民小组，现有 776 户 3085 人。

宣美是革命烈士陈琨的故乡。1928 年，陈琨回到家乡在山柄创办龙江小学，传播革命道理。1930 年春，陈琨入党后，积极为党的事业工作；8 月，中共泉属特委和惠安县委在陈琨家召开会议，制订惠安暴动计划；9 月 16 日清晨，陈琨任红二团政委，率先带领行动组，打响惠东暴动的第一枪。惠安暴动最终失利，陈琨壮烈牺牲。1948 年，中共（闽中）惠安县工委派人到宣美村发动群众，建立党支部，组织武工队，继续开展革命斗争，迎接惠安解放。2006 年，县政府为宣美革命老区村树碑。

2016 年，村财收入 56.04 万元，人均收入 16750 元。

山霞镇下坑革命老区村

山霞镇下坑村位于该镇南部，在东坑村偏东南。沿海大通道旁青山湾在该村辖区。

全村区域面积约 2.6 平方千米，由霞溪、霞阳、霞青等 3 个自然村组成，辖 20 个村民小组，现有 1990 户 8006 人。

1930 年，中共惠安县委派人到下坑建成立三李支部，播下革命种子；9 月，发动和组织渔民群众，参加并支援惠安暴动。1937 年开始，积极投入抗日救亡运动。1943 年，重新恢复青山、下坑革命据点村。至 1949 年年初，先后建立中共下坑支部、中共青山支部和武工队、革命群众组织——霞溪青年正义推进会。8 月，下坑村的中共党员、革命群众参与解放惠安县城，接管崇武、青山等伪乡镇政权以及埕边盐场，为惠安人民解放事业做出重要贡献。1983 年，县政府为下坑革命老区村树碑。

2016 年，村财收入 96.44 万元，人均收入 17155 元。

涂寨镇新亭革命老区村

涂寨镇新亭村位于该镇西部。

全村区域面积约 1.2 平方千米，由新亭、黄崎、宫后、荷石步、仑上、下曾等 6 个自然村组成，辖 10 个村民小组，现有 830 户 3156 人。

新亭是革命先烈蓝飞鹤的故乡。1927 年，蓝飞鹤从南洋回到厦门投身革命。1930 年，蓝飞鹤受党的指派回到家乡参与领导惠安暴动。他担任红军惠安总指挥部政委，任福建红军独立第一师第二团团长。新亭村成为县委组织筹划惠安暴动的据点。9 月 16 日，惠安暴动开始。蓝飞鹤在组织突围中不幸被捕，于 9 月 26 日被国民党反动军警杀害。解放战争时期，一批新亭青年投身革命，为惠安人民的解放事业斗争。1983 年，县政府为新亭革命老区村树碑。

2016 年，村财收入 48.9 万元，人均收入 15307 元。

涂寨镇瑞东革命老区村

涂寨镇瑞东村位于该镇北部，与东桥镇屿头村近邻。

全村区域面积约3.2平方千米，由土楼、塔后、祠堂、下乡、前坑等5个自然村组成，现有1348户5142人。

瑞东村原名“赤埕”，是革命先烈卢明堂的家乡。瑞东位置偏僻，交通不便，土地革命战争时期一直是地下党组织的活动据点。1928年，卢明堂加入中国共产党，参加城关学运，后转移到农村回家乡附近活动。1932年春，卢明堂调任共青团县委委员，在家乡赤埕村办群策小学。7月，反动派包围群策小学，团惠安县委书记彭德清遭枪击负伤。赤埕事件后，卢明堂奉命到晋江继续从事革命活动。1934年，他与曹海一起到下坂，以陇西小学为据点开展革命工作，并在本村发动群众，发展基层组织。1983年，县政府为瑞东革命老区村树碑。

2016年，村财收入52.05万元，人均收入14967元。

涂寨镇大厅革命老区村

涂寨镇大厅村位于该镇东北部，东与东庄村交界，西与古山村交界，北与东岭镇石井村交界，南与塔上村交界。

全村区域面积约3.6平方千米，由大厅、前富、小厅、赤厝等4个自然村组成，辖12个村民小组，现有879户3549人。

1929年，大厅人曾赉弼由南安溪尾小学回家乡开展革命工作，发动群众武装力量，与同乡曾俊水在大厅附近发展农会会员上千人，暴动队员200多人。1930年9月，曾赉弼带领暴动队员参加惠安暴动，任红二团二营营长。9月16日，曾赉弼和曾俊水率红二团队伍从后洋出发，沿途捣毁山柄民团，建立苏维埃政府。9月19日，曾赉弼与政委陈琨扼守屿头山头西南面的阵地，负责正面防守，终因寡不敌众，战斗失利。曾赉弼在掩护主力撤退时，不幸中弹牺牲；曾俊水泅水渡海于东岭港仔海被捕后遭国民党杀害。1983年，县政府为大厅革命老区村树碑。

2016 年，村财收入 20.00 万元，人均收入 15269 元。

涂寨镇曲江革命老区村

涂寨镇曲江村位于该镇东南部，东至山霞镇宣美村，西至岩峰村，北至东岭镇湖埭头村。

全村区域面积约 2.7 平方千米，由东宅、后堀、前乡、山上、海埭、坝内等 6 个自然村组成，辖 23 个村民小组，现有 1583 户 6086 人。

曲江村曾经是中共(闽中)惠安县工委委员张海天的活动点。1947 年，党组织派员到此任教，以曲江小学为据点开展革命斗争，大力发展党员、发动群众。1948 年，建立中共东宅支部。党支部通过集资买枪、借枪建立起一支 20 人枪的武工队，开展游击战争；组织群众抗丁、抗粮、抗税；责令伪保长改恶从善、提供敌情；捐募军鞋。并奉命守卫坝内坑，监视国民党海上保安纵队第四支队动向，参加解放惠安斗争，为惠安人民的解放事业做出贡献。1983 年，县政府为曲江革命老区村树碑。

2016 年，村财收入 88.37 万元，人均收入 15118 元。

涂寨镇胡厝革命老区村

涂寨镇胡厝村位于该镇东部，文笔峰北侧，东邻岩峰村东山，西至山尾村坝内，南至文峰村和弄，北至下社村塔上。

全村区域面积约 1.8 平方千米，由胡厝、前埔、康下、顶张、下张、后窑等 6 个自然村组成，辖 18 个村民组，现有 925 户 3823 人。

1926 年，马列主义思想传播到胡厝村，胡厝村的进步青年踊跃投身革命，加入中国共产党。1927 年，惠安特支机关迁往农村，确定以农村学校为革命活动和宣传革命文化中心的指导思想。1928 年，惠安特支决定到胡厝村创办文山革命学校，以胡厝村的祠堂为校址，开展革命活动。陈平山、林权民等共产党员先后在文山小学任教，以教员身份为掩护，教唱革命歌曲、演文明戏、办妇女夜读班，宣传革命思想。1930 年 9 月惠安暴动，在文山小学任教的很多革命者积极参与。抗日战争时期，组织东北义勇军抗日后援会涂寨分会，宣传抗日救国，筹集抗战物资。胡厝村革命先辈和人民为惠安人民的解放事业做出贡献。2009 年，县政府为胡厝革命老区村树碑。

2016 年，村财收入 52.98 万元，人均收入 15628 元。

东岭镇前林革命老区村

东岭镇前林村位于该镇南端，东至东埭村，北至许山头村，西至湖埭头村，南至涂寨镇曲江村。

全村区域面积约 1.8 平方千米，由前林、新埭头、龙苍等 3 个自然村组成，辖 13 个村民小组，现有 1170 户 4674 人。

1929 年，中共惠安县委书记朱思在前林村建立党支部。抗日战争时期，中共惠安县特派员刘祖丕到此传播革命火种，依托学校发展党员、发动群众。1930 年，林权民参与领导惠安暴动；暴动失利后，林权民不幸被捕牺牲。解放战争时期，林平凡建立权民、飞鹤、螺城等 3 个区工委和惠安人民游击中队，组织发动群众开展反“三征”、袭乡镇、杀顽敌、解放惠安县城，为惠安人民的解放事业做出重大贡献。1952 年，省政府定前林村为革命老区基点村。2012 年，县政府为前林革命老区村树碑。

2016 年，村财收入 50.92 万元，人均收入 15095 元。

东岭镇湖埭头革命老区村

东岭镇湖埭头村位于该镇西南部，以蔗潭溪为界，东与前林村、许山头村为邻，西与涂寨镇东庄村为邻，南与涂寨镇曲江村为邻，北与潘厝村、三村村为邻。

全村区域面积约 2.6 平方千米，由湖埭头、印石 2 个自然村组成，现有 764 户 3064 人。

1930 年，中共惠安县委机关转移到惠东时，党组织派人在湖埭头村发动群众，开展革命斗争；7 月，省委书记罗明前来视察惠安暴动准备工作，在湖埭头村胡文炳家中召开专题汇报研究会议；9 月

16日，村里有14人加入红军参加惠安暴动；17日，暴动队伍进驻湖埭头村，宣布成立湖埭头村苏维埃政府；暴动失败后，遭受3年的反革命“围剿”和洗劫。新中国成立前夕，该村建立中共进金支部，组织武装力量参加解放惠安县城，迎接南下大军，组织支前工作，随军解放厦门。1996年，县政府为湖埭头革命老区村树碑。

2016年，村财收入36.61万元，人均收入15016元。

东岭镇东埭革命老区村

东岭镇东埭村位于该镇南部，东南临大港湾，南与山霞镇对接。

全村区域面积约3.8平方千米，由东埭、西张2个自然村组成，辖10个村民小组，现有881户3697人。

1928年，林权民受组织指派，回到家乡，在前林、东埭一带开展革命活动。1929年6月，朱思深入龙湖一带（今湖边、东埭）宣传发动组织群众开展革命斗争，建立中共东埭支部。1930年，惠安暴动失利后，革命转入低潮。1948年，林思敬到东埭继续开展革命工作，发展共产党员7名。1949年夏，建立党支部，领导广大群众开展“三抗”斗争，并组织有成员11名的小型武工队，配合各地开展武装斗争，迎接惠安县城解放。2003年，县政府为东埭革命老区村树碑。

2016年，村财收入73.54万元，人均收入14936元。

东岭镇彭城革命老区村

东岭镇彭城村位于该镇东南部，东邻小丘村，西邻荷山村。

全村区域面积约1.9平方千米，由五甲、东塘、港雅、后美等4个自然村组成，辖12个村民小组，现有848户3271人。

1941年秋，中共惠安县特派员刘祖丕到彭城村传播革命火种。他以荷山小学教员身份为掩护，开办民校、夜校，宣传抗日思想。1948年，中共（闽中）惠安县工委委员林平凡领导该村成立党支部，有党员9名；同时，在东房、东塘、大丘等3个自然村发展10余名武工队员，配合惠东游击中队袭击伪军警，围攻国民党乡公所，破坏其基层政权，组织群众开展“三抗”斗争，为惠安人民的革命事业做出贡献。2004 年，县政府为彭城革命老区村树碑。

2016 年，村财收入 59.14 万元，人均收入 14524 元。

东岭镇西埔革命老区村

东岭镇西埔村位于该镇东部，东邻净峰镇五群村，西至小丘村，南至大海，北至国道 201 线。

全村区域面积约 2.6 平方千米，由西埔自然村与西埔街组成，辖 10 个村民小组，现有 1091 户 4381 人。

1943 年，中共惠安县特派员刘祖丕到西埔村传播革命火种。他以教员身份为掩护，宣传发动群众，开展革命活动。1948 年，林平凡、曾国雄、刘晓江等人在这里发展党组织，开辟海上秘密交通线，使三朱—港墘—晋江革命基点安全联络。1949 年，中共(闽中)惠安县工委派曾国雄、林元成到西埔建立党支部，发展党员 7 名，组建 10 多名队员的武工队，坚持斗争直至惠安解放。2003 年，县政府为西埔革命老区村树碑。

2016 年，村财收入 45.04 万元，人均收入 14512 元。

东岭镇荷山革命老区村

东岭镇荷山村位于该镇南部，东邻彭城村，与彭城五甲自然村仅一巷之隔；西至大丘村；南到湖边村；北至赤石村。

全村区域面积约 1 平方千米，仅东房自然村，辖村民小组 7 个，现有 732 户 2635 人。

惠安暴动前后，林权民在荷山开展革命工作。1941 年，中共惠安县特派员刘祖丕到荷山村，以荷山小学教员身份为掩护，宣传革命思想，发展革命力量。1942 年，刘祖丕离开荷山到前林开展革命活动。许惜今、许伙东、王断成、王显川等人以教员身份为掩护开展革命工作。1949 年年初，在中共(闽中)惠安县工委的领导下，荷山成立一支 10 多名队员的武工队。8 月，惠安解放，新生红色政权——东岭区公所选址荷山村，办公地点设在荷山学校。2008 年，县政府为荷山革命老区村树碑。

2016 年，村财收入 26.53 万元，人均收入 13825 元。

东桥镇东桥革命老区村

东岭镇东桥村位于该镇东部，介于泉州湾与湄洲南岸之间，东望台湾海峡，近邻斗尾港泉州造船厂，是地处西港下游中化园区所在地。

全村区域面积约 2.2 平方千米，由东埭仔、西埭仔、东桥街、山头、后窑、西园等 6 个自然村组成，辖 13 个村民小组，现有 1446 户 5213 人。

1943 年，东桥人王增祥在前林狮峰小学任教，与刘祖丕、林平凡建立联系，加入中国共产党。1944 年，党组织派王增祥以办学为掩护，建立联络站，以此沟通惠北、惠东南的联系。1945 年，林平凡、张海天 2 人被通缉，经常隐蔽于此处，并积极与三朱基点村取得联系。1947 年，林思敬来此开展革命工作，发展共产党员 7 名。1948 年，东桥村建立党支部。1949 年春，中共权民区工委成立。此后，区工委领导组织发动群众开展革命斗争，直至新中国成立。2004 年，县政府为东桥革命老区村树碑。

2016 年，村财收入 99.09 万元，人均收入 14968 元。

净峰镇城前革命老区村

净峰镇城前村位于该镇沿海东北部莲城半岛前沿，北邻松村村，东与杜厝村相邻，南与塘头村坑园自然村接壤，西与东桥镇隔海相对，东西临海。

全村区域面积约 1 平方千米，由东莲、珍头、水头、交口等 4 个自然村组成，现有 963 户 3778 人。

1948 年，中共组织派曾国雄自海疆学校回乡开展工作，组织发动群众，发展革命力量，成立东周地区党小组，并建立一支 20 多人的武工队。其后，共产党员曾联辉等也来此宣传、发动革命运动，与土豪开展斗争，打击反动派气焰，一直坚持到解放惠安县城。1982 年，县政府为城前革命老区村树碑。

2016年，村财收入48.01万元，人均收入13408多元。

辋川镇峰崎革命老区村

辋川镇峰崎村地处惠安县北部，距离县城6千米，背靠麒麟山，东北与泉惠石化园区相连，西南与走马埭、林辋溪接壤。324国道、沿海大通道并行于周边，泉肖铁路、玉辋公路穿村而过。

全村区域面积约3.8平方千米，由山尾、墓前、下埕、下新厝、菜馆、树脚、后宅、方帽、竹宅、仕尾等10个自然村组成，辖21个村民小组，现有1463户5622人。

1930年，陈平山、蓝飞鹤等人来此开展革命活动，发动群众，组织武装20多人，参加惠安暴动。此后，共产党员陈明辉、许世清、唐言福等人坚持在峰崎一带开展活动。抗日战争、解放战争期间，县工委何邦基和区工委何玉衡、何必然、何细水等人就地开展斗争，先后发展共产党员8名、游击队员50多名，参与镇压国民党反动政权骨干、乡长江一枝及军警人员潘奄勇等人。一直坚持斗争到配合游击总队解放惠安县城。2003年，县政府为峰崎革命老区村树碑。

2016年，村财收入105.34万元，人均收入近14348元。

辋川镇峰南革命老区村

辋川镇峰南村位于该镇东南部，东与吹楼村接壤，南与前洋村相连，西与螺城镇王孙村相邻，北与峰崎村相接。距县城7千米，距镇政府5千米。

全村区域面积约2.3平方千米，由西亭、草厝、园畔、东园、西楼等5个自然村组成，辖11个村民小组，现有889户3500人。

土地革命战争时期，中共惠安县委委员蓝飞鹤、陈平山曾在这里以麟山小学为据点武装发动群众。1940年，何邦基从城关迁往峰南西楼落户；之后，他在西亭何乾元、西楼何跃庭等的帮助下，以本村和麟山小学为依托，奔波于惠安、晋江开展革命活动；解放战争时期，他在家乡发动群众，发展共产党员，建立党支部，组织武工队开展“三抗”和击杀顽敌斗争，为惠安人民革命事业做出贡献。2003

年，县政府为峰南革命老区村树碑。

2016 年，村财收入 55.07 万元，人均收入近 14163 元。

辋川镇五柳革命老区村

辋川镇五柳村（又名西山）地处辋川、东桥、涂寨等 3 个镇交界处，与东桥镇埔殊村、涂寨镇社坝村毗邻。

全村区域面积约 2.4 平方千米，由沟墘、桃园、好树、柯溪、东埔、下社尾、许仁、南乡等 8 个自然村组成，现有 785 户 3182 人。

1938 年，五柳村在中共惠安特支书记曾炉的领导下，与南星村建立中共南柳支部。党组织选派柳水来参加新四军北上抗日。1940 年，中共闽中特委书记李刚到惠安，在五柳村召开特支扩大会议（即西山会议），做出筹集武器建立抗日武装、开辟辋川交通站等决定。解放战争期间，柳锦兴领导发展共产党员和游击队员 20 多名，配合县游击队开展对敌斗争，直至惠安解放。1983 年，县政府为五柳革命老区村树碑。

2016 年，村财收入 29.98 万元，人均收入约 13418 元。

辋川镇南星革命老区村

辋川镇南星村位于该镇东南部，东邻东桥镇东湖村，西邻吹楼村，南邻五柳村，北邻泉惠工业园区。距辋川镇 3 千米，境内有县道 204 线横穿。

全村区域面积约 4.4 平方千米，由南庄、前山、梧坑、东庄、西许山、西许等 6 个自然村组成，辖 20 个村民小组，现有 1010 户 4396 人。

1938 年，共产党员柯来法兄弟回到家乡，与中共惠安特支书记曾炉联系，随即在南星、五柳建立中共南柳支部，广泛发动群众积极开展抗日救亡活动。1940 年，中共闽中特委书记李刚来惠安，在此召开特支扩大会议（即西山会议），做出筹集武器建立抗日武装、开辟辋川交通站等决定。解放战争时期，组成 10 余人的游击小分队，配合县游击大队，开展对敌斗争，一直到惠安解放。2003 年，县政府为南星革命老区村树碑。

2016 年,村财收入 52.15 万元,人均收入近 13983 元。

辋川镇许厝革命老区村

辋川镇许厝村位于该镇北部,地处走马埭东北部、锦洋溪下游,东连沿海大通道,西接 324 国道。

全村区域面积约 3 平方千米,由下湖、赵炉、许厝、法石、埭岸头等 5 个自然村组成,辖 15 个村民小组,现有 850 户 3350 人。

1947 年秋,中共(闽中)惠安县工委派朱联法在许厝村开展革命活动,建立中共许埭支部,在三朱区工委的领导下,发动群众开展革命斗争。1948 年,朱联法、黄宗南等人指导、发动群众开展反"三征"革命斗争。1949 年 1 月,共发展党员 8 名、武工队员 10 余名。武工队参与镇压国民党反动乡长江一枝的革命行动,筹借 5 杆枪支供游击队使用,筹集粮草支援南下大军,坚持斗争直到惠安解放。2003 年,县政府为许厝革命老区村树碑。

2016 年,村财收入 52.24 万元,人均收入约 14255 元。

辋川镇后许革命老区村

辋川镇后许村位于该镇西南侧,毗邻镇政府所在地,东邻社坑、后坑 2 个村,西至峰崎村,南至吹楼村,北至辋川村,沿海大通道环村而过。

全村区域面积约 2.2 平方千米,由后许、霞庄、上店、新宅、新厝、半埭岸等 6 个自然村组成,辖 14 个村民小组,现有 1100 户 4329 人。

1948 年下半年,中共惠安基层组织派人到此宣传马列主义,发动群众,发展党员。1949 年 6 月,建立中共后许支部。在党的领导下,后许村开展抗丁、抗粮、抗税斗争,配合中共辋川区工委,建立武工队。打击特务分子柯英、庄瑞怀,在袭击国民党辋川乡公所、镇压国民党反动乡长江一枝和县刑警队队长潘奄勇的斗争中起了积极作用,有力地打击国民政府反动基层政权,为惠安的解放事业做出贡献。1983 年，县政府为后许革命老区村树碑。

2016 年，村财收入 42.44 万元，人均收入近 13816 元。

第三节　纪念设施

惠安革命烈士纪念碑

惠安革命烈士纪念碑位于惠安县螺城镇科山公园西侧莲花山下，紧邻惠安革命历史纪念馆。

1981 年，县政府把原葬在城关东门外马山和西门外螺山一带的烈士迁至科山西北侧，并建立纪念碑以纪念为新民主主义革命和社会主义事业的胜利而光荣牺牲的革命先烈。纪念碑原坐落于科山公园西北侧，为石结构，占地面积 90 多平方米，分 3 层：底层高 2 米，长 10.7 米，宽 2.5 米，衬托碑身；二、三层为碑座和碑身，座高 1.1 米，宽 1 米。四周石面上镌刻 8 名革命烈士和 7 名牺牲病故革命军人的英名，以及立碑时间。碑身高 4 米，宽 1 米，呈棱锥形，用 2 块细雕的花岗岩石叠成，正面镌刻“革命烈士永垂不朽”8 个大字。左右两侧铭刻革命烈士的姓名、籍贯、生前所在单位、职务以及牺牲的时间、地点。碑顶端雕刻革命火炬。整座纪念碑庄严肃穆，雄伟壮观。

1998 年，因科山公园建设需要，惠安革命烈士纪念碑又择址科山公园西侧莲花山下重建。新建的纪念碑通高 30.282 米，长 49 米，总占地面积 32500 平方米。碑顶由一颗红色五角星和枪头组成，碑身以飘扬的旗帜为造型，碑座砌成长城形状，寓示惠安革命斗争“火种不灭，红旗不倒”的史实和革命精神。碑前为纪念碑广场。

惠安革命历史纪念馆

惠安革命历史纪念馆位于惠安县螺城镇科山公园内，与革命烈士纪念碑相邻。

2007 年 7 月，惠安革命历史纪念馆动工兴建，工程总体建设面积 2580 多平方米。2011 年 1 月 1 日，纪念馆开馆。

纪念馆共3层。第一层为战争岁月斗争史展示，即分为大革命时期、土地革命战争时期、抗日战争时期、解放战争时期等4个部分，上限为1926年12月中共惠安支部（惠安公学支部）成立，下限至1949年8月23日惠安解放，全面反映惠安人民在中国共产党领导下不折不饶、坚持斗争、火种不熄、红旗不倒的光辉革命历程。第二层为社会主义建设成果展示，上限1949年，下限2009年，全面反映新中国成立60年来全县各个时期的建设和革命老区村取得的辉煌成就。第三层为惠风传统家训展示，将家风家训典型例子与本县道德模范、好人事迹相结合，弘扬社会正能量。

2010年11月，惠安革命历史纪念馆被县政府列为惠安县爱国主义教育基地和国防教育基地。

张渊水战斗遗址

张渊水战斗遗址位于惠安县螺阳镇霞光村西竿林自然村。

张渊水（1919—1951年），中共党员。1946年，张渊水参加地下党工作，是县武工队队员。1948年，他加入闽中游击队，任惠安县武工队副队长。1949年惠安解放时，他是中国人民解放军侦查员。

1950年2月24日夜半时分，国民党匪特70多人包围张渊水居住的小土楼。张渊水迅速登上阁楼，与敌人战斗。敌人从房门和窗口向屋内猛烈射击。他隐蔽在北墙窗边开枪还击敌人，妻子则帮忙装子弹。经过几个小时的战斗，敌人放火烧门。他带2把手枪从北面的窗口跳出，到屋外面跟匪特继续战斗。时已将近拂晓，敌人怕我援军到来，仓皇撤退。

1951年9月，张渊水在仙游十字路剿匪牺牲，被确认为烈士。

2012年，因建设嘉惠片区，张渊水小土楼被拆除。

七坵山战斗烈士纪念碑

七坵山战斗烈士纪念碑位于惠安县紫山镇蓝田村洋内自然村。

1951年9月，盘踞在乌丘岛的“福建省反共救国军”370多人，分两股在惠安县登陆并于第二天越过福厦公路，打算流窜到戴云山区，在我内陆地区建立“游击区”和“根据地”。其中一股“永安纵队”由敌司令陈伟彬带领。敌人在到达蓝田村桥内自然村岭头地带时，遇到站岗的民兵和群众询问，他们自称是解放军要到河市去，要求带路。不知情的民兵和群众带他们往七坵山方向行进。到七坵山的时候，时已中午。敌人看见有村庄，便叫带路的民兵和群众带到村庄里，准备吃午饭休息后再走。敌人进入村庄后，将带路民兵和群众关到房间，找来村里的群众准备做饭。村里换班的民兵发现情况，赶忙上报村公所，村公所紧急向上级汇报。上级得知消息后，立即组织部队赶来七坵山。战斗一直持续到傍晚，敌人被全部消灭。战斗中我军共有 7 名战士牺牲。

1992 年 8 月，修建七坵山战斗烈士纪念碑。该碑由碑台和碑身组成。碑的左侧有当时参战部队中国人民解放军第三野战军香港雄师部队牺牲的 7 名烈士墓。1994 年 7 月，县政府扩建纪念碑场地。

1996 年 4 月，七坵山战斗烈士纪念碑被县政府公布为县级文物保护单位；2002 年，被县政府列为县级爱国主义教育基地。

港墘“八六”反“围剿”纪念碑纪念馆

港墘“八六”反“围剿”纪念碑纪念馆位于惠安县崇武镇港墘村，纪念碑在海燕小学斜对面，纪念馆在海燕小学内。

崇武镇港墘村在抗日战争后期和解放战争时期，是惠安共产党组织活动的主要据点和中共(闽中)惠东南区工委所在地，也是闽中共产党组织海上交通站。1949 年 8 月 5 日下午，国民党惠安县政府县长覃斌联合驻惠交警第八总队、海上保安纵队第四支队 1300 多人枪，并由驻厦门海军派出炮艇 2 艘、机械船 5 只，包围港墘红色据点村。县工委安排武工队和群众武装保护妇幼老弱有秩序地分批撤退，上山隐蔽。8 月 6 日凌晨，敌人攻进港墘村，大肆烧杀掳掠，捕杀无辜群众。县工委立即集结各地游击队和武装群众，支援港墘反“围剿”，敌人惧我增援部队到来切断其归路，当日撤退。“八六”反“围剿”斗争取得胜利。

1987 年，中共崇武镇委、崇武镇政府为纪念 1949 年 8 月 6 日港墘人民群众成功进行反“围剿”斗争，修建“八六”反“围剿”纪念碑。该碑范围 140 平方米，碑身通高 8 米。碑台为八角形，有城堡式围栏，碑呈六角形锥体，前后碑面刻“八六反‘围剿’纪念碑”8 个大字，其余四面镌刻港墘村反“围剿”革命史。

2010 年，纪念馆修建。2014 年 6 月，县委、县政府对纪念馆进行全面拓展整修。新馆面积近 150 平方米，包括：一间以纪念“八六”反“围剿”为主题的展览室，面积 100 平方米；另一间以介绍展示建设新农村面貌为主，面积 40 平方米。

1992 年，港墘“八六”反“围剿”纪念碑被县政府公布为县级文物保护单位；2002 年，被县政府列为县级爱国主义和国防教育基地。

崇武古城日军炮击处

崇武古城日军炮击处位于惠安县崇武古城南门外照墙上及偏东城壁上。

1937 年，日军发动全面侵华战争。惠安地处沿海，多次遭日军军机轰炸，军舰炮击。1938 年 5 月 17 日，日军军舰炮击崇武城；1940 年，日军窜入崇武城，制造“崇武惨案”（时称“七一六”惨案），杀害无辜群众 93 人，伤 40 人，烧毁房屋 566 座、渔商船 521 艘，并将抢劫的大批物资运往金（金门）厦（厦门）等地，使数以千计的崇武平民流离失所，生计无着。崇武古城至今保存日军侵犯惠安的罪证。

崇武古城为明洪武二十年（1387 年）江夏侯周德兴经略海防时为抵御倭寇所建。1983—1987 年重修崇武古城时，在南门外照墙上及偏东城壁上保留下日军轰击古城证据，楷书横写的“炮击处”记述着 1938 年 5 月 17 日日舰炮轰崇武城之事。

崇武解放军烈士庙

崇武解放军烈士庙位于惠安县崇武镇西沙湾，与崇武古城毗邻。

1949年9月17日，中国人民解放军第十兵团司令员叶飞所率的第二十八军八十四师二五一团官兵，分乘6艘木帆船从平潭集结于崇武西沙湾，准备参加解放金厦战役。敌机突然空袭，时当渔镇集市，疏散不及。为保护人民群众，正在西沙湾练兵的解放军官兵当即用机枪对空射击，把敌机引向自己。在敌机狂轰滥炸下，我24名官兵壮烈牺牲。傍晚，当地民众含泪将烈士安葬，并按当地习俗搭建一间12平方米小屋供奉英灵，民间称为“廿四大人”。

1993年，当年被第二十八军官兵从敌机轰炸下救出的惠安女曾恨倾其积蓄，带动群众踊跃捐款，筹集几十万元建造庙宇。并将在崇武海域牺牲的另3名解放军战士衣冠冢迁来一起奉祀。庙宇建筑面积约1000平方米，保护范围6000平方米。庙宇建筑由正殿、烈士纪念馆、烈士纪念碑、烈士纪念亭及群雕、观潮亭、望海亭、“和寮宫”和庙宇正门等组成。正殿供奉27尊解放军烈士雕像，神龛上方是“英烈廿七君”大横匾。该庙名“廿七君庙”，又称“崇武解放军烈士庙”，俗称“解放军庙”，是全国第一个为纪念解放军牺牲而建的寺庙。

2002年，崇武解放军烈士庙被县政府列为县级爱国主义教育基地。

惠东暴动革命烈士纪念碑

惠东暴动革命烈士纪念碑位于惠安县山霞镇后洋村飞凤寺边。

1930年7月初，中共福建省委和泉属特委决定举行惠安暴动，并成立福建红军独立师、福建红军惠安总指挥部，惠北为第一团，惠东为第二团。9月16日，红二团在后洋村举行授旗誓师仪式后出发，攻下山柄民团炮楼，尔后成立五陈乡苏维埃政府，然后挥师向前黄村、垵固村挺进。17日，红二团进驻湖埭头村并成立村苏维埃政府。18日午后，按计划进驻距县城5千米多的屿头村，并以村背后的小山岗屿头山为阵地，严阵以待来犯之敌。19日凌晨，国民党海军陆战队及民团千余人，从三面围攻屿头山。经过2个小时激战，红二团政委陈琨、营长曾赉弼、战士陈天送和陈显文等在战斗中牺牲。红二团主力被迫撤退。暴动失利后,国民党军队继续“围剿”革命势力,迫害红军亲属,仅惠东地区就有200多户人家流离失所。

1976年,修建惠东暴动革命烈士纪念碑。2002年,该纪念碑被县政府列为县级爱国主义和国防教育基地。2015年,整修纪念碑,修建纪念广场,修建通往纪念碑、陈列馆的台阶、栏杆。

湖埭头村苏维埃政府纪念碑

湖埭头村苏维埃政府纪念碑位于惠安县东岭镇湖埭头村。

1930年2月,中共福建省第二次党代会决议举行地方暴动,建立苏维埃政权。六七月间,中共福建省委两次指示,经泉属特委研究后决定以惠安为武装暴动地点。7月下旬,省委书记罗明巡视工作时,在湖埭头村胡文炳家召开会议,决定加强对惠安暴动的领导。惠安暴动后,红二团于9月17日进驻湖埭头村,立即召开村干部会议,决定消灭崇武民团团总张灿的重要爪牙、前林村反革命分子林孝纯、林亮川。会后,又召开群众大会,宣布成立湖埭头村苏维埃政府。惠安暴动失败后,全县陷入白色恐怖,湖埭头村苏维埃政府仅存3天。

1995年,纪念碑兴建,占地100多平方米,碑亭占地20多平方米,亭中竖立辉绿岩纪念碑;亭左侧兴建纪念碑,碑正面顶上有一个五角星,其下有“苏维埃烈士永垂不朽”9个大字。

惠安武装暴动屿头山战斗纪念碑

惠安武装暴动屿头山战斗纪念碑位于惠安县东桥镇屿头村。

1930年9月16日晨惠安暴动后,红二团于18日下午进驻屿头村,准备和红一团合攻县城。根据战斗部署,红二团以屿头山为阵地,以山上的土地庙为临时战地指挥所。

20世纪90年代,县政府修建惠安暴动屿头山战斗纪念碑。2002年,纪念碑被县政府列为县级爱国主义和国防教育基地。2014年,进行重修。

惠安武装暴动屿头山战斗纪念碑重修记

惠安武装暴动屿头山战斗是我县近代一起震古铄今、厚重激越的革命历史事件。先烈舍生取义,后人饮水思源。1987年,屿头山战斗临时指挥所旧址——屿头山土地庙获列县级文物保护单位;世纪之初“惠安武装暴动屿头山战斗纪念碑”落成,并命名为县“爱国主义和国防教育基地”;2005年,泉州市列土地庙为红色旅游专线的重要景点;2009年,荣膺“省级文物保护单位”。

甲午之年,政通人和。为进一步发挥革命史迹资政教化的巨大功能,由县老区建设促进会组织协调,镇村具体实施,全面整修碑庙纪念园。县镇先后筹资逾150万人民币,一举实施绿化、园建、道路等建设项目。如今占地逾15亩的园区,林木苍翠,绿草如茵,道路宽畅,碑亭庙宇庄严肃穆,村池花坛添姿溢彩。工程业已告竣,百姓拊掌,四方欢庆。

碧血长凝鏖战地,英灵永镇屿头山。碑庙纪念园既是先烈魂魄的归属之所,也是广大人民群众和后代子孙的瞻仰之地。世人将永远铭记:因有当年先烈们的凛然揭竿、蹈死不顾,始有今朝日月新天、盛世祥和。我们怀着对革命烈士诚挚的敬仰之心和感恩之情踏进纪念园,要敬畏山水,珍视草木,更要把烈士的崇高精神化为自己投身祖国建设的不懈动力,为实现中华民族的伟大复兴作出应有的贡献。

青史煌煌,丰碑浩浩。屿头山战斗烈士英魂长在、精神永存!

是为记。

惠安县人民政府

2014年9月30日立

解放金厦战役阵亡烈士纪念碑

解放金厦战役阵亡烈士纪念碑位于惠安县净峰镇净峰寺南麓。1949年8月23日,惠安解放。县人民政府指示各沿海行政区成立支前船管处，招募水手40多名，征用帆船20多条，还征用山高富（今属泉州台商投资区张坂镇）数十条渔船。10月15日，解放军奉命乘船驶赴同安潘涂海域后边村滩头集结。是日傍晚，来自惠安净峰、小岞、崇武等地的300多名船老大，用200多艘木帆船，运载着第二十九军八十五师二五六团的官兵，准时集结，在海滩上举行誓师大会。船队把解放军运送到厦门禾山区赤土脚登陆点前，国民党利用碉堡居高临下，做顽强抵抗。在敌军猛烈炮火下，又适逢退潮，解放军伤亡甚多，惠安县第三区船老大庄元顺、庄火金（南赛人）、李银送、康戆庵（前内人）、陈神桂（坑尾亭人）、陈产笑（熊厝人）、康产鲦（洋边人）、曾戆兴、曾谋生（城前东莲人）、杨来吉（杜厝人）等10人也壮烈牺牲。解放军战士顽强战斗，在黎明前全线登陆，并乘胜夺下东坪山，控制厦门制高点，确保厦门全岛在10月17日胜利解放。

1949年11月，参与解放厦门的随军翻译、第三区船管处领导杨其昌为缅怀先烈，在净峰山东麓修建解放金厦战役阵亡烈士纪念碑，绅士陈敦友书写碑名并题联“鹭江流热血，螺峤表英名”。纪念碑碑座呈椎体，高0.7米，碑身高3.4米，坐北朝南。碑下刻“公元1949年阵亡烈士　惠安第三区人民政府立”；背面刻10名英烈的姓名。

2002年，解放金厦战役阵亡烈士纪念碑被县政府列为县级爱国主义和国防教育基地。

蓝飞鹤烈士纪念碑

蓝飞鹤烈士纪念碑位于惠安县涂寨镇新亭村。

蓝飞鹤（1901—1930年），原名福来，涂寨新亭村人。1919年在厦门参加学生运动。1929年年初加入中国共产党。1930年9月16日，蓝飞鹤率领红二团攻打屿头山，打响惠东暴动第一枪。暴动失利后，蓝飞鹤在转移途中不幸被捕。9月26日，在惠安县城东门外马山英勇就义，时年29岁。

1950年，修建蓝飞鹤烈士纪念碑，占地200多平方米。1958

年，再筑以三足形水泥碑亭。1984年，蓝飞鹤烈士纪念碑被县政府公布为县级文物保护单位；2002年，被县政府列为县级爱国主义和国防教育基地。

曾赉弼曾俊水烈士纪念碑

曾赉弼曾俊水烈士纪念碑位于惠安县涂寨镇大厅村。

曾赉弼（1904—1930年），涂寨大厅人，中共党员。1930年9月，曾赉弼参加惠安暴动，任福建红军独立师二团二营营长。9月19日，在屿头山战斗中，曾赉弼根据战斗部署，与政委陈琨扼守屿头山头西南面的正面阵地，负责正面防守。后敌人从山的东北角乌石嘴口潜登而上，红二团被迫撤退。曾赉弼在掩护主力撤退时，不幸中弹牺牲。

曾俊水（1911—1930年），涂寨大厅人。1930年参加革命，后参加惠安暴动，为福建红军独立师二团战士。9月26日，曾俊水在护送蓝飞鹤撤退途中被捕，后牺牲于县城马山顶。

1964年，曾赉弼曾俊水烈士纪念碑建成，占地约250平方米。

卢明堂烈士纪念碑

卢明堂烈士纪念碑位于惠安县涂寨镇瑞东村。

卢明堂（1910—1936年），涂寨瑞东村人。1928年，卢明堂在惠安县立中学求学期间参加共青团，年底转为中共党员。1936年6月4日，因叛徒出卖，卢明堂在南安下慕村被捕，6月20日在永春西校场牺牲。

1997年，卢明堂烈士纪念碑建成。

林权民烈士纪念碑

林权民烈士纪念碑位于惠安县东岭镇区商业街。

林权民（1910—1930年），东岭前林村人，中共党员。1930年9月，惠安暴动失利，林权民即受命潜回惠东处理善后工作。10月16日，因叛徒出卖，林权民在东房村被捕。17日黎明，反革命分子林溪成在前林村对其施以惨绝人寰的酷刑；傍晚，林权民英勇牺牲，年仅20岁。

1957年，修建林权民烈士纪念碑，碑台呈八角形，占地80多平方米。1984年，林权民烈士纪念碑被县政府公布为县级文物保护单位。2002年，被县政府列为惠安县爱国主义和国防教育基地。

林锦泉烈士墓

林锦泉烈士墓位于惠安县螺阳镇锦水村水坝。

林锦泉（1925—1953年），螺阳锦水村人，青少年时期勤奋好学，完成高中学业。

1948年12月，林锦泉在淮海战场参加革命；不久，加入中国共产主义青年团，任中国人民解放军第二十三军六十九师二〇五团二连战士、班长，参加渡江战役和解放上海的作战。1952年9月，他随所在部队编入中国人民志愿军赴朝作战，任第二〇五团炮兵连代理排长。1953年6月1日，在朝鲜夏季反击作战中英勇牺牲，被志愿军追认为烈士，并送回衣帽及其他生活用品。

为悼念烈士英魂，在烈士出生地惠安县螺阳镇锦水村水坝建造衣冠冢，墓碑正面阴刻“林锦泉烈士墓”6个大字。

林和平烈士墓

林和平烈士墓位于惠安县螺阳镇锦水村。

林和平（1909—1935年），螺阳锦水村人。1932年，林和平参加革命斗争，不久加入中国共产党。他曾担任惠安县党组织的地下工作人员，参加闽中革命根据地的土地革命斗争和反“清剿”游击战争。

1935年1月，林和平在惠安县螺城北关双龟牌自然村开展革命工作时被捕，不久在惠安县城被敌人杀害。

林和平牺牲后，家人为其造墓。1974年3月，锦水大队在林和平烈士墓左侧修建纪念碑。碑座呈梯形，由7级条石砌就；石碑中间有“林和平烈士永垂不朽”9个大字。

林顺烈士墓

林顺烈士墓位于惠安县螺阳锦东村东山自然村。

林顺(1907—1935年),又名林逊,螺阳锦东村东山自然村人。1931年秋,共产党员曹海在锦东村东山私塾任教期间传播革命。其间,林顺等人受到共产主义思想教育,参加中共组织地下革命工作,后加入中国共产党。中共东山支部成立后,林顺任支部组织委员兼通讯联络员。1935年4月,因为被叛徒出卖,林顺被骗至锦水祠堂不幸被捕。林顺坚强无畏,视死如归。反动派无法在他身上得到任何情报,就把他押到大坪山用乱石砸死。林顺就义时年仅28岁。

黄祝文烈士墓

黄祝文烈士墓位于惠安县螺阳镇东风村。

黄祝文(1930—1950年),螺阳东风村沈厝自然村人,中共党员。

黄祝文曾经担任中共惠安县基层组织(隶属闽浙赣省委城工部)工作人员、武装工作队队员,参加闽中革命根据地的游击战争和迎接人民解放军主力部队解放闽中、闽南的战斗。

新中国成立后,黄祝文为中国人民解放军晋江军分区惠安县大队干部,参加闽中、闽南地区的清匪反霸斗争和保卫新生人民政权的斗争。1950年,他在本村开展工作时与国民党匪特遭遇,在战斗中牺牲。

陈钦烈士墓

陈钦烈士墓位于惠安县山霞镇新塘村。

1930年7月初,陈钦为福建红军独立第一师第二团战士。9月16日清晨,红二团在后洋举行暴动,一举攻下山柄民团碉堡。陈钦在攻打山柄民团的战斗中不幸被敌人逮捕,壮烈牺牲,年仅27岁。

陈钦烈士墓占地面积20平方米。2012年,重新维修。

庄昌文烈士墓

庄昌文烈士墓位于惠安县涂寨镇庄内村。

庄昌文(1917—1946年),1937年参加革命斗争,不久加入中国共产党。庄昌文曾为工农红军惠北游击队战士,参加闽中游击区的游击战争。1938年年初,闽中红军游击队编入新四军北上抗日后,他留在惠北游击区坚持革命斗争,参加闽中沿海地区的抗日反顽游击战争。1941年皖南事变后,按照“隐蔽精干、长期埋伏、积蓄力量、以待时机”的战略方针,他秘密发展党的组织,培养革命斗争骨干。1945年,任中共前林支部书记。1946年3月,因病逝世。

新中国成立后,人民政府追认庄昌文为革命烈士。

1987年,修建庄昌文烈士墓。

三朱革命斗争纪念碑

三朱革命斗争纪念碑坐落于泉港区前黄镇三朱村后宅自然村后的北才穴山上,依山而立,坐北面南,西毗昆山,俯瞰三朱村落。系惠安县人民政府于1990年立,属市级文物保护单位,泉州市第二批爱国主义教育基地。

纪念碑平面呈“十”字形,占地面积700平方米,由花岗岩石砌成。碑通高7米,碑心前后嵌辉绿岩。碑体为方柱造型,两侧有护碑,均用白色花岗岩砌成,石材均取自三朱境内石窟。石面凿工精致,晴天时依稀可映红光,触摸时却发觉非水磨打制,可见工者匠心独运。纪念碑顶端镶一辉绿岩五角星,象征“三朱精神永放光芒”,碑体竖立镌刻并镏金交通部原部长彭德清同志所题写的碑名“三朱革命斗争纪念碑”,整座碑于灰白之间含墨绿,墨绿之中吐金华,朴实大方,庄严凝重。山脚与碑座间是一条用花岗岩条石依山势铺就的笔直通道,路宽3米许,长约200米。两旁数千平方米范围内栽种着一行行松柏、榆树,与山上葱郁的相思树层层叠翠,更衬托出纪念碑的雄伟壮观,正如彭德清的题句:“革命烈火炼金钢,长得清松在人间。”

纪念碑背面镌刻有三朱革命斗争纪念碑碑文：

三朱革命基点村，是中共惠安县委（工委）指挥武装斗争的活动中心。从大革命至惠安解放，党组织始终依靠群众，战斗不息，保持了红旗不倒。

1926年冬，惠安县建立共产党组织。朱汉膺投身革命，1930年加入中国共产党。是年，建立中共三朱支部，书记陈平山。在中共泉属特委领导下，组织“十八乡”武装群众，痛击军阀汪汉民，群众首领朱成吉英勇牺牲。1932年，原省委军委书记蔡协民领导惠北武装抗捐运动，在都巡召开誓师大会，动员惠北数千群众，击溃军阀陈国辉一个营。抗日战争时期，三朱是闽南（中）特委和泉州中心县委的重要交通站。解放战争时期，闽中地委领导在三朱召开重要会议，充实惠安县工委，部署开展人民游击战争，县工委先后组织武装击退国民党反动政府多次的军事“围剿”。随着解放军入闽，县工委领导人于1949年8月23日率游击队三百余人从三朱出发，解放了惠安县城。

为纪念在三朱进行革命斗争和牺牲的同志，谨立碑以志。烈士英灵永垂不朽！

陈平山烈士纪念碑

陈平山烈士纪念碑坐落于福建省泉州市泉港区涂岭镇樟脚村岭头西北150米处的尾山上。1950年建在樟脚村陈国寨山下，1986年迁此重修，2003年和2008年先后重修。现为泉州市级文物保护单位。

纪念碑占地约700平方米，置有广场、台阶、栅栏、花圃、旧墓、石门、石桌、石椅。碑系宝塔式石结构，碑台四周环以磨光石围栏，栏内种植名花。碑身四方体，由四部分构成，下部为素面托体，高1.1米，上托4块各高1.2米，宽0.64米的磨光辉绿岩碑面。碑四面辅以4根棱形柱，背面竖刻楷书陈平山烈士传略；正面镌刻着1930年中共福建省委书记、1981年广东省人大常委会主任罗明书写的行书“陈平山烈士永垂不朽”。碑顶托以1.9米高的磨光辉绿岩出檐碑盖，盖顶再由3块磨光的汉白玉托一个0.80米高的巨大圆雕火炬。碑坐北朝南，前有42级石阶，碑前复有200多平方米的广场。

第四节　革命先辈事迹

曹　海

曹海(1896—1935年)，又名坎元，广东省大埔县人。早年在马来亚从事革命活动，1929年加入马共。

1931年，曹海回国，转为中共党员；夏季，奉命前来惠安加强县委领导工作。1932年3月，中共惠安县委根据中共厦门中心市委的指示，在惠北地区发动大规模的武装抗捐运动，曹海分工领导惠东、惠南等地农民采用“软抗”的策略，支持惠北“硬抗”；7—11月，曹海任中共惠安县委委员；11月起，任中共惠安特支宣传委员。他以教师职业为掩护，先后在惠南的东山、惠北的普安以及西山、下坂等乡村开展革命活动。

1934年4月，曹海任中共惠安特支书记。他领导工人、农民、盐民、渔民同反动统治势力进行针锋相对的斗争；12月18日，曹海在涂岭镇路口花园村被捕，被关进县城公界监狱，受尽敌人折磨而染上疾病。

1935年6月23日，曹海病逝。

蓝飞鹤

蓝飞鹤(1901—1930年)，原名福来，字一翀，1901年5月14日(农历辛丑年三月廿六日)出生于惠安县普光铺新亭乡(今涂寨镇新亭村)一个清贫的耕读人家，畲族。

1919年五四运动爆发后，在集美学校读书的蓝飞鹤是该校学生运动的骨干。1920年，他与其他同学一起，发动反对学校当局迫害进步学生的罢课，被学校开除；秋季，他进入省立第十一中学(今泉州一中)读书，继续参与学潮，再次被学校开除。1921年春季，他到泉州私立明新师范学校(今泉州市明新华侨中学)读书。夏季，他与进步师生组织明新剧社，编演《里籍冤魂》《乡云》等剧目，宣传、提倡新文化、新思想，揭露驻泉北洋军阀张清汝欺压民众、勒捐派款的罪行。1922 年 5 月 1 日，他主持召开泉州明新乡村学校“五一国际劳动节纪念大会”，发表《纪念劳工神圣的意义》的演说，并于会后带领全校师生、员工到浮桥一带游行宣传。毕业后，他回乡任小学教师。课余，他专攻美术，对中国画、水彩画、油画、木炭画均有较深的造诣，并以此旁及雕刻、金石和摄影艺术；他写下大量抒情言志的诗、词、短篇小说，并汇编成《白云集》。1923 年，他应聘到厦门禾山云梯中学，任美术教员。

1925 年，蓝飞鹤只身南渡新加坡。后经友人介绍，他到英属沙捞越诗巫任小学教员，并很快跟当地华侨建立密切的联系。1927 年冬，他因组织领导沙捞越贫苦华侨的罢工、罢课、罢市、示威、请愿、反迫害、争人权的斗争，被英国殖民当局驱逐出境。

1928 年冬，蓝飞鹤经蔡竹如介绍，认识中共党员陈平山，接受革命思想的教育。在党组织的授意下，他前往东岭创办民团，并掩护陈平山开展革命活动。1929 年年初，他加入中国共产党。1930 年年初，他奉调到厦门，具体领导省委直属的厦门港区的工作。6 月，调任中共泉属特委组织部部长，负责领导泉州工人运动。

六七月间，蓝飞鹤受泉属特委委派，回惠安负责筹备武装暴动。8 月，他任福建红军独立师第二团团长。9 月 16 日晨，他率红二团在后洋村授旗誓师举事，一举攻克山柄民团的碉堡，打响惠东暴动第一枪，当场击毙反动民团团总陈鸣周，镇压号称五陈一霸、土皇帝的陈奕昭，成立五陈乡苏维埃政府。17 日下午，红二团队伍到达湖埭头村。他一面组织人员进行扩军、吸收大批青年农民参加红军队伍；一面参加军委紧急会议，分析惠东反动据点之一前林村的敌情，决定采取内应外攻的办法奇袭前林村，为同惠北红一团会师扫清道路。就在这个时候，他的疟疾复发，党组织当即决定让他暂时撤到革命基点村隐蔽养病，但他抱病坚持工作。18 日凌晨，他率领红二团战士突袭前林村，逮捕反革命分子林亮川、林孝纯和林魁成，随即召开群众大会，当场镇压林亮川、林孝纯。随后，他带领队伍继续挺进，于黄昏时抵达屿头村宿营，并派第一中队的 2 个分队到屿头山上警戒，他自已则带病坚守战地指挥所。当晚，他虽然病情十分严重，仍披着毯子上屿头山察看地形、检查岗哨，直至实在无力支持下去，才在山上一块岩石后避风处，枕着一块石头，躺下休息。一会儿，他又强撑病体，巡视前沿阵地，直到翌日凌晨 2 时，才下山回到村祠堂宿营地。19 日黎明，国民党海军陆战队林寿国旅及县民团常备队和部分乡镇民团计 1000 多人，悄悄包围屿头山阵地。他指挥部队主力从北面突围。在突围路上，他因疟疾复发、体力不支而掉队，不幸被捕。

同年 9 月 19 日，蓝飞鹤被敌人送往县城。26 日傍晚，在全副武装的军警监押下，蓝飞鹤脚戴重镣，手上铁铐。他大义凛然，沿途高唱《国际歌》，高呼："打倒国民党！""中国共产党万岁！"临刑前，他写下绝笔："云儿、雏儿：你父已完成志愿，望你们长大后继承父志，努力！"蓝飞鹤牺牲时，年仅 29 岁。

陈平山

陈平山（1904—1931 年），化名振元，学名震寰，乳名目阿，惠安县涂岭区（今泉港区涂岭镇樟脚村）犁壁岭人。他出生于一个穷苦的基督教家庭，10 多岁随父到时化学校读书。

1923 年年底至 1924 年年初，陈平山阅读《共产党宣言》《新青年》《响导》《星火周报》等革命书刊，受到革命思想的启迪和熏陶。1925 年"五卅"惨案的消息传到惠安后，他带领一批进步同学联络其他学校的学生，罢课、罢考；同时，组织宣传队伍愤怒声讨军阀买办、帝国主义的罪行，支持上海工人反对帝国主义的斗争。

1926 年 1 月 9 日，陈平山被黄埔军校录取在第五期步科，编入第一学生大队第四中队第十四区队。不久，他加入共产主义青年团，随后转为中共党员。他参加黄埔军校左派学生组织的青年军人联合会，积极参与对该校国民党右派组织的孙文主义学会的斗争。1927 年 4 月 26 日，黄埔军校开始"清党"。他与 200 多名左派学生被押送到神州、江中等 6 艘辎重艇上隔离起来。"宁汉分裂"后，原隔离在辎重艇上的军校学生，被全部移禁于广州虎门狱中。12月11日，他与狱中的同学们一道破狱而出，参加广州起义。广州起义失败后，他随起义部队转战到达海陆丰革命根据地。

1928年2月，陈平山接受党组织派遣回福建工作，往返于漳州、厦门等地进行秘密革命活动。6月，陈平山被叛徒陈祖康、张高天出卖，在漳州遭军阀张贞部第四十九师参谋长逮捕。陈平山在狱中受尽严刑拷打，坚贞不屈。后因刑染病，医治中与陈医生认乡亲。陈医生在陈平山的感召下，与地下党组织取得联系，经组织营救，“割桷”（割断支撑屋盖瓦片的杉木条）越狱。7月间，他受省委派遣领导晋江、南安、惠安一带革命工作，在惠安城关秘密发展和建立城关的面业工会和农会、互助会。

1929年年初，陈平山奔走于小岞、净峰、东岭等地。他打入县民团总内部，秘密建立武装力量。4月，到惠安、晋江、南安等县开展工作。6月10日，他在大埔园召开有30多人参加的骨干分子会议，恢复或发展涂岭的农民协会。不久，他到惠东，化名振元，进入赤涂尾里仁学校当教师，开拓净峰、东周、小岞一带的革命局面。7月下旬，由于身份暴露，他重返县城东门外小田船基点村，深入县立中学开展学生运动。年底，他在南安县溪尾、莲塘一带，以小学教员作为职业掩护，继续进行秘密革命活动。12月，接任中共惠安县委书记。

1930年年初，陈平山通过同学关系，策动陈国辉、陈佩玉内部的“兵变”。5月间，他主持中共惠安县委在涂寨和弄村召开的党员和积极分子会议。会后，他与蓝飞鹤、吴敦仁、陈兴桂、陈冬水等人在涂岭路口村创办青年俱乐部，在周边几个乡村办夜校，建立妇女会、少先队等组织。7月，他任中共泉属特委军委书记，兼任福建红军惠安指挥部总指挥，与蓝飞鹤抓紧惠安武装暴动的准备工作。

会后，陈平山和特委、县委其他领导人分头深入各地，加紧暴动前的各项准备工作。7月底，他与蓝飞鹤及省委苏阿德组成突击组，在辋川、西山、大前黄等18个乡，突击建立秘密农会点和鸢山小学、醒民小学2个交通站，不久，打通“辋川走廊”。8月，他任福建红军独立第一师第一团团长兼政委。9月14日夜，他给第一团指战员们做动员，准备举事；15日三更时分，他与其他领导人带领队伍分头出发，举行暴动。惠安暴动失败后，他与吴敦仁、蓝飞凤等人在泗洲会合，召开会议，总结暴动的经验教训，研究善后问题，部署下一步工作。10月中旬，他根据省委决定，留下来坚持革命斗争。他领导中共涂岭区委以南部的菱溪、泗洲，西北部的樟脚、寨后、洪厝坑、后头为据点，开辟涂岭至惠安、仙游、晋江交界的三坪山区游击活动区，使北起枫亭、南至驿坂纵贯15千米的地带，一度成为游击队控制的赤色区。当地国民党的党政机关及其人员逃撤一空。

1931年1月7日，陈平山按照中共莆属特委通加，由仙游园庄赶回涂岭，迎接中共莆属特委和红军教导队进驻三坪山区。途经寨后村苦鸟笼湾处时，他突然遭到敌人伏击，身中数弹，壮烈牺牲，年仅26岁。

陈　琨

陈琨（1905—1930年），又名玉成，字琢余，1905年出生于惠安县普光铺山尾乡（今山霞镇宣美村山尾自然村）的一个农民家庭。

16岁时，陈琨考入泉州高级农校。1926年年初毕业后，他带着爱人黄秀到晋江永宁山美头村沙美小学任教，以后又到洋山小学任教。1927年，陈琨与在永宁的洋厝、金埭头等地小学任教的惠安籍青年李雨庭、李青阳、蓝飞凤等进步青年时常聚首。他们在任教的学校中，教唱革命歌曲，为农会书写标语，热情歌颂农民斗争。1928年年底，他回到家乡，在山柄村创办龙江小学，自任校长，聘请一些进步的青年教师，革新教学，播种新文化、新思想的种子。

1930年春，陈琨主动接近陆续来惠安开展工作的中共泉属特委领导成员蓝飞凤、陈平山、蓝飞鹤、林权民等人。通过这些领导人的介绍，他阅读大量的马列主义著作和进步刊物；后由蓝飞凤介绍，加入中国共产党。5月，陈琨作为中共惠东区委负责人与县委林权民和上级派来的干部一道，以后洋村为活动中心，将凤阳民团常备队整编为党组织领导的武装骨干力量，并扩大赤卫队队伍。8月间，中共惠安县委领导人在陈琨家中召开会议，研究制订惠安暴动的具体计划和行动方案。陈琨任福建红军独立第一师第二团政委。

9 月 16 日，陈琨与红二团团长蓝飞鹤按原定计划，带领全团 300 多名指战员集结在村后的大草埔上。举行隆重的誓师和授旗仪式。陈琨带领突击队，直捣山柄村民团的巢穴，打响惠东地区暴动第一枪，迅速攻克民团石头炮楼 1 座，击毙民团总陈鸣周及其父陈奕昭，宣布成立五陈乡苏维埃政府。16—19 日，陈琨与蓝飞鹤率领的红二团逮捕山腰村民团总杨瑞庵，清算前黄村放高利贷者吴明新，收缴前黄村民团本部的枪械，镇压前林村劣绅、反动分子林亮川、林孝纯。

9 月 19 日，陈琨与蓝飞鹤红二团挺进屿头山。敌海军陆战队林寿国率所部 1 个营，并纠集县民团近千人，携带迫击炮、机枪等进犯屿头山。红二团战士据守屿头山制高点，摆开阵势，勇猛迎敌，双方激战 2 个多小时。战斗中，陈琨手握驳壳枪，率领第二营营长曾赉弼所部，坚守屿头山东南部，承担正面防御任务。红军指战员以一当十，顽强奋战，多次打退敌人的冲锋，但因敌我力量过于悬殊，敌人依仗其精良武器和人数众多，终于突破缺口，从乌石嘴窜入红军阵地，曾赉弼壮烈牺牲。陈琨当机立断，一面报告总指挥部，通知团机关迅速向北转移；一面率领部分战士阻击犯敌，掩护主力后撤。他腿部中弹负重伤，身边几位战士要扶他下火线，他坚决拒绝。他独自向前一步，凭借山石做掩体，猛烈地向敌人射击。最后，他的子弹打尽了。几个敌人包围过来，妄想抓活的。他突然拿起驳壳枪对准敌人的头部猛力掷击，心虚而又愚蠢的敌人吓得四散奔逃，只能站在远处射击。陈琨终于为共产主义事业流尽最后一滴血，时年 26 岁。

陈琨牺牲后，其妻黄秀临产。由于遭反动派摧残，黄秀被迫背井离乡，辗转流离，在涂寨九峰寺颓垣中生育一子，因产后风寒感染，母子双亡。黄秀这位优秀女共产党员，同样为革命献出宝贵的年轻生命。

粘文华

粘文华（1905—1987 年），原名芳愿，曾用名粘青峰、连鸿元、吴文华，1905 年 9 月 1 日（农历八月初二日）出生于晋江县三十三都浮桥街（今鲤城区浮桥街道）一个店员家庭。10 岁成为孤儿，由舅父抚养，仅读四年半小学就辍学当学徒。15 岁到新加坡投靠其五叔，在菜馆当学徒，2 年后返乡。18 岁再南渡新加坡，后又回国。

1924 年，粘文华由其二哥介绍到厦门当海员，后在电气公司、出入口公司工作。1926 年，他被推选为厦门店员工会理事长。1927 年 1 月，加入共青团，被推选为厦门市总工会（筹备会）组织部部长，参与领导“二五”加薪、改善劳动条件的大罢工。4 月 9 日，国民党右派在厦门发动“清党”。粘文华与工会其他骨干转而秘密组织赤色工会。

1930 年 5 月，粘文华转为中共党员；同月 4 日，他任刚成立的厦门店员总工会理事长；同月 25 日，他参加陶铸领导的厦门劫狱行动。此后，他先后在泉州、德化、晋江、南安、安溪等地开展工农运动和领导反对国民党统治的武装斗争。9 月，他作为厦门工人代表，出席在上海召开的中共六届三中全会扩大会议。1931 年 4 月起，他先后担任中共泉州特支书记、中共晋南县委书记、中共厦门中心市委驻安南永苏区特派员、中国工农红军闽南游击队第二支队政治部主任，中共安溪中心县委执委、组织部部长等职。

1935 年 7 月，粘文华因与党组织失去联系经香港赴新加坡，参与发起组织抗日救国会，他任党团书记，领导华侨抗日斗争。1938 年 8 月，他被新加坡英殖民当局驱逐出境。9 月，他回到泉州，投入抗日救亡运动。他参与组织晋南联乡抗日自卫团，任政治部主任。1939 年年底，他奉调省委训练班学习。半年后，在闽北任中共闽江工委委员、职工部部长，负责秘密交通线和开展工人运动，在城镇中发展党组织，发动和组织汽车工人支援前线。1944 年 4 月，任中共闽中特委常委。

抗战胜利后，粘文华负责中共福建省委武装工作，任中共闽中地委委员、惠安县工委书记。1949 年 5 月,任中共闽浙赣省委职工部副部长、建瓯军管会公交处处长。新中国成立后,任厦门军管会职工部部长、中共厦门市委工委书记。1950 年后,历任厦门市总工会主席、省总工会副主席,并先后当选为中共福建省委候补委员、监委委员,第二、三、四届省政协常务委员,省总工会顾问等职务。

晚年,粘文华致力于口述革命回忆录,整理发表《回忆大革命时期的厦门工人运动》《一九三〇年厦门劫狱见闻》《回忆在邵武暨闽北开展地下斗争的片断》《抗战时期革命斗争的回忆等》等资料。

1987 年 3 月 20 日,粘文华病逝。

朱　思

朱思(1905—1930 年),又名王平,1905 年 7 月出生,平和县九峰茶洋人。1921 年秋,考进厦门集美学校中学部读书,其间参加学生运动。1926 年秋,他在九峰私立奎文小学任教,投身革命,参与开展农民运动,组建农民协会;冬季,加入中国共产党。

1927 年 1 月,朱思出席中共闽南部委成立大会。回县后,他到崎岭乡开展农民运动,组建中共崎岭支部和崎岭乡农民协会。9 月,任中共平和县委副书记、县农民协会委员兼秘书长。1928 年 2 月,任福建工农革命军独立第一团副团长,参与组织领导平和暴动。后带领工农革命军粉碎敌人对长乐赤区的 4 次“围剿”,坚持在饶和埔边区开展游击战争,开创革命根据地。

1929 年春,朱思到中共福建省委工作,后被派到惠安县恢复和发展党团组织。6 月底,他在县立中学先后发展 5 人入党,建立中共惠中支部;同时,发起成立惠安县学生联合会,并恢复发展东关、东张、前林、东埭后洋、涂岭、坝头等地党、团组织。9 月 7 日,朱思任中共惠安县委书记。12 月 18 日,他在辋川镇峰崎村召开会议,研究新的斗争策略,遭敌围捕,被押送泉州海军旅部监狱监禁。

1930 年 1 月,朱思被转押到福州,受尽严刑拷打,始终坚贞不屈。秋季,因遭敌折磨肺病复发,不幸殉难于狱中,年仅 25 岁。

李文端

李文端(? —1957 年),曾化名苏白厘、老李,同安县新店乡人。集美中学毕业后,他进入上海大厦大学(华东师范大学前身)深造。1929 年,他到金门县金沙小学任校长。

1930 年,李文端在厦门发起组织普罗学社,接受厦门市中共组织的领导,积极开展革命宣传活动;秋季,加入中国共产党,尔后参加省委农村工作训练班学习。

1931 年 9 月,李文端接受党组织指派到惠安县开展工作,任中共惠安县委书记。1932 年 2 月,他在中共厦门中心市委巡视员蔡协民的指导下,与唐言福等人在三朱、普安、曾炉寺、大圣岩相继召开 8 次党内会议,研究布置发动群众、组织武装抗捐斗争有关事项,组织领导惠北农民的武装抗捐运动。3 月 14 日,县委领导和指挥游击队员、“十八乡”、山腰、坝头、郭厝的村民及“四八”“五三”帮会会员上千人携带各种武器,集结在三朱都巡村,召开抗捐誓师大会,他做抗捐动员报告。会后,分兵三路,围攻驻守坝头馆仔和朝林两地的反动军队,激战 3 个小时,追敌一二千米,毙敌 3 人,2 人投诚,缴枪 20 多支,抗捐大军胜利攻占陈匪设立的“田亩捐办事处”及连九首楼房,救出被捕开明乡绅等 4 人。4 月 25 日,国民党南辋区施德诚营 5 名匪军由收捐员吴晚生带路到“十八乡”下后郭村收捐。李文端率领游击队员在尖峰山、许桥溪两地伏击匪军,经 10 多分钟战斗,活捉匪军、收捐员 6 名,缴获长短枪 6 支。5 月,他被中心市委调回厦门,被批判与蔡协民在惠安领导武装抗捐斗争中犯有“右倾机会主义”错误,精神上受到严重摧残。蒙冤后,他与党组织脱离关系但未泄露党的机密,拒绝向权贵低头,洁身自好。

新中国成立后,李文端在晋江青阳建新药房当职员,直到去世。

吴敦仁

吴敦仁(1906—1930 年),原名有土,1906 年 2 月 16 日(农历丙午年正月廿三日)出生,惠安县樟市铺林角乡(今泉港区涂岭镇林角村)人。1921年秋,他考入集美师范学校。在校期间,他积极参加中共组织领导的校内外学生运动,宣传革命道理。1926年11月8日,他参加共产党员王德彰、吴国珍领导的由多名进步同学组成的回乡宣传队回到惠安,开展反帝反封建宣传活动。12月初,他加入中国共产党,并出席中共惠安县支部成立会议。同月下旬,他担任学生小组负责人。国共合作期间,他由中共惠安支部指派任国民党惠安县临时党部组织干事,继而任惠安县学生联合会执委,负责宣传工作。

1927年1月,吴敦仁任县临委学生支部负责人。中旬,他按照县临委决定,以县学生联合会的名义,与其他7人在县政府机关组成钱粮监督委员会,对当局征收钱粮实行监督,反对粮房额外苛索人民钱粮。同时,开展反对县政府摊派"衙差"的运动。3月间,县临委领导发起一次打倒土豪劣绅、取缔奴化统治的反封建斗争,吴敦仁负责起草《为打倒土豪劣绅告惠安民众书》,大造革命声势。4月16日,国民党惠安县党部右派势力、县政府和驻军在惠安进行"清党"等反革命活动。吴敦仁等人根据县临委指示,转移到惠安北部涂岭农村进行革命斗争。他在母校鼎新小学担任教员,一面坚持用民主科学思想教育学生;一面以合法职业为掩护,开展农民运动。5月中旬,他任中共林角村支部书记。不久,他根据上级指示,与中共闽南(站)特委派来惠安工作的共产党员施岑依、许彩英一起,组织发展互助团,创办农民政治训练班和农民夜校。7月1日,他会同施岑依等人组织农民协会,出任副主席。继而,组织、训练农民自卫军。他筹款购买枪支,组织约有500人枪的武装队伍。七八月间,涂岭农民自卫军进行3次武装抗捐斗争。其间,吴敦仁头戴草帽,袖挂臂章,手执长枪,身先士卒,与施岑依、王德彰等人带领农民自卫军和武装群众,英勇奋战,先后击退惠安田亩捐局局长、泉州田亩捐总局局长带领的征税军队以及林寿国海军陆战队催捐军队300多人的进攻,缴获10杆步枪及其他战利品。

1928年1月10日,吴敦仁与吴国珍作为惠安党组织的代表出席中共福建临时省委召开的紧急扩大会议。临时省委支持惠安农民抗捐斗争，并指出惠安今后应转为游击战争。吴敦仁受到启发和鼓舞。同月11日，涂岭农民协会遭到国民党反动军队的偷袭，王德彰等人不幸被捕，涂岭和惠北地区被敌军洗劫一空。吴敦仁等人转移到泗洲、洪厝坑、甘蔗园一带山区农村隐蔽，重新整顿、组织农卫军。不久，他们又发展驿坂、陈头、谢仔、虎岩、小溪等地的农卫军。3月间，当国民党海军陆战队林寿国部杨献周营向泗洲一带进攻，企图摧毁农民协会时，吴敦仁等人领导农卫军与敌人在泗洲激战，取得胜利，俘、杀敌人70余名，缴获枪械200余支。11月，由于隐蔽斗争的需要，吴敦仁暂时离开祖国到越南，在华侨经营的商店当店员。

1929年10月，吴敦仁返回故乡。其时，他身患脊椎炎，上下床都有困难，但仍然坚持革命工作。

1930年1月，吴敦仁等人在陈平山的指导下，继续整顿党组织，恢复发展农民协会，坚持革命斗争。5月，他继任中共涂岭区委书记，参加在涂寨和弄村召开的惠安中共党员和积极分子会议。6月，他同蓝飞鹤深入路口村，与该村党支部一起，发动群众，组建青年俱乐部、办夜校、发展农民协会、组织妇女会。其间，他和吴国珍、陈冬水等人以涂岭农民协会会员为基础，在泗洲、长箱、刘厝、松园等村宣传、发动农民群众，同时筹集枪支，充实武装力量。

7月初，他任县委委员。同月6日，吴敦仁等人在中共惠安县委领导下，发动路口、涂岭、菱溪和“十八乡”的三朱、前烧等村近千名农民，联合开展武装反抗股匪汪汉民（柴水）征收烟苗捐的“抗捐拒匪”斗争，取得胜利。9月14日晚，吴敦仁同红一团500余人按照预定时间，集结在涂岭长箱恒德寺院内，准备暴动。

惠安暴动失败后，吴敦仁虽因有病在家疗养，但照常坚持党的工作。9月29日，他在泗洲村与惠安暴动领导人陈平山、蓝飞凤等人会合，召开会议，总结暴动经验教训，安排善后工作。他们遵照省委指示，在惠北一带坚持斗争，在涂岭、驿坂、樟脚、陈田等地建立党支部和农会组织，开辟涂岭至三坪山区的游击活动区。

12月26日（农历庚午年十一月初七日），吴敦仁外出活动，傍晚到家。晚上8点左右，他正躺在楼下卧室的床上看书，突然遭到匪徒枪击，胸部和肩胛中弹，为革命献出年轻的生命，年仅24岁。

曾　炉

曾炉（1906—1978年），又名初山，化名江水、江海、刘知海，出生于惠安县琼田铺路下乡（今属螺阳镇蒋吴村）一户农家。11岁进私塾，后失学当木匠学徒，继而到厦门做杂工，与共青团员陈昌来往，阅读进步书刊《红火》，参加反帝大同盟，组织赤色工会，负责厦门建筑工人工作。

1930年，曾炉加入中国共产党。1931年1—8月，任中共厦门工委会委员兼工会支部书记。1932年，因色彩浓厚，组织上调他到惠安负责惠安特支组织工作，在五柳乡一带开展革命活动。1933年4月，任华北义勇军抗日后援会负责人。1934年，为执行特支“建立基点，发动群众，打土豪筹款”的决定，他在准备攻打辋川税务局时，因枪走火，脚受重伤，隐蔽在家中医治。1935年7月，曾炉任中共惠安特支书记。1936年，他遭到敌人通缉，转移到惠北涂岭、三朱、甘蔗园等地活动。8月，他与中共闽中特委蔡先镳（时蔡先镳由莆田转惠安隐蔽）接上组织关系，惠安特支即改隶属于中共闽中特委。

抗战初期，根据中共闽中特委指示，他在惠安、仙游边区一带秘密建立惠仙抗日工作委员会；同时，他在三坪山区三台龙（今属仙游县）林兜家中建立晋江、南安、惠安、莆田、仙游五县秘密交通站及抗日救亡工作组，任组长。1940年5月，曾炉调驻在武夷山的省委机关学习。1941年3月，在崇安县麻雀坑村被捕，受尽酷刑，身体和精神遭到严重摧残。但他坚贞不屈，巧斗顽敌，摆脱敌人的跟踪追击。他返回惠安后，未能与党接上关系。1945年7月，他与何邦基取得联系，接受从事群众工作的任务。1946年，曾炉作为积极分子，一边参加工作，一边做小贩、当木工维持家庭生活。

1949年9月，曾炉到县公安局任侦察员；同年12月至1953年1月，任县总工会筹委会副主任。1955年6—10月，任县建设科副科长；同年10月起，任县农业科副科长；1956年8月至1958年8月，任县农业局副局长。

1978年3月17日，曾炉病逝。

蓝飞凤

蓝飞凤（1907—1994年），又名小蓝，1907年4月出生于惠安县普光铺新亭乡（今涂寨镇新亭村），畲族。青年时期，他在厦门大学求学时走上革命道路。

1929年，蓝飞凤加入中国共产党，1930年春，任中共厦门大学支部书记。后因身份暴露，省委调他往鼓浪屿，负责该地区党的工作，兼顾省委印刷所工作。4月，印刷所遭敌破坏，他受省委指派到泉州加强党组织的领导力量，任中共泉属特委宣传部部长。其间，他创办私立梅石师范学校，任校长。他以学校为阵地，培养、训练革命干部。5月，他与泉属特委军委书记陈平山、组织部部长蓝飞鹤和惠安县委委员林权民等人，先后在涂寨和弄村以及涂岭乌面宫、大埔园寺，相继召开共产党员暨活动分子会议，传达2月召开的省党代会精神，加紧党的宣传教育和组织群众武装工作。7月下旬，他陪同省委书记罗明到惠安，在惠东湖埭头村召开中共泉属特委、惠安县委联席会议。他遵照罗明指示，出任中共惠安县委书记，领导惠安暴动工作。其间，他与陈平山介绍朱汉膺加入中国共产党，3人在山腰三朱后宅村朱汉膺家中建立中共三朱支部。福建红军惠安总指挥部成立后，他任政委。8月下旬，他与中共福建省委派来协助工作的苏阿德和县委委员陈平山组成突击组，打通"辋川走廊"交通线，并沿线建立交通站、点。同月，领导惠安暴动的特委和县委负责人在五陈山尾村陈琨家中召开会议，全面研究暴动计划，并进行分工，他与苏文波、蓝飞鹤等人在惠东地区指挥。19日中午，蓝飞凤等人集合红军余部，经埔殊村，从海滩转移到型厝乡；傍晚，他带领大部分队伍，经交通站进驻大吴村。28日，他与万耀南、林权民等人先后由东周松村交通站乘渡船至奎壁头，转入山腰锦山小学交通站。29日，与陈平山、吴敦仁等人在涂岭林角村会合。随后，他们在泗洲召开会议，总结惠安暴动的经验教训，研究安排善后工作。10 月中旬，蓝飞凤到中共莆属特委参加领导工作。

1931 年春，因中共莆属特委遭到敌人袭击，蓝飞凤与党组织失去联系。他前往上海，找到党中央，此后留在上海工作。

1950 年，蓝飞凤任福建省对外联络处厦门分处县级联络员。1951 年 7 月，他被调往新疆工作，先后任中共迪化区委宣传部干事、乌鲁木齐专署文教科副科长、昌吉回族自治州文教科副科长。

1981 年 4 月，蓝飞凤离休。1994 年 5 月，蓝飞凤病逝。

朱汉膺

朱汉膺（1908—1983 年），又名春法，1908 年 5 月 27 日出生于惠安县鳌塘铺三朱乡后宅村（今属泉港区前黄镇三朱村）人。

1926 年冬，厦门党组织派人到惠安县开展革命活动，朱汉膺参加农民协会和农民自卫军，投身于反帝、反封建、反军阀的宣传活动，并在前黄、山腰一带参与组织农民协会。1927 年 9 月，他考入县立中学读书。1929 年 2 月，转入省立晋江中学。8 月，辍学后到晋江三区杏田小学任教。

1930 年 2 月，朱汉膺因母亲病重辞职回家，参与惠安暴动的准备工作，协助省委委员苏阿德和县委书记陈平山等人开辟惠东与惠北的交通线，建立秘密交通站。7 月，他加入中国共产党。惠安暴动失利后，朱汉膺转移到泉州鹦山小学。他以任校长为掩护，继续进行革命活动。1931 年 4 月，他任中共泉州特支组织委员；7—8 月，转任中共晋南县委组织部部长，先后参与领导恢复和发展晋江、南安、惠安等县党的革命活动。

1932 年 3 月，朱汉膺配合省委军委书记、厦门中心市委巡视员蔡协民和县委组织指挥的惠北武装抗捐斗争。其后，朱汉膺因与“右倾机会主义路线”“富农路线”的错误有关，被秘密停止党籍。但他仍继续配合中共惠安县委以古县、三朱、甘蔗园、洪厝坑为据点，开展小规模的武装斗争，反对国民党当局的苛捐杂税和保甲制度，惩治小股反动官兵，大造革命声势。

1936年，朱汉膺转移到晋江塔头村，在中山小学任教，仍与惠安特支负责人保持联系，并与中共晋南县委接上关系，继续开展革命活动，逐步建立基点村，恢复或建立党的组织。

抗日战争全面爆发后，朱汉膺同李刚、许运伙等人深入晋江、惠安一带，组织抗日救国话剧团、抗敌宣传巡回队，向广大群众进行抗日救国和反封建、反压迫的宣传，开展“二五减租”活动。

1939年秋，被秘密停止党籍的朱汉膺奉命返回三朱村，重建地下交通站，使晋江、南安、惠安、莆仙党组织与中共闽中特委、福建省委的联系保持畅通。1942年6月，朱汉膺与刘祖丕等人协助中共泉州临时工委朱伦炎和县工委，在三朱建立惠安党组织的活动中心，并作为中共闽南(闽中)特委与泉州临时工委联系的主要交通站。

1947年10月，中共闽中地委书记黄国璋在三朱主持召开扩大会议，贯彻闽浙赣省委“八二八”会议精神，宣布恢复朱汉膺的党籍；同时，召开中共惠安县工委会议，增补朱汉膺为委员。

1948年2月，朱汉膺任中共(闽中)惠安县工委书记。他领导县工委巩固与发展隐蔽根据地，继续发动群众反“三征”(即反征兵、反征税、反征粮)，开展群众性的游击战争，除恶反霸，摧毁国民党基层政权。

1949年2月，朱汉膺任惠安人民游击大队大队长兼政委。4月，他与县工委其他领导妥善处理城工部在惠安的组织问题。同月，他派人对山腰盐场盐警进行策反工作。其间，与王福庆、林兜等人率领游击队100多人枪，攻打仙游股匪叶文尔，叶文尔闻讯逃跑。6月28日，他与张海天、林平凡等人率领游击队30名队员奇袭国民党锕川乡公所。8月5日，国民党当局纠集反动武装1300多人，海陆并进，“围剿”革命据点港墘村，到处烧杀掳掠。朱汉膺与县工委其他主要负责人领导人民游击队和革命群众，进行反“围剿”，粉碎敌人的阴谋。

8月23日，朱汉膺与林平凡、张海天等人带领惠安人民游击大队，从三朱出发，进军惠安县城，在中共闽西南城关支部的配合下，解放惠安县城。9月5日，朱汉膺任惠安县人民政府县长。中旬，他受命带领惠安县1000多名支前干部、民工，跟随解放军，步行到同安，参加解放厦门战役，完成运送粮草和军用物资，特别是抢救伤员等支前任务。11月，朱汉膺任中共晋江地委副秘书长。

1951年9月起，朱汉膺历任中共晋江地委农村工作部副部长、地区农委副主任等职。1958年6月25日，他被错定为“地方主义反党分子”，开除党籍，撤销党内外一切职务。1963年3月9日，他的党籍、职务等得到恢复，调任地委委员、农工部副部长。

“文化大革命”期间，朱汉膺遭到批斗。1971年，朱汉膺任晋江地区革委会生产指挥处成员。1977年6月，他被隔离审查。1978年6月3日，转为拘留审查。1979年12月15日，他因病被释放就医。1983年2月9日，其案得到复查、纠正。同年4月4日，朱汉膺逝世。

王德彰

王德彰(1909—?)，化名王时光，惠安县崇武溪底村人。

1925年6月，王德彰与一些惠安青年一起参加福建青年协进社，参与对社会实际问题和国际政治状况的研究；冬季，他在集美学校师范部求学时参加中国共产主义青年团，成为共青团集美支部的早期团员。1926年3月，他由罗明介绍转为中共党员；10月，他受党组织派遣回到家乡惠安，发动工农群众，发展党、团员，开展革命活动；11月8日，他带领10多人组成的集美同学回乡宣传队到惠安，以惠安公学为据点，吸收本县学生参加，开展宣传活动，设立书摊向学生和社会各界介绍一些进步刊物或文章；12月中旬，王德彰与接受中共厦门大学支部指派返回惠安的吴国珍，以及陈玉聪、吴敦仁等人成立中共惠安支部，王德彰任书记。其后，他与其他人一起协助国民党人建立国民党惠安县临时党部。

1927年1月，王德彰任县临委负责人；同月，他任国共合署办公的兴(兴化)泉(泉州)永(永春)政治监察署惠安特派员。他以特派员的身份与其他人武装查封县城反动会道门“同善社”，解散涂寨、崇武、洛阳、东园、涂岭等地的“同善社”。2月6日，他又以特派员身份，推动杜辉、周文魁派出1个排兵力，配合涂寨农民协会100多人到山尾村围剿著匪杜建；同月16日，他与其他代表一起，收回由民军汪连把持的惠（惠安）洛（洛阳）公路权。3月中旬，他仍以特派员的身份率领农民武装人员取缔惠安保甲局办事处，拆毁其牌子。7月中旬，他主持成立涂岭农民协会和涂岭农民自卫军，带领农民协会和自卫军开展“消灭土匪、打倒土豪劣绅，反对苛捐杂税”的斗争。

8月12日，王德彰奉命返回惠安涂岭，组织成立中共惠安县特别支部委员会，任书记。他致力于组建农民协会，领导群众开展抗捐抗税斗争。12月1日，涂岭农民自卫军更名为“惠安工农革命军”，他负责政治训练。

1928年1月中旬，国民党海军陆战队驻惠安林炳州补充团突然包围袭击惠安特支驻地和农会办公地点涂岭魁星楼，王德彰与其他3人被捕；4月，他被保释出狱。其后，他化名王时光，到南安县莲塘小学任教。

1930年9月，王德彰参加惠安暴动；暴动失利后，他又被捕入狱；10月获释后，他到晋江任教。组织上派人与他接头和布置任务，他拒绝接受，并于年底与党组织脱离关系。

沈玉泉

沈玉泉（1910—1935年），化名老杨、杨道平、马路杨，长汀县人。早年当过建筑工人，曾为福建省防军第二混成旅郭凤鸣部士兵、连长。

1929年中国工农红军第四军解放长汀县城时，沈玉泉参加红军，后调厦门。1930年5—7月，他先后参加省委领导的“五二五”劫狱和“七二五”攻打监税局等斗争。不久，他调任莆田红军团团长。1931年6月，沈玉泉被调到惠安组建中共惠安县委，任书记；9月，调任中共厦门中心市委常委，负责职工部兼兵委。1932年7月，调到漳州，先后任中共漳州市委书记、漳州中心县委书记。1933年11月，调任中共泉州特支书记。1934年7月，调安溪任中国工农红军闽南游击队第二支队副支队长。此后，他一直在安溪、南安、永春、德化等苏区坚持游击战争。

1935 年 3 月 28 日，沈玉泉在永春达埔牺牲。

卢明堂

卢明堂（1910—1936 年），乳名添火，参加革命后化名卢敬仲、卢哲，1910 年 11 月 20 日出生于惠安县蔡宅铺赤埕乡祠堂村（今属涂寨镇瑞东村）的一个贫苦农民家庭。

1928 年秋，卢明堂考入惠安县立中学。不久，他参加中国共产主义青年团；年底，转为中共党员。1929 年春，他被选为改组后的惠安县学生联合会宣传委员。他接受党组织安排的任务，在东关、东张一带发动群众，建立面业工会、互助会、读书研究会等赤色群众组织。9 月，他任中共惠安中学支部书记。他根据党组织的决定，发动召开学生代表大会，提出“揪税蠹徐觉民，打开反动统治的缺口”的行动口号，开展反贪污、反摊派、反腐败的斗争。县税契处主任徐觉民正要出逃时，卢明堂率领一批同学奔赴车站，把他从汽车上揪回来，交给县政府看管。

惠安暴动失败后，卢明堂接受党组织安排到晋江一带从事革命活动。1931 年春，他以安海可慕村、琼村小学为据点，办夜校、交朋友，深入青年农民中去宣传革命道理，组织农民协会。5 月，他参加中共晋南中心县委在南安官桥岭兜召开的扩大会。7 月，他受中共厦门中心市委指派，化名卢哲，以卢厝村卢江小学教员的身份，在石狮、永宁一带办夜校、演话剧，传播革命思想，组织发动群众。

1932 年春，卢明堂调任共青团惠安县委委员。他在家乡赤埕村开办群策小学（“策”与“赤”字谐音，寓赤色革命之意）。他以群策小学为据点，从事革命活动。农历壬申年六月初一日（7 月 4 日）晚，反动民团包围学校，他听到外面有动静，立即勇敢机警地冲出学校大门，跑回家中，一面叫父亲鸣锣报警，一面拿起驳壳枪朝天鸣枪。敌人闻声不知所措，纷纷躲避，被包围在学校里的县团委书记彭德清等人得以乘机从东西厅 2 个边门冲出而幸免于难。此后，他奉命到晋江继续从事革命活动。1932—1934 年，他先后担任中共永宁卢厝支部组织委员、中共石狮永宁区委宣传委员。

1935年年初，卢明堂被中共厦门中心市委委派为晋南特派员。他经常奔走于晋江御辇、陈埭、南下美和南安下慕、官桥、岭兜一带，开展革命活动。

1936年1月，卢明堂在当地的政治色彩已经暴露，处境很困难。有人建议他转移到安（安溪）南（南安）永（永春）边区工作。但他坚定地说："干革命哪能怕危险，组织已决定，刀山也得上！"他继续坚持在晋江、南安一带开展革命活动。

1936年6月4日，卢明堂被叛徒出卖，在南安县下慕村被国民党反动军队第九师谢辅三旅驻安海部队逮捕，羁押在南安第二区署（设在水头）看守所。组织上通过其亲戚、朋友疏通，并想用金钱赎释未成。敌人软硬兼施，他始终坚定不屈，后被解往永春国民党军队旅部。

同月13日，卢明堂被押赴刑场。他一路上高呼："中国共产党万岁！"英勇牺牲，年仅25岁。

林权民

林权民（1911—1930年），1911年2月14日出生于惠安县黄坑铺前林乡（今东岭镇前林社区）辛埭头村一个余姓人家，排行第二。家里贫穷，一日三餐难度，父母忍痛把他卖到涂寨乡大坝内村林姓家中。养父是个修理榨油坊的木匠，但因是小姓弱房，经常受地主恶霸的欺凌，后全家4口人迁到东岭乡前林村，作为一个绝房户（即没有儿子传宗接代）的继承人住下。他家常受土豪欺负。1918年，他进乡村学堂念书。1925年，转到惠安公学就读。2年后，小学毕业。其时，养母病逝，养父给他娶亲。婚后，他到涂寨乡读私塾。

1928年初，林权民进入集美学校师范部就学。当时，在党组织的领导下，集美学校掀起革命浪潮。他先后认识惠安籍的中共党员骆拔才、陈仰高、汪晓初、陈平山等人，走上革命的道路。他的革命行动引起学校当局的注意，他被以莫须有的罪名开除。同年，他加入中国共产党。后受组织指派，回到家乡，在前林、东埭一带开展革命活动。

1929 年 9 月，林权民任中共惠安县委委员、共青团惠安县委书记。11 月，反动当局先后 2 次逮捕共产党员和进步学生 12 人，县委机关被迫从城关撤到惠东。他与县委其他领导人一道，以东埭龙渊小学为基点，开展革命活动。为营救被捕学生，他与王裕深夜到洛阳镇国民党军驻地散发传单，劝告士兵反正。接着，他与蓝飞鹤、陈琨等人一道，在惠东建立革命据点，以党提出的“打倒贪官污吏”“打倒土豪劣绅”“不交租，不交税，打土豪，分田地”等口号教育农民，将农民群众发动起来，惠东许多村庄的革命活动开展得有声有色。他还重点抓前林村的革命工作，协同党支部办夜校，组织青年男女和少年儿童读书识字，唱革命歌曲，革命群众踊跃参加农民赤卫队。

1930 年 5 月，林权民与中共泉属特委、惠安县委的负责人先后在涂寨乡和弄村、涂岭乡乌面宫、大埔园寺等地召开的老共产党员与活动分子会议上，研究布置加强党的宣传教育和组织群众武装等工作。会后，他与中共惠东区委负责人陈琨等人以及上级派来的干部一道，以后洋村为活动中心，把凤阳民团常备队整编为党组织领导的武装骨干力量，进一步扩大赤卫队；同时，在惠东、惠北两地的重点乡村普遍办起夜校、民校，作为宣传学习党的路线、方针、政策和进行革命活动的阵地，并建立妇女会、少先队组织。

7 月下旬，林权民任中共惠安县委委员。他与有关领导人分别深入基层，到湖埭头、前林、大岞、港墘、净峰、小岞、松村、苏坑等重点村，加强基层组织建设，部署暴动的具体工作。9 月 16 日凌晨，他参与领导武装暴动。18 日晨，林权民等人带领红二团直扑前林村，包围土豪林甘泉住宅，枪毙林孝纯、林亮川；下午，林权民与蓝飞凤等人集合余部，经埔殊村向型厝村转移，脱险后安排部队分散隐蔽。林权民当即深入白色恐怖区，做善后工作。28 日，他带领人员由东周松村交通站乘渡船至奎壁头村，转入惠北山腰小学交通站。29 日，到涂岭林角村与其他人会合，并在泗洲村召开会议。会后，他与其他人按照会议决定回惠东继续做好善后工作。

10 月 16 日晚上，林权民在东房村被叛徒出卖，不幸被捕，受尽敌人折磨;17 日,他被敌人枪杀,躯体砍成六大块,抛到前林的海埭里,牺牲时年仅 19 岁。

唐言福

唐言福(1912—1962 年),化名陈鹏,1912 年 5 月出生于惠安县安埕铺新宅乡(今泉港区山腰街道新宅社区)。1929 年 7 月,任惠安县学联主席。1930 年,加入中国共产党;尔后,他接受任务回惠北农村开展革命工作;9 月,参加惠安武装暴动;暴动失利后,他与党组织失去联系。1931 年春,他继续就读于省立龙溪职业中学。在校期间,他组建团组织,带头发动学潮,被反动当局通缉。他辗转到晋江,与党组织接上关系。

1931 年 3 月,经中共福建省委驻厦办事处批准,唐言福返回惠安恢复党、团组织。不久,在惠北成立中共普安支部,并建立三朱、山腰、前黄、下江、赖厝、社坑、东岭、小岞等活动据点。6 月,他任中共惠安县委委员、共青团惠安县委书记。

1932 年 2 月,唐言福参与组织领导惠北武装抗捐。他出任福建工农红军惠安游击支队政委、惠北武装抗捐大同盟总指挥,主持在三朱昆山寺召开的抗捐大同盟成立大会。“三朱事件”发生后,他根据县委决定,派人分头联络帮会会首和三朱等乡村房(族)长在新堂村开会,部署 8 日夜举事围歼陈国辉所部。3 月 14 日,他与李文端等人率领抗捐大军三四千人兵分三路,围攻驻防在墉头馆仔和朝林的匪军。4 月 25 日,南辋区施德诚营 5 名匪军,由收捐员带路到“十八乡”下后郭村。他与李文端等人立即率领 12 名武装游击队员赶往下后郭,在许桥伏击匪军。5 月,他代理中共惠安县委书记。6 月,他被市委调回厦门,受到批判,指责其在惠安工作期间的“路线”错误。此后,他先后在厦门闽南反帝大同盟和团市委、省委工作。

1935 年冬,他到越南西贡,先后任越共华侨特委书记、华侨救国总会理事、华侨归国服务团团长、西贡民先学校校长。

1949 年上半年,唐言福回国。新中国成立后,他任福州市教育局副局长。

1962年10月,唐言福逝世。

许运伙

许运伙(1912—1941年),又名新礼、建民,出生于菲律宾宿务市,后随其父回到故乡晋江县深沪吕宅村。不久,父亲病故,母亲改嫁后不久也病故。8岁时,继父入赘坑前村,他与弟、妹随同前往。三四年后,继父、继母及弟、妹在瘟疫中相继去世。他孤身一人寄养在伯父家。农忙时跟伯父下田,农闲时打鱼卖鱼或外出做杂工。

1929年4月,许运伙又南渡菲律宾,就读于宿务中华学校。中学毕业后,他以打工为名,在菲律宾共产党的领导下,进行革命活动。1936年,由于身份暴露,他遭到当局通缉。5月,他被迫返回祖国。后到上海,他结识曾在中共泉州特支工作的司马文森等人。

七七事变后,许运伙从上海返回晋江,在石狮坑东小学任教,后加入中国共产党。他以教员的身份为掩护,在东石、塔头、潘径、石菌等地开展抗日救国活动。他和李刚、朱汉膺等人组织抗日救国话剧团,到晋江、惠安各地演出,并出墙报、开演讲会,揭露日寇侵略中国的罪行,激发广大群众的抗日热情。

1938年6月,许运伙任中共泉州中心县委委员,负责宣传工作。年底,他回到家乡,白天与乡亲们一起下田劳动,晚上则利用夜校宣传抗日救国的道理,发动群众捐款慰劳前方战士;组织抗日青年缉私队,编写抗日歌谣。10月,他经常来往于惠安岭头村、下曾村秘密交通站,组织开展革命活动;同时,带领一些共产党员到泉州一带打土豪、筹款。

1939年年初,许运伙安排陈炳廉、陈忠烜、谢霆等共产党员在惠安县城东门水关尾建立党小组。2月,他组织一些小学教师成立中华民族解放先锋队;组织剧团,开办民校,编讲革命故事。4月中旬,他协助惠安特支在居仁村侨光中学建立党小组。5月初,他任惠安特支负责人。夏,他联系、聚集一度失散的共产党员吴天亮(吴星)、侯如海、朱伦炎、陈忠烜、谢霆、史爱珠、施立民、黄竹禄、许集美等人,重建党的基层组织。7月,他任中共泉州中心县委组织委员,介绍一些优秀分子入党，并在塔头、吕宅、沙岗寮等地建立党支部。年底，他同李刚一起在南安岭兜主持党员训练班。

1940 年 4 月 4 日，许运伙率众在泉州发动“抢米斗争”；9 月，他任中共泉州中心县委书记。他在晋江、南安、惠安等地从事革命工作，开展抗日救亡活动。

1941 年 2 月，许运伙与陈忠烜、吴天亮等人，在惠安县城东门外交通站召开会议，研究恢复旧关系、开辟新据点等问题；4 月 6 日，省委特派员李铁、中共闽中特委书记李刚前来惠安，在西山召开扩大会。他出席会议，参与决定党组织转入隐蔽活动阶段。6 月，他带领侯如海、吴天亮等人，到永泰县参加中共闽南特委主办的抗日训练班学习。

同年 10 月 31 日（农历辛巳年九月十二日）上午，许运伙召集侯如海、施赣生、陈子俊到吕宅村开会研究工作。会后，侯如海先赶回安海；施赣生、陈子俊留下阅读文件和《新华日报》，准备下午离开。午饭后，遭到国民党警察包围袭击。许运伙当机立断，命令施赣生、陈子俊冲出重围。他向敌人开枪，把敌人的注意力引向自己。在战斗中，他胃部中弹，血流不止。他忍痛冲到村边，终因流血过多，壮烈牺牲，年仅 29 岁。

何邦基

何邦基（1914—1995 年），曾用名何可人、何清辉、林清江，1914 年 1 月 15 日出生，惠安县螺城镇东南街连康社人。

1927 年起，何邦基就读于县立惠安中学。他向往革命，是学生运动中的积极分子。1929 年 6 月，他加入中国共产党（无候补期）。中共惠安中学支部成立后，他被指定为支部书记。他曾在家中召开支部党员会议，研究如何开展学生运动、反对学校当局无理开除学生等斗争。此后，他在中共惠安县委书记朱思的直接领导下，在县城组织开展以清算“包税揽税”为突破口的反对国民政府贪污、腐败和反对学校当局无理开除学生的斗争。12 月，朱思秘密布置惠安中学全校罢课，抗议学校当局无理开除、处分学生。国民党反动当局派出海军陆战队 2 个连包围惠安中学，逮捕 6 名共产党员或学生；翌日晚上，又包围何邦基住宅，何邦基与朱思等 6 人被捕，后被福州高级法院判刑 6 个月。1930 年 12 月，何邦基等人“刑满释放”。

1931 年 5 月，何邦基在泉州城区承天寺找到朱汉膺、粘文华、彭德清等中共党员。经朱汉膺介绍，他在泉州孟群小学当代课教员。秋季至 1932 年春，经人介绍，先后到南安县后楼镇山小学和安溪县长坑小学任教。1932 年下半年，他失业后回到惠安与卢明堂等人在赤埕、三朱开展革命工作；又与沈玉泉等人到洪厝坑、甘蔗园、路口等地进行革命活动。1933 年秋，他由卢明堂介绍，到晋江卢厝小学任教，并在那里组织农会和赤卫队。1934 年，他再次失业。后他以学医为名，在中共泉州特委书记郑却疾家中食宿，当抄写员，帮助郑却疾开展共产党外围组织——中医却疾研究会函授班工作，并兼做郑家的人力车工人。秋季，郑却疾被捕。他奉命通知泉州中医药房一职工转移隐蔽后，也马上离开郑家，后与中共惠安特支书记曾炉接上关系。1936 年起，他受曾炉指派到惠北涂岭山区东坪当单人校教师，并完成曾炉布置的任务，在东坪的三台龙林兜家建立一个由泉州经晋北通往中共闽中特委机关的秘密交通站，接待往返于此的泉州、闽中党组织领导人。

1937—1942 年，何邦基在晋江县塔头中山小学任教。他与朱汉膺以学习《大众哲学》，宣传苏联社会主义建设成就，颂扬八路军、新四军抗日战绩，教唱解放区歌曲，揭露国民党贪污腐败等多种形式和方法，教育、培养青年农民和青年学生，引导他们参加革命。他和朱汉膺还用微薄的工资，供给李纲、许运伙等来往于此的党组织领导人食宿；先后发展中共党员和革命群众 100 多名。

1942—1943 年，何邦基在惠安辋川莲山小学任教。1943—1945 年，他在麟山小学等校任教。1946 年，他转移到晋江县官头官山小学任教，开辟新区工作。在那里，他和中共党员郑家弦、王经贤一道，揭露蒋介石破坏和平、发动内战的罪恶行径。不久，他们就发展几十名共产党员或革命群众，使官头村成为晋江一个半公开的革命基点村。

1947 年 10 月，中共闽中地委在三朱召开扩大会，决定解决何邦基的党籍问题。会议鉴于时局，一时无法弄清诸多问题，就决定由中共闽中地委委员祝增华和中共(闽中)惠安县工委委员朱汉膺二人介绍他重新入党(没有候补期)，并任命他为中共晋南惠仙临时工委委员。

1948 年 2 月，何邦基被选为县工委委员。会后，他被分配到东坪、岭北和峰崎一带工作，发动群众开展抗丁、抗粮、抗税等斗争，并在峰崎建立一个党支部。

1949 年 1 月，何邦基调闽浙赣省委机关学习，并任省委机关管理科科长。5 月，他在建瓯军管会从事供给和税务工作。9 月 5 日，他陪同南下干部到惠安与当地党组织会师，并被任命为中共惠安县委组织部副部长，主持日常工作。

1950 年 7 月，何邦基到省委党校学习；3 个月后，调任福建省复员委员会南平办事处副主任。1951 年 5 月，他在宁化县第二区开展土改工作；12 月，任宁化县人民法院负责人。1952 年 5 月，任中共明溪县委宣传部部长。1953 年 5 月至 1976 年 11 月，先后在永安师范、长汀师范(其间，1960 年 3 月，被打为“右倾反党分子”，开除党籍，撤职降级，后得到平反)、永定一中、永定侨育中学任校长或校长兼书记。

“文化大革命”中，何邦基被批斗。

1976 年粉碎“四人帮”后，经组织批准，何邦基调回原籍惠安工作。1981 年 12 月，他任中共惠安一中支部副书记、副校长。1983 年 10 月，他任惠安县政协副主席。1985 年 11 月离休。1986 年 4 月，中共泉州市委行文，给予“享受地专级待遇”。

1995 年 12 月 12 日，何邦基病逝。

林平凡

林平凡(1917—1983 年)，原名富成，字澈夫，惠安县东岭公社前林大队人，1917 年 6 月出生于一个农民家庭。1925—1934 年，林平凡先后就读于私塾、荷山小学、惠安公学、晋江初中。1935 年，因父、姐、妻、母相继去世，被迫辍学，担负起家庭重担。

1937—1938年，林平凡先后在惠安县山霞侨南小学、晋江县灵水晋化小学任教。1939年秋，他与林菊初在前林接办狮峰小学，并开展抗日宣传活动。1941年秋，他结识在私立荷山小学任校长的中共党员刘祖丕，在其引导下投身革命。

1942年春，林平凡与刘祖丕一起，争取狮峰小学王校长的支持、配合，利用民众教育的合法地位，举办成人班夜校，学习文化，宣传抗日，激发学员的爱国热情，将全村青壮年团结在党组织周围。

1943年2月，林平凡加入中国共产党。

1945年4月，林平凡任中共前林支部委员。“安海会议”后，他负责惠东片，协助陈纯元工作。6月，因受晋江“科任事件”的影响，惠安党组织遭敌破坏，他与刘森南、张海天等7人遭通缉。他不顾个人安危，连夜组织前林、港墘党支部成员安全转移。在白色恐怖下，他一方面同王祯祥、朱汉膺保持联系，一方面抓紧建党工作。同时，派林菊初以行医为名，到净峰、小岞一带发动群众、建立组织；派林思敬到泉州海疆学校开展学生运动。

1946年6月，林平凡同前来惠安寻找党组织的中共闽中特委指派交通员刘文辉接上关系，然后一起去闽中特委机关参加整风学习，汇报研究惠安工作，制订恢复发展党组织和开辟新区的工作计划。中共闽中特委任命林平凡为中共惠安县工委书记。回惠安后，林平凡即派刘玉燕负责恢复发展惠北涂坑、三川一带党的组织，调张海天回港墘、王福庆回东园开展工作。

1947年10月，中共闽中地委指派林平凡任县工委委员。1948年2月，县工委经改选，林平凡仍任委员。他在惠东片坚持以前林为据点，向外扩展，开辟新区，建立党组织。

1949年2月，林平凡任闽浙赣游击纵队闽中支队惠安人民游击大队副政委。他在惠东组建第二游击中队，深入开展打地霸、“挖蒋根”斗争，并参加县工委直接领导和指挥的击杀国民党辋川乡乡长江一枝和县刑警队长潘奄勇等人的武装斗争行动。四五月，解放大军进军江南。林平凡指示中共西埔支部书记刘秋木抓紧做退伍回乡的连长、涂寨联防指挥所副主任王金泉的工作。王金泉主动与共产党组织联系。林平凡同意王金泉着手组建联防队,队员由中共五刘支部选派,武器粮饷由国民党县政府提供。联防指挥所建立后,增强共产党的武装力量,又有效地掩护党组织的活动。

1949 年 8 月 23 日,林平凡与同朱汉膺、张海天等人率领惠安人民游击大队解放惠安县城。9 月 6 日,林平凡任县委委员、县公安局副局长。此后,历任县农民协会主席、县土改委员会副主任和县委常委、县供销合作总社主任等职。

1955 年 9 月,林平凡调任同安县政府县长。1956 年 5 月,任中共同安县委第二书记(代理县委第一书记);6 月,当选为中共厦门市委委员、中共同安县委第一书记。1972 年,林平凡调晋江地区外贸局工作。1973 年,他被任命为中共泉州市委书记。

1983 年 3 月,林平凡病逝。

陈忠烜

陈忠烜(1920—1941 年),原籍惠安县洛阳区杏梅保(今泉州台商投资区洛阳镇梅岭村),1920 年 3 月出生于缅甸仰光。1937 年春,在省立晋江中学读书时带头组织读书会,学习进步书刊,参加中共晋南工委领导的抗日学生运动。9 月,转入厦门中华中学就读。在校期间,他积极参加抗敌后援会宣传工作,由于表现突出,被公推为该校防疫队长、募捐队长。

1938 年 3 月,陈忠烜加入中国共产党。7 月,他奉命返回惠安。10 月,他与其他人在地处交通要道的岭头村和邻近的下曾村分别建立秘密交通站,负责接待、掩护经常来往的中共晋南工委书记李刚、中共泉州中心县委委员许运伙、中共惠安特支书记曾炉等党组织负责人或工作人员。同时,参与组建县抗敌救亡第二巡回宣传队,开展革命宣传活动。冬季,他建立中共养正中学支部,任书记。

1939 年年初,经许运伙安排,陈忠烜与陈炳廉、谢霆等共产党员在惠安县城东门水关尾建立党小组。4 月,他与陈忠炳在洛阳岭头村建立交通点,配合割上沿海交通站解决陆上的交通联络问题。

5月4日，他参加刚成立的惠安县抗敌剧社，参与组织公演歌剧《大路歌》，激励工农兵联合起来，共同抗日。

1940年3月，陈忠烜经中共泉州中心县委安排，到崇武区东坑村钟山小学任教导。他在搞好教学工作的同时，开展党的活动。4月4日，他受惠安特支指派，与柯昆山、侯如海等10人前往泉州，参加中心县委组织发动的“抢米斗争”。夏季，经许运伙联系、聚集，他参与重建党的基层组织；秋季，他离开安溪，回到惠安岭头据点，在洛阳、黄塘一带开展隐蔽活动。10月，他被中共闽南特委指派负责惠安特支工作。月底，他到莆田仁里闽中特委训练班。其后，训练班遭敌人破坏。11月初，他返回惠安。

1941年2月，陈忠烜与许运伙、吴天亮、朱伦炎等人在惠安县城东门外交通站召开会议，研究恢复旧关系、开辟新据点等问题。5月，他被调往中共闽中特委机关干部、战士训练班学习。6月，他被定为“托派”遭杀害。

1951年，陈忠烜被追认为革命烈士。

张海天

张海天(1920—2002年)，原名江水，1920年11月17日出生于惠安县崇武铺港墘乡(今崇武镇港墘村)一个贫苦的渔民家里。1937年抗日战争全面爆发后，他考入集美农校读书。1938年，转学至泉州中学。

1941年秋，张海天考入集美水产航海学校。在校读书期间，他得到在图书室工作的中共党员洪遂明(又名洪瑞明)、方瑶缄的启迪和指导，秘密阅读《共产主义ABC》《马克思主义浅说》等许多进步书籍和杂志，受到革命理论的熏陶。

1943年7月，张海天因参与抗日救亡的宣传活动、“闹学潮”而被校方除名退学。他当即从集美水产航海学校内迁地安溪回到老家崇武港墘。七八月间，他由中共惠安县特派员刘祖丕接纳为秘密革命群众。9月，他担任港墘复兴小学校长。此后，他以学校为革命活动基地，同进步教师洪瑞星、王福庆创办渔民夜校和妇女识字班，寓革命思想于教学之中。同时，他们还利用假日和课余时间，带领高年级学生和青年渔民为村里修桥铺路，兴办公益事业，从中发现和培养一批革命后备力量。

1944年7月，张海天被调到东岭前林狮峰小学任教，参与那一带的地下革命工作。11月，他加入中国共产党。

1945年2月，张海天与洪瑞星、王福庆又回到港墘村复兴小学任教。3月，他们秘密建立革命据点和交通站，成立中共港墘支部，张海天任书记。6月中旬，因晋江“科任事件”的牵连，张海天与洪瑞星、王福庆等人遭到反动政府通缉，被迫分散转移到南安、泉州或惠安净峰、小岞等地，进行隐蔽斗争。

1946年2月，张海天受中共泉州中心县委指派，返回港墘基点村，重整旧部，发展组织；创建（闽中）海上交通站；筹集武器、弹药，组建秘密武装工作队，开展游击斗争。6月，他任中共（闽中）惠安县工委委员，负责惠东南工作片。

1947年10月，张海天任中共（闽中）惠东区工委书记。

1949年2月，张海天任闽浙赣边区游击纵队闽中支队惠安人民游击大队副大队长，参与领导“夜袭国民政府接兵部队”“辋川打顽敌”“龙西遭遇战”“三朱‘七三’反‘围剿’”等一系列军事斗争。7月，他前往惠安北部，指导中共北海区工委，策动国民党第三二五师驻峰尾海防工作队27名官兵投诚起义。8月18日，他奉命前往山腰盐场，正式接受山腰盐署、盐警大队官兵起义投诚。8月25日，他促使福建省国民政府海上保安纵队第四支队起义投诚。9月，任惠安县人民政府副县长。10月，任中共惠安县委常委、惠安县人民政府副县长，兼惠安县支前船只管理处主任。

1950年年初，张海天先后组织、带领民工，参加同安、福清、晋江等3个机场建设，完成紧张的战备任务。

1952年起，张海天先后任晋江专署建设科科长、农林局局长。1961年10月，任晋江专署副专员、党组成员。其间，他参与领导晋江下游两岸的防洪堤和金鸡拦河闸等重大水利工程建设。

1965年，张海天兼任晋江专区共产主义劳动大学校长。

“文化大革命”初期，张海天受到冲击。1967 年 6 月，他任晋江专区军管会生产指挥部办公室主任。1971 年间，他受命担任山美水库修建工程指挥部副指挥。同时，他积极推广农业育种家陈罗庚的甘薯“新种花”高产良种。1973 年，他任晋江地区生产指挥处领导小组副组长。

1977—1979 年，张海天在“清查”运动中被定为重点对象，后被下放劳动。

1983 年，中共福建省委给张海天落实政策，恢复其副专员职务。10 月，省委批准张海天离休。

20 世纪 90 年代，张海天先后当选为泉州市第十一届、第十二届、第十三届人民代表大会代表，并担任福建泉州侨乡开发协会副会长、泉州市老区建设促进会副会长。

2002 年 1 月 11 日，张海天在泉州病逝。

刘祖丕

刘祖丕(1922—2017 年)，1922 年(农历壬戌年)九月出生于惠安县城厢。少年时代，他先后在惠安新民小学、县立中学读书。1937 年夏季起，他到集美高中求学。1940 年夏，刘祖丕同泉州地区的共产党组织建立群众关系。尔后，他在中共党员洪遂明的指导下，在集美高中开展团结进步同学的工作。

1941 年 1 月，刘祖丕加入中国共产党；2 月，提早转为中共正式党员。此后，他先后在晋江阳溪，惠安荷山、狮峰、选青等学校任教，以此为掩护，进行党的宣传工作和发展革命群众工作。七八月间，他与携带侯如海的手书到荷山小学的中共惠安县特派员陈毕明接上组织关系。陈毕明同意刘祖丕恢复发展惠东党组织的工作。10 月，刘祖丕与进步青年教师刘晓江、刘天民建立关系，在学校做一些宣传工作。

1942 年一二月间，刘祖丕与林平凡、林菊初等人取得狮峰小学王校长的支持和配合，利用学校设施，开办民校，设成年班、妇女班，宣传抗日道理，传授革命知识，发展一批群众关系，开展一些合法斗争。6月，他在朱伦炎的带领下，到三朱建立惠安党组织的活动中心，并作为中共闽南特委与临时工委联系的主要交通站。冬季，经临时工委学委特派员侯如海同意，他离开土坑转入惠安县立中学开展工作。

1943年1月，刘祖丕任县立中学图书馆管理员，购置一批进步书籍、文艺杂志，推荐给在校师生阅读；同时，支持音乐教师卜继业组建合唱团，公开开展抗日歌咏活动。3月，他任中共惠安县特派员。五六月间，他发展光华小学、螺峰小学的一些教师为群众关系，并以学校为阵地，组织进步青年教师秘密研读革命书籍，利用课堂或周会开展宣传工作。其间，他指派陈纯元、王祯祥、辛栋梁等3人于坝头锦凤中心小学应聘、任教，以此掩护开展工作。七八月间，他与朱伦炎在县城北门刘森南家油印《反对党八股》等革命书籍及宣传品，在教育界、文化界秘密传阅；同时，吸收刘森南、林平凡入党。9月，他在朱伦炎的带领下到中共闽中特委机关，参加整风学习。整风学习结束后，他留在机关工作。

1944年4月，刘祖丕受中共闽中特委书记黄国璋指派返回惠安，继续担任特派员，拓展惠安各联络点工作，打通惠北、晋北与仙游的秘密交通线，发展、吸收革命群众入党。

1945年2月，刘祖丕被调入中共闽中特委机关，任特委部队政治指导员。5月，他任特委海上游击队政治指导员，并同惠安建立海上联系。

1947—1948年，刘祖丕先后在中共浙南地委、闽浙边中心县委县大队任文化指导员、分队长。1949年，先后任浙南游击纵队、浙江警备一旅中队连政治指导员。

1950年，刘祖丕任福建省公安厅公安部队连政治指导员；1951—1969年，任省公安厅科员、秘书。1969年起，他被下放到农村、工厂。1979年年底，他任省公安厅秘书。1983年，刘祖丕离休。

2017年8月14日，刘祖丕逝世，享年95岁。

陈纯元

陈纯元(1922—?),又名新源,1922 年 11 月 8 日出生于惠安县梅峰铺鹳山乡(今泉港区后龙镇割山村)。青少年时代,他先后在割山小学、螺峰小学、省立晋中读完小学、初中,并以优异成绩被保送进长汀理工学校土木工程科学习,后因病休学。回家乡治病期间,他通过同学介绍,结识中共泉州中心县委政治交通员朱伦炎、中共党员陈忠烜等人,深受他们进步思想的影响。

1942 年 6 月,陈纯元加入中国共产党。1943 年五六月间,他受刘祖丕指派,与王祯祥、辛栋梁等人到坝头锦凤中心小学应聘、任教,以此掩护开展工作。他与该校连校长有共事关系,即利用这一关系与连校长堂弟连远搞统战工作。9 月,他代理惠安党组织工作。

1944 年一二月间,他利用在惠北田里国民学校任教的机会,与李焕堂和在枫亭工作的方曙缄,联络一批进步知识青年,秘密组织马列主义学习小组。春,他通过同乡的关系,接任田里国民学校校长,自己选聘教员,改校名为梅东西南区中心学校田里分校,使之成为抗日后期惠安共产党在北海区的中心据点。5 月,他与刘祖丕在三川先后发展萧清荣、刘玉燕、李夏雨等 3 人入党。其间,他以教师身份为掩护,从事党的农村工作,开拓新区、新据点,发展组织,团结进步力量,开展革命斗争。9 月,他代理中共惠安县特派员。

1945 年 2 月,陈纯元负责惠安县党组织工作。在三川一带领导群众发起反抗豪绅刘雪本高利贷("放青苗")剥削的斗争。3 月,他接任中共惠安县特派员。4 月,他参加中共泉州中心县委在晋江安海召开的干部会议,任刚成立的中共惠安直属区委会书记,兼管惠北工作。他返回惠安后,立即在惠北割山村召集林平凡、张海天、刘森南、李焕堂、刘玉燕等共产党员开会,传达会议精神,决定全县划分 4 个工作基点、4 个基层组织。6 月中旬"科任事件"后,他遭到敌人通缉。同月 12 日,他在割山家中被捕。他被监禁期间,受到敌人严刑拷打,坚贞不屈。8 月 29 日至 10 月 10 日,国共和谈,签署《双十协定》,国民党同意释放政治犯。1946 年 3 月,家人用重金将他营救出狱。

1948 年 8 月，陈纯元转移到台湾基隆集友渔轮公司实习，后到台北石门乡国民学校任教。

新中国成立前夕，陈纯元辗转到上海，通过同学介绍，认识中共上海市航运支部成员罗基森。不久，陈纯元接上组织关系。尔后，他奉命组织在沪同学参加地下航联活动，迎接上海解放。

新中国成立后，陈纯元响应党组织号召，参加随军南下服务团入闽。此后，他先后在厦门市军管会卫生处、市工商联、市水产供销公司任科长、课长。1956 年 7 月起，他先后任厦门市水产供销公司副经理、经理。

1960 年年底，陈纯元被派往香港，先后任华润集团中行业务组长、华运公司第二百货部经理。

1972 年，陈纯元被调到厦门，任厦门六中革委会副主任、副校长；1978 年，任厦门市水产局生产计划科科长；1981 年，任福建省水产进出口公司厦门分公司行政负责人兼党支部书记。

1983 年，组织上落实政策，陈纯元获恢复 1942 年 6 月入党的党籍。1985 年 6 月，陈纯元离休。

洪瑞星

洪瑞星（1922—1945 年），1922 年出生于泉州城厢东隅行春铺桂香境（今鲤城区开元街道东升社区）相公巷一个贫穷的市民家庭。童年时就读于泉州新风小学，1936 年夏小学毕业，因家庭生活困难即辍学。他爱好文艺创作，各方面表现突出，深得校长器重，被安排留校任教。

1938 年，洪瑞星在新风小学中共党员教师的影响下，投入学校的抗日救亡宣传工作。他担负学校抗敌后援会组织的新风剧团的演出工作，运用文艺武器，努力为抗日救亡奔走呼号；还经常更换笔名写文章发表于报刊上，抨击时弊，揭露国民政府搜刮民脂民膏发国难财、镇压爱国民主运动的罪行。

1942 年年初，洪瑞星经党组织介绍，前往仙游县枫亭阜新小学任教。他配合在校教员、中共党员许墉监视驻守枫亭国民党军某部的军事活动，为中共闽中特委提供情报；同时，参与学校附近一带的抗日宣传工作。

1944年年初，洪瑞星由党组织安排，到惠安东岭乡前林村狮峰小学任教。他以教职为掩护，从事秘密革命工作。他一边从事教学工作，一边开展抗日救国活动，出版墙报，散发传单，张贴标语，组织歌咏表演队，进行救亡公演等，激发人民抗敌救国热情；同时，参与创建前林地下交通站。11月，他加入中国共产党。

1945年2月，洪瑞星与张海天、王福庆又回到崇武港墘村复兴小学任教。他们以复兴小学为革命活动据点，创建港墘基点村，开拓惠安、晋江沿海至莆田、仙游、永泰山区闽中革命根据地的交通路线。3月，洪瑞星任中共港墘支部宣传委员。其间，他经常到渔家、上渔船，访贫问苦，了解渔船民生产、生活情况，为其排忧解难，向据点村人民宣讲抗日战争形势和革命道理，引导据点村人民投身于民族和人民的解放事业。晋江"科任事件"后，他遭到国民党反动政府通缉。6月中旬，他离开复兴小学，到泉州郊区其姐姐家中隐蔽。7月下旬，他被叛徒施菱出卖，在泉州城区东门相公巷洪氏大厝被捕，囚于泉州第五绥靖区监狱。不久，第五绥靖区机关迁址莆田县，他被转到莆田县政府监狱"天"字号牢房囚禁。其间，他多次受到反动当局软硬兼施的审讯。第一次审讯时，审讯者要他自首，他坚持说自己为了谋生，由朋友介绍前去港墘复兴小学当教员，没有参加共产党组织。第二次审讯时，审讯者板起脸，冷冷地说："我们有'内线人物'证明你是共产党员，还担任党支部委员，不怕你不供认。"他泰然自若，笑着说："别耍把戏了！如果有'内线人物'，那就让他出来当面对证吧！"审讯者身边没有证人，只得草草收场。第三次审讯时，反动当局从外地监狱押来施菱出面对证。他一见施菱进入审讯室，决定采取以攻为守的策略。施菱说："你洪瑞星就是共产党员，还是支部委员。"洪瑞星反问："你有什么证据？"施菱说："我是你介绍加入共产党的。"洪瑞星矢口否认，并痛骂施菱："这么说，你就是共产党的叛徒了，无耻，无耻，你为了保住自己的狗命，竟然丧尽天良，诬陷他人。”骂得施菱垂头丧气，狼狈不堪。

12 月 8 日（农历乙酉年十一月初四日）晚上 9 点多，两个狱警把洪瑞星带走。洪瑞星被敌人押赴刑场活埋，年仅 23 岁。

王福庆

王福庆（1925—1951 年），惠安县第五区玉坂乡（今泉州台商投资区东园镇玉坂村）人，1925 年 6 月 9 日（农历乙丑年闰四月十九日）出生于一个中农家庭。1933 年起，先后在玉坂小学、竞新小学、螺峰小学读书，1938 年小学毕业；秋季，他就读于内迁安溪的集美学校初中部。其间，他在老乡、同学的影响和引导下，接受进步思想。毕业前夕，他因打抱不平，主持正义，站出来替同学讲公道话，公开顶撞教师，被校方视为“调皮捣蛋”“大逆不道”而被开除。1941 年秋季，他以同等学力升入集美水产航海学校读书。他积极参加共产党领导的学生运动。1942 年春季，他再因主持公道引起校方不满，被学校开除。

1942 年秋至 1943 年春，王福庆由党组织安排，先后在惠安田里小学、洛阳西方小学任教。随后，调往南安县一带从事革命宣传工作，唤起民众投入抗日救亡运动。1944 年 11 月，他加入中国共产党，与张海天、洪瑞星等人在崇武港墘据点村创办渔民夜校。

1945 年春，王福庆由党组织安排到崇武港墘村海燕小学任教。2 月，他任中共港墘支部宣传委员。6 月，他被国民党反动政府通缉。他与张海天到南安、安溪一带寻找党组织，因关系没能接上，他们又返回惠安隐蔽在东园玉坂村。8 月，国民党特务突然扑进玉坂村。他们发现情况异常，当机立断，跳入薯园中事先挖好的掩体内。王福庆二哥王宝庆在外面应付敌人被抓走。

1946 年 6 月，王福庆任中共惠安县工委委员。他在东园、港墘、三朱等地，发动群众反“三征”、整党、开展游击斗争。年底，他兼任中共东园区工委书记，率领武工队袭击崇武国民党接兵部队和东园乡公所。

1948 年，王福庆领导东园一带革命群众开展抗丁、抗税、抗粮斗争，迫使不少保、甲长停止“三征”。

1949 年春，王福庆赴中共闽中地委参加会议。会后，王福庆留在地委机关负责闽中司令部警卫营的筹建工作，先后任警卫营副教导员、教导员。闽中司令部设在莆田山里大洋，物质生活条件极端困难。他以身作则，艰苦奋斗，与战士同甘苦共患难。4 月初，他与朱汉膺、林兜等人率领游击队 100 余人枪，攻打仙游股匪叶文尔，叶文尔闻讯逃跑。5 月，他率领武工队先后袭击崇武、东园乡公所；同月，担任闽浙赣游击纵队闽中支队司令部警卫营副政治教导员、教导员。6 月，他在反击国民党第八十师李良荣部“围剿”闽中游击纵队司令部的战斗中，与营长陈振标身先士卒，指挥战士与敌浴血奋战数日，终于化险为夷，保卫司令部的安全转移和部队的胜利突围，他获得司令部奖给的金质怀表 1 枚。随后，警卫营又在仙游西乡砺山与驻守石牌兜的国民党陈维金团激战 6 小时。王福庆一直卧倒在重机枪旁指挥，掩护部队安全撤退。

新中国成立后，警卫营整编为第五(晋江)军分区警备团。王福庆被选为团党委委员，任第二营教导员，担负维护社会治安、保卫新生红色政权、剿匪反霸等任务。

1951 年 9 月 4 日晚，台湾“国民党东南反共救国军南海纵队司令”陈令德率领第一大队 500 余人，分成 2 股，分别从惠安东园秀涂和后龙郭厝海岸登陆。9 月 5 日晚，王福庆率领驻守在仙游枫亭的警备团二营 1 个连奉命前往围歼，在惠安涂岭义路与敌人遭遇。战斗中，王福庆不幸中弹阵亡，年仅 26 岁。

朱伦炎

朱伦炎(1925—1946 年)，1925 年 6 月出生于同安县马巷镇后亭街。2 岁时，父母相继去世，由叔叔抚养。少年时，他先后在马巷启智学校、珩厝小学读书。后辍学，随兄到泉州谋生，在一家酱油店当小伙计。

1939 年，朱伦炎奉泉州共产党组织之命，担负秘密交通通信工作。1940 年，泉州党组织机关遭到敌人破坏，他任泉州至闽中特委机关的政治交通，后与中共泉州中心县委组织委员许运伙共同兼管指导中共惠安县南庄支部工作。

1941 年 12 月，朱伦炎任中共泉州临时工委宣传委员。1942 年 4 月，中共泉州临工委改为特派员制，他改任工委政治交通员兼中共惠安县特派员。他带领刘祖丕到三朱建立惠安党组织的活动中心，并作为中共闽南特委与临时工委联系的主要交通站。他与朱汉膺、何邦基等人接上组织关系，开辟三川一带工作，发展党组织。1943 年 2 月，他调回临时工委工作。七八月间，他与刘祖丕在县城北门刘森南家油印《反对党八股》等革命书籍及宣传品，在教育界、文化界秘密传阅。暑期，他与刘祖丕等人到崇武，发动青年渔民开办渔民夜校，组织补习班、读书会。9 月，他带领刘祖丕、许集美、林拱振等人到中共闽中特委机关，参加整风学习。1944 年，他在游击队负责政治工作，活动于仙游县磨头一带。他参加仙游、永春交界的白鸽岭战斗，成功解救 1 名同志。

1945 年春，朱伦炎调任中共闽中特委部队政治指导员。1946 年，他奉特委指派，到泉州同中共泉州中心县委书记侯如海联络，后返回特委。因机关转移，遍寻未着，与党失去联系。

5 月，朱伦炎被叛徒出卖，在泉州城区涂门街被捕，秘密关押在南安县溪美监狱。7 月 17 日，他被反动当局活埋，年仅 21 岁。

第三章　建设成就

20世纪20年代，由于军阀混战，兵灾匪祸，苛捐杂税，惠安社会经济遭到严重破坏。抗日战争时期，交通破坏，渔业停产，海盐滞销，侨汇中断，日货充斥市场，地方工业、手工业企业纷纷倒闭。其后，国民政府滥行征兵、征粮、征税，天灾人祸，时疫流行，社会动荡，民不聊生。1949年，全县地区总产值（现行价）2496万元，人均生产总值52元，工农业总产值（当年价）2465万元。

新中国成立后，惠安作为老区县，在中国共产党和人民政府的领导下，社会主义革命和社会主义建设取得辉煌成就，工业、农业、商业、交通运输业和科技、教育、文化卫生、体育等事业全面发展。1952年，全县地区总产值（现行价）3754万元，人均生产总值74元，工农业总产值（当年价）4269万元。

党的十一届三中全会以后，惠安县坚持以经济建设为中心，推进计划经济向市场经济转型，各项建设和各项改革卓有成效。1990年起，惠安改革开放进入全面推进新阶段，农村深入推行家庭联产承包责任制，国有企业推行承包经营责任制和厂长（经理）负责制，逐步建立起适应市场经济的现代企业制度，同步推进计划、投资、财税、金融、外贸、流通、土地使用、住房、社会保障等各项配套改革，加大招商引资、重点项目建设和开发区建设力度。当年，全县地区生产总值（现行价）9.38亿元，人均生产总值835元，工农业总产值（当年价）12.42亿元。

进入21世纪，惠安县大力实施大港口、大产业、大城区、大市场、大文化的“五大发展思路”，着力建设具有闽南侨乡特色的滨海城市。经过三四十年的改革发展，惠安从一个农业大县迈向工业强县，从温饱型转向宽裕型小康社会，逐步形成以港口和城区为依托，支柱产业和区域特色并驾齐驱的发展格局，成为福建省重点经济开发区、临港石化工业基地、文化旅游胜地和民营经济发达的经济强县。2015年，县域经济综合实力位居该年度全国中小城市综合实力百强县第38位。2016年，全县实现地区生产总值588.33亿元，全社会固定资产投资总额274.10亿元，公共财政总收入83.98亿元，公共财政预算收入34.08亿元，全体居民人均可支配收入27821元，人均国民生产总值78601元。

经过60多年的建设和发展，惠安初步建成一个经济繁荣、民生宽裕、社会和谐、生态优美、城乡一体的海峡西岸现代化港口工贸旅游中等城市。

第一节　自然资源

一、土地资源

惠安县一面依山，三面环海，地势西北高，东南低，呈马蹄形层状倾斜，即由西北的低山过渡到东南的丘陵和台地，而以丘陵地为主。至1989年，全县东西宽42千米，南北长47千米，陆域面积972.7平方千米。2000年、2010年，泉港区、泉州台商投资区先后从惠安县析出。至2016年，全县东西宽42千米，南北长37千米，全县陆域总面积489.42平方千米；土地总面积57334.2公顷，其中，耕地面积15402.35公顷，园地面积2403.39公顷，林地面积10235.83公顷，草地面积654.22公顷，城镇村及工矿用地13119.79公顷，交通运输用地2402.92公顷，水域及水利设施用地9467.26公顷，其他土地3648.44公顷。

二、水资源

惠安全县有溪流26条，总长度约207.5千米，流域面积658平方千米。集雨面积大于50平方千米的有黄塘溪、林辋溪、蔗潭溪。其中黄塘溪为全县最长的河流，干流长23.68千米，流域面积138.4平方千米，年均径流量为8678万立方米。全县多年平均年降雨量近1200毫米，多年平均径流深仅575毫米，多年平均水资源量仅2.73亿立方米，水资源紧缺。至2015年，全县有蓄水工程92座，其中小(二)型以上水库29座，山围塘63座，总库容2亿立方米，农田灌溉大井3382口。围垦总面积6610公顷，堤岸长90千米。至2016年，全县水资源总量2.73亿立方米，人均水资源370立方米。

三、动植物资源

惠安野生动物有鹿、野猪、野山羊、穿山甲及各种鸟类。珍贵动物有鸮鸟、鹧鸪和水獭等。植物有乔灌木 109 科 336 种（其中古树名木 88 株，包含 6 科 7 属 7 种，以榕树居多，此外有马尾松、油松、罗汉松、秋枫、黄连木、山茶花等不同树种），蕨类和草本 23 科。水生植物有莲、菱、细绿萍、水葫芦和水茭白等。

四、林木资源

1949 年统计，全县林木面积 3001 公顷（包括东坪、岭北与双田乡，后划归仙游县），森林覆盖率 3.8％，绿化程度 9.4％。20 世纪 50 年代以后，坚持年年植树造林。至 70 年代初，惠安县成为全省 4 个绿化县之一。

据 1974 年全县森林资源第一次普查，林业用地 31929 公顷，占土地总面积的 32.4％。林业用地中有林地 30230 公顷，占林业用地总面积的 94.6％；宜林地 1699 公顷，占 5.4％。森林覆盖率 31％，绿化程度 94.6％，为历史最高水平。四旁植树 461.03 万株，全县人均 3.3 株。有林地中按林种划分，用材林 3252 公顷，占有林地面积的 10.7％；防护林 1564 公顷，占 5.2％；经济林 369 公顷，占 1.1％；薪炭林 25024 公顷，占 83％；竹林 20 公顷。全县总蓄积量为 3.78 万立方米（起测点为胸径 0.08 米）。其中用材林 8080 立方米，占 21.37％；防护林 2.80 万立方米，占 74％；其他 1710 立方米，占 4.63％。杂木林面积 59 公顷，均无蓄积量。

据 1988 年全县森林资源第二次普查，林业用地面积 32207 公顷，林业用地中有林地面积 26821 公顷，占林地总面积 83.3％；宜林地 4441 公顷，占 13.8％；疏林地 635 公顷，占 2％；未成林的造林地 292 公顷，占 0.9％；灌木林地 8.8 公顷。全县森林覆盖率为 29.4％，绿化度为 83.3％。四旁植树 139 万株，全县人均 1.3 株。以上数字均低于 1974 年山林普查时的水平。全县总蓄积量为 38.70 万立方米（起测点为胸径 0.05 米）。其中用材林 11.70 万立方米（其中杉木 3.14 万立方米），占 30.2％；防护林 10.50 万立方米，占 27.1％；薪炭林15.56万立方米，占40.2%；特用林768立方米，占0.2%；其他8631立方米，占2.3%。

惠安虽然先后析出山腰、后龙、南埔、涂岭、埭港等5个镇置泉州市泉港区（县级），析出洛阳、东园、张坂、百崎等4个乡（镇）置泉州台商投资区，但林木资源仍然丰富。至2016年，全县森林覆盖率为29.33%，森林蓄积量为60.65万立方米，林地保有量15727公顷，其中生态公益林面积10334公顷。

五、海洋资源

惠安大陆海岸线129千米，海域面积1725平方千米，形成众多天然良港。自北至南拥有湄洲湾、大港湾、泉州湾，有条件优越的崇武港、斗尾港、辋川港。斗尾港水深港阔，可供30万吨级巨轮自由出入，是全国四大中转港口之一。崇武港是国家级中心渔港。

六、水产资源

惠安水产资源丰富。水生物种类172科369种，其中海洋鱼类59科115种，常见鱼类有带鱼、黄鱼、鳗鱼、鲨鱼、鲳鱼、马鲛鱼等。软体动物足类有蔓氏无针乌贼等3科13种，节肢动物甲壳类有毛虾等13科34种，浅海滩涂有缢坚、牡蛎、锯缘青蟹、对虾、海带和紫菜，淡水鱼有鲤、鲫、鲢、草等30种鱼类以及河蟹、蛙、河蚬和田螺。至2016年，全县滩涂面积78平方千米，海洋鱼类115种，水产品产量252876吨。

七、矿产资源

（一）陆地矿产

惠安陆地矿产资源主要有金属矿产和非金属矿产。境内金属矿产较为稀少，仅有零星矿化点（如粪箕湖矿化点）；非金属矿产以花岗石为主，资源分布广泛，花色品种较多，开发利用较早，估算全县花岗石资源总储量在1亿立方米以上。

（二）海洋矿产

惠安海洋矿产能源丰富。玻璃砂分布面积1200公顷以上，主要分布在崇武、净峰一带；海砂、花岗岩、高岭上等滨海非金属矿产总储量达 1.16 亿吨以上。

八、土特产

惠安土特产较多。除甘薯、大小麦、大豆、蚕豆、玉米等大宗粮食作物和花生、茶、果等经济作物外，有余甘、荔枝、龙眼、红茶、乌龙茶等许多著名的地方土特产，还有闽南黄牛、戴云山黑羊、番鸭等优良禽畜品种，又有白木耳、茶油、蜂蜜等产品。

九、文化遗存

惠安境内散布着许多珍贵的历史文物，被列为全国重点文物保护单位的有洛阳桥、崇武城墙、清代靖海侯施琅将军墓、灵安王庙青山宫；被列为省级重点文物保护单位的有惠安孔庙、刘氏古民居、安固石亭等；被列为县级文物保护单位的有新石器时代的文化遗址——大岞的龙喉岩、涂岭路打后埔商周文化遗址、螺阳后窟古窑遗址、唐末五代节度使王潮墓、县文化风景区——科山寺（宋代建）、避暑游览胜地——虎岩寺（宋代建）、别有天趣的石窟洞——一片瓦寺（明代建）、“境看西土无双净，势压东溟第一峰”——净峰寺（唐代建），以及土地革命战争时期的著名烈士纪念碑（墓）等处。

十、旅游资源

惠安县依山傍海，山清水秀，风光旖旎，是福建省旅游品牌县和旅游资源大县。古城、滨海、雕艺、惠女、生态是惠安独具特色的旅游景观，崇武古城、青山湾、青山宫、净峰寺、聚龙小镇等旅游景点是惠安的旅游“十景”。全县共有国家 AAAA 级、AAA 级旅游景区各 1 个，国家工业旅游示范点 2 个，省级森林公园 3 个，省级工业旅游示范点 2 个及各类特色景区（点）10 余个。

第二节　经济建设

一、工业

民国时期，仅有皂烛、纺织、印刷等近代工业的萌芽。抗日战争时期，县内工业、手工业濒于崩溃边缘。1949 年，全县工业总产值 349 万元，占工农业总产值的 14.15%。

新中国成立后，特别是20世纪50年代以后，随着国民经济恢复，没收官僚资本，对农业、手工业和工商业的社会主义改造，地方工业、手工业从无到有有，从少到多，从小到大。1952年，全县工业总产值979万元，占工农业总产值的22.93%。1958年4月下旬至5月，县委开展“工业遍地开花”运动。惠安织造厂（1966年更名为纺织厂）、惠安食品厂、惠安糕饼厂、惠安通用机器厂、惠安农业机械厂、惠安皮革厂、惠安肥皂厂等企业，由公私合营企业和手工业合作社（组）转制为国营企业。此后，国营企业逐步发展起来。

70年代，全县形成以轻工业为骨干，制盐、酿酒、造船、机械、化工、皮革、陶瓷、建筑、石雕、医药、印刷和食品等工业企业全面发展的局面。

80年代起，惠安贯彻“改革开放，搞活经济”的方针，坚持走“工业立县”道路，大力发展乡镇企业和新兴产业，创建工业园区，优化产业布局，企业内部实行承包、租赁多种形式经营责任制，开发、推广和应用新产品、新工艺、新设备。至1989年，全县拥有工业企业3001家。行业结构中，以食品工业为主，建材工业、工艺美术品制造业为次，尤以原盐、石雕、酿酒等产品在全省较有名气。至12月底，全县有乡镇企业7275家，从业人员7.56万名，总产值3.88亿元，为国家上缴税金1285万元，实现净利润2388万元。1990年，全县工业总产值5.62亿元，占工农业总产值的45.25%。

2000年，乡镇企业发展达到高潮，全县乡镇企业16291家，完成总产值289.65亿元，企业产品近2000种，形成全国最大的石工艺美术品生产出口基地。全县已批工业小区规划19个，面积16平方千米。全年全县工业总产值192.62亿元，占工农业总产值的87.35%。

至2010年，建立13个工业园区，面积20.6平方千米。石雕石材、食品饮料、鞋服箱包、建筑装饰等传统产业不断壮大，全县（含泉州台商投资区）规模以上企业306家，产值超亿元企业99家，新增一批中国名牌产品、驰名商标，石油化工、装备制造、光电信息等战略性产业快速崛起。

2016年，出台推进供给侧结构性改革实施意见及降低企业成本等11项政策措施，兑现各级扶持资金4.63亿元，帮扶企业有效应对经济下行压力。全县规模以上企业302家，产值超亿元企业73家；规模以上工业增加值286.17亿元。至12月底，全县实现工业总产值1101.11亿元，占工农业总产值的95.98%。其中，规模以上工业实现总产值1014.94亿元。

二、农业

惠安是人多地少的农业县。民国时期，植被破坏，水土流失，土质硗薄，水利失修，抗灾能力甚低，耕作技术落后，加上战祸频仍，农村经济濒于破产。1949年，全县农业总产值2116万元，占工农业总产值85.84%。

20世纪50年代以后，全县开展土地改革，废除封建土地所有制，农民组织起来，走集体化道路；全面落实农业“八字宪法”（土、肥、水、种、密、保、管、工），治山治水，封山造林，先后修建大型水库1座、中型水库3座、小型水库49座，主干渠道550千米，有效灌溉面积约15274公顷，占耕地面积58%以上。同时，扩大水作面积，围垦造田，增加耕种面积达1644公顷，缓解沿海地区人多地少的矛盾，进而改善农业生态环境，确保农业生产稳步发展。1960年10月，县委召开五级扩干会，传达贯彻中共中央关于“大办农业，大办粮食”的指示，推行农村“三自一包”（即扩大自留地、自由一季、自由市场和大包干）工作。1970年10月，全县开展“农业学大寨”群众运动。1971年11月，全县建立县、公社、大队、生产队四级农业科技网300多个站（组），引进推广“晋系小麦”获得增产。1976年，全县农业总产值6626万元，占工农业总产值57%。1978年4月，惠安县农田基本建设规划领导小组、县农业机械化领导小组先后成立，加强农田基本建设规划和农业机械工作。至翌年12月底，全县拥有手扶拖拉机753台，轮式拖拉机126台，机耕面积年达9751公顷；有3319台抽水机投入抗旱机灌作业，机灌面积14000公顷。机耕机灌面积创历史最高纪录。

党的十一届三中全会以后，改革农村经济体制，调整农业内部结构，全面推行家庭联产承包责任制。1980年10月，县委贯彻中共中央《关于进一步加强和完善农业生产责任制的几个问题》的文件精神，并结合本县实际推广 3 种责任制：(1)包工到组、联产计酬责任制；(2)田间管理责任制；(3)专业承包、联产计酬责任制。尔后，县委决定，对沿海地区以渔为主、人均耕地在 1 分左右的队允许包产到户，定产抵销。至 11 月底，全县有 793 个生产队(占总数 20%)分包耕地 2141 公顷(占总耕地面积 8.2%)，其中 58 个生产队 251 公顷耕地全部分包到户。1981 年 5 月，县委制定《关于发展农业生产几项具体政策的意见》，提出 10 条责任制形式，强调选择符合多数社员意愿、适应干部管理的生产责任制。至年底，全县建立农村生产责任制的生产队有 4517 个，占总队数的 99.4%，其中建立合同制的生产队 1700 个，占应建队数的 40%。1982 年 3 月，全县落实农业生产责任制。至年底，全县基本完成家庭联产承包责任制。其中，惠安县农副土特产余甘栽培面积和产量居全省之首；丘后荔枝，品种独特，含糖量高；涂岭、下曾龙眼，列于"福厦公路龙眼带工程"之内；涂岭红茶、乌龙茶，远销香港、澳门等地区和日本、东南亚各国。

1989 年 12 月，县十届人大常委会第十四次会议审议通过《关于重点耕地保护区管理的若干规定》。全县第一批 4 个重点耕地保护区确定为走马埭、"五一"围垦、"七一"围垦、潘南围垦等 4 大片 2421 公顷。尔后，各乡镇建立 70 片 3841 公顷耕地保护区。

1990 年以后，惠安县加快转变农业发展模式，调整优化农业产业结构，建设现代农业示范地，实施"粮食工程""林果工程""菜篮子工程"，推进农业规模化经营，吸引外资、民营资本投入农业，以及发展生态、旅游观光农业等，使传统农业逐步向现代农业转变。1991 年 11 月，县委、县政府发出《关于进一步加强农业承包管理工作的通知》，并成立县农业承包合同管理委员会。至年底，全县重新签订 16941 公顷土地承包合同；全县农业总产值 7.03 亿元，粮豆总产量 16.65 万吨；建立 200 多个农产品基地，建设走马埭现代农业示范园区约 3668 公顷，大港湾省级科技兴海示范区开发水产养殖面积约 1333 公顷。1993 年 9 月，国家立项的惠安山美灌区和乌潭灌区 2

个农业综合开发项目顺利通过国家验收。项目总投资 709 万元，改造中低产田 4348 公顷，造林种果 1100 公顷。1996 年，全县开展“百村百吨”（100 个村每村增产粮食 100 吨）的增粮活动，全县 72 个建制村增粮 5817 吨，占全县粮食产量 46.3%。

2010 年，全县实现农业总产值 40.11 亿元，建成特色农业基地 265 个，设立国家级台湾农民创业园，推进崇武国家级中心渔港建设。

2011 年，全县实现农业总产值 36.80 亿元，农村居民人均可支配收入 10930 元。粮食总产 8.72 万吨，油料花生总产 1.70 万吨，蔬菜瓜果总产 8.13 万吨，肉蛋奶总产 3.14 万吨，生猪存栏 16.89 万头。全县土地流转面积累计约 3234 公顷，土地流转收益有效提升。

2012 年，全县实现农业总产值 38.21 亿元，农村居民人均可支配收入 12307 元。全县粮食总产 8.13 万吨，油料花生总产 1.72 万吨，蔬菜瓜果产量 8.21 万吨。肉蛋奶产量 3.18 万吨，生猪存栏 16.87万头，新土地流转约 202 公顷。

2013 年，全县实现农业总产值 40.59 亿元，农村居民人均可支配收入 13730 元。全县粮食产量 8.15 万吨，油料花生总产 1.69 万吨，蔬菜瓜果产量 8.4 万吨，肉蛋奶产量 3.13 万吨，生猪存栏 16.82 万头。实施国家花生产业体系建设项目，建立花生高产示范片 667 公顷 2 个、6.67 公顷 3 个。新增土地流转 405 公顷，实施科教兴农战略，加强村级农民技术员队伍建设和农业“五新”技术推广力度。成立惠安县粮果蔬产业协会，引导本地基地、企业与台商对接，促进惠台合作交流。

2014 年，全县实现农业总产值 41.12 亿元，农村居民人均可支配收入 14696 元。全县粮食产量 8.15 万吨，油料花生产量 1.65 万吨，蔬菜瓜果总产 8.85 万吨，肉蛋奶产量 3.04 万吨，生猪存栏 13.8 万头。新增流转面积 429 公顷，农户土地租金由 1200 元/(年·公顷)提升至 15000—18000 元/(年·公顷)；争取省市县三级财政设施农业补贴资金 1100 万元，发放种粮农民农资综合补贴资金 1635.04万元。大力发展设施农业，推行规模集约经营，实现农业增产、企业增效、农民增收。

2015年，全县实现农业总产值43.01亿元，农村居民人均可支配收入15970元。全县粮食产量8.09万吨，油料花生产量1.68万吨，蔬菜瓜果产量10.38万吨，肉蛋奶总产量2.25万吨，生猪存栏12.4万头。蓝田余甘、虎窟龙眼、半岭蜂蜜油茶等“一村一品”示范区通过国家级余甘标准化验收。落实帮扶2118人，为全县建档立卡贫困户和低保对象约2万人统一办理农村扶贫小额人身保险。推广农业低碳技术，大力发展生态农业、循环农业，加强生态建设，保护农村环境。

2016年，全县实现农业总产值46.08亿元，农村居民人均可支配收入17336元。粮食总产8.01万吨，油料花生1.70万吨，蔬菜10.26万吨，水果1.01万吨，肉蛋奶产量1.90万吨，生猪存栏10.63万头，家禽存栏65.89万羽；新增省级农民合作社示范社2家，兑现支农惠农补贴2177.6万元。全面铺开农村土地承包经营权确权登记颁证工作，完成41320户4501公顷地块指界工作。打好脱贫攻坚战，落实挂村包户责任制，兑现各类扶贫资金1412万元；建立干部挂钩帮扶制度，全县完成贫困人口脱贫5930人。新建乡村旅游县级示范村6个、市级示范村4个，开展乡村整治33个。

三、盐业

惠安县盐业有千年历史，为全省的主要产盐县之一。民国时期，惠安的盐务管理经历民办、商办、专卖等阶段。1947年，国民政府规定盐政条例，采用民制、民运、民销政策。全县有埕边、山腰2个主要盐场，生产面积712公顷。

新中国成立初期，全县盐业产多于销，后实行过一阶段的限产政策。1956年起，工业、渔业等用盐需求量增大，全县有山腰、埕边、前黄、辋川一场、山霞、龙仓等6个盐场。1977—1980年，全县盐业发展达到高峰，海盐的总产、单产、产品质量、出口量均居全省同行业前列。1988年12月，埕边盐场天然精盐获“全国科技进步腾飞奖”和轻工业部优秀出口产品银质奖。1989年，全县有盐场21个，盐田生产面积1933公顷，占全省盐田生产面积近1/6；年产原盐

20.59万吨，占全省原盐总产量近1/4。所产精盐获省科技进步二等奖、轻工业部优秀新产品奖。原细盐年产量19.73万吨，达到国家一级标准。产品畅销全国9个省（直辖市），出口菲律宾、新加坡、马来西亚、美国。

1990年，全县共有辋川一场、辋川二场和东桥、埕边、青山、崇武、七一、前黄、潘南、白奇、净峰、小岞、龙港、洛江等14个乡（镇）级盐场，生产面积1251.40公顷，另有东风、后港、前内、东埭、大潘、后任等6个村办盐场，生产面积84.16公顷。至年底，全年产盐约7.7万吨。1994年8月，埕边盐场“理想牌”盐制品荣获蒙古国乌兰巴托国际博览会金奖。

1997年以后，惠安盐业进入结构调整时期，全县盐业加大“小、弱、散”盐场的废转力度。2000年，废转七一、前内、后港等3个盐场，废转盐田面积116.6公顷。至年底，全县盐田生产面积1031.47公顷，年产原盐9万吨左右。

至2001年，又废转东埭、钟厝、叶厝、大潘、后任、净峰等6个盐场，废转盐田面积182.55公顷。至年底，全县盐田生产面积792.55公顷，年产量7万吨左右。

2003年，废转辋一、龙港、小岞等3个盐场，废转盐田面积111.17公顷。其后，全县有辋川二场和东桥、埕边、青山、崇武等5家食盐定点生产企业，生产面积600.7公顷。这里是全省的主要产盐区之一，全省加碘的载体盐基地和出口盐的基地。

至2005年，又废转百奇、洛江2个盐场，废转面积546.05公顷。2006年，全县有埕边、青山、崇武、辋二、东桥、潘南等6个全省食盐定点盐场。2007年4月，因辋川外走马埭围垦及中石化基地建设需要，废转辋川二场、东桥2个盐场；年底，废转崇武盐场。至2010年，全县仅剩下埕边片区埕边、青山、潘南3个盐场，盐场面积387.04公顷，全年定点盐场生产原盐仅为2万多吨。

四、商贸业

（一）商业

抗日战争时期，海上被封锁，公路奉命自毁，侨汇中断，境内百业萧条。抗战胜利后，国民党反动政府发动内战，通货膨胀，全县经济萎缩，人民购买力甚弱，商业不景气。

新中国成立后，特别是20世纪50年代初，全县经济恢复，通货膨胀结束，经济形势迅速好转，经“三反”“五反”，对私营工商业进行社会主义改造，逐步建立和发展国营商业、合作社商业。

1978年起，国民经济进行“调整、改革、整顿、提高”和实行“对内搞活，对外开放”方针，全县国营、集体、个体一齐上，市场服务功能加强，流通领域扩大。至1989年，全县有各类商业服务网点8429个（其中县城商业网点1598个），个体商业户6278家，占总数86.22%，平均每万人拥有商业网点66个。主要农副产品收购总值6741万元，社会消费品零售额3.87亿元，分别是1949年的47.1倍和26.4倍。

90年代后期起，惠安深入推进商业企业产权制度改革，促进个体、股份制商业迅速发展，扶持发展商品市场，形成多种经济形式、多种经营方式，多渠道、少环节的商品流通体制。

1998年12月，“'98福建（惠安）侨乡商品展销会”在武汉举办，完成现货成交额186万元，占参展产品金额82.5%；签订贸易合同27个，贸易额2.82亿元；签约项目21个，总投资2.5亿元。企业产品总经销办事处由原来的14个拓展至22个。

至2000年，全县集体商业、饮食服务业网点651个。

2005年起，以现代物流为重点的生产性服务业，以文化娱乐、休闲健身、养老幼托、社区服务等为重点的城镇服务业，以房地产、金融保险、产权交易、电子商务、旅游为重点的新兴服务业快速崛起，商贸服务业发展环境进一步优化，成为经济增长的主要来源。

2006—2010年，围绕建设海峡西岸重要港口和物流基地，加快商贸服务业发展步伐，规划建设斗尾物流园区，建设达利商业综合体，引进大型商贸企业，初步形成雕艺石材、鞋服箱包、建材家居、五金机电、农副产品、汽车等专业市场。至2010年，实现社会消费品零售总额120.04亿元。

2015年年底，社会消费品零售总额完成162.71亿元（完成规划

180 亿元的 90.4%)，年均增长 13.0%(规划 15%以上)。

2016 年，实现社会消费品零售总额 182.64 亿元。

(二)外经贸

民国时期，外销传统商品除石刻制品、石雕工艺品、茶叶外，还有水产品、桂圆、黄麻、苎麻、龙舌兰麻、纸箔等；进口商品有大米、棉布、水泥、豆饼、煤油等。

新中国成立初期，惠安偶有外贸商品收购业务。1978 年起，外贸业务逐步扩大。

1980 年，惠安对外贸易收购六大类出口商品达 959.89 万元。其中，粮油食品类 191.64 万元，包括粉丝、咸干花生、活家禽、活海鲜、干鱿鱼、冻贝肉等；土特产类 40.89 万元，包括地瓜粉、纸箔、辣椒干、中药材等；轻工业品类 272.66 万元，包括皮件、尼龙牙刷、人造革箱、渔网等；纺织品类 12.33 万元；五金矿产类 162.65 万元；工艺品类 279.72 万元。1985 年后，外贸出口商品额迅速增长，主要有石板材、石制品、塑料薄膜、鞋帽和抽纱等拳头产品。1985—1988 年，花岗岩板材收购额 428.68 万元，石制品收购额 1442.84 万元，聚乙烯薄膜收购额 1684.39 万元，鞋帽类收购额 1202.39 万元，抽纱类收购额 472.61 万元，合计额 5230.91 万元。1986 年，外贸部门收购出口商品增加到 11 大类，总额达 1783.70 万元。其中，增加的有抽纱类、鞋帽类、化工产品类、医药保健类和茶叶类，收购额达 338.13 万元。原六大类出口商品中也增加不少品种。1988 年，出口商品收购金额 2513.93 万元。至年底，9 年来出口商品收购总额达 1.29 亿元。

1990—1993 年，按照“稳定政策，适当调整，差别补亏、核到企业、三年统筹、确保上缴”原则，推行外贸承包经营责任制，适当调整出口商品的分类范围和经营分工，增加计划列名商品的品种，整顿外贸经营秩序，禁止私人企业经营对外贸易业务，加强对“三资”企业的管理和服务。

1994 年后，贯彻国务院《关于进一步深化对外贸易体制改革的决定》，对外贸易体制改革主要是实行统一政策、开放经营、平等竞争、自负盈亏、工贸结合、推行代理制，建立适应国际经济通行规则的运行机制。外贸企业逐步走上统一政策、平等竞争、自主经营、自负盈亏、自我发展的道路。出口商品计划调节及市场调节相结合，外贸管理逐步放开。

进入 21 世纪，惠安外经贸从小到大，走过一条“三来一补”起步、“三资”企业上路、外向型经济迈大步的曲折而光辉的历程。

“十五”期间（2001—2005 年），惠安外经贸由成长阶段进入壮大阶段。利用外资实现量的扩张和质的提高；外贸出口实现加工贸易和一般贸易两举并重，共同发展，自营出口突破 2 亿美元大关；外经服务实现由低端服务向高端服务转变，锻炼一批队伍，成就一批企业。5 年来共引进外资项目 261 个，比“九五”期间（1996—2000 年）的 176 个增长 48%。合同利用外资 4.3 亿美元，比“九五”期间的 1.4 亿美元增长 207%。外商实际到资 3.5 亿美元，年均增长 18.8%，比“九五”期间的 1.5 亿美元增长 133%。海关统计数外贸出口 10.3 亿美元，年均增长 14.5%，比“九五”期间的 4.9 亿美元增长 110%。

“十一五”期间（2006—2010 年），惠安外经贸走上健康快速发展轨道，进入转型提速的新时期。创新招商选资机制，引进高税赋、高附加值、高技术含量、用地少、节能减排项目；调整外贸出口结构，努力推进外贸出口高质高效发展。2006 年，实际到资首次突破 1 亿美元；2008 年，突破 2 亿美元；2010 年，突破 7 亿美元（含泉州台商投资区），增幅年年居全市各县（市、区）前列，获得跳跃式上升。至 2010 年年底，批准外资项目 120 个，累计合同利用外资 6.95 亿美元，年均增长达 22%；实际到资 8.92 亿美元，完成“十一五”规划（计划 5.3 亿美元）的 168.3%，年均增长 21.32%。

“十二五”期间（2011—2015 年），惠安外经贸认真按照全县发展总体规划，坚持“招大商、招优商”，主动融入“一带一路”倡议，创新思路，开拓进取，在对外经贸、商贸流通、招商引资等方面取得良好成效，为“十三五”发展奠定坚实基础。

推动外贸出口转型升级。积极培育出口龙头企业，超千万出口企业由 2010 年的 5 家，增加到 2015 年的 15 家；大力拓展国际市场，在巩固传统的欧美日外，向南美、东盟、中东、非洲拓展，特别是“一带一路”沿线国家和地区贸易往来成效显著；提升出口商品质量，除了传统的石材、鞋服、包袋外，化学工业、医疗仪器、电子产品等高科技含量、高附加值商品比重增长较快。

推动利用外资规模稳定。新批外资项目 45 个，合同利用外资 3.7 亿美元。在引进外资艰难的情况下，突出“做大存量扩内涵”，积极推进企业增资扩营以及外资并购。26 个项目实现增资，增资合同利用外资近 3.2 亿美元，年均增长 40%；外资并购项目 4 个，合同利用外资 1.8 亿美元；引进项目由传统的鞋服箱包向机械、新型材料、研发等方面发展。

2011—2015 年，实际利用外资累计完成 3.57 亿美元，年均增长 10.61%（原“十二五”规划实际利用外资数据采用历史可比口径目标累计达 6.14 亿美元，年均增长 6%，期末达 1.89 亿美元。2014 年起取消历史可比口径，全部以验资口径为准）。外贸出口年均增长 5.95%（规划年均增长 8%），外贸出口累计达 33.47 亿美元，2015 年实现出口 7.3 亿美元，比“十二五”规划目标 6.38 亿美元增长 14.42%。经县长办公会准入引进项目共 273 个，投资总额 775.467 亿元，其中超百亿项目 1 个，超十亿项目 9 个，超亿元项目 48 个。

2016 年，面对严峻的经济下行压力，全县上下着力稳增长、调结构、促改革、提效益、惠民生，实际利用外资（验资口径）1.22 亿美元，出口商品总值（海关口径）11.30 亿美元。

五、财政收入

1935 年 7 月，国民政府颁布财政收支系统法。1936 年，全县财政预算收入 10.26 万元。其中，地方收入 8.79 万元，补助款收入 1.47万元。1937 年，全县财政预算收入 20.92 万元。1938 年，全县财政预算收入 14.28 万元。

新中国成立后，县财政收入分预算内收入、预算外收入和上级补助收入。

1950—1989 年，全县财政预算内总收入为 33259.37 万元，年均收入 831.48 万元；全县预算外资金总收入为 2530.37 万元，占财政预算内收入的7.61%；上级补助总收入为23734.64万元，其中，1950—1969年每年均收大于支，1970—1989年每年都支大于收，20年来实受补助17710.95万元；全县专款收入1056.34万元，其中，1954—1957年55.38万元（皆为公债收入），1958—1962年290.47万元（其中公债收入38.36万元），1963—1965年51.02万元，1966—1970年9万元，1971—1975年13万元，1976—1980年5万元，1981—1985年92.7万元，1986—1989年539.17万元。

1990年，公共财政预算收入完成5687.2万元，提前一年超额完成与省财政厅签订的财政收入目标协议。1992年，财政收入8939.6万元，首度实现财政平衡，扭转县财政长期赤字的局面。1993年，县财政收入达到12657万元，首次突破亿元大关，实现当年平衡。1994年，预算内收入12019万元，被评为全国财政收入百强县第82位。1995年，开始实行新的乡镇财政体制改革，促进乡镇增收节支，公共财政预算收入16700万元，成为全国财政收入百强县第68位。

2000年，全县财政总收入63023万元，其中县级财政收入38459万元，增幅居全市前列，惠安成为全省财政收入四强县和最具经济发展活力的县（市）之一。2003年，实施农村税费改革试点工作，大力培植财源，全县财政总收入达到100068万元，首次突破10亿元大关。其中，县级财政收入51690万元。2005年起，免征农业税和取消除烟叶外的农业特产税，全县财政总收入128025万元，县级一般预算收入72083万元，同比增长18%。2009年，推行自营出口石材企业由简易征收模式转变为按实征收，实行出口企业“免、抵、退”征收方式等相关措施，全年财政收入在困难形势下实现企稳回升，财政总收入262158万元，县级一般预算收入157942万元。2010年，全县财政总收入达到310129万元，突破30亿元，其中县级一般预算收入183239万元。

2015年，统筹协调各项财经工作，注重发挥财政职能，进一步强化收入征管，增强财政收入的稳定性、均衡性和可持续性。全县财政总收入1282652万元，其中公共财政预算收入252934万元。

2016年，面对复杂的宏观形势和经济下行压力，统筹稳增长、促改革、调结构、惠民生、防风险，扎实推进财政改革。全县财政总收入 839846 万元，其中公共财政预算收入 340789 万元。

第三节　社会事业

一、文化

民国初期，出现早期话剧、街头剧等“文明戏”；抗日战争时期，县内的文人组织抗敌剧社、青年剧社，以文艺为武器，宣传抗日救亡。

新中国成立后，惠安县文化事业全面发展。20 世纪 50 年代，惠安的掌中木偶戏剧团前往欧洲访问演出。80 年代末，惠安县城设有文化馆、图书馆、博物馆、工人俱乐部、儿童乐园、影剧院、广播站，各乡（镇、场）均有文化站、文化中心、广播站。全县有专业剧团 2 个、民间职业剧团 26 个、群众业余剧团 133 个、电影放映队 30 个。城乡文体活动普遍活跃，文化生活丰富多采。

1995—2000 年，全县先后建成县文化中心、体育馆等一批文体设施。文艺创作硕果累累，舞蹈《金锣闹港》《海乡情韵》《好年冬》《赶送节》等一大批优秀作品先后在全国获奖；传统戏曲、高甲戏、南音、木偶戏佳作频传。

2004 年，“惠安雕艺”和“惠女服饰”列入国家第二批民族民间文化保护工程；同年，全县有线电视光纤进村率 100%，有线电视入户率 41.7%。2006 年 5 月，“惠安石雕”“惠女服饰”被列入第一批国家级非物质文化遗产名录。2008 年，“惠安传统建筑营造技艺”被列入第二批国家级非物质文化遗产名录，惠安县被文化部授予“中国民间文化艺术之乡”称号。至 2010 年，有线电视入户率达 83.49%。荣获“省级文化先进县”称号。

2016 年，完成县群艺馆改造，新建镇级文化站 2 个。至年底，全县有文化馆 1 个，文化站 10 个，博物馆 1 个，公共图书馆藏书 25.75 万册，专业剧团 2 个，民间职业剧团 11 个。

二、教育

民国初年，私塾、学塾逐渐减少，公立小学和侨胞、乡绅及教会开办的私立小学逐渐增多。1916年,惠安县立中学创办。至抗日战争前夕,全县公立、私立小学172所。1940年,县内公立、私立中学各1所。1949年,全县有小学132所,教职员工723名,在学学生20305名,学龄儿童入学率26.28%;有普通中学4所(含省立水产职业学校),教职员工113名,学生1609名。

新中国成立后,惠安教育事业逐步发展。1952年,全县有小学218所。1958年,全县有小学423所、中学8所,各社队开办的农业中学35所。1971年,全县有中学101所(其中完中14所),办学力量分散,教学质量下降。

改革开放以后,按照“以条件定发展速度,定办学规模,定实现期限”的原则,改善办学质量,提高教师待遇,健全学校规章制度,开展教学改革,开辟第二课堂,推广电化教育。20世纪80年代末,全县有小学362所,在校学生122812名,7—11岁学龄儿童入学率97.38%。基本实现小学普及教育,“四率”(入学率、巩固率、升学率、普及率)达到二类标准。幼儿园436班,入园幼儿17359名。有完全中学10所、初级中学42所、职业中学3所,在校学生28370名;有中等师范学校、技工学校、商业学校、卫生学校、少体校、教师进修学校和广播电视大学工作站等。

1990年起,深化教育教学改革,推进素质教育,建设教育强县。1993年,中考及格率连续10年居全市前列;扫盲工作获全国、全省“巾帼扫盲奖”。1997年,初等教育通过省政府的“两基”评估验收。1999年,实现全县中、小学校与县教育局电脑联网,确定一批实验学校,实行计算机网络教学。同年,通过省级验收,成为“实验教学普及县”。2003年,教育“两基”巩固率小学99.84%、中学97.84%。

2011—2015年(“十二五”期间),大力实施教育强县工程,各类教育协调发展,全面完成中小学校标准化建设,“义务教育发展基本均衡县”通过国家评估认定,获省级教育工作先进县称号。惠安一中学是惠安首家省一级达标学校,2011—2015年高考应届生本一上线率分别为41.7%、52%、63%、63.9%、62.8%,15名应届学生被清华、北大录取,其中2014届江冰森以原始分671分夺得全省文科状元，2012 届陈艺虹以 696 分位列全省理科第五名，2015 届林剑峰以原始分 693 分位列全省理科第十二名、泉州市理科第二名。惠安嘉惠中学是经在香港工作的惠安人陈荣春引荐，由香港著名爱国实业家李嘉诚先生于 1996 年捐资 1500 万元创建的一所公办完全中学。1997 年 6 月 13 日，惠安嘉惠中学举行首期工程落成典礼，中英土地委员会中方首席代表、香港特别行政区政府土地基金受托人陈荣春，以及李嘉诚先生的代表参加庆典活动。李嘉诚先生、李泽钜先生还委托代表给庆典活动赠送祝贺花篮。在庆典仪式上，省、市教委负责人分别宣读省、市《关于表彰李嘉诚先生的决定》，并分别授予“乐育英才”“造福桑梓”的匾额。惠安嘉惠中学以李嘉诚先生倡导的“爱国、进步、求知、诚信”为校训，树立“以师生的发展为本，为学生终身发展奠基”的办学理念，以人为本，和谐发展，2003 年被确定为福建省二级达标学校。

2016 年，惠安县投入 47.3 亿元优先发展教育，办学条件明显改善，教育质量显著提高，顺利通过全国义务教育发展基本均衡评估认定及复检，获评省级教育工作先进县。至年底，全县有小学 135 所，普通中学 37 所，特殊教育学校 1 所，中等职业教育学校 3 所，职业技术培训学校 10 所，幼儿园 98 所。普通中小学在校学生数 89681 名，普通中小学专任教师总数 6046 名。

三、卫生

民国时期，境内卫生落后，鼠疫、霍乱、天花等烈性传染病流行。虽然有中西医务工作者及国民政府官办的医疗机构，但都集中在城镇，广大农村缺医少药。

1950 年，人民政府发动群众开展爱国卫生运动，坚决贯彻“以防为主”的方针，做好防疫灭病工作。1951 年，全县免费普种牛痘苗。1952 年，彻底消灭鼠疫，各种传染病发病率迅速下降。与此同时，大力整顿卫生工作队伍，加强城乡卫生机构的建设。至 1989 年，全县有卫生医疗机构 55 家（其中公立 8 家），拥有病床 1857 张，卫生医务人员 1667 名；各个乡（镇、场）均有卫生院，村级有医疗站（点）745 个，基本改变农村缺医少药的落后面貌。新法接生普及率达99%，儿童普遍接受乙脑、麻疹等防疫注射，各种传染病发病率大大下降，达到消灭血吸虫病和天花、疟疾、霍乱等恶性传染病的标准。

1995—2000年，卫生事业快速发展。1998年，卫生工作实现省级初级保健达标，被命名为“省级卫生县城”。

2006年，实现省级计生优质服务先进县目标。2010年，全县共有各类全民集体所有制卫生机构26家、医院病床1554张、乡镇以上卫技人员1592名；有村卫生所339个、乡村医生1013名，县乡村三级医疗预防保健网进一步巩固，各种传染病得到有效控制。

2016年，公立医院改革先行突破，全县公立医疗卫生机构、村级卫生所实行药品零差率销售。至年底，全县有医疗卫生计生机构23家，在职职工1748名，其中卫技人员1526名。

四、科技

民国时期，惠安县科技发展速度缓慢，科技人员奇缺。农、林、渔业长期沿用传统生产技术，科技总体水平低下。

新中国成立后，惠安县科技队伍不断发展壮大，先后建立管理机构、科研机构，现代科技逐步发展。至1989年，全县有科研机构12个，各类专业技术人员9394名，其中从事自然科学的2964名；各种学会、研究会32个，会员9365名；有10项科技成果获奖，其中国家级科技成果1项，部、省级科技成果奖9项。

20世纪90年代，大力组织实施科技兴县和可持续发展战略，开展技术创新，应用高新技术改造传统产业。1993年，有28个项目获国家、省、市、县科技成果奖和科技进步奖。

1995—2000年，全县共组织实施国家、省、市、县科技和星火计划项目近400项，获各级科技成果奖41项。1998年，惠安获“全国科技工作先进县”称号。

至2000年，全县有省级民营科技工业园区1个，科技示范乡镇5个，科技示范村(基地、场)60个，重点科技示范户316户，省级星火技术密集区1个，市和县级科技创创示范企业21家，民营科研机构34家，形成门类齐全、行业广泛的科技示范体系。建立县、乡镇、村三级科技经济信息网络，全县农业先进适用技术覆盖率95%，农作物优良品种覆盖率97%以上。2005年，再获“全国科技进步先进县”称号，崇武、洛阳2个镇被授予“‘十五’省级星火技术密集区”称号。2007年，又获第三批“全国科普示范县”称号。2009年，加快科技创新，绿谷高新技术孵化基地竣工，实现县（市）科技进步先进“六连冠”。

2016年，完成科技项目150个，设立各级研发中心9个，培育高新技术企业14家、省级科技型企业53家。至年底，全县科技研究和开发机构37个，科技经费投入7601万元，高新技术产品16项；全年申请专利5504个，专利授权数1558个。

第四节　城乡建设

一、城镇建设

（一）城区建设

惠安县治设于螺城镇，位于县境中部。明嘉靖三十一年（1552年），为御倭寇之患，始筑城池，城周986.5丈许（3288米），翌年十月竣工。城池历朝皆有修葺及增建。1932年，因开辟新马路，拆去部分城墙。1939年，为防止日机轰炸时目标显露及疏散百姓之便，城墙全部拆除。此后不分城内城外，街道贯通，市店相连。民国期间，战事频繁，城建缓慢。至20世纪40年代末，城区面积仅1750平方米，各种建筑物总面积21.02万平方米。

新中国成立后，人民政府重视市政基础设施建设，对县城进行多次拓展和改造。1984年起，开展首轮县城和集镇总体规划。至1989年年底，城区面积扩大到3平方千米；各种建筑物总面积138.5万平方米，为1949年前的6.6倍。

90年代起，惠安县城市改造建设进入快速发展阶段，实施旧城改造与新区建设并举的方针，以旧城区中新片区、东南片区的旧城改造和以八二三南街南拓区域的新区建设为标志的城市改造建设全面铺开。县城改造建设主要项目49个，总建筑面积304.80万平方米。

“十一五”期间(2006—2010 年),投入 25.2 亿元实施旧城改造,完成拆迁面积 74.4 万平方米,新建建筑面积 210 万平方米,县城规划面积 56 平方千米,县城建成区面积由 9 平方千米拓展到 21 平方千米。

“十二五”期间(2010—2015 年),面对环湾城市发展新趋势,惠安县坚持城市建设管理和品质双提升,向现代化工贸港口旅游中等城市发展。至 2015 年年底,惠安城镇化水平达到 61.5%,比 2010 年增长 23%,城南新区逐步成型,中心城区建成区面积扩展至 23 平方千米。2011 年,启动嘉惠、黄塘、高铁站前、洞口片区“四大片区”城市改造工作,安置区功能齐全、生态宜居,共建设 11 个安置区,安置房建筑面积近 92 万平方米。惠安世纪大道由北向南,除了安置区,还有一批上规模、高品位的居住小区,欧景帝苑、天山广场、世纪星城、世纪峻园、丽璟天成、奥林水岸、华尔国际、盛世锦都、禹州城市广场等房地产项目鳞次栉比,满足市民对高品质生活的追求。同时,科山公园、中新花园和世纪大道等一批城市配套设施陆续建设,也成为惠安县城的一道靓丽风景线。

科山公园:位于螺城西侧,占地总面积 2.2 平方千米。公园内有建于北宋元祐年间(1086—1093 年)的科山寺和省级森林公园科山森林公园,是集旅游、观赏、休闲、修学于一体的综合性森林游览景区,也是泉州市首批公布的风景名胜区。区域包括科山寺和平山寺 2 个相对独立又相互衔接的景区,还有 2 个总容量为 65 万立方米的小型水库、26 个山头。山水景观交相辉映,植物种类繁多,绿化覆盖率达到 67.7%。区内有当代中国著名书法家虞愚、梁披云、赵朴初分别书写的“科山寺”“圆通宝殿”“大雄宝殿”“平山寺”等匾额。一代高僧弘一法师抗日期间曾 3 次来寺讲经说法,并题有“慧水胜境”4 个字于科山寺内。报德祠内尚有明万历年间(1573—1619 年)著名地方史家何乔远为按察使刘盟海所撰写的长篇颂德碑记。科山风景名胜区有丰富的石景资源,因此被确定为以石文化为主题的城市综合性公园,总体布局分为石文化系列功能区、惠安女旅游度假系列功能区、木文化功能区、宗教文化功能区、人民英雄纪念碑、儿童娱乐功能区、野营度假与度假林、绿文化展示功能区、水文化展示区等九大功能区域，并设置4条主要游览线路。首期景点于1997年动工，项目包括南大门、惠泉瀑布、科山魂、惠女广场、百狮园、革命烈士纪念碑、莲花塔等景点建设，还有迁建的明庄应祯祠、清益隆古民居，总投资1亿元以上。

中新花园：中新花园广场是2000年惠安县旧城改造时新建成的一个大型城市综合休闲广场，规划面积3.5公顷，2003年竣工。广场位于螺城镇中新社区，呈圆弧形，中心筑有螺女雕像一尊，象征着惠安人勤奋努力、积极向上的精神风貌。内有全省县级最大的音乐喷泉设备，并配有大面积的绿化及夜景设施，与四周的现代建筑浑然一体，处处体现惠安精美的石文化、建筑文化特色。

世纪大道：2000年建设中山南路拓通工程（世纪大道）。2007年，新建世纪大道南拓（省道308线至南环路）。

2012年起，按照“城乡一体”总体布局，做优中心城区。至2016年年底，县城建成区面积24.73平方千米。

（二）乡镇建设

民国时期，惠安县内沿海港口腹地和交通要冲逐步发展形成埠头或集镇，主要有崇武、洛阳、东园、辋川、山腰、东岭、涂寨、峰尾等。其中，崇武、洛阳、山腰、东园等集镇有镇的建制。

新中国成立后，随着经济与交通的发展，这些集镇区域逐步扩大。与此同时，山霞、涂岭、张坂、黄塘、净峰、后龙、南埔、小岞等小集镇相继形成。至1989年，全县有7个镇、9个乡，商品集散型的集镇由民国期间的8个增至15个。

“十一五”期间（2006—2010年），黄塘、崇武分别被列为省级和市级小城镇试点；基本建立城镇一体化格局，常住人口城镇化率49.24%。至2010年，全县已有一批粗具雏形的新型集镇，建立110个新农村建设示范村，有力地推动全县社会主义新农村建设进程。

“十二五”期间（2011—2015年），做强中心集镇，实施嘉惠片区、黄塘镇区、高铁站前片区和洞口片区等区域改造更新，实施试点小城镇项目287个。

二、交通运输

(一)普通公路

1919—1920年,惠安县始建公路。1920年,县内有货车营运。其间,全县修建公路5条、105千米。1938年冬,为防备日军进犯,国民党惠安县政府奉命毁坏境内公路。

新中国成立后,人民政府大力发展公路建设。1978年起,公路建设进入新的发展时期。至1989年,全县公路长约496千米。全县18个乡(镇)、316个建制村全部通公路,基本形成以县城为中心、通往各乡(镇)的公路网络。但公路等级尚低,路面都是砂石结构。

1990年起,以改造全县10条县、乡公路为主的“先行工程”全面铺开。1995—2000年,建成以县城为中心、通往各乡镇和沿海港口的“三纵三横”公路网络,全县公路通车里程498千米。

至2016年,全县公路通车里程1045.4千米,每平方千米的公路里程数为177.2千米。

1.国道

国道324线惠安段,起点于泉港区与惠安县辋川镇钱埔村交界,途经辋川新街、惠安县城、螺阳廖厝前、溪东,与泉州台商投资区洛阳杏田交界。

国道228线惠安段,北起辋川镇赖厝与泉港区交界,途经辋川、东桥、东岭、山霞等乡(镇)。1999年动工兴建,全长39千米。2006年10月竣工交付使用。

2.省道

省道312线,亦称景观大道,起点位于旅游区崇武古城,途经崇武、黄塘、紫山、螺阳、涂寨、山霞等6个乡(镇),止于黄塘虎窟村施琅将军陵园,与洛江连接,全线长39千米。2003年,县委、县政府以硬化、绿化、美化、亮化、特色化的高标准,对黄崇公路再次拓宽改造,主车道路面宽度24米。崇武至岩峰中学实现“白改黑”。

3.县道

县道黄东线,原俗称杏秀线(杏田—秀涂),起点位于黄塘镇谢厝村,途经黄塘、洛阳、东园等3个镇,全长21.34千米。1996年6

月，动工拓改杏田至秀涂15.00千米，路面宽度15米，路基宽度18米；1997年年底竣工。随后，改建杏田至谢厝段，铺设砼路面，1998年竣工。

县道涂斗线，起点位于涂岩峰村路口，途经涂寨、东岭、东桥、净峰等4个镇，至净峰松村斗尾港区，全线长18.41千米，路面宽度15米。1996年，动工兴建通往斗尾港区公路。至1997年7月，完成接近港区海堤约14千米的拓改和铺设沥青路面；1998年1月至年底，改铺水泥路面。1999年年底，从海堤边填海修建至斗尾港区松村村4.41千米路段，其中接近港区海堤1.04千米为沥青路面。

县道辋洪线（辋川—洪濑），是惠西战备迂回通道。起点位于辋川镇玉围村，途经辋川、紫山、黄塘等3个镇，过洛江区河市镇至南安市洪濑镇。惠安段全长24.5千米。1997年、2000年，先后2次拓宽改造，主车道宽15米。

县道311线，在辋川镇境内，起于钱埔村，经梧山村、小山村，止于下江村。全长3.2千米，路面宽7米。

县道314线，起于涂寨镇岩峰村，途经涂寨镇、张坂镇、百崎乡等3个乡（镇），至“五一”海堤。全长22.56千米（其中岩峰至仑前段与战备公路重叠），砼路面宽15米。

辋紫公路，起点位于国道324线辋川路口，途经辋川、螺城、紫山3个镇，终点在坝下村委会前顺接福厦高铁连接线。全长8.89千米，双向6车道砼路面。

福厦高铁惠安站连接线工程，起点位于县城世纪大道环岛，穿过大岭头隧道，经紫山镇，过赤涂仕尾村，至福厦高铁惠安站。全长8.57千米，双向6车道沥青路面。

惠东工业区至城关快速通道，起点路口位于惠东工业区南面县道309线上，途经螺城、螺阳、辋川、涂寨、东桥5个镇，终点位于城关国道324线县检察院路口，全长10.29千米。

（二）高速公路

民国时期，惠安县境内没有高速公路。

沈海线福厦高速公路惠安段，北起紫山镇官溪村与涂岭镇五社交界，南至洛阳江与洛江区万安交界，途经紫山、黄塘、洛阳3个乡（镇），全长18.62千米。1996年6月动工建设，1999年5月完工交付使用，路基宽度为23米，双向4车道沥青路面。惠安境内互通口位于黄塘镇区，与县道308线互接。1999年9月，福泉高速公路通车。2009年7月，福厦高速公路惠安段拓宽改造，扩建为路基宽度42米，双向8车道沥青路面。2010年12月底竣工通车。

泉三高速公路南惠支线起于南安市霞美镇张坑村枢纽互通，止于惠安县东桥镇香山村，全长56.025千米。2008年6月开工，2012年建成通车。惠安段西起洛阳镇陈坝村，东至东桥镇香山村交界处的斗尾港通港大道平交，途经洛阳、黄塘、螺阳、涂寨、东岭、净峰、东桥，涉及7个乡（镇），全长36.84千米。洛阳镇陈坝村至螺阳镇塔埔段路基宽33.5米，双向6车道沥青路面；螺阳塔埔至东桥香山段路基宽26米，双向4车道沥青路面。

（三）铁路

民国时期，惠安县境内没有铁路。

1997年年底，漳泉肖铁路建成通车。其中，惠安段南起惠安洛阳镇云庄村与洛阳江铁路大桥相连接，北至惠安辋川镇东山村与泉港区连接，途经惠安洛阳、螺阳、涂寨、辋川4个乡（镇），全长约29.68千米。

2009年12月底，福厦铁路开通货运。2010年3月，铁道部批准同意惠安县开站申请；4月，福厦铁路泉州段竣工。其中，惠安段自紫山镇官溪村至洛阳镇陈坝村，全长21.2千米。4月26日开通客运（试运行）。

（四）水路

1921年，孙中山拟将肖厝港建设为国内一流渔港，但未能实现。抗日战争初期，辋川港一度成为闽南货物集散地。1941年，秀涂港被国民政府批准为民船对外贸易地点之一。至1949年，全县仅有木帆船170艘，载重量3410吨。港口、码头设施简陋，处于自然岸坡装卸阶段。

新中国成立后，水路交通发展迅速。1967年起，运输专业企业对船舶进行技术改造。1978年后,形成国营、集体、个体(或联户)3种运输体制并存的局面。至1989年,全县海上货物运输企业20多家,拥有机动货船70艘,载重量12151吨;木帆船78艘,载重量约2946吨;乡镇专业户货轮29艘,载重量3287吨。建成投产的港口4个、码头5个、泊位10个、渡口4个,年吞吐量53万吨。

2002年3月,县委、县政府为适应加入世贸组织的新形势,大力推动全县货运业的发展,印发《关于加快我县货运业发展暂行规定》,从规费、税收、政策、服务等方面制定具体优惠措施,使航运企业得到进一步的发展。全县水运运力达63524.2吨、57艘,货运量达124万吨,货物周转量136047万吨千米。

2010年,建成国家一级渔港崇武港1000吨级码头、辋川500吨级码头;建成中化1200万吨/年炼油项目、30万吨级原油码头。2016年,新建钢质渔船6艘;崇武国家中心渔港项目申报验收,完成崇武渔港经济区概念规划。

惠安县海上航线主要有南线、北线和台湾海峡航线,以及航行至东南亚、俄罗斯、日本、韩国等的国际近洋航线。南线从惠安县沿海港口出发,向南航行经围头湾外过金门料罗湾抵厦门、漳州月港,转东山、诏安入广东汕头、广州、高州,海南以及香港、澳门诸港口;北线从惠安县港口向北航行,经福州可达至浙江温州、宁波,上海,山东青岛,天津,辽宁牛庄、大连以及长江中下游的江西九江,安徽芜湖,江苏南京、镇江诸港口;台湾海峡航线,从福州、泉州、漳州、厦门直航金门、马祖、澎湖。

在县委、县政府的领导下,惠安县交通基础建设项目紧扣"五个惠安"发展理念,高站位谋划,前瞻性布局,突出道路提升、环境优化、节点连接、积极对接泉州"东出西进南联北接"的交通发展战略,统筹规划,分步实施,全面构建覆盖全县的高速公路、铁路、普通公路一体化网络体系,高效服务县域经济社会跨越发展。

(五)道路运输

1.道路旅客运输

民国时期,境内出现畜力车、人力车、板车和脚踏车,也有少量私营汽车。抗战期间,公路奉命自毁,汽车不能行驶,旅客运输仍由人畜负担。

新中国成立后,全民大办交通,公路修复,增筑许多新公路。客运载车辆不断增加,并成立客运输站组。客运量由20世纪50年代末60万人次增至70年代末200多万人次。

“八五”期间(1991—1995年),随着改革开放的不断深入和运输市场的开放,惠安县道路客运市场主体逐步多元化。除国有和集体所有制道路旅客运输企业247辆客运车辆外,道路旅客运输出现个体运输专业户,以经营小型客车为主,呈现国营、集体、个体经济齐头并进,各种经济成分共同发展的态势。

“九五”期间(1996—2000年),客运营运车辆与“八五”期间比,以3%速度增长,全县拥有客运车辆414辆,并开通惠安到厦门、福州2条高速公路直达班线。

“十五”期间(2001—2005年),随着经济的持续发展和客流量的增加,客运企业的客运班车有较大的增幅,运力结构也不断改善,中高级客车比重进一步增大,车型结构和技术状况得到改善。至2005年,全县共有客运班车454辆(不含小车、出租汽车)。

2010年,全县道路旅客运输企业7家,运输车辆600辆/13477座,客运量达到2353万人次,客运周转量101158万人千米。全县有省际班线3条,市际班线20条,县际班线33条,县境内农村班线34条。全县295个建制村通客运班车率为92.5%。

2016年,全县客运量1322万人次,客运周转量55100万人千米。

2.道路货物运输

民国时期,惠安境内有畜力车、人力车、板车和脚踏车用于货运,也出现少量私营汽车营运。抗战期间,公路奉命自毁,汽车不能行驶,运输仍由人畜负担。

新中国成立后,全民大办交通,公路修复,增筑许多新公路。惠安县货运载车辆不断增加,并成立货运输站组及搬运组织。货运量由2万吨增至近9万吨。同时,商业、粮食、供销、煤炭等部门也先后建立自备车队。

1978年后，允许个人、联户办运输，各种类型的客货机动车辆大幅度上升。至1989年，全县拥有大货车192辆、小货车378辆、挂车11辆、轮式拖拉机175辆、手扶拖拉机4650辆、农用车430辆；有大型客车202辆、小客车79辆，二、三轮摩托车262辆。国营、集体营业性客货运输企业6家，还有不少个体、联户企业。

1990年，全县全民、集体单位自拥有的车队从事道路货物运输的车辆有157辆/453吨位；社会上个体货物运输车辆90辆/228吨位，建筑行业自运车辆31辆/1116.5吨位，并有以载石头为主的拖拉机和农用运输车。

"八五"期间(1991—1995年)，随着经济体制改革的不断深入，道路货物运输市场进一步开放，个体运输车辆不断增加，运力过剩，运价低微，市场竞争加剧。全民、集体单位自拥有的货运运输车辆实行承包责任制或转让个体经营，单位对车辆维修管理不到位，又缺乏车辆更新资金，致使原有车辆逐渐老旧报废。商业、水产、供销、粮食、煤炭、工业、外经侨乡车队、交通综合服务公司、货物运输车辆相继退出货物运输市场。

"九五"期间(1996—2000年)，惠安县的道路货物运输市场基本被个体运输业户占据，以小型货车为主。2000年年底，全县已办理货物运输许可证货车1162辆。2002年3月，惠安县政府出台《惠安县鼓励和扶持货运业发展暂行规定》，在资金信贷、土地、税费等方面制定优惠政策，特别是对发展大吨位、集装箱的运输车辆给予资金扶持、奖励。至年底，全县已办货物运输许可证车辆1630辆/2911.5吨位，其中集装箱车辆5辆/60.8吨位。至此，社会上参与道路运输的农用车、拖拉机基本退出。2006年，全县货运许可证汽车达2378辆/4974吨位。2007年年底，全县民营道路货运企业11家，其中普通货物运输企业7家，拥有车辆148辆/843.2吨位；危险品货物运输企业3家，拥有车辆38辆/86.6吨位；货物专用运输(集装箱)有限公司1家，拥有车辆12辆/216吨位。全县已办货物运输许可证的车辆达2568辆/5687.8吨位。随着经济不断发展，企业规模不断壮大，货运小吨位车辆得到更新。至2010年年底，全县货运车辆2201辆/6801吨位；全年货运量473万吨，周转量37783万吨千米。

2016年，全县货运量(含水运)604.87万吨，货运周转量(含水运)181471万吨千米。

三、供水供电

(一)供水

民国期间，惠安城区居民用水取自井水或河水。东街围头池、东城边、四角井、社仔埕，南街大宅铺、驿铺、白蛇巷，西门泗洲巷，北门岳路口、城隍口等处有10多口公用水井。此外，许多民居宅院内还有自用水井。

新中国成立后，惠安县最早建成的规模化供水企业为北关水厂，水源地是梅山水库。1989年后，引黄塘尾田水库的水补充，年供水量50万—100万立方米；2000年，扩建至日供水5万立方米，水源取自菱溪水库。此后，惠安县又相继增建城南水厂等饮水工程。

至2010年，建成自来水厂9家和供水站2个，其中城南水厂日供水10万吨。全县各乡(镇)全部通自来水，一些原村级小水厂也经过基本改造与大水厂联网并管。全年全县生活用水量为0.51亿立方米，供水总人口为38.57万人，取水总量为4501.12万立方米，售水总量为3353.3万立方米；全县农村供水共有87534处，其中规模以上农村供水工程14处，实际供水总人口63.49万人。

2016年，理顺全县供水管理体制，加快城市供水管网向农村延伸，逐步实现城乡供水同网、同质、同价、同服务；继续推进城南水厂三期扩建工程，持续开展农村饮用水安全工程，解决涂寨镇、净峰镇10村、3.67万人的不安全饮水问题。全年新增用户9500户，供水总量3130万吨。

(二)供电

1990年，惠安县电力公司归属县水电局管辖。至年底，全县有6—10千伏配电线路605千米，0.4千伏线路2125千米；配电变压器

872台,总容量64950千伏。随着惠安经济的发展,1992年1月,崇武35千伏变电站投运,同期建设4条10千伏线路;12月,110千伏霞光变电站二期工程投运,该供电区域共建设12条10千伏线路。1994年,为满足惠安南部地区经济迅速发展而日益增长的用电需求,建设投产110千伏洛阳变电站,一期工程主变压器1台,装机容量3.15万千伏安,供洛阳、黄塘、东园、张坂和百崎等乡(镇)用电。2004年,该变电站二期工程投产建设,新增主变压器1台,装机容量3.15万千伏安;同时,进行综合自动化改造,实现变电站无人值守。1995年,为满足东园、张坂和百崎等乡(镇)经济迅速发展而日益增长的用电需求,将35千伏上仑变电站改建为110千伏东园变电站,一期工程主变压器1台,装机容量3.15万千伏安,自220千伏惠安变电站架设110千伏惠园线至东园变电站,供东园、张坂和百崎等乡(镇)用电。

1996年3月,经国务院批准,惠安县列入全国第三批300个农村初级电气化建设县之一。鉴于惠安县水利资源贫乏,电源主要靠省电网趸售供应,因此注重加强电网的建设和改造,重点兴建110千伏变电站3座,装机容量11.3万千伏安;增容35千伏变电站2座,增容量1500千伏安,建成110千伏线路72千米;并实现微机通信调度自动化,提高电网的安全可靠性。同时,以潮乐、林口和屿头等3个村作为电气化示范村建设,在全县的电气建设中起到以点带面的作用,有力地促进农村电气化的进程。1997年6月,110千伏赤湖变电站投运,原35千伏山霞、涂寨镇的供电改由110千伏赤湖变电站供电;同时,新增10千伏馈线6条,总长24千米。1999年5月,惠安县电力公司由县经贸局主管,企业性质为国有企业。并先后撤销15个乡(镇)电管站,成立8个基层供电所,实现"一县一公司"的管理。取缔农村电工电费承包,实行一户一表制,让农民用上放心电。至年底,自220千伏城东变电站架设110千伏城园线至东园变电站,总长18.58千米。

2002年,全县8个乡(镇)供电所全部达到规范化管理标准。同年,由福建省电力公司投资建设110千伏厝斗变电站,一期工程主变压器1台，容量5万千伏安，110千伏线路自110千伏惠湖线开断接入，形成110千伏惠斗线和湖斗线，供净峰、小岞、东桥和东岭等乡（镇）用电；同时，35千伏东岭变电站退出运行，110千伏厝斗变电站是惠安县第一个实现无人值守的变电站。10月，35千伏崇武变电站退出运行，至此惠安县全部由110千伏变电站供电。

2003年，惠安县电力建设和技术改造力度创历史新高。全年110千伏主变增容8.15万千伏安，完成东园、赤湖2个110千伏变电站的二期增容及综合自动化改造，3个110千伏变电站实现无人值勤守。6月，完成调度主站升级改造，使惠安县调度管理水平更上一个台阶。2004年，对洛阳变电站以及玉围变电站增容，完成洛阳二期及综合自动化改造，架设7个乡（镇）。全年增容配变压器257台，容量54490万千伏安；专用变压器29台，容量3410千伏安；农网新增变压器26台，容量3155千伏。至2010年，建成110千伏输变电站4个，年供电量12亿千瓦时，在建220千伏和110千伏输变电站各1座，年可供电量20亿千瓦时。

至2016年，完成县城区1.2万户供电“一户一表”改造，全年供电量19.52亿千瓦时。其中，工业用电量快速增长，达17.9亿千瓦时。

四、邮电通信

1913年，惠安邮政代办所升为二等邮局；1915年，惠安电报局成立。随着省内电报干线和以福州为中心经惠安的全省长途电话网干支线架设完成，惠安开始兴办电信，以代办官商报话业务为主。

1951年，惠安邮电局成立。1984年，以东岭为试点的乡邮改革取得成功，全县实现渔村、农家村村通邮、户户收取信报和百元以下汇款不出门。1986年，惠安县城开通HJ09自动电话；继而开通南埔、崇武、东园等地自动电话。1989年，全县电话装机容量3300门，实现电话通信的长、市、农话合一的电话网络。全县开通国内外程控自动电话，可直拨美国、日本、新加坡等18个国家或地区。

“九五”期间（1996—2000年），加快宽带化、智能信息网建设。至2010年，全县固定电话用户23.3万户，数字移动电话56.18万户，语音用户47万户，平均每2人拥有1部电信语音通信工具，实现村村开通宽带。

至 2016 年，全县邮政业务总量 4089.3 万元，固定电话用户数 17.01 万户，天翼移动电话拥有量 26.13 万户，移动电话用户（含移动和联通公司）69.43 万户。

第五节　居民生活

一、城镇居民生活

民国时期，军阀混战，兵灾匪祸，苛捐杂税，天灾人祸，民不聊生。1949 年，惠安银行存款仅 0.2 万元，为企业存款。

新中国成立后，人民生活普遍改善，城镇存款余额不断增加。其中，1989 年人均存款 263 元，创 40 年来最高纪录。至年底，全民和集体职工年平均工资分别为 1792 元、1118 元，城镇人均居住面积 6.87 平方米。

1990 年，全县职工总数 51856 名，年人均工资 1839 元，城乡年末储蓄余额 28870.5 万元。随着改革开放各项政策实施，经济迅速发展，就业渠道不断拓宽，城镇居民收入水平稳步提高。

至 2010 年，城镇居民人均可支配收入为 21059 元。全县在岗职工 230153 名，年人均工资 29506 元。城镇居民储蓄存款余额 1493882 万元。

随着经济收入的不断增加，消费水平不断提高，城镇居民生活水平得到一定的提升。逐步追求吃讲营养，穿求名牌，住图宽敞、舒适、豪华、环境优美，用的讲究高档美观。新的消费观念在城镇居民中逐步形成。虽然用于食品支出方面的绝对数仍在增加，但其在消费支出中的比重却呈下降趋势，消费支出更多地投向衣着、生活日用品、住房和文化娱乐等方面，教育及娱乐服务质量大幅度上升。

至 2010 年，城镇居民最终消费支出为 784816 万元。其中，食品占 266278 万元，衣着占 53912 万元，居住占 51269 万元，家庭设备用品及服务占 39622 万元，医疗保健占 30189 万元，交通和通信占 98757 万元，文化娱乐服务占 74534 万元，其他商品和服务占

31327 万元。城镇每百户居民家庭主要耐用品，如摩托车为 84 辆，家用汽车 10 辆，彩色电视机 160 台，家用电脑 86 台，空调 158 台，固定电话 98 部，移动电话 236 部。

至 2016 年，城镇在岗职工年平均工资 57628 元，城镇居民人均可支配收入 37526 元；城镇居民消费支出 1097743 万元，其中，食品烟酒占 314514 万元，衣着占 58326 万元，居住占 183217 万元，生活用品及服务占 66878 万元，交通和通信占 126992 万元，教育文化娱乐占 96427 万元，医疗保健占 48764 万元，银行中介服务占 145339 万元，保险服务占 16460 万元，其他商品和服务占 40836 万元。

二、农村居民生活

民国时期，惠安县生产水平低下，农业为单一经济，处于主导地位。国民政府政治腐败，社会经济发展落后，农民生活水平低。

新中国成立后，实行土地改革，农民生活逐步改善，农村存款余额不断增加。

党的十一届三中全会以后，农民生活水平迅速提高。1983 年，农村居民人均可支配收入 254 元；1989 年，农村居民人均可支配收入 761 元，人均居住面积 11.5 平方米。农民温饱问题基本得到解决。

1990 年，全县农村居民人均年纯收入 846 元，年人均总支出 1124 元，其中生活消费支出 867 元。随着农村家庭联产承包责任制的不断完善，全县农村经济发展较快，农民增收幅度较大，农民生活水平提高，吃、穿、住、用等方面均得到较大的改善。

至 2010 年，全县农村居民人均年纯收入 9551 元，年人均总支出 12896 元、生活消费支出 6098.56 元。其中，人均食品消费支出 1913.73 元，占生活总消费的 54.6%。农民的穿着观念发生较大变化，穿着水平朝中高档方向发展，人均穿着消费 506.83 元。在家庭主要耐用品方面，每百户农民中拥有摩托车 130 辆，汽车 3 辆，电话机 103 部，移动电话 235 部，热水器 93 台，彩色电视机 143 台。此外，抽油烟机、热水器、电冰箱等也大量进入寻常百姓家。

至 2016 年，农村居民人均可支配收入 17336 元；农村居民消费支出 489542 万元，其中，食品烟酒占 164846 万元，衣着占 24252 万元，居住占 107062 万元，生活用品及服务占 23874 万元，交通和通信占 54953 万元，教育文化娱乐占 27922 万元，医疗保健占 12121 万元，银行中介服务占 59074 万元，保险服务占 6691 万元，其他商品和服务占 8747 万元。

第六节　重要举措

一、改革举措

（一）惠安土改运动

1950 年冬天，中共惠安县委着手在第八区松州乡和第九区凤翔乡开始搞试点土改。取得经验后，在全县分期开展土改。

1951 年 1 月，惠安县人民政府召开各界人民代表会议，成立土地改革委员会，部署土改工作。全县先后从农村贫苦农民中抽选 100 多名积极分子，组织培训；解放军第二十八军某团抽调指战员 350 多名，县、区抽调干部几百名，组成土改大军，与贫下中农同吃同住，开展土改。

其时，惠安县有 188 个乡，人口 48 万多人；土地 50 多万亩（为还原历史，本节各目均以亩为单位，每亩等于 0.0667 公顷），平均每人 1.04 亩。第一期，各区多点试点 29 个乡；第二期，全面铺开 107 个乡；第三期，扫尾 50 个乡。每期 1 个月，每个乡的土改步骤分 4 个阶段，即宣传发动（半个月，讲解学习《土地改革法》）；组织阶级队伍（3—5 天，发现培养积极分子，组织农会）；评议分配（4—6 天，自报公议评成分，调查登记分配土地）；总结表彰（3—5 天，建立政权，庆功表彰）。各乡情况不同，实际执行时，各阶段互有交叉，时间大都超出，一般约 2 个月。每期结束，全县都进行总结和继续部署。

土改摧毁封建势力，锻炼革命队伍，调动群众的生产积极性。农民获得丰硕果实，表现在以下几方面：

——依法没收地主、反动富农和征收富农、半土地式富农、小土地出租者和工商业资本家及公田 39000 多亩（其中水田 3200 多亩），约占土地总面积 7.80%；房屋 1900 多间；山林 700 余片；盐坎

2400 余坎；蚝石 480 多株。3 万多户贫下中农分得土地，12 万多人得利，占全县人口 25%。

——摧毁地主恶霸在城乡的封建统治势力。对地主恶霸，均经过群众面对面的诉苦批斗后，由县执法机关量刑而执行。该杀的杀，该关的关，该管的管。参加诉苦公审大会人数 33 万多人次。对一些流窜潜伏的匪首，由群众检举追踪而抓捕，同时摧毁封建房族的统治势力。

——农民群众政治觉悟提高，觉得自己是国家的主人，可以参政议政。全县农会会员 14 万多名（其中女会员 7 万多名），占总人口 28.96%；青年团员 2800 多名；民兵 1.7 万多名。

——农民群众爱国热情高涨。农民如期完成粮食征购任务；1000 多名适龄青年报名应征，兄弟争相参军。

——农民是土地的主人，生产积极性提高。他们组织互助组；兴修水利，修堤筑坝 153 处，受益土地 13 万多亩。

——重视学习文化。上学儿童倍增，村村有成人夜校。

——建立新的土地制度。废除旧契约，颁发土地证，量清各户房屋、土地四至界线，男女平等填入土地证，受到法律保障。

1951 年 10 月 25 日，全县土改运动基本结束。其后，进行土改检查和颁发土地证工作。1952 年 8 月 8 日，县委启动复查土改工作。

（二）1952 年惠东社会改革运动

1952 年年初，福建省人民法院在检查《中华人民共和国婚姻法》（简称《婚姻法》）的贯彻情况后发现，惠安县问题最为严重，因婚姻而自杀者时有所闻。问题出在已婚妇女长住娘家的陋习上。

当时，惠安人口 40 多万人，设 14 个区（相当于现在的乡镇）、198 个乡（相当于现在的建制村）。已婚妇女长住娘家习俗流行于东部 7 个区，即县城以东的涂寨、东岭、山霞、崇武、净峰、小岞、辋川等 7 个区的近 100 个乡，其中尤以小岞、崇武 2 个半岛的渔村最为严重。世代流传的特异婚俗，不成文规定没生孩子的妇女不准长住夫家。稀疏以至禁锢的性生活，受孕机会自然不多，好者三五载，晚者十年八年，甚至一二十年才能怀孕。过早有孩子遭人讥笑，久年不怀孕也要受人非议，因此二十五六岁以后便得比较频繁地主动返回夫家，力争受孕。如果年纪较大仍无孩子，夫家便可替她抱养1个孩子，让她名正言顺住进夫家。

已婚妇女长住娘家造成无数旷夫怨妇，严重阻碍社会生产力的发展，造成大量社会问题。其一是童婚、早婚。其二是已婚妇女过着动荡不安的“流浪”生活，男方有了老婆而不能过正常夫妻生活，一些人从悲观苦闷而走向腐化堕落，嫖赌饮而将家产败光。其三是妇女对现实婚姻不满，精神空虚，人生绝望，姐妹结伴相邀诉苦，结成秘密自杀集团，终至相缚连成串投海跳潭，个人上吊、服毒者也比比皆是。轻生的妇女大多在25岁以下。曾有一个笼统的估计，在以往的60年(1889—1949年)中，全县因婚姻问题而自杀的妇女达10万人，平均每天自杀身亡4.5人，其中3人在惠东，1人在小岞。

8月1日，省人民法院联合省妇联选派20多名干部组成一个工作队，派往惠安县开展社会改革运动，以改变惠东妇女住娘家的封建恶习，遏止妇女集体自杀，安定社会秩序。他们选择问题最严重的第四区(小岞)、第十四区(崇武)的20个乡进行试点。8月30日，试点结束，将经验推向整个惠东，并抽调晋江专区各县(市)司法科、妇联的100多名人员集中学习后分派到7个区各乡开展运动，每乡1名工作队员(不包括惠安县配合的区、乡干部)；每乡都配1名脱产或不脱产女干部，惠安县妇联派出1名干部不定期配合。

工作步骤按统一部署依次进行：(1)召开扩干会。区扩干会由区长或区委书记出面，向所属乡干部布置开展社会改革运动，7个区共有758名乡主干和区干部与会。工作队员配合乡干部到村开展工作，召开乡的扩干会，将任务落实到自然村。(2)成立贯彻婚姻法委员会，吸收乡干部和积极分子参加，作为开展运动的工作机构，全县共有委员1158名、组员5023名；同时，整顿或成立乡调解委员会，作为群众性办案的工作机构。(3)宣传贯彻《婚姻法》。在妇女会、青年会、老人会上广为讲解，利用宣传队、幻灯、广播筒、黑板报等大造声势，批判长住娘家、包办婚姻和夫权思想等。(4)群众性办案。对照《婚姻法》、依靠调解员处理违法案件，轻者批评教育，当众悔过；重者报请临时人民法庭予以公审、判刑、管制。（5）反对阻碍夫妻同居，发动妇女返回夫家，9 月 27—29 日各乡统一举行妇女回夫家欢送大会。（6）制止妇女集体自杀。驻村女干部与长住娘家女交朋友，同吃同住，深入工作、交心诉苦，发现苗头，瓦解自杀集团。（7）召开家庭会议。各乡妇代会邀请返夫家的姐妹举行联欢会，并主持召开各户的家庭会，合理解决夫妻同居中的各种问题，以巩固运动成果。惠东 7 个区在社会改革运动中，运用各种形式大张旗鼓地宣传贯彻《婚姻法》，先后受到 5 次以上《婚姻法》教育的人口达 19.25万人。

经过一系列的工作，各乡开过欢送大会之后，共有 8120 名妇女返回夫家，占长住娘家者（9395 名）的 86%。这 8120 对夫妇重新过上正常的夫妻生活。各乡妇代会邀请回夫家的妇女举行联欢会，向她们介绍本乡情况，引导她们参加各种社会活动。会后，入户召开家庭会、婆媳会、夫妻会，帮助搞好家庭关系。对夫妻关系确实破裂的，坚决批准离婚；对严重虐待妇女的犯罪分子，坚决给予打击。仅据 20 个乡的统计，共召开 2833 个家庭会议，解决家庭纠纷 805 件，其中 1001 户订立家庭和睦公约。

工作队除在各种场合坚决支持受迫害妇女的合法斗争、惩办犯罪分子之外，还深入群众中去，派出女队员与企图自杀者同吃同住，以苦引苦，进行思想动员。经过耐心艰苦的工作，先后发现 57 个自杀集团，挽救 236 名企图自杀的妇女。

10 月中旬，社会改革运动结束。惠东社会改革运动的胜利，是继土地改革之后又一次反封建的伟大胜利。回夫家的妇女和丈夫、公婆建立和睦关系，协力从事生产。

看到惠东的变化，惠西 7 个区也要求在本区贯彻《婚姻法》。县各界人民代表会议因此决定在另 7 个区开展贯彻《婚姻法》的运动。全县通过群众性办案，处理大批违反《婚姻法》的案件和家庭纠纷，消弭人民内部矛盾，惩办少数犯罪分子，推进惠安的生产建设。

（三）实行家庭联产承包责任制

1982 年起，惠安县落实农业承包责任制，实行家庭联产承包责任制。全县4548个生产队，开始实行包干到户的家庭联产承包责任制的有4350个，占95.7%。随后，其余生产队也全部实行家庭联产承包责任制。随着家庭联产承包责任制的进一步落实和完善，农民在自主经营的过程中，逐渐发展成为生产专业户，并创建以股份制为主体的经济联合体，兴办各种农业企业。

1990年，县委、县政府就“深化农村改革，完善双层经营体制”工作发出通知，在全县重新签订耕地承包合同，充分发挥村经联社生产服务、管理协调、资产积累、资源开发、兴办企业等五大职能作用，努力壮大村集体经济实力。全县本着土地“大稳定、小调整”的原则，对因人口变动和零碎小坵的耕地进行调整。至年底，有260个建制村、14.48万户农户重新签订265000亩耕地承包合同，占全县耕地的66%。

1991年，成立惠安县农业承包合同管理委员会，完善农业承包合同书面签订和鉴证工作。至1991年年底，全县有275个经联社与153526户农户重新签订耕地承包合同，明确双方的责、权、利。1992年，全县18个乡（镇）均建立合同管理机构，385个村经联社成立276个村级农业承包合同管理小组，签订土地承包合同书20万份，面积358200亩，基本完成完善土地承包合同签订任务，为集体收回资金777.75万元。在完善土地承包合同管理的基础上，有意识地指导规模经营的种养专业户。至年底，全县各种专业承包经营大户达9751户。其中畜牧专业780户，果树专业52户，面积6415亩。种粮专业户141户，面积7051亩，最多承包经营面积达300多亩；还有联合体1915个，初步形成种养业逐步向生产能手集中的经营格局。

1998—2000年，全县组织第二轮土地承包合同的签订工作，大力宣传中共中央“关于第一轮土地承包到期后再延长30年不变”的政策，保证农民对土地的使用权。2000年10月，第二轮土地承包合同签订扫尾工作结束，全县发放土地承包经营权证18万份，确保耕地100%承包到户。2001年以后，加强土地承包合同管理，继续做好土地延包后续完善工作，坚持“依法、自愿、有偿”原则，引导和规范土地承包经营权流转，促进土地承包经营权流转逐步规范化。

2007—2010年，县政府出台土地流转扶持政策，规范土地流转行为，加强服务和管理，促进农业规模经营。至2010年年底，全县土地总流转面积47278亩(含山地29200亩)，全县经济作物规模种植面积达19500亩。

2011年起，大力推进土地流转。县政府出台政策，在奖励种植大户每亩100元的基础上，提高村级集体一次性奖励标准，由每亩30元增为每亩50元；同时，做好被征地人员原承包耕地面积的审核，开展农村土地承包经营权确权登记颁证工作。

(四)国有商业经营机制改革

1985年起，惠安县在商业系统全面推行承包经营责任制。1986年，实行所有权与经营权分离，小型企业租赁经营。1987年，商业系统的中型企业相继与商业局、财政局签订承包合同，实行以利润为主的承包经营责任制。1990年，贯彻落实“治理整顿，深化改革”方针，在全县国有商业企业实行“上缴利润、基数包干、超收分成、歉收自补”的承包经营责任制，彻底打破“铁饭碗”“铁工资”，建立“自我激励，自我约束，自我发展，自我盈亏”的经营机制。逐步向承包、租赁、“国有民营”过渡。供销部门对16个基层社496个报账单位，实行以大包干为主要形式的经营承包经营责任制；粮食部门实行企业平价粮经营亏损定额补贴承包责任制，并巩固和完善站长、厂长、经理任期目标责任制，采用“任务与效益挂钩”“一定五包”“三定两包”等形式的承包经营责任制。全年全县国有商业企业320家，在职职工3530名，全民所有制商业零售额10587万元。

1991—1993年，县中百、五交、华友和糖酒副食品公司与县财政局、商业局签订为期3年的承包合同；供销部门有15个单位签订第二轮承包合同。1992年，在商业、供销、粮食等内贸企业推行“四放开”(即经营范围放开、商品价格放开、分配方式放开、用工制度放开)改革，让内贸企业走出店堂、进入市场。县五交化公司成为县商业局推行“四放开”改革试点单位。1993年，贯彻落实《全民所有制商业企业转换经营机制实施办法》，对国有商业企业所有门市部、点实行“合理定标、定员，公开投标，优化组合”的经营机制。对小型企业加快改、转、租、卖步伐，对亏损微利企业实行国有民营，引进外资合资经营零售商业。完善内部经营责任制，实行“五定”（定税金、定承包费、定福利待遇、定经营范围和品种、定库存商品处理原则）到柜和“四自一包”（自筹资金、自主经营、自主分配、自负盈亏和包上缴基数）的经营承包形式。

1994年起，全县国有商业企业普遍采取“包死基数，确保上缴，风险抵押，全奖全赔”或“包死基数，风险抵押，超收税后分成，大头留给经营部”的“内包”经营责任制。医药经营体制由计划调拨经济转为市场经济，县医药公司与全县27家医疗单位签订联营销售协议，同时与桂林三金药业、江西汇仁药业等知名品牌签订药品代理协议，实现规模经营，在零售药店开展“百店千柜无假货”和争创“放心药店”活动。

1995年，全县国有商业企业实行“机构合并，减员增效，盘活资产”的承包经营和租赁经营。

1996年，国有商业企业通过明晰产权关系，盘活资产存量、优化资产配置，实现县国有商业组织结构优化重组，放开搞活商业小企业。

（五）集体林权制度改革

改革开放后，惠安县集体林权制度历经数次变革，但因产权不明晰、经营主体不落实、经营机制不灵活、利益分配不尽合理等问题制约林业的发展。1981年6月，县稳定山林发证领导小组成立，开展核定林权、划定自留山、确定林业生产责任制的“三定”工作。至1983年3月底，全县全面完成林业“三定”（即定林权、划定自留地、制定责任制）工作；至11月，全县核定山权面积30682公顷，占山地面积96%，并分别以合同形式承包到场、到组、到户；山地多的黄塘则划出自留山数百公顷。

1990年起，为进一步解放和发展林业生产力，发展现代林业，增加农民收入，建设生态文明，惠安县不断深化集体林权制度改革，通过试点村工作，以点带面，全面推进，取得成效。1995年10月，全县造林覆盖率从1988年的29.4%提高到32.6%，绿化程度达88.4%。全县有林地总面积达28680公顷，实现惠安造林绿化史上的一次大突破。

2003年，惠安县启动新一轮的集体林权制度改革工作。建立县政府直接领导、乡镇组织实施、村组具体操作、部门搞好服务的工作机制。县、乡(镇)、村分别成立林改工作小组，并层层制订实施方案，视各乡村不同情况，分别采取因地制宜的工作措施。县政府林改工作领导小组确定紫山镇半岭村、黄塘镇虎窟村、洛阳镇陈坝村作为全县集体林权制度改革的试点村，以试点村工作成效推进林权登记发证工作，实现明确产权，确定经营主体，较好地完成集体林权制度改革工作。2006年，黄塘镇林业站和县林业局局长刘荣成分别获得省委、省政府授予“全省集体林权制度改革工作”先进集体和先进个人荣誉称号。至2007年，全县受理林权申请登记面积20433.3公顷(30.65万亩)，发放林权证508本，发证率98.54%，发证面积20366.7公顷(30.55万亩)，面积发证率99.67%，基本完成全县林改任务。

至2012年年底，全县林权申请登记面积15232.1公顷(22.85万亩)，发放林权证6791本，发证率93.5%。其中联户发证6293本，到户率93%，涉及林权面积近20000公顷。实现集体林权由农村集体经济组织统一经营，确定经营主体。

(六)国有工业企业经营体制改革

1990年，惠安县有啤酒厂、机械厂、纺织厂、印刷厂、食品厂等国有工业企业20家，涉及食品饮料、机械制造、纺织化工、建材等行业，职工4428名，年工业企业总产值56196万元。

1991年起，惠安县贯彻落实国务院出台的《全民所有制工业企业法》《关于进一步扩大国营工业企业自主权的暂行规定》等文件精神，在全县国有工业企业积极转换内部经营机制，着力解决劳动用工机制弊端。面对全县出现的市场疲软、资金紧张、用工人浮于事、经济效益下滑等诸多问题，国营工业企业逐步实施企业用工制度、干部人事制度和分配制度改革。干部人事制度改革，重点是引入人事竞争机制，按照“干部能上能下、工人能进能出、工资能高能低”的原则，打破工人、干部界限，执行全员劳动合同制；在工资制度上执行不同形式的岗位技能工资，工资分配向脏、累、苦、险岗位倾斜，体现“按劳分配、多劳多得”的原则。通过引导企业转换经营机制，促使国有工业企业成为依法自主经营、自负盈亏、独立核算的生产和经营单位。

1995—1998年，惠安县贯彻落实国务院《全民所有制工业企业承包经营责任制暂行条例》，在全县国有工业企业推行承包经营责任制。实行承包经营机制改革（租赁经营）的工业企业有惠安玻璃厂、惠安印刷厂、惠安食品厂、惠安腐植酸厂、泉州第二橡胶厂。其承包经营以“包死基数，确保上缴”为原则，确定每轮承包期限为3年。承包（租赁）经营取得较好效益的企业有：惠安玻璃厂年实现产品销售收入2594.5万元，实现利润76.63万元，依法缴纳各种税费223.06万元，偿还各项贷款约82万元；惠安印刷厂年完成产品销售收入843.68万元，上缴各种税费88.60万元；惠安机械厂在企业内部实行承包（租赁）经营；惠安县毛巾厂也对外实行承包（租赁）经营。

全县国有工业企业通过转换经营机制，全面推行承包经营责任制，抓管理、降消耗、拓市场、提效益，国有工业企业固定资产原值由1990年的5620万元提高到1995年的1.5亿元。

二、建设举措

（一）治山治水，水土保持

惠安县地处福建省东南沿海突出部，一面依山，三面环海，以丘陵地为主。民国时期，水土流失严重，河床、港澳泥沙淤积，杂地寸草不生，耕地五谷不长，百姓难以生存。黄塘乡林口村的石盘等5个自然村，因遭遇水灾和匪祸成为废墟。新中国成立后，党和人民政府花大力气治山治水，脚踏实地搞好水土保持工作。

水土流失民不聊生

新中国成立前，史称“万丈深江”的洛阳江和“巨舶海港”的辋川港淤积成埭；昔日舟楫可通的林辋溪上游的碗窑村，小溪干枯，田地荒芜。新中国成立时,全县田园经常遭受水淹沙盖的达37500亩,遭受水旱威胁的55500亩。天湖乡甘薯只收400公斤/亩,部分只有66.67—133.33公斤/亩;杏林乡麦类只收约40公斤/亩。20世纪50年代,全县40万人,每年缺粮食2000多万吨,缺柴草375万担,群众整年食薯渣糊或麦糊汤。

沿海风砂侵袭也很严重。据崇武气象站资料,当地平均风速6.2米/秒,最大风速28米/秒。一年8级以上的大风108天,主害风的东北风出现在秋冬春三季。台风登陆时,惠安首当其冲。八九月还有潮汛侵袭。起自九峰,经峰尾、辋川、崇武、张坂直至洛阳庄兜的约198千米的海岸,200多个自然村甚为剧烈。原超先公社的虎空至峰尾一带,新中国成立前有数百亩耕地成沙滩,出现"五里沙滩"。峥嵘大队(村)耕地被海水冲走四五百亩。鲤鱼尾一带,作物有种无收,花生亩产约25公斤,地瓜亩产100—200公斤。1955年,南埔的白井自然村遇到1次10级大风,9.2亩晚稻被风吹没,仅在地面扫回粟粒245公斤。高山地带,房屋倒塌80多间。崇武半岛的赤湖,原名叫粟湖,百年前土壤肥沃,五谷丰登。整个村落分前、中、后3个自然村,居住100户左右,耕种百亩良田,每亩可收三四百公斤粮食。后来,环绕村庄东北面1500多米的防风林被砍后,风砂入侵,耕地变沙漠,水田消失。村民迁往浙江、晋江,前、后2个自然村荒废,其残墙、厕所至新中国成立初期仍存。群众中传唱着:"海风毒,海砂恶,富裕粟湖变'赤湖'。"

风砂还侵蚀海港,巨舰可以停泊的辋川港和东岭子龙澳积泥沙成为滩。每遇台风(大风),流砂卷入天空,后洋海尾4座厝被砂淹没。浮山岛原称万人岛,1940年逃荒和出卖儿女135人。至1949年,该岛仅有1500多人。

水土保持利国利民

新中国成立后,党和政府指示有关部门及发动人民群众治山治水,防止水土流失。1950年秋,筹建惠安县水土保持实验区,地址设在第九区(黄塘)林口乡(今紫山镇林口村),选定石盘一片耕地60亩,作为实验区场地。1951年春,培育马尾松、台湾相思树、大叶合欢和引种保土植物育苗 35 亩。1954 年，省农业厅、林业厅、水电厅和惠安县政府林业科联合组织勘查工作组，成立林辋溪流域治理指挥部，开展调查和规划设计。冬季，成立惠安县水土保持委员会，建立水土保持试验站。1954—1955 年，2 年中国家投资 1.5 万元，控制水土流失 8 平方千米。1956—1957 年，采用民办公助的办法，控制 120 平方千米。1956 年起，先后在杏林、锦明、天湖等 14 个不同类型的水土流失重点乡，进行农林水综合性全面治理，创造经验。经过 4—8 年的水土保持工程措施和生物措施，林辋溪南支上游原来天晴数日就干涸的锦明乡锦水溪、沙坡溪等 5 条大小山溪，出现细水长流。至 1957 年，全县兴修小型蓄水工程 5921 座，开挖鱼鳞坑约 14 万坑，筑小谷坊 1.183 万座、大谷坊 1200 多座，水平沟约 8.6 万米，培地埂栽营草 5 万多亩，营造水土保持林和防风林、薪炭林 20 多万亩，控制水土流失 19 万亩。同年虽然出现连续 92 天大旱，但仍在 1956 年丰收基础上，增产 60 吨粮食。林辋溪北支上游南坑自然村 2600 亩的冲刷山坡，通过封山育林，营造水土保持林，基本实现绿化后，在 42 条大小山沟修建 127 个保土蓄水工程，地下水位提高 2 米，水田面积由新中国成立前的 45 亩增加到 102 亩，单产由原来的 265 公斤，达到 1957 年的 705 公斤，比 1940 年前增加 8 倍，当年出售国家余粮 1.5 万公斤。

1958 年春，全县动员工、农、兵、学、商和沿海渔民 20 多万人，治理冲刷山 3 个月，投下约 432.35 万个工日，共筑谷坊 47 万多座，水平沟 67 万米，鱼鳞坑 200 多万坑，水路坑 1.8 万多个；还有生物谷坊、沟头防护林、集水坑坝等水土保持工程，合计土石方约 558 万立方米。治理山头 1150 座，治理水土流失坡地 28 万亩，共控制水土流失面积 64.95 万亩，占全县水土流失面积的 93%。同时，开辟花果山 125 座，栽种瓜类约 148 万株，种龙舌兰 1.29 万亩，种蓖麻 1.8 万亩，营造各种林木约 15 万亩。花果山还种经济作物、保土植物、药用植物等近百种。惠安县的水土保持工程措施和生物措施是：对耕地、培地埂、岸坡种草，增加复种指数、逐年深耕、改良土壤等；对山地封山育林，营造水土保持林和建筑拦泥蓄水工程。水土保持林营造方法有水平带状造林、挖大穴造林、鱼鳞坑造林、水平沟造林、谷坊群造林和生篱谷坊造林等 6 种。拦泥蓄水工程有土、石谷坊，山围塘，拦沙坝等。5 月 10 日出现 97.4 毫米暴雨和 6 月 15 日出现 41.9 毫米暴雨，均达到土不下坡、水不出沟。6 月 25 月，惠安县宣告基本控制水土流失。7 月，国务院水土保持委员会向 24 个省（区）通报惠安县基本控制水土流失情况。国务院水土保持办公室奖励锦水村锦旗 1 面，题词为："石头山上，密林丛生；干涸沟壑，细水长流。"兄弟省、县组织人员前来参观。江苏省农业参观团赠送锦旗 1 面，题词为："英雄的人民，战胜了穷山恶水；艰苦的劳动，创造幸福的明天。"

据 1959 年统计，全县共造林 60 多万亩，封山育林 15 万亩，种草 19.5 万亩，种果 160 多万株。1500 座大小山头有 1150 座栽树种草。上游公社后宝的相思树林 4 年生树高 7 米；红旗公社的科山南麓大叶桉造林 2 年，树高 8 米，胸径 0.09 米；等等。

1960 年 1 月，惠安"治山治水纪念碑"在县城西门外科山山麓落成。是年，省林科所派 1 名人员和县农林水电学校林业班派 1 名毕业生到试验站，在石码的莲花山西南麓，建立林业水土保持示范点；建设径流场，开梯田，挖水平沟，进行造林种草，观测水土流失情况。

通过乡村办林场、专业队，对水土流失进行控制，并对林果生产进行巩固发展。已建立笔架山杉松混交林基地，东岭屿头桉树速生丰产用材林基地，南田余甘经济林基地，陈德岭木本油料林基地，下曾龙眼基地，"七一"垦区农田防护林基地，崇武沙荒防护林基地，上村、杜厝海岸黑松林基地，大竹岛高科技良种繁殖隔离场。

经过 40 年的治山治水，全县兴建的水土保持工程有：共筑谷坊群 52 万座，挖水平沟 73 万米，鱼鳞坑 2100 多万个，水路坑 1.8 万个，山围塘 5 万多座；种草 20 多万株，造林 15.3345 万亩。

（二）建设惠女水库

惠女水库属大（二）型水库，库区位于洛江区马甲镇、南安市洪濑镇和洪梅镇交界处，是一座集防洪、供水、灌溉、发电等综合功能于一体的跨区域重要水利工程。

惠女水库原名"乌潭水库"，1958 年 7 月 8 日动工，由当时惠安县的红旗（城关）、东红（惠西）、上游（惠南）、飞跃（惠东）等4个公社联合兴建。承担水库大坝施工任务的1.5万名民工中，妇女占80%以上，她们当中年纪大的有五六十岁，年轻的十五六岁。由于工程比原计划提前1年动工，在技术、资金、器材极端不足的情况下，工地党委提出“咬紧牙关，突破难关，自力更生，勤俭治水”的口号，广大民工自带工具和衣粮，不计报酬，顶暑冒寒，夜以继日奋战在工地上。水库指挥部培训施工员200多名，办起54个小工厂，创造仿制挖、装、运、卸和压等工具54种，计1.5万件。驻惠部队第八十三师的2个团和1个汽车连的官兵到工地支援水库建设。在“万女锁蛟龙”那段激情燃烧的岁月，涌现出3000多名女功臣、女标兵，260多人在工地光荣入党，1500多人加入共青团。为了表彰惠安妇女建设水库战天斗地、可歌可泣的辉煌业绩，1959年3月，水库更名为“惠女水库”。

1960年2月8日，大坝主体工程竣工，总投资2029万元，其中国家补助资金887万元（含保坝加固117万元、坝后电站97万元），投入劳动力597万工日，完成土石砼177万立方米。水库流域面积105.8平方千米，设计防洪标准为百年一遇，五百年校核。设计洪水位80.82米高程，校核洪水位82.05米高程，正常蓄水位78.82米高程，死水位56.07米高程，总库容1.26亿立方米，其中防洪库容0.26亿立方米、兴利库容0.88亿立方米、死库容0.12亿立方米。

枢纽工程由主坝、副坝、溢洪道、输水涵洞等4个部分组成。

主坝位于马甲镇彭殊村，为黏土心墙坝。坝顶长350米、底宽301.6米、顶宽9米、坝高52.5米，坝顶高程83.32米，设防浪墙1道，高1米。

副坝位于洪濑镇郭坑村，为均质土坝。坝顶长192米、底宽45米、顶宽5米、坝高10.8米，坝顶高程83.82米。

溢洪道位于右岸山坳处，为开敞式无闸控制。平顶段长300米、宽50米，陡坡段长135米、宽30米，堰顶高程75.75米，设计最大泄洪流量1150米^3/秒，末端为挑流消能。

输水涵洞共2条，每条长145.6米，其中一条为有压钢筋混凝土圆管(建设电站时套改钢管),另一条为无压石砌拱涵(除险加固时套改有压钢管),设计流量均为10米^3/秒。进口设上下2排放水孔,共4孔。放水设备为双臂式铸铁转动门盖,采用2台各5吨的手拉葫芦进行启闭。

大坝主体工程竣工当天,水利电力部给中共惠安县委员会、惠女水库工程指挥部和惠女水库全体职工发来贺电。该贺电说:"欣闻惠女水库大坝落成,特电祝贺。惠女水库大坝的胜利建成,是在各级党政正确领导下,全体职工英勇奋战的辉煌功绩,是广大妇女对社会主义建设的伟大贡献。值此庆功大会,望工地党政领导和全体职工再接再厉,高举总路线的红旗,为尽快突破'三关',提前完成渠道工程,力争春耕通水而继续奋斗!"

翌日,中华全国妇女联合会也给中共惠安县委会和战斗在惠女水库工地上英雄的姐妹们、同志们发来贺电。该贺电说:"欣闻惠安惠女水库大坝胜利落成,特向你们致以最热烈的祝贺和最亲切的慰问。你们在党的领导下,修建了这样大型的水库,不仅显示了惠安人民改变农村面貌的宏图大志,而且显示了惠安妇女不屈不挠的英雄气概。用'惠女'命名水库是党和人民对英雄的惠安妇女劳动功绩的最高奖赏,是惠安妇女的光荣,也是全国妇女的光荣。惠女水库已为我国妇女在水利建设上树立了一面红旗,充分证明了在党的领导下,解放了的中国妇女什么也能干,什么也能干得好。希望你们再接再厉,彻底完成水库的全部工程,并能继续发扬艰苦奋斗为子孙万代造福的精神,争取在各项生产建设事业中作出更大的贡献。"

1977年6月,实施水库保坝加固,防洪标准按百年一遇设计,万年一遇校核,原溢洪道堰顶高程由78.82米降低至75.75米。保坝后,设计洪水位79.12米高程,校核洪水位81.77米高程,总库容1.23亿立方米,正常蓄水位75.75米,相应库容0.79亿立方米(其中兴利库容0.67亿立方米),死库容0.12亿立方米。

2003年10月,水库实施除险加固,项目概算总投资2935万元,其中中央补助资金980万元、地方配套资金1955万元。主要建设内容:(1)主坝加固,包括坝基及坝体防渗处理,迎水坡塌陷处理,坝顶及上坝防汛公路改造,背水坡排水系统整修,大坝白蚂蚁防治;(2)副坝坝顶公路改造及坝坡面加固;(3)输水涵洞除险加固;(4)溢洪道除险加固;(5)大坝自动化监测系统改造;(6)完善水文(水情)自动遥测系统;(7)配电系统改造;(8)工程管理设施改造。

2007 年 12 月,水库除险加固项目竣工验收,共完成投资 2170 万元,主要工程量有:主坝坝体黏土灌浆 0.91 万米、坝基帷幕灌浆 0.24 万米,坝坡土石方 3.59 万立方米、坝顶公路沥青路面 0.26 万平方、背水坡草皮护坡 2.1 万平方米,输水涵洞压力钢管 67.4 吨、混凝土0.13万立方米、回填灌浆 0.11 万立方米,溢洪道下游河道浆砌条块石挡土墙 0.4 万立方米,白蚂蚁防治锥探灌浆 0.68 万立方米,新建管理房 0.28 万平方米,改造 10 千伏输电线路 12 千米,完善水文自动测报系统和大坝监测系统等。

1981 年和 2001 年先后动工建设坝后电站和二级电站,总装机 4 台×400 千瓦,设计年发电量 320 万千瓦时。

惠女水库灌区工程于 1959 年 11 月动工,1962 年夏季部分灌区受益,1965 年配套工程基本完工,总投资 5610 万元(其中国家补助资金 2292 万元),投入劳动力 7077 万工日,完成土石砼 1564 万立方米。灌区工程由总干渠 52.6 千米(其中洛江区河市镇境内 30.5 千米、惠安县境内 22.1 千米)、2 条干渠全长 30.23 千米(其中惠东干渠23.33千米、惠南干渠 6.9 千米)、11 条支渠总长 91.36 千米组成(另有斗毛渠 450 千米),设计灌溉面积 24 万亩,其中惠安县 20.5 万亩、洛江区 3.5 万亩,由于惠女水库右干渠(洛江区辖内)未开挖,实际有效灌溉面积 8.42 万亩(其中河市镇 0.65 万亩)。

惠女水库灌区主要建筑物 144 座,总长度 8099 米,重要建筑物有:

南塘渡槽全长 180 米,净长 108 米,分为 5 跨,每跨跨距 20 米,桥墩高 35 米,顶宽 3.05 米,设计流量 16 米^3/秒。

小溪渡槽全长 120 米,分为 4 跨,每跨跨距 20 米,桥墩高 16.4 米,设计流量 16 米^3/秒。

埔兜倒虹吸管全长747.25米，其中跨河段168米，双管并行，管内径1.8米，水头32.3米，设计流量14米^3/秒。1962年11月将木质管道改建为钢筋混凝土管，跨河段改为钢板管。

岭头隧洞全长1032米，其中土质段450米，采用条石拱形衬砌，断面2.4米×2.4米；岩石段557米，断面2.8米×2.8米。设计流量10米^3/秒。

在中共惠安县委、惠安县政府的高度重视和上级有关部门的关心支持下，惠女水库管理局累计投入资金500多万元（截至2004年）用于灌区干支渠节水改造，其中投资300万元完成总干渠节水改造6.1千米。2004年，惠安县十四届人大一次会议将总干渠节水改造确定为农业基础设施重点建设项目。2005—2006年，县政府实施总干渠节水改造45.6千米，完成投资3440万元（其中省级补助资金455万元），耗用石方14.17万立方米、土方25.98万立方米、砼2.06万立方米。

惠女水库是惠安县工农业生产和城乡生活用水的主要水源工程。实施总干渠节水改造工程以后，水的利用率由原来的40%提高到90%，年节水2200万立方米，有效保障灌区内生产生活和生态用水需求。

（三）树立治山治水纪念碑

1960年，为纪念惠安县50万人民在中华人民共和国成立后10年间治山治水的巨大成就，县委、县政府决定在螺城镇西郊科山东麓建立纪念碑。碑亭占地面积2000多平方米，为重檐五角攒尖式建筑，高7米。亭中中矗五角碑柱，五面辉绿岩石分别勒刻亭名及治山治水的业绩。碑身高2.55米。拱门与碑座雕以龙首、象头和四时花卉等。亭前左右各立有大幅石屏，高5米，宽7米。左屏中线雕惠安县《十年林业水土保持分布图》，两旁浮雕“大丰收”和“水土保持”的劳动场景；右屏中线中线雕《十年水利建设分布图》，两旁浮雕水库工地劳动场景。1958年和1989年先后扩建平台、石阶，修复碑亭损坏部分。

治山治水纪念碑文

惠安县五十余万人民，在共产党和毛泽东主席英明领导下，不断高举革命红旗，坚持治山治水，根本改变“十年九旱、光山秃岭”的历史自然面貌。

解放十年，全党全民，群策群力，白手起家，兴修水利工程一万五千多处，蓄水一亿五千万公方。一举建成菱溪、惠女、泗洲等廿个大中型水库，修通渠道四百九十一公里；治理林辋、黄塘、坝头、菱溪四大溪流，溪流改道，洪水听令，南水北调，灭害兴利，灌田三十八万亩，占全县耕地面积百分之九十；改造荒山一千多座，控制水土流失三百二十平方公里，造林植果五十九万亩。从此“涸溪水长流，赤地变绿洲”，山明水秀，野绿畴平，花繁果盛，四季长春，六畜兴旺，五谷丰登。一九五九年，全县粮食总产量比一九四九年增长一倍多，创造人民丰衣足食的美好生活。

在治山治水的伟大斗争中，广大干部群众，斗志昂扬，干劲冲天，不计报酬，自带衣粮，冒暑冲寒，夜以继日。为战胜水旱灾害，自觉义务劳动二千八百多万工日，挖填土石方二千九百三十万立方公尺，如筑一条一立方公尺长堤，可达二万九千三百公里。

党和政府对我县征服穷山恶水的斗争，给予极大支持和关怀，资助人民币二千五百万元，超过全县十年农业税的总和；人民解放军无代价付出血汗，兄弟县人民无私援助；大兴协作之风，党政军民结成血肉关系。万民歌颂共产党，恩深似海，情重如山。

解放了的惠安妇女，在改造自然的斗争中，充分发扬勤劳勇敢的优良传统，特别是人民公社化后，大办公共食堂、托儿所，她们得到彻底解放，欢欣鼓舞，投入伟大的社会主义建设行列，成为治山治水的主力军。建设惠女水库四万员工中，妇女劳动力占百分九十左右。为此特将“乌潭水库”改为“惠女水库”，以示表彰，她们发扬敢想敢做的共产主义风格，运土打夯，劈山炸石，驾驶机器，样样皆能，因而获得全国妇联嘉奖。

治山治水的胜利，归根结底是党的总路线、大跃进、人民公社的伟大胜利。一九五八年提出“苦战三年，基本改变落后经济面貌”的伟大号召，立即变为全党全民的行动，治山治水的群众运动势如破竹，马到成功。人民公社一诞生就显示强大的生命力，超先公社苦战一年，独力兴建灌溉七万亩的泗洲水库；飞跃、上游、红旗、东红等四社联合兴建受益二十一万亩的惠女水库，充分发挥人民公社一大二公的优越性。

全县人民十年如一日，坚持治山治水，取得辉煌成就。为加速惠安农业机械化、水利化、电气化奠定基础，于一九五八年荣获中华人民共和国国务院特等红旗奖励。在党的领导下，全县人民，鼓足干劲，乘胜前进，为早日实现社会主义、共产主义的伟大目标而奋斗！

劳动万岁！

伟大的中国共产党万岁！

毛泽东主席万岁！

中共惠安县委员会

惠安县人民委员会

公历一九六〇年一月立

（四）“五一”围垦

由于1970年春开始勘测设计，同年5月1日正式动工兴建，该围垦故称“五一”围垦。址在洛阳江下游的后海埭，属泉州湾内，介于东园公社和洛阳公社之间，海堤东起东园公社百崎大队，西至洛阳公社白沙大队的弥楼山，全长1700米。控制流域面积68平方千米。1970年5月1日，开始兴建海堤。至1972年6月基本建成，浅港段水深4米，深港段为12米。

1984年，围垦工程基本完成，围垦总面积2.04万亩，其中滩地1.73万亩，实测可垦滩地1.36万亩。滩地以滩内2条主港道与山美惠东南干渠为界，分为五大片。

1974—1979 年，共开垦 6000 亩。实际种植 4500 亩左右，其中种植甘蔗 2600 亩，每亩收 910 公斤；其余种植粮食作物，每亩收获 187.5 公斤。

1980 年起，全面改造滩土，由东园、洛阳 2 个公社 28 个大队负责开垦。根据"以农为主，全面规划，综合开发，落实政策"的方针，抓好水利建设，提高垦殖效益。1981 年年底，垦殖面积达到 1.17 万亩，占可垦殖耕地 86%，种植粮食 6535 亩，总产量 379.5 万公斤，单产 580.7 公斤。1983 年，全垦区垦殖 1.17 万亩，其中种粮 7758 亩，经济作物 1768 亩（甘蔗 1268 亩），鱼池 396 亩，造林 375 亩，种果 47 亩，种田菁（过渡性作物）1350 亩。全年总产值 339.7 万亩，一年总收入比建堤以来国家总投资 311 万元还多。至 1984 年，计垦出1.27 万亩，占可垦滩地 94%，还辟出港道水域 32210 亩，排灌渠系 1780 亩，道路 850 亩，防风林带 650 亩。至 1985 年，全垦区粮食产量 472.5 万公斤，甘蔗 678 万公斤，价值 256.8 万元。垦区还与外单位联合办机砖厂 1 座，投资 18.1 万元，年纯收入 2 万元；并且利用泄洪的天然条件，设渔网 8 条。垦区利用机砖厂取土的坑做鱼池，1987 年起，全部（26 亩）承包给当地渔民，月租金 1000 元。

（五）"七一" 围垦

"七一"围垦位于泉州湾东北、张坂公社海边突出部，海湾内面积近 2 万亩，控制流域面积 69 平方千米。1969 年 12 月，开始勘测设计。1970 年 2 月，正式动工。整个工程由张坂、崇武、山霞等 3 个公社承建。分南北堤，北堤石堤于 1970 年 6 月 26 日合龙。从此，浮山孤岛与陆地连接。围垦总面积 1.70 万亩，其中可垦耕地 1.62 万亩，港道水面 1252 亩。垦区内有农垦地 1.21 万亩，实际可耕地 1.04万亩（其中占地包括平面水库小溪流 150 亩，交通道路、防风林带 361 亩，6 条溪流港道防洪堤 1252 亩）。其中沙质低洼地 4050 亩，有张坂、崇武、山霞等 3 个公社建盐场，深水部分 1275 亩，规划为养殖场。1977 年，张坂公社改滩造田。1990 年，垦区农田大轮廓基本形成，计投工 290 万工日，完成土石方 66 万立方米，国家拨款 8 万元，群众自筹 108 万元。1982 年垦区建设基本竣工后，政府又投资52万元。在垦区建设中,国家共投资62万元。

1983年,成立惠安县"七一"围垦管理站。1984年,出售修剪防护林枝干木材获款1.9万元。1985年冬,垦区开办再生皮革厂。1986年,皮革厂正式投产。垦区经营盐场3000亩,1982—1987年,总产量1.20万吨,年平均2000吨,年产值18.4万元。1987年,开发3340亩养虾场,吊蚝生产100亩,年租金3000元等。1989年,垦区有防风林带283条,总长161.3千米,占地3470亩;种植以木麻黄为主的8种树,共170万株;配备14名护林员,经费基本自给。

(六)修建洛阳水闸

洛阳水闸,旧称"洛阳桥闸",位于泉州市洛江区万安街道和泉州台商投资区洛阳镇交界处的洛阳江入海口,距北宋年间修造的洛阳古桥仅500米,上游17千米处建有总库容1.23亿立方米的惠女水库。1971年7月动工兴建,1974年7月竣工,同年10月1日闸顶公路桥正式通车。水闸工程规模为大(二)型,设计最大过闸流量2670米^3/秒,承担着防洪、供水、灌溉、挡潮、蓄淡和交通等多项任务,是山美水库惠安灌区的枢纽工程,也是惠安、泉港、台商区工农业生产和群众生活的重要调节控制性水源工程。

工程主体为钢筋混凝土、砌石混合结构,全长215.2米,分先、后启孔设置32孔闸,每孔净宽5米(总净宽160米)、孔高4米,闸底板高程－0.68米,闸墩顶高程6.10米;钢筋混凝土工作闸门,启闭设备为6台数字化螺杆式和26台固定卷扬式启闭机,下游消能设施采用浆砌条石消力池、模袋砼海漫及块石防冲槽,闸室上建有9米宽石拱桥供国道324线作为交通桥使用。

闸址以上集雨面积387.6平方千米(实控265平方千米),多年平均降雨量1175毫米、平均来水量1.86亿立方米、平均高潮位4.21米。原设计20年一遇设计洪水位4.02米,50年一遇校核洪水位4.24米、洪水流量1850米^3/秒,闸前正常蓄水位2.82米(库容232万立方米)。水闸除险加固后正常蓄水位不变(复核库容622万立方米),30年一遇设计洪水位5.08米(库容962.00万立方米),100年一遇校核洪水位5.35米(库容1002.50万立方米),50年一遇潮水高潮位 4.99 米。

1999 年，对局部下游海漫和防冲槽进行除险加固，并新建启闭房，配齐启闭设备(除险加固前 26 孔后启闸门仅靠 4 台移动式卷扬机启闭)。

2011 年 12 月，省发改委批准水闸除险加固初设报告，除险加固主要建设内容：水闸孔口加高和闸顶加高，闸上人行桥、启闭房及配电房拆除重建，水闸基础防渗加固，闸门更换、启闭机及电气设备更新，水闸岸坡加固，完善安全监测设施，惠东南干渠三孔进水闸拆除重建等，批复项目总投资 6785 万元(中央预算内投资 2262 万元、地方配套 4523 万元)。该项目自 2012 年 5 月开工，2017 年 12 月完工，计划 2019 年年底完成竣工验收。

水闸除险加固后，设计洪水标准提高至 30 年一遇，校核洪水标准提高至 100 年一遇，有效杜绝海水倒灌，改善库区水质，为城乡居民生活生产提供安全水、放心水，新建的闸门计算机监控、水情测报、安全监测和广播预警等综合系统有效地提高水闸的信息化和自动化监测水平；同时旧貌换新颜，在国道线上树立起一个亮丽的现代水利工程新形象！

(七)利用侨台优势发展侨乡经济

惠安是福建省著名侨乡，又是台湾汉族同胞的主要祖籍地之一。早在宋元时期，已有邑人迁居海外，清末至民国时期，惠安人大批外迁，足迹遍及世界五大洲。至 2016 年，全县有华侨 85 万人，分布在亚洲、欧洲、非洲、大洋洲、北美洲等五大洲 159 个国家或地区；有归侨、侨眷 37 万多人。旅居港澳同胞约 8.2 万人；惠安籍台胞 90 多万人，主要分布在台北、高雄、基隆、台中、金门等地区。

20 世纪 80 年代中期起，惠安扩大对外开放，着眼于国内、国际 2 个市场，注重发挥侨台优势，大力发展外向型经济。1984 年 10 月起，第一家外资企业落户惠安。至 1989 年，三资企业开业投产 16 家。与外商签订加工装配合同累计成交额 2069 万美元，实收工缴费 648.64 万美元；全县出口交货值 8175 万元，比 1978 年增加 14 倍。至 2010 年，全县共有外商投资企业 816 家，投资总额累计15.03

亿美元，其中开工投产企业552家。实际到资14.95亿美元。

改革开放以后，华侨华人和港澳台同胞热心祖国和家乡建设。至2010年，华侨华人、港澳台同胞先后在惠安投资20多亿美元。1979—2010年，侨胞与港澳台同胞捐资惠安公益事业达5亿多元，举凡修桥造路、扶贫济困、兴资助学等公益福利事业都是其资助之列，捐资项目涉及科技、教育、医疗卫生、文化体育诸多领域。

同时，惠安县通过"请进来、走出去"和举办各种形式的海内外同乡联谊会、恳亲会、招商会，加强联谊，交流联络乡情，促进共同发展。1990—2010年，侨胞与港澳台同胞到惠安探亲、寻根谒祖、观光旅游、洽谈生意、举办慈善公益事业人数达10多万人次。

惠安县利用侨台优势发展侨乡经济，取得丰硕成果。至2016年，港、澳、台商投资企业202.00亿元，外商投资企业46.59亿元。

（八）划定走马埭耕地保护区

走马埭原是一片海滩，经过世代围垦、耕耘，发展成为连片万亩的良田。走马埭位于惠安县东北部，国道324线东侧，与惠泉啤酒科技园隔福厦公路相望，方圆近10平方千米，分为5个片区，归属辋川、螺城、螺阳等3个镇、13个村，主体位于辋川镇。

1958年，中共晋江地委、晋江专员公署号召所属各县平整土地。8月，惠安县改造走马埭，从平整土地做起，把原来的万亩(667公顷)丘田划为164个耕作区。每个耕作区长300米、宽100米，面积45亩(3公顷)，设排灌渠与机耕路配套。

1989年2月，惠安县在福建省率先将走马埭划定为耕地保护区，实行重点保护。同年，县人大常委会规定对耕地保护区实行"五不准"：不准搞建设或建私房，不准挖沙取土，不准抛荒或弃耕，不准搞掠夺性经营，不准栽果树或挖鱼塘。

1994年，辋川镇决定在走马埭建设占地159亩(10公顷)的玉峰综合小区，计划将镇政府也迁入小区。县政府经过多次讨论，主动将呈送县人大常委会审议的报告撤回来，保住159亩良田，与近亿元的外资项目擦肩而过。同年6月，中共中央总书记江泽民视察福建途经走马埭时，看到万亩农田郁郁葱葱，不禁下车，意味深长地说道:“保护耕地就是保护我们的生命线。”惠安县把江泽民的这句话制作成巨型宣传牌,立在走马埭基本农田保护区内,更把保护耕地作为可持续发展的重要任务,精心呵护这片万亩良田。从此,走马埭成为耕地保护的一面旗帜。

1995年年初,走马埭成为基本农田保护区,受到《福建省基本农田保护条例》的保护。然而,惠安人并没有就此止步。他们开展土地整理,引进现代农业经营管理模式,努力提高农业生产效益,积极地保护这片福厦公路沿线罕见的碧绿沃野。

1997年,惠安县成立走马埭现代农业示范片规划领导小组,组织专门的技术力量,开展调查、论证。8月,完成《走马埭万亩现代农业示范片规划》的编写,规划以“两高一优”为目标,以粮为主,林、果、菜、花、牧、渔全面并举,采取“整体规划、分步实施”的原则,计划投入7000万元,从1997年到2005年,用8年时间对田、水、路、林、村进行综合整治,把走马埭建成土地高产、品种优良、经营集约,经济、社会、生态效益协调发展的现代农业园区。年底,省政府批准走马埭设立万亩粮食现代农业示范片。走马埭成为省级现代高优农业示范片之一。11月,走马埭围垦工程被列为全省12个现代农业示范片之一。惠安县筹措800多万元资金,投入农田基本建设,把首期1750亩(116.7公顷)的庄上村示范片建成标准化农产品生产基地。

1998年起,惠安县先后引进多家大型农业公司参与农业建设,把农业产业“调优、调强、调壮、调外”。走马埭的农民把土地承租给农业公司,新的生产方式、新的管理机制、新的品种、新的技术在这里推广开来,农民成为产业工人。

1999年6月,走马埭被列为国家立项农业综合开发项目。当年,又投入900多万元,完成二期基础设施建设。

2000—2003年,走马埭又进行产业结构调整、种植模式探讨,并取得一定成效。

走马埭是福建省第一块耕地保护区,也是全国基本农田保护示范区、现代农业示范园,是中国耕地保护的一面旗帜。

（九）建设外走马埭围垦工程

惠安县外走马埭围垦工程位于湄洲湾南岸惠安境内，地处辋川、东桥、净峰等3个镇辖区内。工程区东面临海，西接走马埭现代农业综合开发示范区，北临福建省石化基地——泉港区，南靠湄洲湾国际中转港——斗尾港和斗尾大型船舶修造厂。工程区距泉州市区40千米，离惠安县城10千米，陆路、水路交通便捷。工程控制流域面积114.6平方千米，原为大型围垦工程，防护面积5.15万亩，约34.35平方千米。现已规划为泉惠石化工业园区，进驻的中化泉州1200万吨/年炼油项目已投产，100万吨年乙烯项目正在建设中。

外走马埭围垦工程是福建省重点建设项目，分海堤和垦区开发2个部分，也是目前我国最大的围垦工程。1998年5月，中共惠安县委、惠安县政府为解决经济建设的用地矛盾，在国土资源部的指导下提出外走马埭围垦工程构想，并开始进行项目前期论证工作。1999年7月，基于福建省土地的实际情况和中共福建省委、福建省政府的工作要求，中共泉州市委、泉州市政府决定，由泉州市和惠安县两级有关领导与人员组成前期工作领导小组与办事机构，承办项目前期各项报批工作，并于1999年7月15日召开了第一次会议。1999—2003年，经过5年多的努力，完成项目所必需的各项审查审批事项：国家环保总局批准环境影响报告书，水利部通过项目可行性研究报告的技术审查，国家海洋局批准海域使用报告，国家交通部同意该项目的建设，福建省水利厅审查批准水资源分析报告和水土保持方案，中国国际咨询公司对该项目做二次评估，肯定项目建设是必要的、可行的。2003年8月14日，国务院常务会议同意该项目可行性研究报告。2003年10月14日，国家发改委批准该项目可行性研究报告。2004年8月外走马埭海堤开工，2009年海堤工程整体完工，2012年2月通过省水利厅主持的竣工验收。海堤全长14.011千米，沿堤共布设4座水闸，原设计为3级堤防，防潮标准为50年一遇，保护对象为外走马埭垦区。2012年下半年，省政府批准在围垦区内成立泉惠石化工业区，垦区的用途发生了转变，外走马埭海堤工程防护对象变为以国家级大型石化基地为主的工业园区，根据《防洪标准》《海堤工程设计规范》及市政府关于提高防潮标准的批复要求，外走马埭海堤工程防潮标准应提升至 200 年一遇，工程等级为 1 级。海堤的提级改造工程于 2017 年 10 月开始动工，项目总投资达到 6.58 亿元人民币。

（十）成立泉惠石化工业园区

泉惠石化工业园区位于湄洲湾南岸、惠安县东北部的斗尾港口经济区内，成立于 2005 年 11 月，是省政府 2007 年规划实施的湄洲湾石化基地三大组成部分之一，于 2012 年 9 月获批为省级经济开发区。园区规划面积 33.8 平方千米，包括炼油乙烯项目区、石化中下游及延伸加工区、石化物流区、原油库区、管理服务区、预留远景发展区等 6 个功能区；规划至 2020 年，达到每年 1500 万吨炼油、100 万吨乙烯和 80 万吨芳烃生产能力；到 2030 年，达到每年 3000 万吨炼油、200 万吨乙烯和 200 万吨芳烃生产能力。

2015 年 11 月，园区升格为正处级单位，设立党工委、管委会和纪工委，管委会主要负责组织、协调园区招商引资及投资项目审批或审核等工作，拟定园区建设发展各项规划及园区内各项管理规定，负责园区开发建设中各类基础设施、公共设施的统一规划、建设及管理，配合做好园区开发建设中涉及征地、征海、拆迁、安置等工作。下设综合科、经济发展科、规划建设科和环保安监科 4 个正科级科室；设立服务中心、应急救援中心、财务中心及外走马埭海堤管理处 4 个事业单位；成立开发公司、公用工程公司、置业公司和环保公司 4 家园区直属国有企业以及托管泉州市外走马埭围垦开发建设有限公司。

园区始终坚持以“立龙头、铸链条、建集群”为发展思路，根据产业布局规划重点构筑炼油、烯烃和芳烃等产业链，发展具有区域特色的原油炼制—烯烃制造—中下游制造业—深加工制造业，以炼化一体化项目为龙头和基础，自上而下延伸产业链；依托泉州周边市场，从下游往上游推进产业链。目前引进的中化 1200 万吨/年炼油项目（总投资 287 亿元）于 2014 年顺利投产、100 万吨乙烯项目（总投资 325 亿元）将于 2019 年建成；除中化项目外，园区还引进不饱和聚酯树脂、高吸水性树脂、尼龙6切片、己内酰胺等28个石化中下游配套项目(总投资150亿元,占地约3000亩,可实现产值超300亿元),这些项目的入驻有效补齐园区炼油、烯烃、芳烃产业链条,构筑乙烯、丙烯、碳四、碳五、苯、碳九、对二甲苯(PX)、环氧乙烷(EO)等10条产品链,形成以中化炼油为龙头,石化中下游项目为配套的石化产业链条,实现央企、民企和外资企业耦合发展、产品项目一体化建设。

目前,园区属福建省新型工业化产业示范基地、福建省首批绿色开发区示范区、循环经济示范园区,获评为省级文明单位,连续3年在全省开发区年度综合发展水平考评中名列前茅,2018年5月获评为中国化工潜力园区十强,已成为我省石化产业发展重要的战略平台。预计到2020年,园区累计完成投资将超千亿元,可实现年工业总产值超千亿元、年财政税收超100亿元,为福建省经济社会实现科学发展、跨越发展贡献力量。

(十一)提出“五个惠安”新理念

2016年7月下旬,中共惠安县第十三次代表大会提出全面加快建设创新、升级、海洋、美丽、幸福“五个惠安”新理念,号召全县人民要全面落实“十三五”规划纲要,全面推进工贸港口旅游中等城市现代化,打造泉州新一轮发展的增长极,在更高水平上全面建成小康社会。

1.建设“五个惠安”,实现“六大”目标

县委提出“五个惠安”新理念包含:

一是“创新惠安”。要把创新驱动全面融入执政理念,作为引领发展的第一动力,推动体制机制、城市建设、要素引进、环境营造等方面的创新,大力发展新经济、培育新动能、增创新优势。只要对事业发展有益、对社会进步有益、对惠安人民有益,就要大胆创新、大胆实践、大胆作为,以创新激发推动惠安新一轮发展的活力。

二是“升级惠安”。要推动产业转型升级,坚持供给侧结构性改革,完善产业布局。更加注重石化工业、海工机械等新兴产业培育,推动工业轻重比例协调发展;更加注重石雕、建筑、食品饮料、鞋服箱包等传统产业升级，推动制造业向高端延伸和跨界融合，最大限度地激发产业的生机和活力；更加注重推动现代服务业发展升级，积极发展旅游业、文化创意等生产性和生活性服务业，实现二、三产业的联动发展。

三是“海洋惠安”。要以“惠女精神”为核心，塑造拼搏、担当、包容、开放的海洋文化，广泛汇聚推动社会进步的强大正能量；要以海的优势，大力发展以海洋为依托的港口、旅游、工厂化养殖、冷链物流等海洋经济；要“走出去、引进来”，融入“一带一路”建设，引导建筑、石雕等优势产业拓展“海丝”沿线国家和地区市场，加快引进一批现代农业、旅游业等产业项目。

四是“美丽惠安”。要坚持绿色发展，把美丽、清新、宜居全面融入发展的方方面面，像保护眼睛一样保护生态环境，像对待生命一样对待生态环境，落实最严格的生态环境保护制度，保护绿水青山，推动经济社会可持续发展。

五是“幸福惠安”。要坚持发展为了人民、发展成果由人民共享，牢固树立“小事大民生”理念，千方百计抓好就业创业和脱贫攻坚工作，大力发展教育、文体、医疗卫生、社会保障、健康养老、居住环境等民生事业，让群众享有更多的获得感；牢固树立“大平安”理念，更加注重满足群众对社会平安的需求，让群众享有更多的安全感。

县委提出实现“六大目标”为：加快构建提升全国重要石化产业基地、全国知名滨海度假文化旅游目的地、全国文明城市、国家生态文明示范区、世界石雕之都和全国建筑之乡；力争至 2020 年地区生产总值超 850 亿元、年均增长 9％左右，一般公共预算收入年均增长 9％左右，发展主要指标居于全市前列，努力在经济综合实力、城乡统筹协调、创新创业创造、改革开放水平、人民生活品质、生态文明建设等方面实现新突破。

2.全面推进工贸港口旅游中等城市现代化

围绕“五个惠安”的新理念，县委提出要全面推进工贸港口旅游中等城市现代化，着重致力于 4 个方面的工作。

一是致力打造富有竞争力的产业基地。包括:(1)做大石化基地,实施石化全产业链发展,至2020年形成千亿产业集群。(2)做优雕艺基地,规划建设国际雕塑公园、雕艺博物馆,加快建设雕艺文创基地,支持企业创建中外雕刻艺术家创作基地,继续打造一批民间艺术馆和雕艺"创客新工场"。(3)建设建筑产业化基地,建设装配式建筑产业化生产基地,至2020年形成千亿产业集群。(4)做强食品基地,发挥达利、惠泉等龙头企业带动作用,引导食品饮料业发展健康食品饮料、功能性食品、绿色休闲食品,做大做优海产品深加工和冷链物流业。(5)培育现代农业、电子商务等基地,实施"互联网+"行动计划,加快建设惠安电商虚拟产业园、惠东电商园、城南电商创业园和垂直电商平台等载体,建成一批电子商务园、商务孵化中心和数字创客,推动一批具有惠安特色的惠货网上专业市场。

二是致力构建以港口为先导的对外开放新格局。包括:(1)完善港口集疏运体系,重点推进境内铁路建设;加快县域内疏港通道的规划建设,重点抓好联三线黄塘至大红埔和黄塘至虎窟、赤湖至崇武古城段、泉惠二路至南惠高速直达通道、县道309线岩峰至斗尾段拓改、崇武环岛北路、杜厝至小岞等区间道路建设;加快拓展县域外快速通道,规划建设泉港驿坂至崇武、惠城大道、世纪大道南拓、创业路等;启动县域内324国道立交化改造,立面提升;全力配合做好泉州新机场规划建设,增强陆海空港枢纽功能。(2)打造临港物流体系,加快物流基础设施和网络建设;依托港口集疏运体系,重点规划建设黄塘货运枢纽物流园区、斗尾综合物流保税园区、石化仓储物流园区。(3)营造招商引资的服务环境,营造出公平、公正、公开的投资环境;整合招商力量,力争在招大商、招优商上实现新突破;实施回归创业工程,加强与异地商会、港澳台侨的交流合作,提升引资、引才、引智水平。

三是致力打造滨海度假文化旅游目的地。包括:(1)构建大旅游格局,统筹发展"全域旅游",形成"两轴三区"旅游空间布局;推进旅游与雕艺、建筑、文化、体育、农业、城镇、生态等跨界融合,加强人文和自然景观保护,深度开发旅游精品线路,加快建设崇武全镇域

AAAAA级旅游景区等一批特色旅游项目。(2)加快旅游平台建设,推进“互联网+旅游”,整合全县媒体传播资源,打造“风情惠安”推广平台;完善旅游服务设施,形成旅游便捷服务体系;构建旅游项目库,加快建设闽台文化创意园、福建崇武国家级海洋公园、惠女风情园、崇武古城水关“海丝古地”等旅游项目。(3)提升旅游管理水平,理顺旅游管理体制,科学整合旅游资源;深化“旅游标准化试点县”工作,创新旅游投融资模式。

四是致力构建现代中等城市。包括:(1)建设宜居城市,加快打造城市核心功能集聚的县城主城区、以科教运动休闲为核心的惠西新城、以滨海生态文化旅游为核心的崇山新城,完善辋川、东桥、东岭等镇区规划,打造产城融合的斗尾新城,提升中等城市承载力;坚持重管理、补短板,创新城市和社区管理体制,解决管理难题,加大城市立面改造,优化提升城市功能配套,完善服务设施;持续建设美丽乡村,因地制宜打造一批富有特色的示范村、特色村。(2)创建全国文明城市,深入实施创城三年规划;融入泉州“东亚文化之都”和海丝文化建设,注重挖掘惠女、惠雕、惠建文化资源,打造一批富有“惠安味”的文化品牌和文化产品;加快现代公共文化服务体系建设,深化农村“乡土民风·一村一品”文化活动,鼓励文艺精品创作,启动建设科山读书公园。(3)创建国家生态文明示范区,打好治水、治气、治土、治废攻坚战,加快绿色城市建设,实施一批沿街沿水扩绿、乡村“四绿”和生态修复工程,构建“一城、两带、三网、四区、多点”的绿色空间格局。(4)加强平安建设,全面推进依法治县,实现政府活动全面纳入法治轨道;大力推进“三化一龙头”,集中开展专项治理,解决群众反映的社会治安突出问题,提升社会治理水平;全面启动“七五”普法,坚持用法治思维和法治方式化解社会矛盾;完善公共安全预警和应急处置机制,营造和谐稳定、安居乐业的社会环境。

惠安县人民政府根据《中共惠安县委关于制定惠安县国民经济和社会发展第十三个五年规划的建议》,编制《惠安县国民经济和社会发展第十三个五年规划纲要》,将中共惠安县委关于“五个惠安”

的理念贯穿其中,并加以规划。

第七节　城市名片

一、世界石雕之都

惠安雕刻技艺发源于古代黄河流域,融中原文化、闽越文化、海洋文化为一体,汲晋唐遗风、宋元神韵、明清风范之精华,取不同时期的历史特色与文化内涵。明清时期,惠安南派石雕艺术风格日趋独立,迈向从"形似"到"神似"的更高境界,形成精雕细琢、纤巧灵动的雕刻风格,并与建筑艺术相伴同在、生息共存,成为中华优秀传统文化的一朵奇葩。

惠安雕艺大师们不仅将南派雕刻技艺广泛应用于各种石材、硬木和软木之上,更以圆雕、浮雕、线雕、影雕、沉雕五大不同雕刻手法,用于建筑之中,美国马丁·路德·金大型雕像、台湾嘉义先天玉虚宫九龙壁及九龙池、北京人民大会堂前石柱、毛主席纪念堂、江西八一南昌起义纪念碑、集美陈嘉庚鳌园、深圳锦绣中华文化民俗村、中华世纪坛、湖南长沙橘子洲头青年毛泽东大型雕像、莆田湄洲岛海峡和平女神天上圣母妈祖雕像等作品,都出自于惠安工匠之手。

1996年3月,崇武镇获国务院发展研究中心农村发展研究部、中国农学会特产经济专业委员会及中国特产报社联合授予的"中国石雕之乡"称号。1998年6月,惠安县在北京首次举办"中国石雕之乡·福建惠安雕艺展"。2000年8月,中国雕刻艺术节雕刻大奖赛在惠安县开赛。2001年12月,中国雕艺城落成,成为国内规模最大的专业雕艺龙头市场。2003年,惠安县被文化部授予"中国民间雕刻艺术(石雕)之乡"称号,中国工艺美术协会授予惠安县"中国雕艺之都"称号。2004年4月,惠安中国雕艺城通过国家旅游局验收,被评为全国首批国家级工业旅游示范点;10月,国务院新闻办、中央电视台到惠安摄制电视专题片《中国工艺珍宝》惠安雕艺专题。2006年,惠安石雕入选首批国家级非物质文化遗产名录。2010年,惠安县石雕业产值94.70亿元,在产企业1300多家,从业人员11.80

万名。

2011 年,“惠安石雕”被国家工商总局核准注册为地理标志证明商标;同年,惠安县提出申创“世界雕艺之乡”。2012 年起,惠安通过举办国际雕刻艺术品博览会,为海内外雕艺产业界搭建一个交流与合作的平台;6 月,制定《关于促进石雕石材产业发展的扶持措施》。2013 年,启动“大师工作室”“大师文化企业”创建;是年,荣获全国雕刻艺术领域首个“中国雕刻艺术传承基地”称号。2014 年年初,惠安县向世界手工艺理事会提交申请报告;3 月,中国工艺美术协会再次授予惠安县“中国石雕之都”荣誉称号;7 月,世界手工艺理事会组织专家到惠安进行“世界石雕之都”初评。11 月,惠安县被中国民间文艺家协会确定为“中国雕刻艺术传承基地”,为福建省首个。

至 2014 年年底,全县有雕艺企业 843 家,其中规模以上 152 家,从业人员超过 10.8 万名;全年全县石雕行业实现产值 182.5 亿元,占全县工业总产值 13%,产品远销日本、韩国、东南亚、中东、欧美等 100 多个国家或地区,全年出口交货值超过 10 亿美元。惠安成为国内规模最大、技术最先进、品种最齐全、加工能力最强的石雕工艺品生产加工与出口基地。

2015 年 5 月,世界手工艺理事会(World Crafts Council,WCC)执行主席王山率国际专家组一行 11 人对惠安县申报“世界石雕之都”工作进行考评。经过 2 天的紧张考评,世界手工艺理事会考评组全票通过惠安县申报“世界石雕之都”。世界手工艺理事会亚太地区主席加达·易加薇表示,“惠安石雕保留了一个民族的身份感,而且在发展的同时也在寻求更高的平台来达到更高的要求”。10 月,世界手工艺理事会(联合国教科文组织下设机构)在中国国家博物馆向惠安正式授牌,授予惠安县“世界石雕之都”牌匾。

惠安有一个雕刻大师群体,中国工艺美术大师 2 名,中国石木雕艺术大师 8 名,省级工艺美术大师 17 名,省级工艺美术名人 48 名,市级工艺美术大师 14 名,中、高级工艺美术师 600 多名;国家级非物质文化遗产石雕代表性传承人 1 名,省级非物质文化遗产石雕代表性传承人4名,市级非物质文化遗产石雕代表性传承人13名;“雕刻世家”23个,中国驰名商标石雕企业2家,福建省著名商标石雕企业16家。是年,惠安命名授牌首批17家大师文化企业。2015年,惠安县命名第二批14家大师文化企业和8家“中国雕刻艺术传承基地示范点”,探索大师文化企业如何引领惠安雕艺产业发展。

二、中国建筑之乡

惠安传统建筑历史悠久。早在秦汉以前,境内先民已垒墙架木筑屋而居。晋唐时期,房屋建筑采用砖瓦、石、木等构筑。唐时,有木构架,硬山式坡面顶,弧形瓦面铺作。北宋,具有驱石填海、垒址于源、筏型基础、浮运上梁及殖蛎固基等建造技术;宋元时代,惠安建筑步入成熟,严谨规范的木构架结构配以瓦作屋面,石雕、木雕工艺运用于梁、柱、枋等建筑元素。明初,建筑工匠编入“匠户”,筑建寨、所城;这些工匠父传子习,世袭相承。明清两代,惠安的战略地位突出,成为闽南重镇,闽地多兴建翼角翘飞的宫庙寺院,惠安工匠不仅于境内建造诸多大型宫观寺庙,还参加闽南一带及台湾、东南亚等地的寺庙建筑,惠安建筑步入巅峰。清末至民国时期,名师涌现,精品迭出。新中国成立后,惠安建筑产业兴盛,成为闽南地区古建筑行业的龙头。

“红砖白石双坡曲,出砖入石燕尾脊。雕梁画栋皇宫起,石雕木雕双合壁。”这是惠安传统建筑营造技艺的生动写照。闽南古厝“皇宫起”的恢弘气势,与披瓦覆壁筒屋面、飞燕戳尾屋脊、“出砖入石”墙体、“蜘蛛结网”构件的精致相得益彰。木雕、砖雕、石雕、泥雕、灰雕、漆雕将传统建筑每一个细节的美展示得淋漓尽致,是惠安传统建筑营造技艺的绝佳体现。它们在传承中国古典建筑精髓的同时,也汲取闽南地域文化中的独特养分。如今,惠安县域内仍然保存着许多“皇宫起”古建筑,例如居仁提督衙、崇武张勇将军府、螺城刘望海故居、螺阳沈氏古厝群。惠安传统建筑营造技艺被列入国家级非物质文化遗产保护项目。

国内外一系列具有影响的重大建筑作品均烙有“惠安工艺”的印记。被称为世界最高艺术石柱的马来西亚槟城“观音圣像八角亭工程”、台北龙山寺、南京中山陵、广州黄花岗烈士陵园、北京十大建筑、毛主席纪念堂、深圳西班牙式别墅、世界屋脊西藏宾馆、山东诸城清明上河园古建筑、西安楼观台八仙过海、鄂尔多斯市康巴什新区下湖北岸Ⅲ段石窟景观、湖北遗爱湖生态修复寒食雨景点(东坡诗词碑林)、武汉首义文化区辛亥革命博物馆广场景观雕塑、武汉归元寺圆通阁、福清市高山镇香灯禅寺等,以及获得鲁班奖的第二届世界佛教论坛会址灵山梵宫工程均出自惠安工匠之手。

1982 年 4 月,县建筑业成立建筑联合公司,并在深圳、厦门 2 个特区设立办事处,18 个公社(镇、场)也成立分公司。至年底,全县建筑工匠达 12.5 万人,创年收入 15 亿元,相当于全县工农业总产值的 2/3。

1994 年 12 月 30 日,全县建筑行业从业人数达 15 万人以上,施工网点遍布全国 20 多个省(自治区、直辖市),年完成基建投资 10 亿元左右,劳务收入达 3 亿元。

2016 年,全县建筑企业 226 家,其中,特级企业 1 家,一级资质企业 45 家,二级资质企业 74 家,三级资质企业 47 家,劳务企业 55 家,不分等级资质企业 4 家。这些企业涵盖房屋建筑、市政工程、装修装饰、园林古建、幕墙工程、机电设备安装等专业类别。施工企业资质等级全省第一,施工企业个数全省第一。全县建筑行业人员 20 万人次。在惠东地区,平均每一个三口之家就有一人从事建筑行业,带动劳动力转移全省第一。全县建筑企业回乡缴纳所得税 4.3 亿元,为全省第一。石雕园林古建筑为惠安建筑业注入新的生机与活力,成为惠安建筑业新的增长点。至年底,全县园林古建和幕墙工程专业企业完成产值 21 亿元。全县建筑业完成施工总产值 501.6亿元,继续位居全省第一。

三、中国渔业强县

惠安素有“渔业强县”之称,海洋资源丰富,开发利用潜力巨大。40 米等深浅以内,海域面积 1725 平方千米,潮间带滩涂面积 78.06 平方千米,养殖面积 3584 公顷。至 2010 年,海岸线长 129 千米,有海湾 27 处,浅滩 16 处,渔港 9 处(其中国家级中心渔港澳 1 个),沙洲7处,海岛(含岛礁)77处。

惠安县渔农并举,历史悠久。清代,大钓船钓艚作业“名闻江浙十四澳”。道光年间(1821—1850年),全县有渔船500艘。1936年,全县有渔船1000多艘,渔民1万多人,年产量1.1万吨。第二次世界大战后,惠安渔业遭到破坏。

20世纪50年代起,全县渔业生产突飞猛进。1950年7月,崇武渔民自发组织成立渔业推进社。翌年,改称渔业供销社。1951年5月,全县首届渔民代表会议召开。会议发动渔民开展武装对敌斗争,坚持出海生产,并成立县渔民协会和渔业工会。9月,县组织峰尾渔船100多艘,由人民解放军护航,恢复转浙钓捕白(带)鱼。1953年10月,县委召开第一次渔业代表会议,并举办渔业互助组组长与熟练渔工训练班。10月,全县沿海渔区恢复中断15年北上舟山渔场冬汛钓白(带)鱼生产。1956年2月,崇武区成立大团结高级渔业生产合作社,社员2370名,渔船218艘,其生产组织规模居全省第一。这一时期,全县钓业、流网传统作业形式不断革新;灯围、机拖大型高产作业大兴;海洋捕捞机械化、电讯化,科学捕捞程度不断提高。作业范围南至广东,东至台澎列岛,北至浙江和渤海渔场,主要捕捞带鱼、鳗鱼、鲳鱼、鱿鱼、对虾和梭子蟹等。同时,改进传统养殖业,着重养殖对虾、海蛎、海蛏、海带和海菜,其次有贝类和藻类。1957年,全县水产品总量3.60万吨,居全省第一位。

“文化大革命”期间,渔区生产受到严重影响。

改革开放以后,惠安县调整海洋捕捞生产结构,实现渔船机帆化;推行生产经营责任制,放开搞活水产品流通。1980年,全县个人筹资100多万元,发展小型渔船88艘,个体舢板和竹排630只,解决2254个剩余劳力的出路。1982年4月至1983年,崇武等乡镇先后把渔船、渔具原属大队的核算规模调整为自负盈亏的专业中队,直至生产队的独立核算单位,并把渔船、渔具折价下放给渔民作为股份合作经营,同时搞活水产品流通,促进渔业迅速发展。1985年6月,全县渔业生产实行股份合作经营。1986年5月,崇武港墘村17艘单拖渔轮首批开发闽南—台湾浅海渔场。至1989年,全县从事渔业生产的有3个乡（镇），渔农并举的有8个乡（镇），渔业劳动力6.6万人，拥有各种渔船4793艘，其中机帆船4612艘，水产品总产量9.58万吨，居全省水产品产量的第二位；总产值3.088亿元，占全县总产值31.7%，占农业总产值49.7%。1991年11月，惠安县"褶牡蛎养殖方法改革"项目获"七五"全国星火计划成果博览会银奖。同年，全县水产品总产量10.33万吨，进入全国渔业先进县行列。1992年6月，县委、县政府发出《关于加快发展水产业的若干意见》。至12月底，全县扩大养殖面积200公顷，水产品总产量达11.4万吨，被农业部评为全国渔业百个先进县之一。1993年5月，崇武镇3支远洋船队24艘捕金枪鱼船首航远洋捕捞，跻身国际捕捞市场。至2000年，水产品总量达28万吨，首次获"全省水产十强县"称号。

2016年，全县渔业产值30.84亿元，占农业总产值的66.93%。

四、崇武古城

崇武古城地处福建省东南沿海的突出部、泉州湾和湄洲湾之间、崇武半岛南端，濒临台湾海峡。"崇武"乃"崇尚武备"之意。古城原名"小兜"。宋太平兴国六年（981年）惠安置县时，设崇武乡守节里，续置小兜巡检寨。元朝初期，改为小兜巡检司。明洪武三年（1370年），活动在朝鲜和中国沿海的日本海盗集团——倭寇突然登陆蚶江，对泉州地区的安全造成威胁。洪武二十年（1387年），明太祖朱元璋为了防御倭寇入侵，委派江夏侯周德兴巡视东南沿海。周德兴根据泉州沿海地区海岸线曲折、地形险要的特点，"一郡者设所，连郡者设卫"。当年，泉州设永宁卫，管辖福全、中左、金门、高浦、崇武等5个所。惠安设立崇武城、獭窟城、小岞城、黄崎城、峰尾城等5座城。崇武城为隶属福建司永宁卫的一个千户所。

崇武城历代几经增筑维修。《崇武所城志》载，城"四方设门，各置楼于上"，"东、西、北三面月城，南无月城，门外照墙为屏蔽"，城门及门楼至今保存完好。又载，"东城厚设敌台一座，防贼舟随潮内讧，便于观察"。明永乐十五年（1417年），城增高1.3米（4尺），加筑东西门月城；嘉靖年间（1522—1566年），置四门楼，添砌跑马道，新建弓兵窝铺；万历三年（1575 年），“南、北、西三面卜建四座，名曰虚台，其制上下四旁俱有大小穴孔，可以安铳，台内可容数十人”，这些虚台距城门约 50—100 米，现保存完好。环城还有窝铺 26 座，系供守城士兵休息用。清顺治十八年（1661 年），因战乱而肆行迁界，城摧屋毁；康熙十九年（1680 年），复界修治；道光二十一年（1841 年），重加整修。此后，因失去军事上的作用，长期废弃，部分城墙失修坍塌。新中国成立后，人民政府加强对古城的保护和管理。1963 年，被列为县级文物保护单位，划定保护范围；1985 年，被省政府公布为省级文物保护位；1988 年，被国务院公布为全国文物保护单位。1980—1987 年，国家分 3 期拨款对古城进行全面重修，始自北门至南城角，次至水关门北，终及北城门。

崇武古城是一处集滨海风光、历史文物、民俗风情、雕刻艺术于一体的国家 AAAA 级旅游景区，被誉为“天然影棚”“南方北戴河”。崇武古城也是中国仅存的一座比较完好的明代石头城，还是中国海防史上一个比较完整的史迹。

五、惠安女

惠安女，原指惠安县惠东半岛海边的一群特殊的女性。她们以奇特的服饰、勤劳的精神闻名海内外，主要分布在惠安东部崇武、山霞、净峰、小岞等 4 个镇。她们的服饰也深深地影响着周边的乡镇，如东岭、东桥和辋川等。据当地人说，几百年前，她们由中原移居于此，因海边生活为防风而佩戴花色头巾和橙黄色的斗笠，花巾上还有编织的小花和五颜六色的小巧饰物；上身穿斜襟衫，又短又狭，露出肚脐；下身穿着特别宽松肥大的裤子，腰带是扎在肚脐下面。这种服饰独具一格，尤引人注目，具有很强的色彩感染力，被视为“中国服饰精华的一部分”。惠安女服饰的色彩与样式和中国许多少数民族的服装，有很多相似的地方。她们戴上斗笠，有点像黎族人和京族人；她们短小的上衣，特别像云南西双版纳的傣族服饰。惠安女喜欢穿青色的上衣、黑色的裤子，从色彩上看，和云南水族的服装几乎是一样的。逢年过节妇女们都梳蝴蝶型的发式，因为蝴蝶是古代百越族崇拜的图腾。实际上，她们是地地道道的汉族女人。

清代末期至民国初期，惠安女穿的上衣，腰胸宽大，衣摆长至膝盖，腰间系条百褶裙，这种服装在古代没有什么奇特的地方。那时的妇女，头上戴的是这种重达 10 多公斤的头饰。新婚和没有生育的妇女出门时蒙上黑纱，是为了避免见到陌生人和自己丈夫用的遮羞布。这种黑纱只有睡觉的时候才摘下来，甚至在夫妻睡觉关灯时才摘掉，它使一些夫妻在路上相遇，丈夫都没有认出对方是自己的妻子。20 世纪 40 年代，惠安女服饰的风格有一次大的变化。原来过膝的上衣下摆，逐渐缩短到臂部，但是还没有短到露出肚脐。这时妇女的头饰变成用黑布包头，不戴花头巾，也不戴斗笠。1949 年后，惠安女的上衣越裁越短。1958 年，全县青壮年妇女集中起来修建乌潭水库。在艰苦的劳动中，惠安妇女为了遮风挡雨，也学习其他地区的妇女，戴起头巾和斗笠。这一戴就成为惠安女的风尚。

如今，外界文化的影响使惠安女的着装悄悄发生变化。年轻的惠安女上衣不再是短到露出肚脐，裤子也不再是宽大的灯笼状，只是金斗笠和五彩缤纷的头巾依然如故，仍然有一道独特的风景。

惠安女的婚俗非常奇特。婚嫁那天，新娘身着黑衣裤（当地人称黑凤凰衣），打着黑伞，由娘家的亲朋好友陪送去夫家，男方并不派人迎接。据说新婚第一夜，新娘是不能上床的，只能站在床边过夜。结婚三天以后，她们就要回娘家长住，直到这一年的除夕夜，丈夫才可以将妻子接回家住一个晚上，第二天又必须把妻子送还娘家。此后，只有等到春节、清明、中元节、冬至等较大的传统节日和农忙的时候丈夫方可将妻子接回小住 1—2 天。如此反复，直到妻子生孩子，方可名正言顺地长住婆家与丈夫共同生活。

惠安女结婚或出门做客等庆贺场合，头饰突出一个“喜”字，讲究鲜艳、丰采。梳大髻，插上各式各样的金银饰品，间以各种式样的绒花，打扮得犹如春意盎然的小花坛。同时用一条黑丝巾从髻边向后与衣沿等长，巾的两端再用黑帛接上，并以绿丝线缝制出各种花纹图案。平时居家，头饰则贯穿一个“简”字，追求简洁、实在，但绝不随随便便。她们往往插少许饰品和绒花，头顶套 1 块黑帛做面，里缝一层黑粗布拼凑的长方形罩，用 3 支竹子撑着，一半伸出前额，同时用黑帛做成羊角三角形竖于其上，尖端缝一道红色织带。住娘家或守寡时，恪守一个“淡”字。不梳髻，不插任何饰品，只把头髻尾部卷起，一半包黑头巾里、一半露在巾外，状似一束面线，俗称“褶职”。前者表示无拘束，后者强调守节。

1999年4月，福建电视台在崇武大岞、港墘拍摄电视剧《惠安女》。惠安女犹如一道亮丽的风景线，越来越引起世人的关注。

第八节　老区建设与农村扶贫

一、老区建设

1950年至1955年7月，国家拨给惠安老区的救济补助款6.72万元，大米1.15万公斤，受到救济补助的有14561户36292人；给老区群众优先贷款3.1万元。

1952—1954年，国家给惠安老区群众减免公粮1224户，共38159公斤。

1953—1954年，县政府给老区群众治病减免医药费792人次，共808.31元。

1955年，帮助老区群众造林种果5000多亩(本节各目均以亩为单位，每亩等于0.0667公顷)。拨款3.39万元，帮助老区新建水闸43处，小水库3个，筑水井、建池塘98处，拦水坝32处，受益面积8044.38亩。对老区的老革命工作者42人另行救济补助793.51元。

1956年，国家拨给老区群众特殊补助款0.6万元。又拨款0.8万元、木材15立方米，帮助土坑、前林、湖埭头等地兴修涵洞、水闸、渡槽、桥梁等8座，受益面积1900亩。

1982年，与东岭公社前林基点村商定，种植果树1亩给扶持款20元，垦植茶叶1亩给扶持款100元，并签订合同。当年地区老区办分配给惠安县扶建资金4万元，下拨给前林、三朱各2万元。

1983年，晋江地区下拨给惠安扶建老区资金3万元，县全部下拨给港墘基点村发展海水养殖。

1984年，县给予山腰乡三朱基点村2万元扶持，带动华侨投资

1万多元、群众集资0.4万元，购买电缆水泥柱97支及配套器材，解决群众照明、粮食、饲料加工和提水灌溉的问题。县给东岭乡前林村扶持2万元，带动群众集资9328元，修建长2555米的海堤1条，填土方1万立方米，并与湖边、东埭、东山等3个邻村协作，解决通电照明问题。县给崇武镇港墘村扶持3万元，该村自筹和向银行贷款18万元，放养紫菜34亩、海带180亩，半年之后收入81万元。

1985年，县老区办组织投放扶持资金0.8万元，带动县交通部门投资2.7万元，修建东岭至前林长5千米的公路1条。

1986年，全县投入资金6.5万元，扶建经济实体10个。

1988年，投放扶建老区的资金共22万元，其中无偿扶持1.7万元，维修校舍3所，修建乡村公路2条，共长7千米；有偿扶持20.3万元，扶建4个厂（涂岭的毛巾厂、机砖厂、南星机砖厂、五柳塑料厂）、2个场（前林、山霞对虾场），扩建3个厂（樟脚精制茶叶厂、张坂节日花灯厂和双美水泥花砖厂）。新发展龙眼30亩、李100亩、茶叶300亩、余甘500亩，安排249户贫困户就业。

1989年，重视投放扶持资金的回收，全县回收扶建款12万元，并建立老区发展基金10万元。

1990年起，开展县直机关"一帮一"挂钩扶持革命老区活动。通过经济资助、技术支持、信息提供等切实可行的办法和措施，让老区村在队伍建设、经济建设、社会事业、扶贫助困等方面得到帮扶，着力解决老区村存在的实际困难和突出问题。

1999年，惠安县在全省率先开展"爱心献功臣行动"，帮助革命烈士家属、革命伤残军人、在乡红军失散人员和老复员军人等优抚对象解决"生活难、住房难、医疗难"问题，收到社会各界捐款81万元。

2006年，为改善革命"五老"人员（老地下党员、老游击队员、老交通员、老接头户、老苏区干部）的居住条件，资助紫山镇官溪村5户村民6万元用于危旧房改造。

2008年起，县级财政每年都拨出30万元作为老区建设专项补助资金，按照"专项资金投入启动、集体投入引导、社会融资为主"的多元投入机制，将专项资金下达给各相关老区村，改善革命老区村的生活环境。

2011 年，认真做好革命“五老”人员定期生活补助发放工作。给全县健在的革命“五老”人员 48 人每月定期发放生活补助标准 550 元(高于省定标准 50 元)，给 80 岁以上“五老”人员发放每人每年 500 元高龄补贴，给特困“五老”人员发放每人每年 1000 元特困补助，并做好“五老”人员的节日慰问和对生活困难的“五老”及遗偶给予生活困难临时救助工作。落实革命“五老”人员医疗补助政策，完善“五老”人员医疗补助机制。“五老”人员大病、重病医药费在新型农村合作医疗报销补偿后，不足部分由“五老”人员大病统筹资金、医疗救助和慈善救助等形式补助，最大限度地减轻“五老”人员看病负担，并逐步安排无依无靠的“五老”人员进入敬老院，妥善解决养老问题。

2012 年，继续发扬革命老区精神，努力促进老区经济发展和社会全面进步。落实“五老”优待政策，及时发放定期生活补助金，全年发放生活补助金 31.8 万元，发放医疗补助金 8640 元。同时，集中解决“医疗难”对象 20 人，发放补助金 2 万元；做好节日慰问工作，元旦、春节共发放慰问金 1.47 万元；继续扶持老区村建设，下拨省级老区扶建资金 14 万元，用于 5 个老区村建设项目。

2013 年，做好节日慰问工作，市、县春节期间共发放慰问金 4.2 万元以及“五老”人员春节一次性生活补助金和春节临时价格补贴 1.97 万元。落实“五老”优待政策，及时发放定期生活补助金，给全县健在革命“五老”人员 42 人每人每月补贴 618 元；给 80 岁以上“五老”人员发放每人每年 500 元高龄补贴；给特困“五老”人员发放每人每年 1000 元特困补助。做好“五老”人员的节日慰问和对生活困难的“五老”及遗偶给予生活困难临时救助工作。用好老区建设专项补助资金，落实本年度县级财政老区建设专项补助资金 30 万元，争取到上级财政扶持建设资金 10 万元，有效地改善革命老区村的生活环境。

2014 年，提高重点优抚对象抚恤补助标准，落实增发省、县两级抚恤补助资金。按时发放“五老”、重点优抚对象定期抚恤补助金，并为1285名对象增发省、县两级抚恤补助资金113.62万元；为3043名优抚对象发放春节临时价格补贴，共发放24.34万元；为297名重点优抚对象解决“医疗难”问题，发放医疗补助金51.7万元。落实参战人员有关政策，按标准及时兑现生活补助金；为全县在乡“两参”人员办理社保并兑现缴费补助。积极争取资金，重点修缮惠安武装暴动屿头山战斗纪念碑、“八六”反“围剿”革命烈士纪念碑、蓝飞鹤烈士陵园，并将惠安武装暴动屿头山战斗纪念碑列为爱国主义教育基地和旅游景点。

2015年，提高重点优抚对象抚恤补助金，全年为1200多名重点优抚对象发放该项资金约1300万元；给部分60周岁以上农村籍退役士兵和烈士子女发放老年生活补助金，全年共发放2100多人，发放资金130万元；春节期间，慰问军烈属和部分重点优抚对象、军队离退休干部331名，发放慰问金17.05万元；为3000多名优抚对象发放春节临时价格补贴33万元；“八一”期间慰问在乡作战立功退伍军人50名，每人500元，共2.5万元；慰问烈士子女60人，每人500元，共3万元；慰问重点优抚对象20名，每人500元，共1万元；义务兵家属优待金从城镇居民人均可支配收入的30%提高到40%，即13208元，发放535人，共704.65万元。

2016年，继续提高重点优抚对象抚恤补助金，全年为1200名重点优抚对象发放该项资金1300万元；给部分满60周岁农村籍退役士兵和烈士子女发放老年生活补助金；帮助解决部分重点优抚对象医疗困难，发放医疗难补助金393人次共73.85万元；全部优抚对象免交新农合费用，享受城乡医疗救助服务；及时发放义务兵家属优待金、激励金每户14146元，发放525户，共743.46万元。

二、农村扶贫

1965年，省民政厅同意从当年优抚救济费中拨出3万元支持张坂、南埔公社优抚对象、贫困户733户发展家庭副业。

1966年，县拨出20万元扶持溪山、后内、小坝、五社、官溪、半岭等6个大队发展内海渔业和山区饲养业；拨出3万元扶持南埔、后龙、山腰、辋川、东岭、净峰、东园、洛阳、张坂等公社发展养殖，并从县有关部门抽调14名干部下乡帮助落实。拨给溪山大队6万元，该队自筹3万元，发展渔缣300块、拖网3张、竹排16条等；拨给半岭、官溪、五社、小坝等大队无息贷款4万元，建立母牛繁殖基地。

1978年3月，晋江专署民政局工作组到南埔公社凤翔大队开展扶贫试点工作，评定扶持对象70户，占大队总户数的7.3%，拨给扶持资金1000元，救济被单、卫生衣等。9月，县派出工作组到后龙公社扶贫，全社评议扶持对象650户，占总户数的5.7%。拨给扶持资金4万元，木材20立方米，修房补助款4240元。12月，省民政厅工作组到山霞公社开展扶贫试点，评议扶持对象208户789人，占总户数的3.1%，占总人口的2.3%。扶持项目有养猪、羊等，帮助添置生产工具128件，解决生活用品被单、衣服等373件，发救济粮0.9万公斤，帮助修房35间。

1980年，开展涂岭、黄塘、辋川、净峰等4个公社的扶贫工作，评议出扶持对象1060户5078人，占总户数的2.81%，占总人口的2.77%，拨给扶持资金9.30万元。属于扶持生产的资金4.85万元，占扶持总金额的52.3%；解决生活部分的资金4.46万元，占扶持总金额的47.7%。

1981年，开展对南埔、山腰、螺阳公社的扶贫工作，扶持959户4886人，拨给资金9.93万元。其中，南埔公社扶持389户2065人，分别占总户数的2.24%、总人口的2.32%；山腰公社扶持296户1045人，分别占2.57%、2.7%；螺阳公社扶持274户1416人，分别占1.91%、2.02%。

1983年下半年，县政府派出工作组，协助小岞、涂寨2个公社开展扶贫工作，评议出扶持对象486户2314人，拨给扶持经费6.7万元。

1984年3月，惠安县双扶领导小组成立，召开双扶工作会议。4月，县抽调10名干部，赴东岭、崇武2个公社协助开展点上双扶工作。7月，点上工作结束。至9月底，全县扶持1979户，发放扶持资金17万元。检查历年扶持11个公社中2644户，已脱贫1130户，脱贫率42.8%。

1985年1月，确定惠安涂岭、南埔、后龙、黄塘、东园、张坂等乡为省民政厅重点双扶乡。县政府上报《惠安县1985年双扶工作开展规划》，将小岞乡定为县开展双扶工作的重点。3月，县有关部门抽调干部21名，组成7个工作组，分赴7个双扶乡协助工作，至5月结束，共落实扶持对象1763户9732人。其中，优扶对象729户，社会贫困户1034户。国家拨给双扶资金25.43万元，银行贷款4万元，少数民族扶持款1.35万元，自筹8.5万元，共约39万元。至年底，全县人均年收入在200元以下的贫困村248个，22118户108514人。

1986年4月，县派出7名干部到开展双扶的螺阳、崇武、涂岭、黄塘、山腰盐场等5个乡(镇、场)协助工作。至6月底，双扶工作全部落实。发放双扶资金63.8万元，扶持1951户。省、市拨给扶持经费20万元，县拨8.1万元，创办乡、村社会福利厂5所，经济实体12个，安排“四残”人员及贫困户1494人就业。7月，为解决贫困户温饱问题，全县赊销生活用品37500人，金额94.5万元，其中絮棉8万公斤，纯棉布37.5万米。

1987年，南埔乡被定为省列重点扶持的贫困乡，享受省重点扶持贫困乡的优惠政策。5月，市委轮番更换小岞乡脱贫工作队，增派南埔乡脱贫工作队。县委抽调干部组成扶贫工作组，到黄田、小坝、虎窟、联岩等贫困村。同时调整市领导挂钩点，市政府副市长薛祖亮带领宣传口、打击办负责南埔乡，市政协主席张其载、市委常委周玉堂率党群口、对台部负责小岞。全县贫困户19295户，经3年扶贫，脱贫17761户，脱贫率达92.05%，温饱问题基本解决。南埔、涂岭、后龙、黄塘、东园、张坂等6个市列贫困乡，人均收入由208元上升到349元，提高67.79%。

1986—1988年，县政府各部门扶持贫困乡资金414.29万元，其中贴息贷款85万元，民政部门扶持资金(包括少数民族、老区扶建款)50.99万元，钢材22.5吨，水泥377吨，化肥370吨，柴油19.05吨，麦皮52.5吨。仅小岞乡3年就直接投入扶贫资金22.2万元，其中贴息贷款12.7万元，无偿扶持款5万元，赊销絮棉、纯棉布4.28万元，救济粮340担，饲料粮500担，化肥28吨，扶持发展渔业生产117户、饲养业181户、水产品加工237户、商业62户、手工业29户。在扶贫中注意智力开发、科技扶贫。3年中在贫困乡举办各种农村实用技术培训班154期8790人次。新建中小学校舍210座、面积125566平方米，新建卫生所4所、面积1308平方米，成立文化站、阅览室30个。

1989年，县直81个单位与65个贫困村实行挂钩扶贫，全年全县投入财政扶贫专款2万元；维修贫困乡、村校舍专款1.8万元；农行发放扶贫专项贷款50万元；财办、农委扶贫专项柴油30吨；计委扶贫水泥100吨；农委供应扶贫化肥400吨；民政全年共拨给南埔、涂岭、后龙、黄塘、小岞、张坂等6个贫困乡基金20.25万元，其中县基金8万元，乡基金会12.25万元；救济费4.63万元，救济粮（原粮）1613担，救济物资有棉絮、被单、绒衣等263条，单衣、腈纶毛衣375件，五保专用蚊帐184件。全年共拨给省列贫困乡南埔乡扶贫专项低息贷款45.6万元，柴油9吨，水泥35吨，麦皮27.5吨。

1990年，开展针对贫困村和贫困村民的对口支援和扶持工作。

1995年5月15日，县委、县政府发出《关于奔小康建新村计划的实施意见》，成立奔小康建新村领导小组；并下派100名县机关干部抓30个试点村工作。至12月，全县有9个乡（镇）基本达到小康村标准；6个贫困乡全部脱贫，农村居民人均可支配收入2723元。

1996年起，启动造福工程，扶持贫困户搬迁工作，建新居住用房。

2005年，扶持全县6个不适应村、23个经济欠发达村，落实专项资金232万元，扶持发展项目55个。

2006年，县委、县政府抽调机关干部到10个不适应村或经济欠发达村挂职帮扶，落实专项资金80万元，扶持发展项目16个。至年底，11年间共组织完成1145人搬迁新居，投入筹措的造福工程资金达194.5万元。

2013年，组织实施“造福工程”危房改造。将“造福工程”与危房改造工作相结合，完成危房改造网络信息录入795户，开工建设509户，完成新居建设及修缮加固351户，群众自筹资金投入2462.9万元。下达第一批补助资金383.5万元，受益危房户304户，其中，完成年度“造福工程”计划(200人)的575%。推进不适应村和经济欠发达村整顿，下派20名县、镇优秀干部驻村挂职，对10个整顿村进行帮扶，下达补助资金80万元，开展基础设施、公益事业建设项目20个。

2014年，组织实施“造福工程”，指导督促2013年度申报对象加快危房改造进度，在12个镇84个村完成“造福工程”危房改造203户802人，其中新建或翻建住房180户，修缮加固住房23户，下达补助资金252.1万元，农村一批贫困群体“居住难”问题得以解决。抓好扶贫开发重点村帮扶工作，指导紫山镇尾山村、净峰镇坑黄村等5个市级扶贫重点村实施扶贫开发项目10多个，争取上级扶贫资金200多万元。开展贫困户建档立卡工作。组织对全县家庭年人均纯收入3000—4000元的人口进行贫困识别，完成市级扶贫对象建档立卡2514人。

2015年，投入280万元，实施扶贫开发项目12个。

2016年，打好脱贫攻坚战，落实挂村包户责任制，兑现各类扶贫资金1412万元，年度脱贫5000人。对300名特困户、贫困户、病灾户进行走访慰问，发放慰问金、慰问品合计15万元。

三、美丽乡村建设

2012年，启动全县美丽乡村建设行动计划(2012—2016年)，实施宜居环境整治工程、强村富民增收工程、公共服务保障工程、乡风文明和谐工程等四大工程。县委农办制定出台《惠安县“美丽乡村”五年行动计划》和一系列配套的政策、措施，按照“抓点连线成面”的思路，将全县划分为四大区域，因地制宜指导美丽乡村创建。是年，全县开展10个示范村、14个重点村、21个达标村、4个特色村的创建工作。县财政安排300万元作为启动资金，带动社会各界捐款6600万元，各创建村共启动项目建设370多个，总投资3.8亿元。一批各具特色的美丽乡村建设初见成效，如东桥镇珩海村投入200

万元，结合“生态村”建设，实施河道清理、河岸绿化和休闲公园建设。崇武镇潮乐村投入500多万元，初步形成“明花园—后湖新村—农家别墅—文体中心”综合整治景观线。深入开展“家园清洁”活动，全县217个村均设立环卫队伍，聘用环卫工1200多名，全面推行一事一议垃圾处理收费制度，健全环卫保洁工作机制，全县日平均转运处理生活垃圾350吨。农村文化体育事业蓬勃开展，惠安县农民田径队代表福建省参加第七届全国农民运动会，取得9金8银3铜和3项团队总分第一的优异成绩。

2013年，推进美丽乡村建设。确定“三点三线”为2013年度“点线面”城乡环境综合整治项目，即净峰镇五群村、螺阳镇松星村、东岭镇彭城村等3个农村社区和省道201线山霞至东岭路段快线、县城科山公园绿道、溪滨公园慢线等3条线性景观整治建设。项目年度计划总投资1.9亿元，实际完成1.98亿元，完成年度投资的102.9%，推进583个项目建设。统筹资金，将“点线面”社区建设与“美丽乡村”示范村建设有机结合。

2014年，按照惠安县“美丽乡村”建设行动计划（2012—2016年）工作部署，该年度重点实施“百村整治、十村示范”工程建设，着力打造沿海线、山区线2条美丽乡村游路线。突出环境综合治理，着力改善农村人居环境。建立“每月考评通报—现场会参观点评—资金奖补挂钩—问题整改反馈”的工作机制，开展106个村的环境综合整治工作，全面整治村容村貌，打造黄塘镇下坂村，紫山镇尾山村，山霞镇青山村、新塘村，涂寨镇上村村和东桥镇西湖村等一批环境综合整治的样板村。县财政继续安排人均30元农村保洁补助资金，建立健全村级环卫保洁长效机制，全县日收集处理生活垃圾由年初的每月450吨左右提高到目前的540吨左右，增长20%。突出示范引领带动，提升打造一批“美丽乡村”精品村。创建“美丽乡村”示范村14个，完成项目106个，总投入资金12000万元。潮乐村村民自住小区、龙石村生活污水集中处理、亭林村葵花休闲观光农业、五群村设施农业建设、山霞村文化综合服务中心等一批重点、亮点项目顺利推进。突出抓好旧村居改造，有效解决农村“两违”疏堵难题。制定出台《惠安县石结构房屋改造及土地复垦实施意见(试行)》，推进改造一批农村“空心村”，进一步盘活农村建设用地。2014年，重点推进22个农村成片旧村居改造试点工作，涉及改造面积超60公顷，拆除石结构房屋面积超48万平方米。突出文化旅游资源特色，不断丰富美丽乡村内涵。邀请专业规划设计公司编制“美丽惠安行”乡村游专项规划，继续打造和提升沿海线、山区线2条美丽乡村示范线，重点结合沿线特色旅游资源，着力发展乡村游。启动实施彭城村护海宫游客服务中心、大岞村滨海路道路改造、潮乐村水关游规划编制、半岭村邱二娘起义遗址景观提升等一批乡村游和历史文化村(落)保护项目。加强宣传引导，营造良好的舆论氛围。开展首届惠安县“最美乡村人家”的评选活动，全县共有156户家庭入选。举办惠安县首届“美丽乡村·幸福家园”主题摄影大赛和摄影展。开通“美丽惠安”微信公众号，开展“最美乡村人家”和“百村整治、十村示范”系列专题报道，通过多种形式，营造美丽乡村“人人参与、共建共享”的良好氛围。多举措推进农村移风易俗，崇武镇以丧事简办、倡导新风尚为突破口，建立健全村规民约和文明守则，规范村民行为，大力培育文明新风。

2015年，持续推进美丽乡村建设。统筹投入2亿元建设“美丽乡村”，有效开展环境整治、设施完善、旧村居改造“三大行动”，“两村一带”美丽乡村项目建设基本完成。按照惠安县“美丽乡村”建设行动计划(2012—2016年)工作部署和省、市关于进一步改善农村人居环境，推进“美丽乡村”建设的要求，该年度重点实施农村人居环境整治工程，以改善农村环境面貌和提升农村公共服务水平为目标，开展包括省级、市级和县级共55个村的整治，创建10个美丽乡村示范村，开展“美丽乡村·平安家园”视频监控系统建设专项行动;加快打造沿海线、山区线2条乡村游线路，创建工作取得较好成效。突出环境治理，着力改善农村人居环境。建立“每月考评通报—现场参观点评—资金奖补挂钩—问题整改反馈”“奖补结合”的工作机制。全年42个市县整治村兑现月考评奖励资金570万元，补助环境整治项目112个，项目总投资4400多万元，安排项目补助

886 万元;13 个省级整治村建设项目 78 个,完成投资 3700 多万元,安排省级专项补助资金 1170 万元。突出示范引领作用,打造美丽乡村景观带建设,完成 101 个示范村共建项目 101 个,累计投入资金 4700 多万元,共安排财政补助资金 1546.7 万元,建成紫山镇龙石村龙石公园、村主干环境提升工程、山霞镇新塘村老年活动中心、溪滨公园、涂寨镇胡厝村前埔大道、净峰镇净北村、闽南文化创意园、辋川镇吹楼村健身广场、休闲公园、螺阳镇联群村社区综合服务中心、东岭镇东埭村二八沟整治项目等一批示范项目。黄塘—紫山市级“美丽乡村”景观带建设有序推进,完成黄塘镇省吟村沿路环境整治提升,紫山村段溪路夹角低洼回填,格园新村绿化、美化,龙石村污水集中处理设施第二期工程,完成笔架山登山路径修缮和紫山村沿线环境综合治理项目。突出乡村游特色,不断丰富美丽乡村内涵,根据“美丽惠安行”乡村游规划,继续提升沿海线、山区线 2 条乡村游路线。葵花休闲农业生态园项目投入 3000 多万元,建设游客接待中心、莲茗湖休闲观光区、台湾高优水果采摘区、生态餐厅、垂钓区等设施;紫山镇龙石村投入资金 160 多万元建设龙石公园、采摘园、田间休闲漫道;半岭村投入资金 20 多万元对笔架山登山路径进行修复。加快实施石结构危旧房改造五年计划,拆除 418 万平方米、建成 183 万平方米。继续改善农村设施条件,77 个水利重点项目完成投资 4.2 亿元,农村公路提级改造 36 千米,解决农村 5.9 万人饮水安全问题。2015 年度,65 个美丽乡村创建村全部纳入县乡村办与县综治办、县公安局联合开展的农村视频监控建设专项行动,统一建设前端视频监控点和视频监控室,建立村级人防、物防、技防一体化的社会公共安全防控工作机制。至年底,共开展 70 个村的视频监控平台建设,总投入资金 1900 万元,美丽乡村建设总指挥部专项补助 1000 万元,补助比例超过 50%。加强舆论宣传,调动各方参与热情。继续开展第二届“最美乡村人家”评选工作,最终评选第二届惠安县“最美乡村人家”96 户,连续 2 届评选,共有 252 户人家获评“最美乡村人家”。

2016 年,扎实推进美丽乡村建设。制定《2016 年度惠安县美丽乡村建设实施方案》，结合打造特色生态美丽乡村，新建乡村旅游县级示范村 6 个、市级示范村 4 个，开展乡村整治 33 个，拓展提升沿海、山区 2 条乡村游线路。继续实施“美丽乡村·平安家园”视频监控建设，完成全县剩余 153 个村视频监控系统升级改造工作。全县 6 个县级示范村累计投资 1500 多万元，项目建成 17 个、在建 12 个；13 个市级“两村一带”创建村(策划投资 2500 多万元)，创建项目 65 个，已完成投资 1300 万元，项目建成 26 个、在建 25 个；10 个省级创建村累计完成投资 1819 万元，项目建成 38 个、在建 16 个。山霞镇下坑村荣获福建省 2016 年“最美休闲乡村”称号。

第九节　集体与人物

一、典型集体

(一)大岞海防民兵哨所

新中国成立初期，台湾的特务和小股武装经常侵犯福建沿海。当时，全国各地都有民兵营。大岞村民兵为了有个地方便于执勤，就在虎豹关上用石头垒起一个岗哨。1956 年，大岞海防民兵哨所成立。哨所所处的虎豹关位于崇武半岛沿海最东的突出地，东距台湾本岛仅 97 海里，北距乌丘岛 27 海里，是历代兵家必争之地。

哨所是惠安县海防民兵队伍中唯一一所有建制的服役哨所。哨所内有编制 10 名，除所长张亚平外，其余人员都是惠安女。

1997 年，转业军人张亚平服从上级军事部门的安排，成为大岞海防女子民兵哨所所长。她曾经是部队里的神枪手。为了训练好哨所的女民兵，她照搬部队的训练模式。有一次，在某训练基地的射击比武中，随着指挥员一声有力的“开始”命令，哨所的 8 名女民兵迅速卧地举枪，“啪！啪！啪！……”子弹直射靶心，最后用 13.8 秒的时间，顺利完成 10 多个射击动作，命中全部目标，以优异成绩获得第一名。

在军事训练中，哨所女民兵以“巾帼不让须眉”的气概，从严要求自己，人人爱军精武争当标兵，敢与男民兵打擂台、比高低。2000

年来，哨所先后8次参加省军区、泉州军分区比武，次次摘金夺银，连续3年在泉州军分区哨所比武中夺得综合考评第一名。副所长张丽蓉自1990年加入哨所以后，多次参加省军区、泉州军分区射击比赛，次次走上冠军领奖台。至2010年，哨所连续7年在市级举行的各类民兵比武中，包揽实弹射击第一名的好成绩。

在哨楼的最高处，是一间视野开阔的观察室。通过高倍望远镜，海面上的情况一览无余。不管寒冬酷暑，女民兵都要在这里24小时轮流值班，监控着附近海域船只动向，海面上的一切可疑情况都要记录在案，并及时上报。

驻守在虎豹关哨所的女民兵，平日里负责海空监控，协防驻军搞好辖区内的反走私、反偷渡、反策反、反渗透、反心战、反窃密等防务工作的同时，也常年参加当地的义务抢险救灾工作。1990年，哨所成立义务消防队。2000年，在全县消防业务大比武中，大岞女子民兵义务消防队凭借出色的业务技能，一举获得团体总分第一名。

女民兵们在保卫海防上做出突出贡献，哨所先后被中国人民解放军总参谋部、总政治部表彰为全国基层民兵预备役工作先进单位，被福建省政府海防办、省妇联评为海防工作先进单位，授予"省级巾帼文明岗""三八红旗集体"等光荣称号，被泉州国防教育委员会命名为"泉州市国防教育基地"。所长张亚平于2007年、2008年被省人事厅、省消防总队评为新农村消防工作先进个人。副所长张丽蓉于2011年12月荣获"全国民兵工作先进个人"称号，并晋京参加全国民兵工作会议，受到国家领导人接见。

（二）建设惠女水库的惠安妇女

1958年，中共惠安县委提出将惠安"变赤地为青山，变地瓜县为米粮川"的号召，在晋江县罗溪乡乌潭兴建大型水利工程乌潭水库。全县各自然村每户至少派出1人，共15000多人，其中女性13000多人，占80%以上。她们发扬敢想敢干和自力更生、艰苦奋斗的大无畏精神，响应县委的号召，从家中走出来，背上锄头、畚箕和地瓜干，翻山越岭，赶赴工地。大多数人露宿荒山野岭、丘陵山地之中，有的住在乱草荒坟中。后来搭起草棚，又被风雨刮坏、破漏，难以安身。再后来，搭盖简易工房，搬溪中卵石一堆，再铺些干草当床铺。接二连三的困难，都难不倒勇敢坚强的惠安妇女。她们志气昂扬，生龙活虎地活跃在水库工地上。

筑围水堰

工程动工后，参照历年来天文水文资料，先在大坝的上游筑起一座临时围水堰，截住溪流以利大坝施工。谁料春汛来早，又整日阴雨连绵，上游来水汹汹，引水渠排水不及，洪流直向堰上冒。为保大坝坝基及下游数万人民生命财产安全，采取紧急措施，将堰不断填高。有一天雨过天晴，哪知上游来水更急，只差5寸（约0.15米）即将漫过堰顶，围堰随时可能被摧毁而连人带泥一下子滚走，连大坝下游的也不能幸免。紧要关头，全场大家一条心、一股劲地提出：水高一寸、堰高一尺，只要决心大，不怕洪水汹。30多名姐妹毅然跳入水中，用身体堵塞洪水。队长刘丽华因工伤脚疼，在工地医院动手术，一听到抢险，不顾医生劝阻，和大家一起合力奋战，经连续7次手术，仍不下阵。许配也是因脚伤先后7次住院做手术，怕任务完不成，站着不成就跪下干。

攻万方关

全体员工踊跃投入坝基填土，但每日进土仅0.4万多立方米，进度缓慢。1959年为丰水年，得赶在7月溪洪暴发之前，将大坝工程告个段落。于是，工地党委组织突破万方关竞赛：首战0.8万多立方米，二战日超1万立方米，三战日达2万立方米。一经发动，大家热烈响应。挖土、运土、打夯各方面积极行动起来。合乎标准的土，要到2—4千米外去运。2000多部独轮车、双轮板车，日夜飞快运转起来。第一大队第二中队黄树茹、黄淑英、庄明燕、李秀珍、杨梅英被称为“五女英雄”。她们在15—19岁之间，从小未曾远离家门。她们下定决心学推车，开头几天推着车子颠三倒四，脚碰伤、手发泡。旁人讥笑，她们也不在乎。四五天后，车子渐渐听话，从此，五姑娘迷上车。庄明燕在劳动竞赛中，推车运土，日定额为0.75立方米。她每车运土180公斤，4个小时来回几趟一口气奔走41千米，平均每两天运土3.20立方米，超定额4倍多，被评为冠军。当时没有现代化运输工具，每人日运1万立方米是很难的。杨亚赏、杨美英、邹玉兰、吴阿抢、张银花等5人组成一支战斗小组。原来她们3人合推1部车，如今每人1部车；平时每车载三四百公斤，竞赛中逐渐增加至每车载500公斤。每天凌晨1时她们就出发。山间公路险峻，坡度有的30—40度。她们车车相连，长驱直前，一路胆大心细。她们每人每天运土跑了90千米，成为全省水库建设万方最高纪录者，被誉为"女五虎将"、高产能手。

开筑渠道

比筑大坝更浩大更艰巨十倍的工程，要算开筑渠道。干渠、支渠总长近600千米，要从150多个山头蜿蜒穿过。开山打石就成了头等大事。筑渠石块需200万立方米，在没有现代化机械设备又缺乏技术人员的严峻时刻，急需大量的打石工。惠安打石工历来为强体力劳动的男性，有3万多人长期在全国各地，要召回将影响国家建设，而工地能干这行的仅300多人。面对这浩大而紧迫的工程，工地党委号召以女代男，训练女打石工。妇女开山打石，创惠安历史纪录。她们抡起10磅铁锤，整天练基本功。开头几天，手臂酸疼得好几天举不起来。她们学打炮眼、炮洞，还打料石。低打不够力，高打不够准。扶钢钎的人手发泡、肿、烂，有的被脱出的锤头击中手掌和胸部，但仍坚持干下去。经10多天学成，近3000名女打石工、100多名女泥水工先后上阵，挥起坚强雄劲的"铁拳头"砸顽石。

其时，渠道绕经晋江县河市地界。此处有二龙、后龙、火龙等3座山横阻通道。按原设计要绕两三千米，还要拆迁20多户人家。大家提出改线，用大爆破把这3座大山拦腰斩开。陈凤等7名姐妹，年龄在16—19岁。她们接受挖炮洞任务，在多座山头凿挖32个数十米深的炮洞。洞直径1米，可省炸药，也防塌方。执钢钎2人、抡锤1人为1组，7人相配，日夜轮值作业。她们在洞中奋战70多个日夜，终于开凿48米深的1条炮洞，装填成吨炸药。一声巨响，三龙劈开，落地的土石共7万多立方米。

设计的大渡槽，高37米、长180米，全用石砌，需条块石12500多立方米，石料规格为每块250公斤左右。石料从距工地10多千米的河市官洋用板车载来。定额每人日 4 趟(两三人 1 部车)。开工下基的这天凌晨 0 时 30 分,南塘工地通往官洋石窑的 5 千米公路上,运石的双胶轮铁手推车,像一条长龙在飞奔。第五中队巧姐妹突击队 22 名成员决心在早饭前完成全日定额;乌枞、秀琴、金珠等 3 人加起来才 46 岁,她们非超额 3 倍不罢休。推起车子疾驰似箭,工地的姐妹们看到大受感动,鼓掌大喊加油。60 多岁的郭煎,干劲赛过年青人,下决心要跑 8 趟。第六中队 60 多岁的柯玉、郭冉等人,一夜没合眼。她们虽然身体不好,可不待天亮,撑着拐杖直奔工地,帮做些力所能及的事。第二中队扛石的、空中运石的、拌灰的、捣沙浆的诸多工种,每人顶 2 人用,各显神通。没有砌石师傅和泥水技工,林雪英、陈宝珠等 16 名巧姐妹自学砌挡,在建槽工程中成长为技术员。

没有现代化工具,每块重 250 公斤的巨石,全凭人力从低处抬到 37 米高处。这种高空作业,年青的不愿与年纪大的合伙,怕影响工效。周蜜、钱素不服输,组织 1 支 8 人母亲队,她们年龄在 28—46 岁间,分别有 2—4 个孩子。她们将巨石一块又一块地稳步扛上高空,在竞赛中赢得优胜。工地上传遍“八母高空扛巨石”鼓舞人心的故事。经过 240 天的奋战,南塘大渡槽胜利建成。所用石方等于 14 座开元寺内的东塔。

在隧道工地,1035 米长的隧道须穿山而过。开头打洞是 400 米深的土层,进深是成千米的岩层。凿岩的石粉飞扬,呼吸困难,人常缺氧晕倒。在涵洞工地,为安全生产起见,大坝涵洞直径 1 米,只够一个人爬进去操作。辛里等 10 名姐妹坚持饭少吃点,水少喝点,以减少出洞次数,洞里劳动的时间就会长一些。

在修建水库的艰苦劳动中,涌现出 3000 多名女功臣、女标兵、女先进生产者和巧姐妹。其中,许配、杨亚赏等人为一等功臣,上北京见过毛主席。260 多人在工地光荣加入中国共产党,1500 多人参加共青团。她们在征服大自然的壮举中发挥潜在能力和聪明才智,为国家和集体利益舍生忘死、英勇奋斗,写下惠女参加社会主义建设光辉灿烂的篇章。

（三）八女跨海征荒岛

大竹岛位于惠安净峰镇，因早时岛上杂生诸多毛竹，又比小竹岛大，故称“大竹岛”。面积约 0.62 平方千米，海拔为 85.7 米，两侧是湄洲湾主航道。大竹岛呈椭圆形，东峰如大象，中峰似狮，西峰又很像猴王献宝。

女民兵周亚西的家在惠安莲城半岛上，莲城半岛是个三面环海、一面靠山的渔区。20 世纪 50 年代中期，那里人均不到 2 分地。而大竹岛就在距离莲城半岛约 5 海里的地方。周亚西和村里姐妹们出海时常会在海岛边捡拾海螺，有时也会登岛捡野菜。那时，莲城半岛上兴办一个畜牧场，周亚西和其他 7 名姑娘都是畜牧场的饲养员。1957 年，她们向大队党支部提出去岛上开荒的建议。支部书记向上级汇报后，同意成立“八女跨海开荒队”，周亚西任队长。

1958 年农历五月初八日，阳光明媚，八女驾着一艘渔船，带上锄头、簸箕、锅碗和水桶等生产生活用具出发。一上岛，她们就被一片荒凉包围，到处是石头堆、野草和相思树。岛四周都是咸咸的海水。要在岛上住下，最要紧的是找到淡水。她们很快就在半山腰找到一个冒出淡水的小水坑，但水量很小，得深挖。等八女将水井挖出，泉水汩汩流出时，天已黑得伸手不见五指，呼啸的海风吹得八女几乎站不住脚。她们就着干粮泡泉水充饥，当晚就睡在半山腰的一个石洞里。这个山洞，后来成了姐妹们的“家”，生火做饭、吃饭睡觉，全都在这里。有时，遇上刮大风下大雨天，她们回不了家，在这个山洞里一住就是 10 多天。上岛可不是想去就去，想回就回的，去回都得等涨潮时。岛上不通电，天黑后，八女就坐在岛上的石头上聊天，偶尔也说些姑娘家的悄悄话。晴天的夜空可以数星星看月亮。为了消磨时间，她们你一句我一句地创作一首劳动歌谣：“劳动起来心欢喜哪，大竹岛开荒最光荣；八姐妹心齐不怕苦呀，小荒岛建个新家乡……”

最长的一次住了半个月，刮台风，回不来，粮食都吃完了。大概是农历六月的一天上午，八女和往常一样从各自家里出发，带上午饭和备用粮食划船上岛。傍晚时分，海水涨到可以下岛上船的位置，她们正准备回家，突然刮起大风，吹得相思树摇摇欲坠，连人也站不稳。凭经验判断，她们知道今天回不了家。因为所带的粮食还够吃三五天，姐妹们也就没放在心上。第三天，风停了，她们想多干点活，把前几天耽误的活给补上，当晚也没下岛。结果，接下来连续10多天都是恶劣天气，根本无法下岛。粮食吃完了，地里的地瓜还没长大，她们只好在岛上摘野果果腹。可野果不多，很快就吃完，而且这东西只能保命，无法长力气。她们就到海边捡海螺，再挖些野菜，将就着吃。1天、2天、3天……这天气就是不见转好。前前后后，她们吃了10天的海螺，以致后来很长时间，她们看到海螺就反胃。

八女人人都会划船。天终于放晴，她们划船离开大竹岛，回到久别的家。半个月没有消息，又是这么恶劣的天气，家人担心极了，可又上不了岛，不知吉凶，只能天天在家里祈祷。这次回来后，家里人说什么也不同意她们再上岛了。反对声音最强烈的数杨阿砚家。那一年，杨阿砚20岁，已结婚。“死丫头，这下可安分了吧，看你还敢过海不?”爷爷瞪眼骂她。没辙，杨阿砚最后把大队支部搬出来：“你不让我上岛种地瓜，我就去找支部反映。”爷爷最后只好无奈地妥协。

几个月后，八女用8把锄头在岛上开垦2.2公顷荒地。“八女跨海征荒岛”闻名全国。《人民日报》于1958年10月29日第3版以头条位置发表题为《敢于胜利》的评论，赞扬八女英雄事迹。

1959年，所开垦的2.2公顷荒地全部插上地瓜苗。岛上土地肥沃，土质松松的，地瓜长势喜人，到处都是绿油油的地瓜叶，收获时最大的一个地瓜重6公斤多。这2.2公顷地，平均产量24000多公斤/公顷，比半岛上的还要高。地瓜加上地瓜藤，整整拉了40大船。

就这样，八女前前后后在岛上一共种了15年的农作物。1973年，由于国家需要大竹岛另作他用，她们才离开大竹岛。

（四）小岞林场女子护林队

七里湖位于湄洲湾东南沿岸的小岞半岛东部沿海突出部。这里原是一片寸草不生、淡水奇缺的盐碱滩。每年八九月份和立冬到年底这段时间，昼夜刮东北风，七里湖成为惠安县沿海最大的风口。

1963年，一条位于沿海风口南侧的公路竣工通车，将小岞半岛与惠安县城相连接。1966年，为保护公路，周边村庄的20名渔家姑娘自发来到七里湖，日夜挖沙整地，准备种植木麻黄。

那时种树，选择在清明前后的雨天。20名惠安女头戴斗笠、身披蓑衣，种下1.33公顷木麻黄。天晴了，她们还要到一两千米外挑来淡水稀释盐分。盐碱滩缺少养分，要上山运红土，来回也得10多千米。树苗冒出新叶，可到当年八九月份，风沙一阵肆虐，树苗"全军覆没"，一年的辛劳付诸东流。

为了让树苗存活，姑娘们想尽办法，从更远的地方运来更多的红土，还特意选在大雨中抢种，最终也是白忙活。三四月种树，八九月树苗枯死。这种状况一直持续10多年。

有一年，很多人在海滩上挖贝壳，坑挖得很深，最深的有1米多。姑娘们在深坑里种下几棵树苗，到八九月份，树苗居然都存活下来！

1979年年底，姑娘们在盐碱地上挖出一条条深沟。第二年雨季来临，她们又种下400棵树苗，密集施肥，到了八九月，竟然存活300多棵。1980—1994年，姑娘们在七里湖的盐碱滩上，运用"挖沟防风植树法"，造林66.67公顷，存活率达到85%以上。省林业厅多次组织各地同行到小岞林场参观，并向全省推广她们的种树办法。

20世纪90年代，林场渐渐成型，前来砍树的人也多了。一些盗伐者身上带着2把刀，长刀砍树，短刀砍人。为了护林，这些惠安女迎着刀锋，勇敢地站出来。

在一次巡逻中，巡逻队员遇到盗伐者。陈丽英拉住砍下的树枝，盗伐者挥起长刀，没有砍到，又用短刀切下去，陈丽英的一根手指顷刻间鲜血直流，她痛得倒在地上。盗伐者刚要抱走砍下的树枝，陈丽英又跳起来，紧紧地抱住树枝，说："就算把我砍死，我也不会让你把树带走。"闻讯赶来的巡逻队员将盗伐者团团围住。陈丽英到卫生所包扎后，又急忙返回现场，怒斥盗伐者："这些树我们种了20多年，你不知道其中的辛苦。这片林是我们的命根子，砍树等于要我们的命!”盗伐者最终灰溜溜地走了。此后,小岞林场的树就很少被盗伐了。

2000年起,林场开始新一轮“创业”,先后建起养鸡场、养猪场、牛棚,建起育苗基地,种起五谷杂粮。护林队员们不仅要巡林、护林、补植苗木,还要当饲养员。

惠安女正是用她们自己的智慧和汗水,创造小岞林场的未来。

(五)福建省燕京惠泉啤酒股份有限公司

福建省燕京惠泉啤酒股份有限公司于1997年注册,是中国十佳啤酒企业之一,也是福建省唯一的啤酒上市公司,总资产超过15亿元。该公司现有4个啤酒生产基地(本埠南厂、北厂,福鼎,江西抚州),年产能超过60万吨啤酒,年销售额超过10亿元,年纳税总额超过2亿元,拥有一流的啤酒生产设备和雄厚的科技力量。

燕京惠泉啤酒公司最早起源于1938年惠安一王氏资本家创办的瓜干酒手工小作坊,新中国成立后改造为地方国营惠安酒厂。1983年,该公司在全省首次引进啤酒露天大罐发酵新技术,自此拉开惠泉啤酒快速发展的帷幕。1992年4月,惠啤产品荣获“巴黎国际名优酒展评金杯奖”。1995年,公司是全国啤酒业中第三家通过GB/TI9000-IS09002质量体系认证的。1997年2月,福建省惠泉啤酒集团股份有限公司正式创立,成为福建省第一家国有绝对控股的规范化股份制啤酒集团公司,是惠安国有企业成功改制的一面旗帜,曾受到中央、省部委的高度评价。2000年12月9日,惠泉啤酒集团异地搬迁首期技改工程竣工,惠泉啤酒集团进入全国同行业十强行列。同年,该公司被中国质量技术监督局授予“全国质量管理先进单位”称号,并被中华全国总工会授予“五一劳动奖状”。2003年2月26日,公司在上海证券交易所公开发行A股6300万股,并正式挂牌上市,成为全国同行业第六家上市公司。2004年3月31日,北京燕京啤酒股份有限公司受让国有资产股份,成为惠泉啤酒集团股份有限公司的第一大股东。惠泉啤酒集团于当年更名为“福建省燕京惠泉啤酒股份有限公司”。

30多年来,该公司贯彻“高新名优”质量方针,恪守“酿造虽繁必不敢省人工，原料虽贵必不敢减物力”的理念，坚持“新鲜料，酿好酒”，造就惠泉系列啤酒独特的风味。现拥有欧骑士、惠泉纯生、一麦啤酒三大系列产品，形成惠泉啤酒丰富系列，先后荣获“中国食品工业名牌产品”“全国啤酒行业优质产品”“福建省名牌产品”“中国驰名商标”“中国名牌产品”等称号，受到消费者的广泛好评，市场前景十分广阔。

2016年，福建省燕京惠泉啤酒股份有限公司营业收入6.1亿元，在惠安缴纳税收8700万元。

（六）福建达利集团

1989年9月，达利集团创办，总部设在惠安县。1993年注册。该集团目前拥有19家公司，是年产值超百亿元的全国食品工业龙头企业。

达利集团通过自主创新和引进技术的渠道，拥有先进生产线500多条，每年用于新产品开发和生产技术、工艺改进的资金占销售额的3%，确保每项新产品都取得巨大成功。集团旗下的“达利园”“可比克”“好吃点”三大品牌，家喻户晓，已被公认为休闲食品的领导品牌。2007年，推出“和其正”凉茶、“优先乳”蛋白饮料、“青梅绿茶”等八大品类、20多个品种的饮料产品。通过全国12000多个经销商，把产品畅销到中国大陆31个省（自治区、直辖市）的每个角落，终端市场占有率超过85%，名列全国前茅。

第十一届全国人大代表、达利集团董事长许世辉在企业中倡导“达和谐、利众生”的核心理念，做大做强企业。经过20多年的励志发展，达利集团得到社会各界的充分肯定。中国食品工业协会授予首批“全国食品工业优秀龙头食品企业”称号；省委、省政府授予“福建改革开放三十年最具影响力、贡献力品牌”称号；2011年，荣获“全国五一劳动奖状”。2015年11月20日，达利集团在香港联交所正式挂牌上市。2016年，集团营业收入178亿元，在惠安缴纳税收约4.1亿元。

如今，该集团正在继续努力，以精湛的工艺、科学的管理、严格的质量控制、优异的品质保证称誉食品市场，继续以“诚信、创新、团结、务实”的企业精神立于强者之林，迎接新的挑战！

（七）福建省闽南建筑工程（集团）有限公司

该公司前身为惠安第七建筑工程公司，成立于 1957 年。1998 年 3 月，经泉州市建委批准易名为福建省闽南建筑工程公司。2002 年 2 月，改制为有限责任公司，变更为福建省闽南建筑工程有限公司，为福建省闽建建工集团的母公司，控股惠安泉安建材有限公司、福建省惠安县兴南建筑劳务有限公司、福建省惠安县兴闽建筑劳务有限公司等 3 个子公司。

2005 年 2 月，对建筑业进行改制，成立福建省闽南建筑工程（集团）有限公司。12 月，该公司被建设部批准为房屋建筑工程施工总承包特级资质企业，并经福建省外经贸厅批准，具有对外承包工程经营资格和对外劳务输出经营资格。主要从事工业与民用建筑工程、市政公用工程、建筑装修装饰工程、园林古建筑工程、钢结构工程、土石方工程等工程施工总承包和专业承包业务。近年来，该公司凝心聚力，把握和发挥特级资质的优势，开拓进取，企业发展迅猛，成绩斐然。自 2006 年起，施工产值、各项经济技术指标、回乡纳税名列我省同行业前茅，成为我省建筑业龙头骨干企业和纳税大户。连续 6 年被福建省住建厅、省统计局、省建筑业协会评为“福建省建筑业总承包 30 强企业”，并名列第一。经过公司全体员工努力打拼，企业接连被评为全国优秀施工企业、中国工程建设社会信用 AAA 级企业、抗震救灾先进集体、全国工程建设质量管理优秀企业、福建省先进建筑业企业、福建省守合同重信用企业、福建省建筑业总承包 30 强企业、福建省 AAA 级企业，获得“福建省著名商标”等。

2014 年 2 月，福建省闽南建筑工程（集团）有限公司经住房和城乡建设部核准，取得建筑工程特级企业新资质。

（八）福建省惠东建筑工程有限公司

该公司前身为福建省惠东建筑发展公司，成立于 1972 年，国家房屋建筑施工总承包一级企业，是一家集房屋建筑工程、市政公用工程、金属门窗工程、钢结构工程、机电设备安装工程施工、园林古建筑工程、房地产开发及教育置业于一体的综合性企业。2003 年 5 月，公司进行股份制改革，集体资产全额退出，民营机制一步到位，公司经营实行集体经济向有限责任性质的转轨，实现规范化管理、多元化经营的目标。公司注册资本金 30070 万元，从业职工人数 2857 人，各类专业技术人员 1671 人，其中中高级职称 131 人；有各类资质等级建造师 227 人，其中一级建造师 54 人。拥有塔式起重机、施工电梯、砼搅拌站、打桩机、挖掘机、土石方施工机械等大中型设备 2735 台，各种施工机械和检测设备配套齐全，具备承揽各种高、大、难工程项目施工的能力。公司下辖分布于全国 20 多个省（直辖市）的分公司，有项目经理部 75 个。

多年来，公司创国家优质工程鲁班奖 1 个，省优质工程、市优质工程、省市级文明示范工地上百个，企业创优业绩居泉州市建筑行业之首。2000 年起，被泉州市政府评为建设工作先进单位、纳税大户，荣获“福建建筑 100 强”“福建 AAA 级信用企业”称号；2005—2006 年度获评福建省质量管理优秀单位；2006 年，被中国工程建设协会评为质量安全管理先进单位；连续多年被评为福建省建筑业先进企业、福建省建筑业总承包三十强企业、福建省守合同重信用企业、福建省建筑业诚信企业；2009 年，被福建省建筑协会授予“工程创优特别荣誉企业”称号。

二、当代人物

惠安县历史悠久，人才辈出。近代以来，涌现出许多为中国人民解放事业、为社会主义革命和建设事业、为祖国和平统一与惠安振兴做出卓著贡献的杰出人物。惠安人勇立潮头，开拓创新，不少人成为新时期的一代骄子。他们中有科技尖兵、教育楷模、医林巨擘、能工巧匠、领导干部、军队英模、企业家、文艺家，也有在平凡岗位做出不平凡业绩的劳动模范、先进人物。《惠安县志》1990—2010 年版中“人物传”记载传主 39 人；“人物简介”记载人物 89 人，其中全国人大代表、全国政协委员 8 人；中科院院士 4 人；全国劳动模范、全国五一劳动奖章获得者、中华慈善事业突出贡献奖 13 人，享受国务院政府特殊津贴者 51 人，特殊贡献人物 17 人。限于篇幅，本书无法一一采用，选录人物为党、政、军领导和文化、教育、卫生、科技、企业等各行各业代表性人物（按出生年月先后为序编排）。

连家瑶

连家瑶（1902—1980 年），清光绪二十八年（1902 年）出生于惠安县山腰乡坝头凤山村（今属泉港区山腰镇）。

1916 年小学毕业，升入泉州中学，未及 1 个月因兄长病亡而辍学。他在家帮理家务，坚持自学。1911 年，他和弟弟被北洋军阀士兵殴伤，遂激起他续学决心。秋季，又到泉州中学就读，成绩优异，仅修 3 年即提前毕业。1924 年秋，考进厦门大学预科，3 年后因父去世，家庭负债而肄业离校。

1928 年，连家瑶到龙溪第八初中任数理教师。不久，该校与省立第三高中合并为省立龙溪中学，他继续在校任教。1930 年 1 月 6 日，闽北军阀卢兴邦控制省府，省教育厅厅长等被挟持到尤溪软禁。连家瑶 5 个月没领到薪水，只好典借度日。1931 年起，他到永春中学任教，前后 7 年。1933 年，省教育厅停发薪水四五个月，他多方告贷度日。1938 年，他到厦门中学任数理科教师兼教务主任。抗日战争胜利后，法币暴跌，物价飞涨。连家瑶一家敝衣粗食，勉度时艰。他感慨地写道："廿年粉笔，一家褴褛；三千弟子，十口饥寒。"1943 年，他的学生徐凤仪参加中共领导的闽中地下党，负责交通、联络等工作。当时，国民党特务追查一封寄给永春中学化名徐济生的密信，怀疑收信人是徐凤仪。当特务查询到连家瑶时，他说徐凤仪品德纯正，好学守纪，绝不会有什么越轨行为，使特务抓不到实据。

新中国成立后，连家瑶应聘惠安中学（今惠安一中）任数理教师。他当选为惠安县首届人民代表，又被推选为县土改委员会委员、县人民法庭委员。1956 年起，历任县政协委员、常委。

连家瑶教学严谨认真，讲求实效，善于钻研教材，针对学生实际施教，培养学生独立思考能力。课余，他辛勤笔耕，总结教学经验。从 20 世纪 30 年代开始，他在南京《科学世界》（数学专号）发表论文。他编辑的《课外知识》（6 集）和《几何题解》陆续出书，风行闽南。1949年以后，他常在北京《物理通报》、上海《物理教学》、福建《教学通讯》(物理版)等杂志发表文章。1964年3月，他的《杨辉三角形的全面展开》和《新射影定理》两书问世。是年，连家瑶获得中学一级教师职称，被选为第三届省人民代表大会代表。时，连家瑶年逾花甲，师友学生问及退休之事，他以诗答："留得三分命，再教十年书。"他和4位老友相约：为祖国工作到第二次哈雷彗星出现时。他说："我还可以再活三亿秒，再写十万言书。"果然，至76岁，他再写出13万字的教学经验。

1978年2月，连家瑶作为特邀代表出席省教育战线群英大会，并把著作献给大会。在群英大会上，有许多他的学生和学生的学生。他们欢聚一堂，师生"五代同堂"，一时传为佳话。

1980年2月，连家瑶病逝。同仁友好在其家乡营建纪念塔，纪念他从教50余年的业绩。

张文裕

张文裕(1910—1992年)，曾用名张少岳，1910年1月9日出生，惠安县涂寨镇新亭村宫后自然村人。

1923年，张文裕小学毕业后考进泉州培元中学。1927年，考入燕京大学物理学；1931年毕业时留校当助教，同时在研究生院继续攻读。毕业后，获得硕士学位，第二年被提为教员。1934年，他考取"英庚教"公费留学，赴英国剑桥大学研究生院深造，4年后经考试获得博士学位证书。

1938年11月，张文裕回到祖国，到贵州同阔别多年的恋人王承书会面。随后，两人在昆明结婚。经著名物理学家吴有训介绍，张文裕到四川大学任教授。半年后，又应西南联大聘请任该校物理学教授。在西南联大，张文裕开了核物理课程，名称是"天然放射性和原子核物理"。他自己制作工具、测量宇宙线强度，随天顶角和方位角的变化，终于获得成功，引起极大轰动。他的不少学生后来成为中国乃至世界上著名的科学家，如杨振宁、李政道等。

1943年，张文裕接到美国普林斯顿大学的邀请，到普林斯顿大学专门从事核物理研究和教学，继续致力于探索微观物质世界的奥秘。1947 年，张文裕通过实验发现 μ 介原子，开创奇异原子研究的新领域，获得重大成果，为原子物理学做出巨大贡献。其新发现被国际上称之为“张原子”和“张辐射”。

1956 年，张文裕、王承书夫妇带着 6 岁的孩子在祖国的关怀下，冲破美国移民局种种阻挠，回到祖国的怀抱，受到中央首长热烈欢迎和亲切会见。回国后，张文裕被任命为中国科学院近代物理研究所(后改称原子能研究所)宇宙线研究室主任，并被增补为中国科学院学部委员(后称院士)。1957 年，张文裕提出在云南建设一座宇宙线观察站获得批准。经过 10 多年的潜心研究，中国科学工作者于 1972 年在云南高山站发现宇宙线中一颗重粒子，受到国际核物理界的高度重视，被誉为“开辟新天地的使者”。

1961—1964 年，张文裕受命往苏联莫斯科杜布纳联合研究所，担任中国组组长和联合组组长。1965 年，张文裕回国，不久爆发“文化大革命”，筹建高能物理实验室的工作停顿。

1972 年秋，国务院总理周恩来批准成立中国科学院高能物理研究所。张文裕被任命为第一任所长，着手试制高能加速器。1975 年 3 月，张文裕和科学家们向党中央提出《关于高能加速器预制研究和建造问题的报告》，身患重病住院的周恩来批准这个报告，这项工程被称为“753”工程。1978 年 5 月 12 日，张文裕加入中国共产党。

1983 年春，国务院批准中国的高能加速器——北京正负电子对撞机的研制建设方案。1984 年 10 月，中国科学院高能物理研究所北京正负电子对撞机国家实验室奠基。在奠基典礼上，邓小平接见科学家代表，紧紧地握着张文裕的手。张文裕激动地对邓小平说：“我多年的心愿今天终于要实现了。”1985 年以后，张文裕身体一天天恶化，病中仍十分关心工程的进度和质量。他乘坐轮椅在 200 米长的地下通道仔细观察。1988 年 10 月 24 日，北京正负电子对撞机胜利建成，张文裕心情无比激动，他为之呕心沥血的事业由理想变成现实。张文裕为中国高能物理的研究和发展，为中国成功研制原子弹、氢弹核武器立下了殊功，赢得世人的尊敬和赞扬。

张文裕是著名物理学家、中国宇宙线研究和高能实验物理的开创人之一、中国科学院学部委员（院士）。曾任中国科学院高能物理研究所原所长、名誉所长，中国物理学会理事、常务理事、名誉理事，中国高能物理学会第一任理事长、名誉理事长；《中国科学》和《科学通报》的正、副主编；第二至三届全国人民代表大会代表，第四至六届全国人民代表大会常务委员会委员。有《张文裕论文集》出版。

1992 年 11 月 5 日，张文裕在北京逝世，他的骨灰撒在北京正负电子对撞机附近的苍松翠柏之中，陪伴着他晚年倾注全部心血的“753”工程。

李温仁

李温仁（1914—1999 年），1914 年 5 月出生于惠安县山腰古县村（今属泉港区前黄镇）。1941 年，毕业于北平协和医学院。1956 年参加中国共产党。第五至八届全国人大代表，第五届福建省人大常委会副主任；曾任农工党中央委员会常委、农工党福建省委员会主委、名誉主委。

李温仁历任青岛山东大学医学院外科副教授，福州协和医院院长兼外科主任，福建医学院副院长、外科正教授，福建省立医院副院长、院长，后为名誉院长。1978 年，他创建福建省心血管病研究所并任所长；1988 年任名誉所长。

1946—1984 年，李温仁在全国首先开展 8 种手术：腰交感神经切除术治疗闭塞性脉管炎、全胃切除后食管十二指肠直接吻合术、胰岛细胞瘤切除术、横结肠代食管术治疗全胸段食管切除、用心包膜片扩大右心室狭窄的流出道、创建亚洲第一座（世界第三座）医用高气压手术治疗舱，并用于临床救活垂危病人的生命；首创在舱内 3 ATA 氧气下进行心脏体外循环心内直视手术，高压氧对煤气中毒有起死回生之效，现已推广至全国各地（已有 1800 个大小不同的高压氧舱），治疗 60 多种缺氧性疾病。研制成平板式变温器，用于体外循环心内直视手术，较进口的圆筒式变温器为优，为国家节省不少外汇。用马斯塔德(Mustard)手术矫治心脏大动脉转位。

1960 年,在莫斯科全苏联暨国际外科学大会上,李温仁横结肠代食管术的报告,使欧美外科教授大为惊奇,并给予高度赞扬。1984 年,在美国洛杉矶的第 8 届国际高压氧医学大会上,李温仁关于“高压氧 3 ATA 下阻断循环心内直视手术 30 例无一例死亡”“高压氧 3 ATA 下体外循环心内直视手术 48 例,仅 1 例换双瓣于术后 36 小时死亡”的 2 篇论文,得到 30 多个国家、300 多位教授专家的好评。大会主席美国著名血管外科博士、教授杰克森表扬说:“李温仁博士在这个领域里做出了真正的贡献,任何人简直不敢相信这样尖端的工作会出自你们的国家。”因而,李温仁被聘为美国第十届高压氧医学会的国际顾问。

1987 年,在澳大利亚悉尼第 9 届国际高压氧医学大会上,李温仁发表 4 篇论文,被大会聘为国际高压氧医学基金会副主席。1990 年,他在荷兰阿姆斯特丹的第 10 届国际高压氧医学大会上发表 2 篇论文。他被大会选为第 11 届国际高压氧医学会主席,任期 3 年,大会并决定第 11 届国际会议于 1993 年在中国福州召开,由李温仁担任大会的主席和主持人,致开幕词并报告中国压氧医学的发生和发展情况。第 11 届国际高压氧医学大会选出具有世界先进水平的论文 60 篇,其中 30 篇是中国的论文,得到外宾的好评。李温仁是该会的终身会员,中国高压氧医学的创始人,中国高压氧医学会主委(1981—1995 年)、名誉主委,中华医学会资深会员,中华胸心外科学会常委,福建省分会主任委员。

李温仁首创的“横结肠代食管术”和“高气压手术治疗舱的临床应用”,均获得 1978 年全国科学大会奖和卫生部医药科技大会奖。1978—1999 年,他获得福建省科技进步奖 8 次。1982 年,曾获美国克利夫兰医学中心授予“高水平国际学者”的荣誉奖状。他发表全国性论文 60 余篇,著书 4 部。

1999 年,李温仁逝世。

吴文季

吴文季(1918—1966年),1918年3月13日出生于惠安县洛阳镇万安村(今属泉州台商投资区)。著名歌唱家和作曲家,世界十大民歌之一《康定情歌》的采集者和改编者。

吴文季自幼爱好文艺,热爱祖国。还在稚童时,他就显露出不同寻常的音乐天赋,对民间艺术有着异乎寻常的痴迷。在晦鸣中学读初中时,他在进步教师的影响下,经常观看《火之跳舞》等五四运动后的新话剧,阅读高尔基的《我的童年》等小说。在集美农林高级中学,他整天沉迷于高尔基的作品以及《文学期刊》《创造》等进步杂志。17岁辍学后,他到惠安县洛阳镇小学教书。从此,他一直参与领导和组织家乡的师生开展抗日救亡宣传活动,自编自导自演抗日话报剧,还与进步青年一起学写新诗。1938年夏天,他离家到武汉,参加抗日战争,后随"战干团"转移到重庆。1941年,他考入重庆中训团音干班,随后转入高级班学习。1943年,考入国立重庆青木关音乐院声乐系,开始声乐艺术的正规化学习和训练,并于课余收集、整理大量民歌。

1945年抗战胜利后,吴文季随音乐院回迁南京,在更名后的国立南京音乐院继续深造。1949年5月,他参加中国人民解放军。同年,他以国立南京音乐院学生会主席兼南京市学联主席团成员身份,参与领导南京的"四一"学生爱国民主运动,积极组织同学迎接南京解放。南京解放后,他跟随二野战斗文工团和西南军区战斗文工团转战大西南。在西南军区战斗文工团,他任歌唱组副组长和研究员,首唱和领唱《英雄们战胜大渡河》,以其火热的激情和高亢的歌声震动初创的共和国乐坛。1952年,他调入解放军总政文工团,任独唱组演员和音乐指导。之后,作为男高音歌唱家,多次随中央首长出访,唱遍东欧六国,为新中国歌唱事业做出应有的贡献。

吴文季一生热爱民族音乐和民间艺术,每到一地总要开展民歌和各种民间艺术品采集工作,先后采集并整理改编民歌200余首。在国立重庆青木关音乐院学习期间,他于1946年采集整理的《跑马溜溜的山上》(后改名为《康定情歌》),成为他的代表作。

吴文季采集、整理和改编的《康定情歌》,以朴实淳厚的风格、热情奔放的情感、优美流畅的旋律和自由浪漫的精神,赢得全国和全世界人民的喜爱,被美国太空局选为“世界最具代表性10首歌曲”之一,作为中华文化和世界文化的代表,随“旅行者二号”宇宙飞船在太空播放,赢得“天籁之音”“宇宙之歌”的美誉。随后,《康定情歌》又被联合国科教文组织推荐为世界10首最具影响力的民歌之一,被称为“中国第一情歌”。

《康定情歌》的作者署名长期被埋没,后经四川甘孜州连续5年的登报悬赏苦寻,2003年,中国音乐家协会确认《康定情歌》为吴文季采集改编。2008年,中国音乐家协会党组副书记郑会林在纪念吴文季90周年诞辰大会上说:“吴文季采编的《康定情歌》,此曲已成为世界十大民歌之一,人们不会忘记吴文季。”《人民日报》原副总编辑梁衡指出:“吴文季是世界级的音乐家。他为中华民族争得了国际性荣誉,应大力宣传。”

1953年,吴文季被怀疑有政治问题,被遣回老家惠安洛阳。他身处逆境,始终没有放弃对艺术的追求。他在家乡创作大量音乐舞蹈戏曲作品,主要有舞蹈《渔蚌嬉舞》《丰收之夜》《峠岛之春》、大型舞剧《阿兰》、歌舞表演《崇武民兵》《八唱崇武好渔村》和歌曲《美丽的家乡》……并为大型现代歌剧、现代戏曲《陈客嬷》《阴谋》《戏曲春秋》《红色护士》谱写乐曲。这些流淌着闽南民间音韵芬芳的作品,至今依然是家乡父老姐妹喜闻乐见的艺术珍品。其中,《渔蚌嬉舞》于1956年代表晋江专区参加福建省第一届文艺会演;《丰收之夜》于1959年晋京参加国庆10周年献礼演出;《阿兰》和《崇武民兵》分别于1959年、1964年选送上海参加华东地区国庆文艺会演和“上海之春”音乐晚会演出。吴文季无疑是以音乐舞蹈形式表现惠女风情的第一人,他这一时期的代表作《丰收之夜》和《阿兰》,至今依然不失其经典的意义。吴文季是把毕生精力献给音乐艺术的真正歌者。即使当命运之舟被摔碎在悬崖上的时候,他依然在歌唱。临终的前一天晚上,他已大量咯血,实际上肝已破裂,他却依然趴在地上,靠着一根白蜡烛微弱的光线，为崇武一个渔村俱乐部修改演出乐曲；与此同时，在福州军区大礼堂辉煌灯光下做汇报演出的《崇武民兵》剧组，正被鲜花和掌声包围着。

1966 年 5 月 1 日，吴文季在家病逝。1988 年吴文季逝世 20 周年之际，泉州市人民政府正式发文，为这位以自已的作品而享有世界声誉、为人类进步与文明做出贡献的杰出音乐艺术家落实政策，恢复名誉。吴文季的同事、朋友和学生怀着崇敬的心情为他树立墓碑，碑上镌刻着："他一生坎坷，却始终为光明歌唱！"

陈青山

陈青山（1919—2003 年），原名欠火、荣火，1919 年 10 月出生于洛阳镇陈埭头村（今属泉州台商投资区）。3 岁时随父亲移居马来亚。在马来亚槟城钟灵中学读书期间，受马共地下组织的影响，于 1935 年加入"读书会"及"学生联合会"等外围组织，1936 年 3 月加入马共。

抗日战争时期，陈青山历任马共槟城委员会常委、组织部部长等职。他参与组建马来亚各界抗敌后援总会槟城抗敌后援会，积极参与领导当地的抗日救亡运动，支援祖国的抗日活动。他参加并领导马来亚星洲工人运动，组织多次千人以上的工人罢工斗争和著名的"五一"10 万工人大游行示威运动。因从事革命活动，他两次被英国殖民当局逮捕入狱，面对威胁利诱，他英勇顽强，不屈不挠，经受住残酷斗争环境的锻炼和考验。

1941 年，陈青山被马来亚殖民当局驱逐出境。返回祖国后，他经中共南方局审查批准转为中共党员，被派往海南参加抗日战争。历任广东省第十四区民众抗日自卫团独立队政治部宣传科科长、组织科科长，琼崖抗日游击队独立第一纵队第四支队政治委员、琼崖抗日游击独立纵队政治部组织部部长、纵队第三总队政治委员兼中共广东省琼崖区党委东区地方委员会书记、琼崖纵队政治部副主任等职。他参加领导五指山根据地的创建工作，以根据地为依托，抓住有利时机，率部主动出击歼灭敌人，粉碎国民党军队的"清剿"企图。1950 年 2 月，他率部接应第四十军渡海登陆作战，出色地完成任务，为解放海南岛做出贡献。

新中国成立后，陈青山历任中国人民解放军海南军区政治部副主任兼四十三军政治部副主任、广东省军区政治部主任、海南军区副政治委员、广州军区政治部副主任等职。1955 年，他获授大校军衔；1957 年，荣获二级独立自由勋章和二级解放勋章；1964 年，获授少将军衔。

1984 年 6 月，陈青山以副兵团待遇离职休养，出任广东省侨联顾问，出席第三次全国归侨大会，并当选全国侨联委员，后任全国侨联顾问。1988 年，获中国人民解放军一级红星功勋荣誉章。2003 年 3 月 27 日，在广州逝世。

刘 银

刘银（1922—2012 年），女，1922 年 9 月出生，惠安县东岭五甲村人。11 岁被卖给一户人家当童养媳，受尽虐待，多次自杀未遂，被迫入庵为尼。1949 年 5 月，她参加革命工作，并加入中国共产党。新中国成立后，刘银成为党组织培养的一名妇女干部。她勇敢地与其包办婚姻的丈夫离婚，成为惠安妇女翻身解放获得新生的代表人物之一。

1950 年，刘银到海防前线的第四区田边乡参加土地改革试点，立过二等功。5 月 1 日，新中国的第一部《婚姻法》颁布。刘银加入县委工作队，现身说法，到乡下去宣传《婚姻法》，帮助众多苦难姐妹自由恋爱结为夫妻，帮助受虐待妇女成功离婚、寡妇再婚，童养媳回到父母身边。

1953 年，刘银到省妇女干校学习，被评为学习模范。1955 年，刘银带队到 4582 工地参加晋江机场建设，她所在中队被评为妇女青年突击队。1956 年 6 月，她出席中共福建省第一次代表大会；同月起，她任第三届县妇联主任（此后又连任 3 届）；12 月 18 日，她参加惠安县第二届人民代表大会，被选为县人委委员。

1957 年 10 月，刘银参加第三届全国妇女代表大会，与中共中央主席毛泽东、国务院总理周恩来、中华人民共和国副主席朱德等党和国家主要领导人合影。1959年，她出席省妇联会，被评为全省社会主义建设积极分子。1960年，她被评为全国"三八"红旗手，再次受到毛泽东的接见。

1964年5月，刘银任中共惠安县委副书记。11月19日，《人民日报》以《从"克命女"到无产阶级战士》为题，报道刘银的非凡经历，并加上一篇短评《刘银的自述说明了什么》，在全国引起强烈的反响。12月，刘银出席第三届全国人民代表大会。在北京，许多新闻单位的记者都争着采访这位"惠安女"的代表。

"文化大革命"期间，刘银受到迫害。1968年11月，她被免去职务。

1973年10月至1977年8月，刘银担任惠安县妇联主任（其间，1975年8月至1976年10月，任中共惠安县委常委）。1978年3月，她任中共惠安县委副书记，并当选为第五届福建省人大代表、第五届全国人大代表。1979年，出席中共福建省第三次代表大会，被选为省委委员；同年，被评为全国"三八"红旗手，受过表彰和嘉奖。

1980年8月30日至9月10日，刘银赴京出席全国五届人大三次会议。她向大会主席团提交有关"恢复各级人民政府""恢复各级人民法院""婚姻法"等问题的21项议案，是提出议案最多的代表之一。她的许多议案，特别是有关恢复各级人民政府、人民法院，知青工龄计算，法定婚姻年龄等议案获得大会通过。

1982年8月，刘银赴京出席全国五届人大五次会议。她的第一个议案就是修改《婚姻法》。此外，她还提出《要求在福建省惠安县围海造田六万亩》《关于抢救和保护优秀地方戏曲遗产——福建梨园戏剧案》《上山下乡知识青年工龄问题》《恢复人民政府的名称，不再叫革委会》《军人家属探亲问题》《关于要求增发转浙钓船证的议案》《要求降低每吨盐税额或者提高原盐的公收价案》《关于开发湄洲湾肖厝港建设石油化工基地案》等诸多议案和建议。

1983年11月，刘银担任惠安县人大常委会主任；1985年离休。

2012年2月6日，刘银逝世。

王汉斌

王汉斌，1925年8月生，惠安县人。1941年2月，在缅甸仰光华侨中学学习时加入中国共产党并参加工作，任中共仰光区委委员、缅甸华侨战时工作队队员。1942—1946年，在西南联合大学历史系学习，任民青（全称民主青年同盟）第一支部委员、地下党第一支部委员。1946—1947年，任北平平明日报社编辑，负责领导清华大学、北平师范大学等校地下党工作。1948—1949年，任中共北平学委委员、大学委员会书记。

1949—1958年，王汉斌先后任青年团（共青团）北京市委大学部部长，中共北京市委政治秘书，市委政策研究室组长、秘书长、副主任，市委第二办公室主任，市委候补委员。1958—1966年，任中共北京市委副秘书长。

1966—1975年“文化大革命”中，王汉斌受到冲击，被下放劳动。1975—1977年，任北京冶金机械厂革委会副主任。1977—1979年，任中国科学院政策研究室负责人。1979—1980年，任全国人大常委会法制委员会副秘书长兼办公室主任。1980—1983年，任全国人大常委会法制委员会副主任兼秘书长、机关党组副书记，中共中央政法委员会副秘书长，宪法修改委员会副秘书长，全国人大常委会副秘书长。1983—1988年，任全国人大常委会秘书长、机关党组书记，全国人大常委会法制工作委员会主任。其间，任《中华人民共和国香港特别行政区基本法》起草委员会副主任委员。

1988年4月起，王汉斌任全国人大常委会副委员长、法制工作委员会主任，全国人大法律委员会主任委员，全国人大常委会党组成员。同年9月，任《中华人民共和国澳门特别行政区基本法》起草委员会副主任委员。1993年3月至1998年3月，任全国人大常委会副委员长、党组副书记。1995年12月至1997年7月，任香港特别行政区筹委会副主任委员。1997年1月，被推举为中国法学会名誉会长。

王汉斌关心家乡的经济社会建设。1991年2月中旬，王汉斌在泉州，先后视察石狮市场和城市建设，走访惠安、晋江、南安等县，与基层干部群众座谈。1993年9月，王汉斌先后走访南安、晋江、石狮、惠安、鲤城、安溪等6个县（市、区），考察部分开发区、教育设施、市场、企业等，并参加1993年中国惠安石文化节暨第五届亚洲惠安社团联谊会活动。1998年10月中旬，卸任后的王汉斌偕其夫人——全国人大常委会副委员长、全国妇联主席彭佩云到泉州考察，参观市区妇女儿童活动中心，察看市容市貌；走访福建炼油化工有限公司、肖厝开发区、惠安县崇武旅游风景区和南安市部分企业。

王汉斌是中共第十二届至十四届中央委员、第十四届中央政治局候补委员、中共十五大代表。

张乾二

张乾二，1928年8月13日（农历戊辰年六月二十八日）出生于崇武古城一个书香门第，惠安县崇武人。少年时期，严父的教导使张乾二对学业不敢有丝毫的懈怠。小学毕业后，他以优异的成绩考上集美中学。时值抗战全面爆发，集美中学迁到安溪文庙。当时，年仅十二三岁的张乾二每次得花3天时间徒步到安溪上学，旅途的艰辛使他一度承受不了。有一次周末回家，他谎称生病不想去念书了。父亲说他是假生病，把他赶出门。他一赌气，包袱一背，一路上哭着走到学校。中学时代，在老师的启发下，他对化学、数学情有独钟，经常在课余时间钻研各种化学难题。

1947年，张乾二就读于厦门大学化学系，1951年被录取为研究生。著名化学家卢嘉锡是他的导师。1954年大学毕业后，张乾二开始从事教学和科研。

张乾二先后担任厦门大学化学系主任、中国科学院福建物质结构研究所所长、厦门大学化学化工学院院长、固体表面物理化学国家重点实验室副主任、固体表面物理化学国家重点实验室学术委员会主任、国家教委化学委员会副主任、福建化学学会理事长、中国化学学会常务理事、厦门大学教授、中国科学院福建物质结构研究所研究员。1991年，当选中国科学院学部委员。

张乾二带领的科研队伍涉及化学科研诸多领域，配位场理论方法、休克尔分子轨道理论图形方法、多面体分子轨道理论、多电子理论的群论方法、价键理论方法、表面科学中的量子化学研究等许多重要科研成果处于世界领先水平。他先后有 100 多篇学术论文发表于国内外的十几家权威杂志，出版 4 部专著、1 部译著。1979 年，《配位场理论方法》一书的出版，在国际化学界引起震动，中国化学家在配位场方面的研究领先于国际水平 10 余年。1982 年，配位场理论获得国家自然科学一等奖。1989 年，群论理论和键理论获得国家自然科学二等奖。2000 年，“价键方法从头算程序”获得中国高校自然科学一等奖。这期间，数次获得国家教委科技进步大奖、福建省科技成果一等奖。张乾二培养的一大批人才中，许多人已经成为国内外高校领导，更多的成为国内外化学界的中坚力量、领军人物。

张乾二先后获得全国教育系统劳动模范、国家级有突出贡献专家、全国优秀教师、福建省劳动模范等荣誉称号；担任过政协第七届、第八届全国委员会常委，农工民主党中央常委、福建省副主委等职。

彭佩云

彭佩云，女，1929 年 12 月出生，湖南省浏阳人，王汉斌夫人。

1945—1947 年，彭佩云在西南联合大学社会系学习并参加民主青年同盟，南京金陵大学（1952 年并入南京大学）外文系学习，其间（1946 年 5 月）加入中国共产党。1947—1949 年，在清华大学社会系学习，任地下党支部书记、地下党总支委员。

1949—1950 年，彭佩云任中共清华大学总支书记。1950—1953 年，任中共北京市委组织部学校支部工作科干事。1953—1959 年，任中共北京市委高等学校工作委员会常委、办公室主任。1959—1964 年，任中共北京市委大学科学工作部大学组组长、市委高等学校工作委员会委员。1964—1966 年，任北京大学党委副书记。

1966—1975年，彭佩云在“文化大革命”中受冲击，后被下放劳动。1975—1977年，在北京大学政治部宣传组工作。1977—1978年，任中共北京化工学院党委常委、院革委会副主任。1978—1979年，任国家科委一局负责人。1979—1982年，任教育部政策研究室主任、党组成员。1982—1985年，任教育部副部长、党组成员。1985—1987年，任国家教委副主任、党组成员。1987—1988年，任国家教委副主任、党组成员兼中国科技大学党委书记。1988—1993年，任国家计划生育委员会主任、党组书记。1993年3月至1998年6月，任国务委员兼国家计划生育委员会主任。1993年至1998年6月，任国务院妇女儿童工作委员会主任。1993年，任中国人口文化促进会会长、国务院残疾人工作协调委员会主任。1993年10月，被聘为第二届中国残联名誉副主席。1994年1月，被推选为第四届中国人口学会会长并任全国爱卫会主任。1995年，任国际人口科学联盟第二十三届大会中国组委会主席。

1998年3月至2003年3月，彭佩云任全国人大常委会副委员长。1998年5月，当选为第五届中国人口学会会长；9月，当选为全国妇联第八届执委会主席。1999年10月，任中国红十字会第七届会长。

彭佩云是中共第十三届中央纪委委员，第十四届、第十五届中央委员。

陈荣春

陈荣春，1938年11月出生，惠安县涂寨镇人。

1959年，陈荣春就读于北京外交学院，任年级党支部书记。毕业后留校任英语教员。1964年，赴英国伦敦进修后留在中国驻英国代办处工作。1967年，调回北京，在外交部工作。1969年，派驻瑞典大使馆，任办公室代主任、大使翻译。1975年9月起，在外交部亚洲司工作，主管新加坡事务。1978年11月，随同邓小平出访泰国、马来西亚、新加坡、缅甸。1981年6月，派驻泰国大使馆，任研究室副主任兼大使翻译。1983年9月后，历任晋江地区行署副专员，福建省对外经贸委副主任、党组副书记，香港华闽公司常务副董事长。1986 年 1 月，担任中共泉州市委副书记、市政府市长。1987 年 10 月，出席中共十三大。1991 年 4 月，调香港工作，历任新华社香港分社外事部部长、中英联合联络小组中方代表、香港特别行政区政府土地基金受托人。1998 年 1 月，当选政协第八届福建省委员会副主席。

陈荣春在欧洲工作 8 年，曾参加中（国）加（拿大）建交谈判；出席在斯德哥尔摩召开的联合国首届环境会议。在外交部亚洲司工作；他曾 3 次以中国政府代表团顾问的身份，出席在曼谷和马尼拉召开的联合国亚太经社理事会年会。

陈荣春当选泉州地改市后的第一任市政府市长后，提出要发挥泉州侨、台、文、商的独特优势力，推动泉州突飞猛进的发展。大到城市经济建设和社会文化发展，小到居民停水停电等琐事，他都从不怠慢，尽心尽力地为人民办实事。

陈荣春还担任中央土地委员会中方首席代表、香港特区政府土地基金委托人。他精心运作，精心管理，安全向香港特区政府移交 1996 亿港元的土地基金，而他个人分文不取。

陈荣春一直关心家乡的经济社会发展。香港富豪李嘉诚先生十分钦佩他的能力和为人，与他会晤时，曾问他的家乡最需要的是什么。陈荣春说："除了经济发展、改善民生外，最需要的是兴办教育。"李嘉诚先生主动提出愿为惠安捐建一所学校。1997 年，李嘉诚先生捐献 1500 万元，建立嘉惠中学，占地面积 93400 平方米，建筑面积 30000 平方米。陈荣春与李嘉诚先生共同商定"爱国、进步、求知、诚信"为学校的校训。嘉惠中学建成后，陈荣春仍然一直关心学校的发展，2002 年，嘉惠中学被定为福建省二级达标学校。

许世辉

许世辉，1958 年 2 月出生，惠安县螺城镇人。

1984 年，许世辉创办惠安县蜜饯厂、惠安县美利食品厂。1992 年 8 月，创办福建省达利食品有限公司，任董事长兼总经理。2005

年 6 月,组建福建达利集团,任董事长兼总裁。他坚持“诚信、创新、团结、务实”的精神和“达和谐、利众生”的理念,在全国创办 19 家分公司,员工总数 3 万多人。通过引进技术,自主创新,拥有 500 多条国际先进水平的各类食品生产线;与全国许多高校、研究院的专家学者进行长期的交流合作,年年都有新产品投入市场。“达利园”“可比克”“好吃点”三大品牌家喻户晓,“和其正”“优先乳”“青梅绿茶”走进千家万户。500 多个系列产品,畅销全国 31 个省(自治区、直辖市),远销日本、韩国、菲律宾、新加坡、美国等国家。达利集团先后荣获“全国食品工业优秀龙头食品企业”“中国 500 强最具价值品牌”“亚洲品牌 500 强”“中国民营企业 500 强”“福建省改革开放 30 年最具影响力、贡献力品牌”等荣誉称号以及“全国五一劳动奖状”。

许世辉曾荣获“福建省优秀青年企业家”“中国品牌百名创新人物奖”“中国改革优秀人物”“福建省突出贡献企业家”称号以及“福建省五一劳动奖章”。

许世辉在做大做强企业的同时,始终牢记民族企业的社会责任,坚持发展企业、奉献社会的理念,积极参加各项慈善公益事业,先后为社会公益事业、扶贫济困、改善环境、抗洪救灾捐赠 3.3 亿元。2008 年,在中华个人慈善排行榜中,许世辉排名第十位,被民政部授予“中华慈善奖——特别贡献奖”。2009 年 7 月,被中华慈善总会授予“中华慈善突出贡献人物奖”。2010 年 5 月,被省政府授予“福建省非公有制经济人士捐赠公益事业突出贡献奖”;8 月,荣登中央文明办主办的孝老爱亲“中国好人榜”。自 2010 年起,每年春节期间,许世辉为惠安县的螺城、紫山、黄塘等 3 个镇 60 周岁以上老年人发放爱心敬老金。第一年每人 800 元;第二年起每人 1000 元。2011 年 1 月,许世辉出资 2 亿元,成立达利集团许世辉惠安教育基金。翌年,他又对该教育基金做出调整,把基金由原来的 1 亿元增加到 2 亿元,每年从基金中提取 1000 万元,奖励乐观向上、奋发成才的学生,扶助品学兼优的贫困家庭学生,惠及全县小学、中学、职校学生,涉及中考、高考、德育、技能竞赛等类型。至 2016 年,举行6届奖学金颁奖仪式，6年来颁发各类奖助资金达4800多万元，惠及师生1万多名。

许世辉是中国青年企业家协会会员、福建省青年企业家家协会常务理事、泉州市青年企业家协会副会长、泉州市青年商会副会长，泉州市总商会副会长，福建省海外联谊会副会长，政协第十届惠安县委员会常务委员，福建省人大代表、第十届全国人大代表。

黄泉福

黄泉福，1961年8月出生于惠安县张坂镇上塘村(今属泉州台商投资区)。第九至十一届惠安县政协副主席，惠安县第十五届人大常委会副主任；中国工艺美术大师，中国木雕艺术大师，高级工艺美术师，福建省非物质文化遗产项目“惠安木雕”代表性传承人。历任惠安县青年联合会常委、惠安县总商会会长、泉州市商会理事，张坂镇金龙雕刻厂厂长、外商独资双龙木雕工艺有限公司总经理，中国工艺美术协会副理事长、福建省工艺美术协会副会长、泉州市民间工艺美术协会会长、惠安雕刻艺术研究会名誉会长。2010年起，享受国务院政府特殊津贴。

黄泉福出生于雕刻世家，从小就受到木雕艺术的熏陶。16岁拜师学艺，在继承和弘扬传统雕刻艺术的道路上不断探索、创新。他凭着非常人所及的天赋、勤奋和执着，刻苦钻研，不仅谙熟传统木雕工艺的各种表现形式和技艺手法，更是在现代审美和现代设计的品位上下功夫。他的木雕作品，有宗教造像、神话人物、古代圣贤、历史名人、乱世枭雄、世代伟人、民族英雄、盛世景观、文化图腾、吉祥动物十大系列，不仅在国内市场走俏，受到许多收藏家和爱好者的青睐，而且被作为国宾礼品，走出国门，享誉海外。他认为：“高雅的艺术会让人的心灵得到净化，使生活更加美好，社会更加和谐。”他以宗教传统人物为题材，融入中华民族人文和谐的理念，创作100多尊造型各异的弥勒佛系列作品，蕴含着和谐圆满之美，形成自己独特的雕刻艺术风格，深受专家、学者的高度赞扬。

黄泉福的作品，多次在国内外获奖，《仙佛会》《钓鱼图》获奖后，被北京钓鱼台国宾馆收藏。《道祖》《至圣先师》被福建省博物馆收藏。他发明创造的磁吸空气阀门液用壶、组合式自动液用壶，设计的紫檀茶盘、一种茶盘下水口的疏通装置，先后获得国家专利。他曾被推举为代表中国的唯一选手，与来自世界31个国家的选手展开“木雕现场创作表演”，游刃自如、巧夺天工的艺术造诣，令现场中外艺术家为之倾倒。

陈照玉

陈照玉，1970年出生在惠安县东桥一个贫穷的农民家里。家中兄妹6人，他排行老五。父母都没有读过书，但是精心哺育几个孩子成长。父母经常教育他，在这个社会上，要好好做人，做老实人，对得起自己的良心。父母的话在他幼小的心理打下深深的烙印。他学习刻苦，帮助家庭困难的同学。他有着一颗同情的心，看到村庄老人担水，他就过去帮忙。初中毕业后，家里没钱给他继续读书。他自己利用农闲时节走乡串户卖菜、卖家禽，靠着这样的方式顺利完成学业。

1991年，陈照玉毕业于惠安开成建筑工程学校，被分配到省土木工程公司做一个施工技术员。他手里捧着人人羡慕的铁饭碗，但自己却不满足于这样的现状，1993年，他自己组建建筑队，开始从事施工基础工程。随后的几年中，公司先后负责池店镇政府办公楼、大礼堂、宿舍楼，南安市工商银行办公大楼等数十幢大中型桩基工程。在施工中，他不断积累经验，敢于开拓，勇于创造新工艺，很快在同行业里成为领路人。他先后创办福建莲花房地产开发有限公司、福建省兴盛建设工程有限公司、福建金钳投资有限公司、泉州新美港建材有限公司等多家企业，先后建设开发泉州新加坡城、泉州桥南片区海丝景城、锦洲瑞苑、宁德海天水岸阳光等项目，累计开发面积180万平方米，公司连续数年被相关单位评为“重合同、守信用”企业，获得“纳税信用A级纳税人”“AAA级信用单位”等荣誉称号。

陈照玉是高级工程师、民革党员。在企业发展过程中，他重视职工技术培训，提高职工技能素质。施工企业员工大部分人文化素质和操作技能水平偏低。他积极倡导技能学习和文化学习，定期举办岗前教育培训、安全生产、消防知识等各种提高技能的培训，并支持和安排一切要求上进的员工参加各种函授、自学考试等。公司每年都要选派职工参加各类培训班，从而形成人人钻研技术、个个钻研业务的良好氛围。他承建的工程受到省、市地质、地基专家的好评。20 多年来，从 10 多人的建筑队，发展成为有员工 1000 多人、年纳税额数亿元的集团公司。公司在发展过程中，创造了 8000 多个就业岗位。针对老区村劳动力过剩的实际，公司吸纳有一定技术和劳动能力的村民，介绍他们到工地工作。这些农民工在工地上或搞运输，或搞工程，或从事其他工作，有了稳定的收入。

陈照玉积极参与老龄事业建设，投资兴建乡村老人院，热心参与助老公益活动，关心老年人群体，向老年人提供经济资助，受到社会的一致好评。2013 年，他得知村里要重新建设老人院，便主动向村委会提出由他来捐资 30 万元兴建。在老人院落成剪彩时，他深情地说："我是在乡亲们的关爱下长大的，多年来，得到各方的支持，企业规模大了，理应回报社会，修建老人院是为了弘扬敬老爱老的社会风尚。"2009 年，他回母校看望老师，了解到学校办公经费紧张，部分学生因家庭贫困而辍学时，心情沉重。2010 年起，他个人出资成立"莲花杯"专项教育基金，每年捐款 10 万元用于奖励教学有贡献的老师，资助成绩优异、家庭贫困的学生。当学校要把他捐资助学的事迹向外宣传时，他说："母校曾经哺育了我，支持母校教育是应该的，助学不图回报，也不舍得宣扬。我只想激励老师们认真工作，学生努力读书，多出些人才，将来回报社会、回报家乡。"

陈照玉关心老区发展，支持老区建设。2014 年，独自出资 1000 万元在惠安县老促会设立惠安县革命老区村"金钳"扶困奖学基金会。基金会遵循惠安县慈善总会章程运行，将基金分为两部分。一是帮助全县 39 个老区村范围内经济特别困难的群众；二是奖励老区村中每年度的中、高考获得继续升学资格并且品学兼优而家庭经济遇到暂时困难的在校学生。在第一届颁奖大会上，陈照玉发言。他说，老区是中国革命的摇篮，它养育了党，养育了人民军队，没有老区就没有中国革命的胜利，也没有我们今天的幸福生活。老区人民在战争年代做的特殊贡献，我们任何时候都不能忘记，“饮水思源，不忘老区”是我们义不容辞的责任，集团能取得今天的业绩，得益于党的改革开放的好政策，各级党委、政府的大力帮助与支持。集团应当回报社会，关心帮助老区村的经济和社会各项事业的发展，我们应多参与、多支持、多服务老区村，更应关心老区村人民的子女成长，为培养老区村自己的后备人才做出应有的贡献。至2018年，5年间共有193名老区村学生获得每人2500元的奖励金，合计48.25万元；4年间“金钳”扶困慰问全县39个老区村共158户、40.5万元。

多年来，陈照玉为家乡修桥铺路、兴资建学……在他的带领下，集团总部及各地分公司员工大都加入当地的志愿者协会，不定期参加社会公益活动，前往敬老院看望孤寡老人，为留守儿童募捐等。

陈照玉，个人财富在惠安算不上位列榜首。但在慈善事业方面，他却一直走在全县的前列。他捐资公益事业超千万元，仅次于达利集团，排在惠安县捐赠出资第二位。他，总是在别人需要帮助的时候奉献爱心、伸出援手；他，捐款捐物，帮助别人，不为出风头，不为求回报，只因对社会怀着一种强烈的责任感，对这片养育他的土地有着深厚的情感。

第四章　老促会工作

1995年9月，惠安县老区建设促进会（简称县老促会）成立。县老促会是县委、县政府领导的，由关心惠安老区建设的离退休老干部、老专业技术人员和社会贤达、有识人士自愿组成的社会团体。其宗旨是为老区建设、老区人民服务，工作面向农村。主要工作活动是宣传老区、牵线搭桥引进资金，大力开展捐资助学扶困、实用技术培训，精心组织调研，积极建言献策，主动配合有关部门支援老区，为老区村人民做好事、办实事，推动老区村经济和社会各项事业科学发展、快速发展。

2018年9月，惠安县老区建设促进会被中国老区建设促进会评为先进老区建设促进会。

第一节　成立机构

1995年9月12日，惠安县老促会举行成立大会，选举产生县老促会第一届理事会。选举林元成为会长，王显川为常务副会长，朱兴宗、刘清源、谢军、余要生、张云龙、陈欠水等6人为副会长，陈欠水为秘书长（兼）；选举副秘书长4名，常务理事12名，理事17名；聘请顾问9名。

2002年9月18日，县老促会举行换届大会，选举产生县老促会第二届理事会。选举林元成为会长，王显川、陈欠水、张云龙、刘倚宽等4人为常务副会长，朱兴宗、刘清源、余要生、刘锦周、王瑞奎、杨显龙、郑添泉、王国聪、林中洲等9人为副会长，王瑞奎为秘书长（兼）；选举副秘书长2名，常务理事11名，理事23名；聘请名誉会长1名，顾问5名。

2007年12月3日，县老促会举行换届大会，选举产生县老促会第三届理事会成员。选举江炳其为会长，陈欠水为常务副会长，王国聪、庄德法、林中洲、林志成、林国元等5人为副会长，庄德法为秘书长（兼）；选举副秘书长2名，常务理事4名，理事19名；聘请名誉会长2名,顾问11名。

2014年4月28日,县老促会举行换届大会,选举产生县老促会第四届理事会。选举林应欣为会长,程汉川、杨宗仁、郑添泉、陈欠水等4人为副会长,郑添泉兼任秘书长,选举副秘书长1名、常务理事30名、理事69名。聘请名誉会长1名。

第二节　第一至三届工作

一、重点扶持

(一)生产扶持

1995年起,县老促会经常邀请技术专家到老区村举办讲座、培训班,推广实用技术。

1998年起,县老促会在老区村推行小额扶贫“造血”工程,无偿赠送畜禽种苗,扶持发展饲养业。当年给东岭镇前林村余姓村民赠送家羊3只;给辋川镇五柳村柳姓村民先后赠送家羊9只,他将羊养大后卖掉得款6200元,以此为基金开一小店铺维持生活。

1999年,县老促会在老区村继续推行小额扶贫“造血”工程,给黄塘镇松溪村陈姓村民赠送家兔20只,使他每年都有1000多元的收入。

2000年,县老促会配合县残联在老区村举办5期饲养技术培训班。

2003年,县老促会拨款1000元,作为东岭镇前林村种植蘑菇技术培训经费。

2005年,在辋川镇许厝村和东岭湖埭头村举办养鱼、养蟹技术培训,培训专业户30多人;在净峰镇和黄塘镇松溪村举办果蔬栽培、植物保护和饲养技术讲座,3个镇、4个老区村70多人参加培训。10年来,县老促会邀请技术专家先后在涂岭寨后、黄田村举办黑木耳、花菇、果树栽培和余甘嫁接培训班,受训90多人,无偿提供黑木耳菌种2300袋、花菇苗种2000袋。8年来,县老促会在老区村推行小额扶贫“造血”工程,共争取资金和挤出办公经费约16.6万元，在 43 个老区村扶持 523 户，共为贫困户赠送牛 114 头、羊 562 只、猪 63 只、兔 92 只、鸽 70 只、良种蛋鸡 2801 只，饲养成功率达 70%。

（二）设施扶持

1996 年，县委领导到涂岭镇寨后老区村现场办公，当场决定拨给该村扶持建设资金 40 多万元，重点解决该村的道路、通电和学校教育等问题。

1997 年 8 月，县人大常委会组织人员视察 6 个老区村，协调督办县政府划拨扶持建设资金 10 万元，支持前林村修海堤，帮助五柳、梅岭 2 个村修建学校，为港墘、瑞东 2 个村建立教育基地，帮助松溪村修公路。

1998 年，县委常委、组织部部长李转生视察前林、东埭、西埔、梅岭等 4 个老区村。过后，李转生从党建经费中拨 5 万元帮助这些老区村解决一些实际问题。

1999 年，县委常委、组织部部长曾巍从党建经费中拨给县老促会 2 万元；县老促会安排给山霞镇大淡村、东岭镇湖埭头村、辋川镇南星村、螺阳镇锦水村等 4 个老区村充实党建室设备。同年，受第 10 号、14 号台风影响，部分老区村受灾严重。县老促会及时深入 6 个镇、11 个老区村了解灾情，并向有关部门反馈。上级有关部门拨款 17 万元，修复其中 6 个水毁工程。

2004 年，县人大常委会主任王春来、县政府副县长黄斌专率有关部门负责人到螺阳镇现场办公，拨给 14 万元支持老区村锦东村建村部；县政府副县长庄灿霞到东岭镇前林村、东园镇上林村现场办公，在科技等项目上给予各种扶持 6 万元；县民政局从老区扶持款中拨出 0.5 万元，帮助辋川镇老区村许厝村新埭修建多年失修破损严重的水闸，保证该村 300 多亩良田的灌溉。

至 2007 年，全县 18 个老区村被列为新农村建设试点示范村，占老区村总数的 46.2%，每村投入 100 万元给予重点扶持。同年，县委统战部发动 4 个企业家捐资 21 万元，修建辋川镇老区村五柳村至涂寨镇社坝后柑自然村 1 千米长的村级公路，解决这 2 个镇接合部道路长期未能硬化的问题。

2008年8月，县委书记李转生带领县委办公室、组织部、统战部、老干局，县政府办、交通局、民政局、财政局等有关部门负责人到辋川镇老区村五柳村现场办公，实地察看道路建设现场，落实缺口资金38万元，解决辋川、涂寨接合部道路长期未能硬化问题，直接惠及老区村和周边村民的交通出行。至年底，全县43个老区村有18个被纳入新农村建设示范村，每村获得补助资金100万元，重点解决发展生产、人居环境整治、基础设施建设等方面的实际问题。县老促会将老区建设专项预算资金30万元，全额下达各相关老区村，扶持村道建设、路灯架设、老年活动中心、场所等16个建设项目；县民政局向省、市争取扶贫配套资金10个项目22.5万元，支持老区发展，改善老区村的生活环境。

2009年12月，县委书记林万明带领县委常委、组织部部长尤剑国和县政府副县长黄怀忠，以及县直机关相关部门负责人，专程到老区村梅山村现场办公，就认真谋划梅山村的发展思路、加强新农村建设提出具体意见，并解决该村村民饮水工程、村老年活动中心、自然村道路、水利工程等建设项目补助资金60万元。县老促会将2009年度老区建设专项资金30万元全额下达各相关村，扶持村道路建设、路灯架设、老年活动场所等13个建设项目。同时，省、市扶持配套资金10个项目22万元，也落实到位。

2010年，县老促会将年度老区建设专项补助资金30万元全额下达各相关老区村，扶持村道路建设、老年活动场所建设、家园清洁行动等14个项目。同时，省、市扶持的8个项目17.5万元也落实到位。县老促会配合县政府相关部门，积极争取省财政革命老区专项转移支付资金100万元，补助西埔、梅山、后洋、后许、梅岭等5个村修建5条道路硬化工程。

至2011年，3年来县财政安排120万元用于老区村53个基础设施项目建设；同时，积极争取省、市专项补助资金72万元，用于33个老区扶建项目，改善革命老区村的生活环境。

2012年，县委、县政府加快推进农村饮水安全建设，全县4个老区建制村、12个自然村的村民喝上“放心水”。县老促会力促老区村把基础设施、公益事业纳入“一事一议”财政奖补项目，全年全县老区共实施“一事一议”筹资建设项目 29 个，筹资 777.1 万元，村民以资代劳 273 万元，获得省级补助 330.3 万元，县级财政配套 177.8 万元，新铺设水泥村道 61 千米，完成溪流整治等水利工程 3 项，建设村民活动中心 4 个，完成饮水安全工程 2 项。县老促会及时将 2012 年度老区建设专项补助资金 30 万元，全额下达相关老区村，扶持老区村村道建设、水利设施建设等 111 个项目；省、市扶持的 4 个项目 14 万元也落实到位；村级公益事业多元化投入机制，继续完善老区村基础设施，改善老区村的生产、生活条件。同年，县委书记办公会议定由县直有关部门和山霞镇政府负责筹集资金 70 万元，用于帮扶大淡村新农村建设。

2013 年，大淡、彭城、峰南、王孙、五峰、大峰、瑞东、许厝等 8 个老区村分别被县委、县政府确定为美丽乡村创建示范村、重点村、达标村和特色村。首批 8 个美丽乡村创建村建设完成项目 100 个，在建项目 16 个，投入资金 2791.1 万元，除按比例配套资金外，社会各界认捐 626.02 万元。沿海大通道沿线的五群、彭城、大淡、潮乐等 4 个美丽乡村示范村被列为 2013 年度市级美丽乡村示范段建设重点，创建成效初显。其中，大淡村对 40 多亩的连片旧村居进行拆除改造，开展村主干道两侧“裸房”整治和生活污水集中处理，在村容整洁、村庄布局上有新突破；彭城村发挥社会力量参与美丽乡村建设，依托护海宫和滨海优势，建设农民公园、滨海休闲路和文化长廊，突出以“妈祖文化休闲旅游”为主题的美丽乡村建设特色。全年全县老区村共实施“一事一议”建设项目 22 个，筹资 127.44 万元，村民以资代劳 697.89 万元，获得省级补助 292.28 万元，县级财政配套 194.3 万元，新铺设水泥村道 51 千米，完成绿化亮化工程 4 项，建设文化活动中心 1 个。县老促会会同县财政局及时将 2013 年度老区建设专项补助资金 30 万元全额下达各相关老区村，扶持老区村村道建设、水利设施建设、饮水安全工程、老年活动中心建设等 10 个项目。省、市扶持的 13 个项目 30 万元也落实到位。12 月，县委书记肖汉辉率领县委、县政府相关领导和县直有关部门负责人，到峰南村实地调研，议定由县直相关部门及辋川镇负责统筹扶持资金95万元。

（三）挂钩扶持

2003年5月7日，县委办、县政府办下发《关于开展“一帮一”挂钩扶持革命老区村活动的通知》。县委、县政府决定开展县直机关单位与革命老区村挂钩扶持活动，机关各挂钩单位尽力为老区村办实事，老区贫困户及时得到救助。

至2005年，县直机关有34个单位为老区村提供扶持款120.37万元，协助解决问题。其中，县交通局为东岭镇前林村解决修路款15万元；县水电局为山霞镇下坑村海岸线除险加固工程争取省市资金45万元；县财政局给后洋村拨款2.5万元修村路外，又向省争取小学拆迁费10万元；县经贸局、计生局各拨4万元分别帮助群青村和上林村修村路；县农办为螺阳镇王孙村实行农业结构调整解决资金3.2万元；有的单位拨款1万—2万元帮修水利、建党建室、修公厕等。

2006年，县教育局为辋川五柳醒民小学建操场、三化厕排管、大门内整治等，扶持经费2万元；县海洋与渔业局为崇武港墘村渔业电讯台解决经费1万元；县政府办公室为张坂镇苏坑村购买巡逻摩托车一部1万元。

2007年12月29日，县委办、县政府办下发《关于开展“一帮一”挂钩扶持革命老区村活动的通知》，部署该年度挂钩扶持革命老区村的活动。

2008年，县委、县政府决定于2008—2010年3年时间内继续开展县直机关“一帮一”挂钩扶持革命老区村活动，对43个挂钩扶持的县直机关单位明确帮扶的具体目标和责任。9月20日，县委办、县政府办下发《关于印发〈惠安县扶持革命老区建设三年规划〉的通知》。当年，全县确定20个新农村建设示范村和3个重点扶持村，其中螺城镇王孙村、涂寨镇新亭村、辋川镇许厝村和东桥镇东桥村等4个老区村分别被确定为示范村和重点扶持村。

至2010年年底，3年来帮扶单位共投入资金103.68万元，用于修桥造路，完善村民饮水工程、老年活动场所等基础设施建设，在抓党建、强经济、促和谐中加快老区发展。

2011年，继续开展县直机关“一帮一”挂钩扶持革命老区活动。各挂钩帮扶单位根据各老区村的具体情况，确定1名分管领导和1名联络员，通过经济资助、技术支持、信息提供等切实可行的办法和措施，让老区村在队伍建设、经济建设、社会事业、扶贫助困等方面得到帮扶，着力解决老区村存在的实际困难和突出问题。3年来39个帮扶单位共投入帮扶资金481.8万元，用于帮助老区村完善基础设施建设。

二、组织义诊

1996年起，县老促会坚持每年组织义诊活动，送医送药下乡，为老区群众服务。

至2004年，先后17次与县民政局、县医院配合，组织医疗队到黄田、港墘、松溪、苏坑、许厝、大峠、大厅、下坑、五柳、上林等老区村义诊，免费送医送药，受诊人数累计3881人。

2005年5月，县老促会与县老干局离退休党支部、县离退休干部协会积极争取私营企业益仁堂药业有限公司联合组织义诊队，先后到黄塘镇松溪村、洛阳镇梅岭村、净峰镇城前村、辋川镇南星村、张坂镇前见村、螺阳镇锦东村等6个老区村和偏远的紫山镇半岭村开展义诊便民活动，为1200多名村民提供免费药品和免费检验，共花费32585元，还为978人建立常规体检登记卡。

2006年5月，县老促会组织医疗队到山霞镇新塘村义诊，共为109名群众看病，免费为群众提供药品3000元。11月，县老促会与民政局组织医疗队一行12人，到东岭镇湖埭头老区村义诊，共为189名群众看病，免费发放药品价值3260元，医疗队还慰问该村3名90岁以上老人。

2007年5月、11月，县老促会、民政局联合组织医疗队，先后到辋川镇许厝村、涂寨镇曲江村开展义诊活动，为这2个老区村284名村民看病，还为35名村民做心电图检查，为100名村民测量血压，共免费发放药品价值近6000元。9月，县老干局、县老促会、县关工委、县离退休干部协会等单位组织医疗队，县益仁堂药业有限公司派出医生和提供药品，到苏坑、东埭、峰崎等3个老区村义诊，为562名村民看病，免费发放药品价值15672元。

2008年，县老促会与县民政局、农工党惠安县总支联合组织医疗队到螺阳镇老区村锦水村开展送医送药义诊活动，共诊疗211人次，测量血压93人，免费发放药品价值2483.6元。

2009年，县老促会与县民政局、县医院、农工党惠安县总支联合组织医疗队到螺阳镇老区村锦东村开展送医送药下乡义诊活动，共义诊村民129人次，测量血压50人次，免费发放药品价值3200多元。

2010年，县老促会与县民政局、民盟惠安县委会联合组织医疗队到黄塘镇老区村松溪村开展送医送药下乡义诊活动，共义诊村民258人次，B超、心电图检查80余人次，免费发放药品价值3000多元。

至2011年，13年来组织医务人员到老区村为7000多名群众看病，免费赠送药品近10万元，免费送637名白内障患者到市残联康复中心、180医院手术，解决老区群众看病难的问题。

2012年11月，县老促会会同县民政局、县老龄办、农工党惠安县总支联合组织医疗队到螺阳镇老区村东风村开展义诊和健康咨询活动，共义诊病人307人次，赠送药品价值4963元；同时，继续实施白内障复明工程，82名老区村白内障患者经治疗痊愈。

2013年11月，县老促会会同县民政局、老区办、农工党惠安总支联合组织医疗队到涂寨镇老区村瑞东村开展义诊和健康咨询活动，共义诊病人221人次，发放药品价值近2000元；同时，继续实施白内障复明工程，老区村35名白内障患者经治疗痊愈。

三、捐资助学

1997年起，县老促会积极开展捐资助学活动，帮助老区村贫困生入学。

至2005年，县老促会采取从办公经费挤出一点、领导带头捐资、向有关部门争取赞助入手，共筹集资金171400元，资助老区村的 449 名贫困生重返校园。

2006 年,县老促会筹集资金 42500 元,为 100 名残疾人和老区贫困生解决上学经费(其中大学生 2 名,高中生 61 名,初中、小学生 37 名)。

2007 年,县老促会筹集资金 67500 元,助学 183 名。其中黄仲咸助学 78 名,金额 39000 元;县老促会挤出办公经费助学 27 名,金额 7300 元;向县争取资金助学 78 名,金额 21200 元。

2008 年,县老促会积极开展爱心助学工程,从老区建设专项资金中拨出 3.9 万元,资助 39 名老区村贫困大学生入学;黄仲咸教育基金会推荐选定给 78 名老区村品学兼优的学生发放助学金 3.9 万元。

2009—2010 年,县老促会认真做好黄仲咸教育基金会助学金发放工作。2 年来各推荐确定给 78 名老区村品学兼优的学生,各发放助学金 3.9 万元。

2011 年,县老促会继续做好 2011 年度黄仲咸教育基金会助学金的发放工作,推荐选定给 25 名老区村品学兼优的学生,发放助学金 2.5 万元。

2012 年,县老促会继续做好 2012 年度黄仲咸教育基金会助学金的发放工作,推荐选定给 25 名老区村品学兼优的学生,发放助学金 2.5 万元。

2013 年,县老促会与县教育局共同配合,认真做好 2013 年度黄仲咸教育基金会奖学金的发放工作,推荐选定给 25 名老区村品学兼优的学生发放助学金 2.5 万元。

四、开展调研

1997 年 6—7 月,县老促会先后到东岭、山霞、锦川等 3 个镇老区村召开座谈会,与 18 个老区村的党支部书记、村委会主任座谈,着重了解老区村的经济发展情况和近期发展规划。之后,撰写调查报告,及时向县委、县政府和有关部门反映,取得较好效果。

1999 年 5 月,县老促会深入解放战争时期的老区村崇武镇五峰村调研,了解该村改革开放以后如何较快发展经济,成为全县“首富村”的情况。撰写《发扬老区革命传统,艰苦拼搏谱新篇》调查报告,得到上级重视。《福建老区》1999 年第 7 期刊登这个调查报告。7 月初,《泉州晚报》开辟《老区新貌》专栏,摘要刊登这个调查报告。

2001 年,县老促会先后深入东岭镇前林村和螺城镇王孙村,调查这 2 个老区村调整农业结构的情况,并撰写调查报告。其中,《前林老区基点村农业结构调整初见成效》被《红土地》2001 年第 5 期刊登。

2005 年,县老促会通过到山霞镇老区村调研,整理题为《发扬老区革命传统,建设美丽繁荣新山霞》的简报上报,引起省老促会的重视,专门派人前来惠安调研。

2006 年 4 月,县老促会选择比较好的老区村崇武镇五峰村进行建设社会主义新农村的调研。调研组多次到该村进行深入调研,撰写题为《石雕工艺花绽放,老区村里涌春潮》的调查材料,上报省、市老促会。

2007 年,开展以建设社会主义新农村为主题的调研。县老促会先后到五峰、后洋、山霞、下坑、瑞东、曲江、锦水、峰崎、城前等 9 个老区示范村,了解各示范村制订建新村的实施方案的执行情况。这 9 个老区示范村拟定实施项目 104 个,计划投入资金 1999 万元,县乡二级领导对实施项目比较重视,乡镇有分管领导具体抓,县有督查组经常下乡检查,各老区示范村的项目至年底基本完成。

2009 年 11 月中旬,县老促会积极配合市委办、市政府办开展革命老区建设三年规划落实情况督查调研活动。督查调研组采取听汇报、召开座谈会等方式,就党委、政府加大老区基础设施建设投入,落实“八个优先”,加快老区经济社会事业发展等开展调研,并深入梅岭村、山霞村这 2 个老区村实地察看,了解实情,促进规划的落实。

2012 年,县老促会先期深入五峰、大淡、五柳、峰南、后洋、田墘、宣美等老区村开展调研,分别召开座谈会,了解实情,关注老区村新农村建设进展情况,总结典型经验和做法,积极配合市老促会、市老区办开展的“老区村整体推进跨越发展”课题调研。

2013年，县老促会有意识地筛选不同类型的老区村，分别深入五峰、大淡、五柳、宣美、胡厝、彭城等老区村，召开座谈会，了解情况，开展老区村整体推进跨越发展情况调研，履行促进职能。

第三节　第四届工作

一、加强老促会队伍建设

2014年，县委对县老促会换届工作十分重视。首先，调配县委正处级干部林应欣任县老促会会长，加强对换届筹备工作的领导。在县委组织部、老干局，县民政局的大力支持下，换届筹备组本着精干、高效，年龄梯次结构合理、本人愿意服务老区建设事业的原则，推荐4名具备丰富从政经验和企业管理经验的退休副处级干部作为副会长人选，1名惠安知名民营企业家担任副会长，推荐在科技、教育、卫生、农业、林业、电力、税务、财政、环保、发改、水利、经贸、供销、监察、交通、人大等县直部门的退休科级干部或退下来的科级领导担任常务理事，增强老促会人才专业性、广泛性，利于开展各项专项工作。本次换届为加强基层工作，将全县各村(社区)党支部书记或村(社区)委员会主任聘为理事，将39个老区村主干推荐为县老促会理事兼联络员，充实基层老促会队伍，增强建设老区的生机与活力。通过换届，配强配齐县老促会领导班子，得到县委及省、市老促会的充分肯定。

第四届惠安县老促会认真学习贯彻党的十八大、十九大精神，以及中央、省、市、县关于老区建设一系列文件精神，认真学习贯彻中共中央总书记习近平关于老区建设发展、老区脱贫攻坚、传承红色基因的系列讲话精神。在县委、县政府的正确领导下，在市老促会的关心指导下，以贯彻落实中央《关于加大脱贫攻坚力度支持革命老区开发建设的指导意见》和省、市、县《关于加大脱贫攻坚力度支持革命老区开发建设的实施意见》文件精神为根本遵循，定位老促会职能工作，紧紧围绕惠安经济和社会发展大局，本着量力而行、尽力而为的原则，在“老”字上做文章，在“促”字上下功夫，紧密贴近实际，注重实效开展工作，通过深入调查研究，积极沟通协调，主动作为，着力推进精准扶贫和全面小康建设步伐，不断助推惠安老区建设与发展，取得一定的成效。

二、开展政治理论学习

第四届惠安县老促会将老同志的“活到老、学到老、改造到老”作为一种追求和责任。每年制订《惠安县老促会理论学习计划》，要求每星期一作为理论学习日，坚持每周一次专题政治理论学习。除了认真学习中国特色社会主义理论，党的十八大、十九大精神以及中共中央总书记习近平系列重要讲话精神外，重点学习中央、省、市、县关于新形势下指导当前老区工作的文件精神，努力提高、充实自己的政治理论水平、政策水平，做到学以致用，联系实际工作，更好地服务老区建设。

党的十九大召开期间，县老促会组织驻会人员参加观看中央电视台现场直播习总书记代表十八届中央委员会所做的报告，认真学习贯彻党中央的最新精神。同时，县老促会及时将中央、省、市、县关于加大脱贫攻坚力度，支持革命老区开发建设指导意见和实施意见等指导当前老区工作的文件转发到各基层老区村，希望村“两委”、党员、村民代表、老人协会组织学习，及时了解党和政府对老区村人民的关心、关爱，对老区村的扶持倾斜政策，为老区村争取项目、争取资金，为开发建设美丽老区村营造良好的环境，以学习促思想解放，促干部素质提升、作风转变，促工作落实。

三、创立扶困奖学基金会

（一）发放奖学金

2014 年，在第四届惠安县老促会理事会的牵线搭桥下，福建金钳投资有限公司董事长陈照玉捐赠 1000 万元，独资设立惠安县革命老区村“金钳”扶困奖学基金会。这是民营企业家事业有成、回报家乡、关心支持老区村发展的崇高义举，也是县新一届老促会在新的历史时期，围绕县委、县政府中心工作的新举措，更是老促会和民营企业家服务老区建设、帮助老区事业发展，打赢老区脱贫攻坚战的具体行动。经由各老区村“两委”的推荐申报，各镇的初审，学生所在校签署的在校表现情况，县老促会会长办公会议研究审定，37名学生获得首届“金钳”扶困奖学基金会奖学金，每名学生奖励人民币2500元，共发放奖学金92500元。县老促会与教育局配合，认真做好2014年度黄仲咸教育基金会奖学金的发放工作，遴选老区村25名品学兼优的学生每人奖励1000元，共发放助学金2.5万元。

2015年8月，第二届“金钳”扶困奖学基金会举行颁奖仪式，给老区村39名学生颁发荣誉证书及每人2500元奖励金，共发放奖学金97500元。10月，陈照玉获中国老区建设促进会颁发的“全国革命老区减贫贡献奖”。11月，在惠安一中举行2015年度黄仲咸教育基金会发放仪式，给老区村25名品学兼优的学生每人发放1000元奖学金，总共发放2.5万元。

2016年，第三届“金钳”扶困奖学基金会举行颁奖仪式，给老区村39名学生每人奖励2500元，共发放奖学金97500元。11月，在惠安一中举行2016年度黄仲咸教育基金会奖学金发放仪式，给老区村25名品学兼优的学生每人发放1000元奖学金，总共发放2.5万元。

2017年5月31日，县老促会发出《关于认真做好惠安县革命老区村“金钳”扶困奖学基金第四届奖学对象申报工作的通知》。共有39名学生获得第四届“金钳”扶困奖学基金会奖学金，每名学生奖励2500元，计发放奖学金97500元。县老促会与县慈善总会协商，县慈善总会决定计划从2017年至2023年连续7年，每年筹集资金4万元(其中助学2万元、扶困2万元)共28万元助力全县39个老区村扶困、助学。县老促会安排对获得“金钳”奖学金的学生每人配套发放助学金500元，共计发放慈善助学金19500元。县老促会与县教育局密切配合，认真做好2017年度黄仲咸教育基金会奖学金的发放工作，按照省、市老促会分配给惠安的25名奖学名额及有关推荐评选的工作要求，惠安一中推荐8名，惠安三中推荐4名，高级中学推荐4名，嘉惠中学推荐4名，荷山中学推荐3名，惠安二中推荐2名。11月17日，奖学金发放仪式在惠安一中举行，为每位学生发放1000元奖学金，总共发放2.5万元。

2018年8月，举行第五届"金钳"扶困奖学基金会奖学金颁奖仪式，给每位学生奖励2500元，计发放奖学金97500元。县老促会安排对获得"金钳"奖学金的学生每人配套发放助学金500元，共计发放慈善助学金19500元。县老促会与县教育局密切配合，认真做好2018年度黄仲咸教育基金会奖学金的发放工作，按照省、市老促会分配给惠安县的25名奖学名额及有关推荐评选的工作要求，惠安一中推荐8名，惠安三中推荐4名，惠安高级中学推荐4名，嘉惠中学推荐4名，荷山中学推荐3名，惠安二中推荐2名。11月16日，在惠安一中举行奖学金发放仪式，为每位学生发放1000元奖学金，总共发放2.5万元。

"金钳"扶困奖学基金会自2014年设立以来，共举行4届奖学和扶困慰问活动，奖励老区村品学兼优学生156人，发放奖学金39万元；扶助老区村特困家庭156户，共发慰问金39万元。此举引起老区村民的高度关注，得到老区村广大干部、群众的普遍赞誉，社会反映良好。捐资设立基金的金钳集团董事长陈照玉获评全国减贫贡献先进个人，其先进事迹在《中国老区建设》《红土地》杂志上刊登。

（二）优抚救助

2015年，县老促会领导走访全县39个老区村、39户特别困难的群众，每户送去2500元"金钳"扶困慰问金。各帮扶单位共慰问困难群众159户，慰问金12万元。

2016年1月，县老促会到全县39个老区村开展"金钳"扶困慰问活动，慰问全县39个老区村、40户确需要帮助的困难群众，每户慰问2500元，共计发放慰问金10万元。

2017年1月5日，县老促会及办公室有关人员和"金钳"基金捐赠者民营企业家陈照玉，在镇、村干部的陪同下，到革命老区村螺阳镇蒋吴村、崇武镇港墘村，开展惠安县革命老区村"金钳"扶困奖学基金第三届扶困慰问金的发放工作，同时结合走访慰问革命"五老"人员和市老促会挂钩帮扶贫困户。至10日，县老促会分成3个组，由挂钩老区村片区领导带领办公室人员，把惠安县革命老区村“金钳”扶困奖学基金第三届扶困慰问金全部发放到老区村贫困群众家中。此次“金钳”扶困慰问全县39个老区村39户困难群众，每户慰问2500元人民币；重点慰问螺阳镇蒋吴村一陆姓特大病灾户，送去慰问金1万元。

2018年1月，县老促会分成3个组，由挂钩老区村片区领导带领办公室人员，把惠安县革命老区村“金钳”扶困奖学基金第四届扶困慰问金及县老促会、慈善总会扶困基金慰问金全部发放到老区村贫困群众家中。共慰问老区村困难群众79户，合计发放慰问金14.25万元。

四、协调领导现场办公

2014年7月，县委书记肖汉辉带领县直有关部门、县老促会有关人员到崇武镇港墘村、大岞、五峰等3个老区村现场办公，协调解决革命老区村建设中存在的困难和问题。议定县直有关部门及崇武镇负责统筹资金108万元扶持港墘村基础设施及社会事业建设项目，并将崇兴北路主干道路，预算1000多万元的道路建设项目纳入惠安2015年为民办实事项目。11月，肖汉辉又带领县直相关部门、县老促会有关人员到涂寨镇胡厝村、瑞东村现场办公，切实帮助解决这2个村在建设中存在的资金困难和民生问题。议定由县直有关单位及涂寨镇负责统筹105万元，扶持胡厝村水利、道路等基础设施建设及老年活动中心等社会事业建设。全年县委、县政府安排县老促会扶持培育革命老区村基础设施建设或特色产业示范项目50万元。

2015年8月，市老促会拨款2万元支持屿头山烈士纪念碑园的重修建设；县老促会安排3万元补助资金，帮助支持通往解放军庙的道路建设。11月5日，县委书记肖汉辉带领县直有关部门、县老促会有关人员到涂寨镇瑞东村、山霞镇后洋村现场办公，协调解决革命老区村建设中存在的困难和问题。议定县直有关部门及涂寨镇负责统筹资金155万元；县直有关部门及山霞镇负责统筹资金45万元，扶持后洋村老人活动中心及幼儿园配套项目建设，并将飞凤寺至后洋小学道路建设列入县2016年为民办实事项目，赤湖溪、后洋溪整治纳入2016年县小流域整治项目。下半年，县老促会协调组织县、镇、村共投入200多万元，修复崇武港墘“八六”反“围剿”纪念碑及纪念馆。至年底，全年县委、县政府安排县老促会扶持培育革命老区村基础设施建设或特色产业示范项目50万元。

2016年4月，县老促会了解到崇武港墘村崇兴北路主干道尚有500米扫尾工程未铺设，立即协调县政府主要领导及县直有关部门负责人到施工现场协调解决。县委书记现场办公会议定的港墘村老年活动中心投入资金100万元、纪念碑广场投入资金120万元、纪念馆投入资金30万元、崇兴北路建设投入资金240万元、幼儿园建设投入资金10万元，后洋村道路建设投入资金80万元、电力线路整治(供电公司投入200多万元，对该村进行线路缆化)、溪流整治投入资金50万元，瑞东村老人活动中心投入资金250万元、文化广场投入资金125万元，胡厝村道路建设投入资金94万元、溪流整治投入资金132万元等，老区村建设项目基本能够得到落实。9月，县委书记黄文胜带领县直有关负责人到东岭镇湖埭头村、辋川镇后许村调研，协调解决革命老区村发展建设相关事宜，湖埭头村共筹集项目建设资金133万元，后许村122万元。县委、县政府安排30万元支持6个革命老区村为民办实事项目建设，安排县老促会扶持培育革命老区村基础设施建设或宣传培训示范项目50万元，扶持基础设施比较落后的革命老区村，帮助其实施道路硬化、绿化、亮化工程或者扶持培育特色产业基地，兴办社会福利设施等。10月，市老促会给港墘海燕小学捐赠2000多册的图书，价值人民币4万元，建立“爱心图书室”。

2017年，根据县委、县政府为民办实事的工作要求，县老促会、民政局、老区办对各镇上报的2017年老区扶建项目进行逐一调研，筛选确定螺城镇王孙村法制广场道路两侧路灯安装、螺阳镇锦东村前崎坑自然村道路硬化、霞光村灯光篮球场及健身场所建设、山霞村“苏维埃红色政权”纪念馆建设、田墘村下厝排水排污管道铺设工程、涂寨镇瑞东村文化广场宣传栏建设，东岭镇湖埭头村苏维埃广场纪念亭建设、东桥镇东桥村东埭仔自然村道路拓宽、辋川镇后许村新厝自然村至半埭岸自然村污水沟排污整治工程、五柳村好树至惠东快速通道道路(中田公司路段)硬化等 10 个项目为今年县委、县政府为老区办实事项目。每个项目补助 5 万元,共安排 50 万元。县老促会经过调查研究,并征求崇武镇政府同意,与港墘村“两委”形成一致意见,将港墘村原定帮扶项目改为港墘村始建于 1966 年人民公社集体的鱼网厂旧址加固修缮,改造为红色文化旅游景点。8 月 22 日,县委书记黄文胜带领县直有关部门、县老促会到螺阳镇锦水村、螺城镇王孙村现场办公,协调解决革命老区村建设中存在的困难和问题。议定:县直有关部门及螺阳镇负责统筹资金 315 万元,扶持锦水村老人活动中心等项目建设;县直有关部门及螺城镇负责统筹资金 215 万元,扶持王孙村老人活动中心等项目建设。各部门补助资金要确保在 2017 年 9 月 30 日到位,涉及 2017 年项目应确保列入。

2018 年 1 月,县老促会驻会领导冒着大雨,迎着寒风,到螺城镇王孙村、螺阳镇锦水村、崇武镇港墘村等 3 个老区村检查项目建设落实情况。上半年,根据 2018 年县委、县政府为民办实事的工作要求,县老促会会同民政局、老区办对各镇上报的 2018 年老区扶建项目进行逐一调研,筛选确定螺城镇梅山村竹坑塘道路硬化等 10 个项目为 2018 年县委、县政府老区为民办实事项目,每个项目补助 5 万元。10 月 9 日,县老促会与民政局、财政局组织人员实地察看 10 个项目建设完成情况。10 月 22 日,县老促会再次组织人员到锦水村、王孙村检查项目建设落实情况。10 月 26 日,县委书记黄文胜带领县直有关部门、县老促会到东岭镇前林村、山霞镇后洋村现场办公,协调解决革命老区村建设中存在的困难和问题,提出切实可行的帮扶方案,并就如何加快老区建设提出要求。议定:县直有关部门及东岭镇负责统筹资金 150 多万元,扶持前林村林权民故居修复等项目建设;县直有关部门及山霞镇负责统筹资金 140 多万元,扶持后洋村惠东暴动纪念公园等项目建设。会议强调,各部门补助资金要确保在 2018 年 11 月 30 日到位,涉及 2019 年项目应确保列入。

五、开展“一帮一”挂钩扶持

2014年2月24日，县委办、县政府办下发《关于继续开展“一帮一”挂钩扶持革命老区村活动的通知》。县委、县政府决定2014—2016年3年时间内继续开展县直机关单位“一帮一”挂钩扶持革命老区村活动。

2015年，制定《惠安县扶持革命老区建设三年规划》。县老促会协调、配合县财政局等39个县直单位挂钩扶持全县39个老区村，各帮扶单位落实项目资金计达1000多万元。其中，县委办公室筹款25万元，帮助松溪村解决村道建设、安装路灯和饮用水困难问题；县委组织部协助争取水利专项资金90多万元，完成蒋吴溪整治工程；县人大常委会办公室帮助争取180万元资金水土保持项目在大淡村实施。全年慰问困难群众142户，慰问金13万元。

2016年，确定崇武镇港墘村为市老促会第二轮老区村挂钩联系点，2016—2018年挂钩联系3年，每年给予港墘村5万元的项目资金扶持。

据统计，仅第五轮（2014—2016年）实施挂钩扶持活动3年中，全县县直机关39个单位共为被挂钩的老区村筹集项目资金1294.66万元，实施项目建设80个，确实改善老区村的村容村貌和生产生活条件。全县老区村通自然村公路全部硬化，30个老区村被省、市、县评为美丽乡村，占全县老区村总数76.92%。2016年，老区村农民人均收入达到13741元。

2017年5月25日上午，县委、县政府召开县直机关单位开展“一帮一”挂钩扶持革命老区村工作推进会。县委、县政府分管领导对挂钩单位提出要求，强调要明确责任，要结合“两学一做”来抓落实，不能懈怠，不忘初心，扎实工作，身体力行，把各级党委、政府支持老区开发建设的方针、政策落实到基层和老区群众当中去，强力推动惠安县结对帮扶革命老区村活动更加扎实有效地开展。

2018年4月中旬，县老促会会同县民政局（老区办）到县国土资源局、环保局、水利局、广电局等县直部门及山霞镇山霞村、东岭镇前林村等老区村走访核实挂钩帮扶情况，督促帮扶工作抓落实。至4月底，县直机关39个帮扶单位2017年共补助或帮助老区村筹集项目资金475.77万元，走访慰问老区村困难户182户，发放慰问金21.64万元，实施项目建设29个，极大地改善老区村的村容村貌和生产生活条件。

六、组织医疗单位义诊

2014年10月28日，县老促会组织惠兴医院、惠光眼科医院到黄塘镇老区村松溪村举行义诊送药活动。此次义诊活动，为松溪老区村民体检诊疗160多人，其中眼科检查56人，发现白内障患者15人，免费发放价值上万元的药品。

2015年10月，县老促会组织惠兴医院、惠光眼科医院医护人员25人组成医疗队，到螺阳镇老区村锦水村举行义诊送医送药活动，为锦水村民体检会诊90多人，其中眼科检查40人，筛查发现白内障患者8人，免费发放价值近万元的药品。

2016年10月，县老促会组织惠安县医院等的医疗专家、医护人员15人到山霞镇老区村后洋村开展义诊送医送药活动，为后洋村民体检、治疗107人，发放65人次免费药品。

2017年9月22日，县老促会组织泉州德诚医院医疗专家、医护人员20多人到东岭镇湖埭头革命老区村开展义诊送医送药活动。专家医生现场座诊，并且带足药品，确保医生开足处方、村民免费拿到药品，及时化解村民病痛，避免应付走过场。此次义诊共为湖埭头村民体检、治疗165人，发放175人次免费药品，价值5000多元。泉州德诚医院还把价值2000多元的农村常见病药品免费赠送给村卫生所，并嘱咐卫生员继续为村民诊疗免费送医送药，使没有来参加义诊活动的老区村民能够得到诊疗。

2018年11月，县老促会组织县中医院、惠光眼科医院医疗专家、医护人员20多人到东岭镇前林革命老区村开展义诊送医送药活动。此次义诊共为前林村民体检、治疗180人，发放138人次免费药品，价值7000多元。县中医院免费发放中药养生茶180包、健康知识宣传小册子180份。

七、加快革命遗址建设

2014年5月，在县委、县政府的高度重视下，县老促会积极组织协调，促使启动惠安暴动屿头山战斗纪念碑重修工程。重修期间，县委书记肖汉辉、县政府县长洪于权都分别到屿头山现场办公，敲定重修事宜，落实增资拨款。县民政局、老促会、慈善总会等部门纷纷划拨资金，大力扶持，东桥镇政府、屿头山村委会全力实施攻坚项目建设。12月，投资300多万元、占地面积1公顷的重修工程告竣。纪念碑园区内修建纪念亭、纪念碑广场、停车场、铺砌花岗岩护栏的65级台阶，主体纪念碑重新整修，修建道路，并进行绿化、亮化及配套建设防护措施。纪念碑以崭新的面貌呈现在世人面前。

同年，县委书记肖汉辉到港墘革命老区村现场办公，确定扶持港墘"八六"反"围剿"纪念碑园整修等项目建设。县老促会积极协调，有关部门投入190万元，完成纪念碑翻修，新建纪念广场2000平方米和拓展重修200平方米纪念馆。同时，整治纪念碑、纪念馆周边环境。进行配套设施建设，投入300多万元完成港墘老区村老人活动中心建设，投入1000多万元完成纪念碑通往镇区的主干道建设。为红色爱国主义和革命传统教育基地创造良好的环境。

2015年，县委书记肖汉辉到后洋革命老区村现场办公，确定扶持飞凤寺(惠安暴动誓师出发地)至后洋小学道路硬化建设等项目。县老促会积极协调，县电力公司帮扶投入120万元，对道路电线杆的迁移和架设；镇、村及县直有关部门筹集资金165万元，完成对道路进行硬化；整修惠东暴动革命烈士纪念碑，修建纪念广场，修建通往纪念碑、陈列馆的台阶、栏杆。同时，整治飞凤寺周边环境，优化提升管理水平。

2016年，县委书记黄文胜到湖埭头革命老区村现场办公，当场确定湖埭头苏维埃政府纪念馆为惠安县为民办实事项目。县老促会组织协调，县直有关部门大力支持，东岭镇、湖埭头村积极落实项目建设。共投入120多万元，修缮筹划惠安暴动的遗址，仿古重建成立村苏维埃政府的遗址，建设红色文化广场和纪念碑亭。至年底，整个项目竣工。建成后的纪念馆外观朴素大方，结构紧凑，具有传统的闽南风格。湖埭头苏维埃政府纪念馆成为惠安红色传统教育基地之一。

2017 年，县老促会驻会领导与县民政局、财政局，县委党史研究室，东岭镇党委、政府到湖埭头现场调研，听取老区村对项目建设进度情况的汇报，协调解决遇到的困难和问题。在县老促会的协调下，东岭镇政府、湖埭头村“两委”积极抓项目落实，经过半年多时间，在多方面努力下，投入 80 万元，在山霞村原址照原样重建龙江小学，作为“五陈乡苏维埃政府纪念馆”，实现项目当年启动、当年完成、当年见成效的目标任务。

2018 年，县老促会根据县委、县政府 2018 年安排县老促会扶持培育革命老区村基础设施建设或宣传培训示范项目 60 万元的情况，认真进行实地调研，筛选确定帮扶项目：(1)前林革命历史纪念馆补助 10 万元；(2)湖埭头青少年馆(革命传统教育馆)补助 10 万元；(3)后洋惠东暴动纪念馆补助 10 万元；(4)港墘人民公社渔业社纪念馆补助 15 万元；(5)屿头山纪念碑红军庙道路栏杆、环境整治清洁补助 5 万元。各老区村按照各自的项目自筹配套资金。

近几年来，通过对红色纪念碑、纪念馆的修缮和重建，有效地保护红色资源，充分发挥革命传统教育的作用。每年的清明节期间、党建活动日、重要纪念节日，县有关部门、学校师生、涉老部门、干部群众等前往瞻仰、祭奠革命烈士，开展主题党日活动，重温入党誓词的人员络绎不绝。这些阵地已经成为惠安县重要的红色革命传统教育基地，也必将成为惠安县红色旅游的重点线路。形成的红色革命精神，将激励惠安人民积极投身于“创新、升级、海洋、美丽、幸福”五个惠安建设中。

八、深入各老区村调研

2016 年，县老促会深入全县各老区村开展调研，充分进行调查摸底，最后确定崇武镇港墘村为市老促会第二轮老区村挂钩联系点。

2017 年 2 月，县老促会对辋川镇老区村开展系列调研报道活动，总结农业综合开发经验。该镇有 6 个革命老区村，在各级党委、政府和相关部门的扶持下，切实把老区的发展、人民生活的改善时时放在心上，抓在手上，按照“精准扶贫”要求，因地制宜“一村一品”。2016年以来，在优化产业布局、发展乡村生态观光旅游的道路上探索创新，初见成效。例如：泉州市中田农业综合开发有限公司创新拓展经营观理念，在五柳村泉惠石化取土区首期平整土地300亩，园区水泥道路硬化3000多平方米，已投入资金4500多万元，创建智能玻璃温室等高端设施大棚150多亩，种植从台湾引进的火龙果、百香果、杧果、芭乐、人参果、葡萄、释迦等果蔬40多种。通过项目带动取土区复垦，建立高端水果种植示范基地，并创办农田学校，获得惠安县旅游局组织的2016年“乐游风情惠安”乡村旅游经营点二级评定。正在建设创办水上乐园、亲子体验区等已粗具规模。公司计划5年内总投资1.9亿元，结合现代化农业发展新思路，将项目基地打造成叠加休闲、观光、体验生态于一体的现代化农业示范基地。

同年5月下旬至6月上旬，县老促会为更全面了解全县39个老区村精准扶贫、精准脱贫情况，更有效地促进老区村同全县一道进入小康社会，正、副会长分别带领人员，分成4个调研小组对全县39个老区村开展扶贫攻坚专题调研。调研小组在镇、村干部的陪同下，深入老区村组、户，通过召开座谈会、查询扶贫档案、现场交流、入户走访、实地调查等多种方式，开展为期10多天的精准扶贫工作专题调研活动。通过本次老区扶贫调研活动，县老促会进一步深入基层，加强与镇、村干部以及老区村联络员的沟通联系，深入实际了解39个老区村的贫困户情况、各级政府采取的扶贫措施和党的扶贫政策落实情况，指出存在的问题，提出扶贫工作的意见和建议，也对老促会在今后老区村扶贫工作中要更深入更具体，进一步推动惠安县老区村脱贫攻坚工作向更好发展，为县委要求在2017年提前完成脱贫攻坚任务做出应有的贡献。

2018年5月，县老促会为更加注重抢救、保护革命史迹，更加注重挖掘、利用红色资源，更加注重传承、发扬革命精神，组织开展红色资源的传承与保护调研活动。参加调研活动的有县委组织部、党史研究室，县财政局、民政局（老区办）、旅游局、文体局，以及惠安革命历史纪念馆、党建研究会等县直8个部门或单位的领导，东桥、东岭、山霞、螺川等镇分管民政的领导，山霞、湖埭头、港墘、后洋、瑞东、大厅、前林、新亭、宣美、五柳等老区村的县老促会理事（联络员）以及屿头山村“两委”主要负责人，调研实地察看山霞镇山霞村“五陈乡苏维埃政府纪念馆”、东岭镇前林村林权民故居、东桥镇屿头山战斗纪念碑，调查了解当地村干部、群众对红色资源现状、保护、利用的情况，存在的问题以及对红色资源的开发建设的意见和建议，并召开座谈会，探讨当地红色资源开发、保护与传承的意见和建议。结合了解情况，综合各方意见，形成调研报告。11月，县老促会组织人员到山霞镇山霞村、螺川镇峰南村开展老区“美丽乡村”建设工作情况调研，先后参观山霞镇山霞村、螺川镇峰南村，访问当地干部群众、公司管理人员，了解老区村“美丽乡村”建设情况。

九、做好老区宣传工作

几年来，通过编印惠安县老促会工作简讯，积极向《红土地》杂志投稿，争取刊登报道惠安县老区建设工作情况，并积极向“福建老区建设网站”“中国老区建设网站”投稿，邀请本县报刊《惠安乡讯》、广播电视台记者参与老区工作有关的会议和调研活动，并做好新闻宣传报道工作；联系县慈善总会在其基金会刊登民营企业家捐赠老区慈善公益事业活动事迹；联系县党建研究会在其会刊刊登报道惠安县红色遗址的传承与保护；与县党史研究室合作编写出版《惠安革命遗址（老区村）通览》，收集惠安红色革命遗址、老区美丽乡村建设资料上报省老促会，在《福建红色遗产》发表。为更好宣传老区、服务老区、发扬传统、传递经验、探索新路，充分体现县老促会常务理事、联络员工作联动、上下沟通联系，反映老区村新农村建设、红色基因、红色遗址、典型事例，发挥资源共享、宣传引导的作用，县老促会建立网络信息平台。这是宣传惠安县老区工作的有效途径，平台建立后，各老区村纷纷响应，及时将发生在身边的典型事例发布到信息群，为老区开发建设营造良好的宣传氛围。每年征订《中国老区建设》600份、《红土地》1000多份，分送县委、县政府主要领导与分管领导以及各镇、老区村参阅。通过多层次、全方位的宣传举措，发扬惠女精神，继承红色传统，使全县上下进一步了解革命老区的历史贡献，弘扬老区精神，营造促进老区建设的良好氛围，反映老区的发展变化，展示老区的新风貌。县老促会的宣传工作得到省、市老促会的充分肯定，2015 年起受邀为《红土地》协办单位，2018 年继续成为《红土地》协办单位。

第五章　打造“五个惠安”

“十二五”规划期间，惠安经济建设成绩显著，各项社会事业全面进步，社会保持整体和谐稳定。党的十八大以来，在以习近平同志为核心的党中央坚强领导下，面对错综复杂的国际环境和艰巨繁重的国内改革发展稳定任务，惠安奋发图强、砥砺前行，“十二五”规划确定的主要目标任务全面完成，为“十三五”的发展奠定坚实基础。

2016年是“十三五”规划的第一年，全县人民面对宏观环境严峻和要素紧缺的双重压力，在县委、县政府的领导下，积极应对、奋力攻坚，各项事业持续发展，实现“十三五”良好开局。

“十三五”规划期间，惠安老区人民将在习近平新时代中国特色社会主义思想指引下，迈进新时代，开启新航程。在新的发展起点上，坚持“四个全面”战略布局，坚持发展是第一要务，贯彻落实“五大发展理念”，融入“五个泉州”建设，奋力开创“五个惠安”发展新局面，推动现代化工贸港口旅游中等城市建设再上一个新台阶，让革命老区焕发更加耀眼的光彩。

第一节　“十二五”规划圆满完成

“十二五”期间，中共惠安县委、惠安县人民政府深入贯彻落实中共中央总书记习近平系列重要讲话精神和中央、省、市各项决策部署，紧紧团结和依靠全县人民，坚持稳中求进、攻坚克难、改革创新，全县地区发展取得显著成就，经济保持持续快速发展，人均地区生产总值迈上新台阶；经济结构不断优化；经济素质明显提升，科技进步对经济增长的贡献率稳步提高，发展后劲大为增强，一批重大基础设施项目相继建成；对外开放全方位拓展，发展的动力与活力不断增强；人民生活大幅改善，各项社会事业全面进步，社会保持整体和谐稳定。惠安县荣获“世界石雕之都”“国家生态县”等称号。

一、经济建设

坚持做大总量、做优质量，综合竞争力迈上新台阶。2015 年，全县实现生产总值 536.79 亿元，财政总收入 128.27 亿元，一般公共预算收入 25.29 亿元，工业增加值 285.30 亿元，5 年来年均分别增长 12.1%、32.8%、6.7%和 15.3%；县域经济居全国中小城市综合实力“百强县”第 37 位。泉惠、城南、惠东、绿谷、雕艺文创园等园区累计开发面积 21.3 平方千米，中化 1200 万吨/年炼油等 139 个产业项目建成投产，全县规模以上企业 302 家、产值超亿元企业 73 家，石油化工、雕艺建筑、鞋服箱包、食品饮料、五金机械、纸制品六大主导产业产值突破千亿元。命名 31 家大师文化企业和 20 个创客新工场，12 件雕刻精品被国家博物馆永久收藏。达利世纪酒店等 43 个服务业项目建成运营，商贸、旅游、电商等业态加快集聚。获批设立国家级台湾农民创业园，建成农业特色基地 265 个，现代农业发展走在全市前列。

二、城乡发展

按照“城乡一体”总体布局，做优中心城区，做强中心集镇，实施嘉惠片区、黄塘镇区、高铁站前片区和洞口片区等区域改造更新，拆迁房屋 100 万平方米、征收土地近万亩(667 公顷)，中心城区建成区面积拓展至 23 平方千米。累计投入 283 亿元实施重点城建项目 36 个、试点小城镇项目 287 个、交通项目 11 个、市政设施项目 118 个和“美丽乡村”项目 972 个，整治溪流 113.5 千米，造林绿化 5.9 万亩(3935 公顷)，改造石结构房屋 1060 万平方米，全县常住人口城镇化率 63%，建成区人均公园绿地面积 13.2 平方米。

三、改革创新

全面落实 10 个领域 52 项重点改革任务，率先试点 PPP 模式(Public-Private Partnership，政府和社会资本合作)，新增金融和准金融机构 11 家，创新知识产权质押贷款等金融产品，建立企业应急保障金制度，有效支持实体经济发展。实施“三张清单”制度，推行“一照一码”“三证合一”工商登记制度改革，市场主体突破 3.3 万户。完成科技项目150个，设立各级研发中心9个，培育高新技术企业14家、省级科技型企业53家，发展活力持续释放。

四、社会民生

每年把70%以上的本级财力用于社会民生，累计完成为民办实事项目203个，解决一批关系群众切身利益的现实问题。投入47.3亿元优先发展教育，办学条件和教育质量显著提高，顺利通过全国义务教育发展基本均衡评估认定及复检，获评省级教育工作先进县。设计推广惠安城市品牌标识，培育“一村一品”文化示范村56个，实现农家书屋、文化信息资源共享工程点、激情广场建制村全覆盖。公立医院改革先行突破，全县公立医疗卫生机构、村级卫生所实行药品零差率销售。社会保障水平不断提升，投入7.19亿元实施城乡居民基本养老保险和失地失海农民养老保障制度，新农合筹资标准从每人每年290元提高到540元，城市低保、农村低保、农村“五保”供养标准分别从每人每月380元、230元、500元提高到540元、324元和741元。顺利完成“六五”普法，依法治县稳步推进，村村配备视频监控、治安巡逻队，“盗抢”案件数量明显下降，未发生重特大生产安全事故，社会保持和谐稳定。

表5-1　“十二五”规划纲要主要指标完成情况

指标名称	规划目标		完成情况	
	2015年	年均增长	2015年	年均增长
地区生产总值	500亿元 力争达到550亿元	12%以上	536.79亿元	12.1%
人均地区生产总值	7.2万元以上	11%以上	7.22万元	11.3%
财政总收入	65亿元 力争达到85亿元	21%以上	128.27亿元	32.8%
一般预算收入	36亿元	19%以上	25.29亿元	6.7%
农业总产值	33.5亿元	持平	43.01亿元	1.3%
工业总产值	1000亿元	17%以上	1043.76亿元	20.5%

续表

指标名称	规划目标		完成情况	
	2015 年	年均增长	2015 年	年均增长
规模以上工业产值	830 亿元 力争达到 1000 亿元	18%以上	955.31 亿元	22.3%
全社会固定资产投资	350 亿元 力争 400 亿元 5 年累计 1200 亿元	20%以上	250.93 亿元 5 年累计完成 1162.06 亿元	13.7%
实际利用外资	1.89 亿美元 (历史可比口径)	6%	1.22 亿美元 (新口径、验资口径)	44.8%
出口商品总值	6.38 亿美元	8%	7.07 亿美元	8%
第三产业增加值	190 亿元	14%以上	170.50 亿元	7.8%
社会消费品零售总额	180 亿元	15%以上	162.71 亿元	11.2%
农民人均纯收入	14600 元	9%	15970 元	10.8%
城镇居民人均可支配收入	32400 元	9%	35365 元	10.9%

第二节　“十三五”规划精心设计

一、指导思想

“十三五”期间，全县人民要高举中国特色社会主义伟大旗帜，全面贯彻落实党的十九大精神，以马克思列宁主义、毛泽东思想、邓小平理论、“三个代表”重要思想、科学发展观、习近平新时代中国特色社会主义思想为指导，坚持全面建成小康社会、全面深化改革、全面依法治国、全面从严治党的战略布局，坚持发展是第一要务，着力创新发展、协调发展、绿色发展、开放发展、共享发展。认真落实中央和省、市支持惠安发展的重大举措，主动融入创新泉州、智造泉州、海丝泉州、美丽泉州、幸福泉州建设，以转型升级为主线，以提高发展质量和效益为中心，全面推进经济建设、政治建设、文化建设、社会建设、生态文明建设和党的建设，推动现代化工贸港口旅游中等城市建设再上一个新台阶，在省、市发展中多做贡献、发挥重要作用，让革命老区焕发更加耀眼的光彩。

二、主要目标

（一）经济综合实力跨上新台阶

经济保持稳定较快、高于全市平均水平的有质量有效益的增长，经济发展主要指标居于全市前列，力争地区生产总值超850亿元、年均增长9%左右，人均地区生产总值突破10万元；产业迈向中高端水平，培育石油化工、建筑与雕艺超千亿产业集群；结构更趋优化，第三产业比重略有提升，高新技术产业增加值占地区生产总值比重不断提高，发展质量和效益跨上新台阶。

（二）城乡统筹协调取得新进展

“四化同步”扎实推进，优化“一中心、三组团”城市空间布局，增强城市宜居性，提升县城中心区带动辐射能力，新型城镇化加快推进，产城融合特色更加明显，常住人口城镇化率达68.5%左右，户籍人口城镇化率加快提高。

（三）创新创业活力实现新提升

推动制度创新、科技创新、文化创新等上新水平，让创新在全社会蔚然成风。基本形成适应创新驱动发展要求的制度环境，区域创新创业生态体系更趋完善。

（四）改革开放开创新局面

重点领域和关键环节改革取得实质性突破，改革红利充分释放，争取若干领域走在省市前列。开放型经济发展水平全面提高，利用外资、进出口贸易和对外经济规模效益不断提升。对台经贸合作、文化交流更加深入。

（五）人民生活得到新改善

城乡居民收入增长和经济增长同步，至2020年，全体居民人均可支配收入达到3.6万元，比2015年增长40.3%，年均增长7.0%；现行标准下贫困人口全部脱贫，就业、教育、文化、社保、医疗、住房等公共服务体系更加健全，基本公共服务均等化水平稳步提高。人民文明、科学素质和社会文明程度显著提高。法治惠安、平安惠安建设全面推进，人民权益得到切实保障。

（六）生态文明建设取得新成效

争创生态文明先行示范区，资源节约型和环境友好型社会加快建设，生产方式和生活方式绿色、低碳水平上升，系统完整的生态文明制度体系基本建成，可持续发展水平明显提高。主要污染物减排总量控制在市下达的指标内，土地、水等资源利用效率进一步提高。

表 5-2　惠安县“十三五”规划经济社会发展主要指标目标表

<table>
<tr><th>分类</th><th>序号</th><th colspan="2">指标</th><th>2015 年</th><th>2020 年目标</th><th>年均增长</th><th>属性</th></tr>
<tr><td rowspan="7">经济发展</td><td>1</td><td colspan="2">地区生产总值</td><td>536.83 亿元</td><td>＞850 亿元</td><td>9％左右</td><td>预期性</td></tr>
<tr><td>2</td><td colspan="2">人均地区生产总值</td><td>7.2 万元</td><td>＞10 万元</td><td>8.2％</td><td>预期性</td></tr>
<tr><td>3</td><td colspan="2">固定资产投资</td><td>262.23 亿元</td><td>＞500 亿元
五年累计
2000 亿元</td><td>15％</td><td>预期性</td></tr>
<tr><td>4</td><td colspan="2">一般公共预算收入</td><td>25.29 亿元</td><td>33.81 亿元</td><td>6％</td><td>预期性</td></tr>
<tr><td>5</td><td colspan="2">社会消费品零售额</td><td>162.71 亿元</td><td>＞250 亿元</td><td>11％</td><td>预期性</td></tr>
<tr><td>6</td><td colspan="2">外贸出口</td><td>7.07 亿美元</td><td>9.3 亿美元</td><td>5％</td><td>预期性</td></tr>
<tr><td>7</td><td colspan="2">实际利用外资(验资口径)</td><td>1.22 亿美元</td><td>五年累计
4.1 亿美元</td><td>—</td><td>预期性</td></tr>
<tr><td rowspan="7">产业升级</td><td>8</td><td colspan="2">第三产业增加值占 GDP 比重</td><td>31.8％</td><td>35％</td><td>0.64％</td><td>预期性</td></tr>
<tr><td>9</td><td colspan="2">高新技术产业增加值占 GDP 比重</td><td>3.65％</td><td>＞5％</td><td>0.27％</td><td>预期性</td></tr>
<tr><td>10</td><td colspan="2">轻重工业比例</td><td>40∶60</td><td>30∶70</td><td>—</td><td>预期性</td></tr>
<tr><td>11</td><td colspan="2">全员劳动生产率</td><td>10.0 万元/人</td><td>15.3 万元/人</td><td>8.5％</td><td>预期性</td></tr>
<tr><td>12</td><td colspan="2">互联网普及率</td><td>—</td><td>72％</td><td>—</td><td>预期性</td></tr>
<tr><td>13</td><td colspan="2">规模以上工业研发经费投入占其增加值比重</td><td>0.5％</td><td>2.5％</td><td>0.4％</td><td>预期性</td></tr>
<tr><td>14</td><td colspan="2">每万人发明专利拥有量</td><td>0.88 件</td><td>1.2 件</td><td>6.4％</td><td>预期性</td></tr>
<tr><td rowspan="4">城市建设</td><td rowspan="2">15</td><td rowspan="2">城镇化率</td><td>常住人口</td><td>55.4％</td><td>68.5％</td><td>2.6％</td><td rowspan="2">预期性</td></tr>
<tr><td>户籍人口</td><td>16.9％</td><td>33.3％</td><td>3.28％</td></tr>
<tr><td>16</td><td colspan="2">中心城区建成区面积</td><td>23 平方千米</td><td>30 平方千米</td><td>5.5％</td><td>预期性</td></tr>
<tr><td>17</td><td colspan="2">中心城区建成区人口</td><td>21 万人</td><td>29 万人</td><td>6.7％</td><td>预期性</td></tr>
</table>

续表

分类	序号	指标		2015 年	2020 年目标	年均增长	属性
社会民生	18	全体居民人均可支配收入		25882 元	36300 元	7%	预期性
	19	恩格尔系数		36%	35%	-0.2%	预期性
	20	城镇新增就业人数		1.2 万人	五年累计新增 6 万人	—	预期性
	21	贫困人口减少		—	2017 年全面消除贫困人口	—	约束性
	22	城镇基本社保综合增长率		—	比 2015 年增长 11.7%	—	预期性
	23	保障性住房覆盖率		12.94%	23.13%	2.04%	约束性
	24	农村集中供水率		75%	90%	3%	预期性
	25	每万人口接受高等教育人数		710 人	750 人	1.1%	预期性
	26	每千人口医疗机构床位数		3.84 张	4.7 张	4.1%	预期性
	27	每千人口执业(助理)医生数		1.44 人	1.8 人	4.6%	预期性
	28	每千名老年人拥有的养老床位数		20 张	35 张	11.8%	预期性
	29	基层民主参选率		89%	90%	0.2%	预期性
生态文明	31	耕地保有量		23.42 万亩	22.50 万亩	-0.01%	约束性
	32	万元 GDP 用水量		42 立方米	30 立方米	-6.5%	约束性
	33	单位 GDP 能源消耗		0.326 吨标准煤/万元	完成市指标	—	约束性
	34	单位 GDP 二氧化碳排放降低		—	完成市指标	—	约束性
	35	森林发展	森林蓄积量	38.44 万立方米	40.69 万立方米	1.1%	约束性
			森林覆盖率	31.3%	31.3%	持平	
	36	城市空气颗粒物(PM2.5)浓度(mg/m^3)		—	完成市指标	—	约束性
	37	海水水质达到或优于二类水质标准的海域面积比例		97%	75%	-4.4%	约束性
	38	主要污染物排放减少	二氧化硫排放量	1%	完成市指标	—	约束性
			化学需氧量排放量	2.5%	完成市指标	—	约束性
			氮氧化物排放量	0.5%	完成市指标	—	约束性
			氨氮排放量	3.5%	完成市指标	—	约束性

三、发展定位

（一）全国重要石油化工产业基地

充分发挥临港靠海、现有产业基础的优势，抓龙头、铸链条、建集群，大力发展石油化工、化工新材料等产业，打造上下游一体、横纵向共生的多产品链、多产品集群，建设成为全国重要的石油化工产业基地。

（二）全国知名滨海度假文化旅游目的地

充分发挥自然、人文等旅游资源独特的优势，全面展示“惠女民俗”“惠安雕艺”“崇武古城”“最美海岸”等品牌魅力，大力推进旅游业提质增效升级，建设成为国内知名、省内一流的滨海度假文化旅游目的地。

（三）全省传统产业创新转型试点

充分发挥传统产业基础较好、特色明显的优势，率先引领石雕业、建筑业与文化创意等产业融合发展，大力推动建筑、石雕、鞋服箱包、食品饮料等产业技术创新、产品创新和业态创新，建设成为全省传统产业创新转型试点。

（四）全省区域性综合物流中心

充分发挥交通区位、综合运输通道的优势，依托铁路、公路、港口，加快推进综合交通枢纽建设，完善仓储、配送、转运等物流设施，促进多种运输方式顺畅衔接和高效中转，建设成为全省区域性综合物流中心。

（六）泉州北翼新城核心区

充分发挥位于泉州中心市区北翼、环泉州湾北端的优势，以争创全国文明城市、生态文明先行示范区为抓手，完善城市管理长效机制，持续推进美丽乡村建设，加强生态建设和环境保护，优化美化人居环境，发动全社会参与建设生态宜居幸福家园。

四、主要任务

（一）加快经济转型升级

1.大力发展先进制造业

坚持走新型工业化道路，按照“做强存量、优化增量、壮大总量、提升质量”的要求，打造海峡西岸重要的先进制造业基地。培育1000亿元石油化工以及250亿元鞋服箱包、200亿元石雕石材、150亿元食品饮料和60亿元纸制品产业；力争主营业务收入超亿元企业100家，其中超10亿元企业20家、超50亿元企业4家。至2020年，全县工业总产值达到2000亿元，年均增长15％左右。

推动制造业转型升级、提质增效。至2025年，石油化工业方面达到每年3000万吨炼油、200万吨乙烯和200万吨芳烃生产能力。

2.积极发展现代服务业

坚持以市场化、产业化、社会化为导向，提升服务业对经济增长的贡献率。至2020年，服务业增加值占生产总值比重达到35％，年均增长9％。

3.加快发展现代农业

努力实现农业强、农民富、农村美，为“四化同步”发展和全面建成小康社会提供坚实保障。至2020年，全县农业总产值稳定在42.7亿元左右。

“十三五”期间，全县粮食播种面积稳定在26.8万亩左右，粮食总产量稳定在8.2万吨左右，肉蛋奶总产量稳定在3.16万吨左右，水产品总产量保持在24万吨左右，渔业产值达到30亿元。

4.提升发展优势建筑业

坚持以规模化、标准化、融合化为导向，依托“中国建筑之乡”的品牌效应，充分发挥建筑业的实力优势、品牌优势，做大建筑业规模，做强建筑业企业，延伸建筑业链条，推进建筑业创新，拓展建筑业市场，加快发展地方特色明显、文化内涵丰富、市场前景广阔的新型建筑产业。至2020年，全县建筑业施工总产值达到1000亿元，年均增长15％左右。

表 5-3　2018—2020 年主要经济指标发展目标

指标名称	2018 年		2019 年		2020 年	
	绝对数（亿元）	可比增速（%）	绝对数（亿元）	可比增速（%）	绝对数（亿元）	可比增速（%）
地区生产总值	780	8.7	880	8.7	1000	8.7
农业总产值	51.2	5.0	53.8	4.0	56.5	4.0
工业增加值	420	8.4	470	8.4	600	8.4
工业总产值	1440	14.3	1600	14.2	2000	25.0
第三产业增加值	240	10.0	285	10.0	340	10.0
一般公共预算收入	37.7	6.8	41.0	9.0	50	22.0
居民人均可支配收入	32369	7.5	34797	7.5	37407	7.5

（二）推进城乡协调发展

1.加快建设现代城镇

至 2020 年，中心城区建成区面积达到 30 平方千米，建成区人口达 29 万人，全县常住人口城镇化率达到 68.5%，户籍人口城镇化率达到 33.3%。

2.持续建设美丽乡村

提升新农村建设水平，加强村庄规划管理，打造一批美丽乡村示范村、特色村；提升乡村人居环境，培育乡村和谐文明新风尚，至 2020 年，实现生活垃圾处理率达 99%以上。

3.稳步推进城乡一体化

逐步推进城乡发展规划、城乡产业布局、城乡基础设施、城乡公共服务、城乡社会管理一体化。

（三）保障和改善民生

1.加强科技创新能力建设

加快提升科技创新能力，推进产学研深度融合，优化创新创业环境，加速集聚创新人才资源。

2.推进教育优质均衡发展

坚持教育优先发展，健全现代国民教育体系，加强教师队伍建设。

3.提升医疗卫生服务水平

健全公共卫生服务体系，至2020年，每千人口医疗机构病床数达4.7张，每千人口执业（助理）医师1.8人，每千人口注册护士2.3人，每千人口公共卫生人员0.77人，每万人口全科医生2.7人。

优化基本医疗服务网络，继续推进基层医疗卫生机构建设，使每个镇有一所标准化卫生院，每个建制村有一个规范化卫生所（室），每个社区有卫生服务中心和社区卫生服务站。

推进基本医疗服务均等化，全面推进基础医疗卫生机构改革，创新和完善社区卫生服务模式。

加强医疗卫生人才建设，加强以全科医生为重点的基层医疗卫生人才队伍建设，加强医疗卫生重点学科和骨干人才引进。

促进人口长期均衡发展，“十三五”期间，预期人口自然增长率11‰，期末常住人口保持在80万人左右。

4.增强公共文体服务能力

保护传承发展特色文化，主动融入“东亚文都·海丝泉州”，打造“惠女”“惠雕”“惠建”等特色文化品牌；加强传统技艺传承人的培养、培训，广泛开展流动文化服务，进一步提升惠安文化软实力。

加强公共文化设施建设，加大公共文化设施建设力度，实施文化惠民工程，加大政府向社会力量购买公共文化服务力度。

加快发展体育事业，加强公共体育设施，特别是农村体育设施、社区健身场所等建设，继续实施《全民健身计划纲要》，大力推广校园足球和社会足球，保护发展民间传统体育项目，加快竞技体育发展。

5.完善就业和社会保障体系

深入实施就业优先战略，加强就业创业服务和职业培训，加强对就业困难人员的就业援助。

完善基本社会保险制度，实施全民参保计划，实施城乡居民大病保险制度，完善城乡医疗救助制度，完善城乡低保制度。

健全新型住房保障制度，推行以公租房为主要保障方式的新型住房保障制度,继续推进城乡危、旧房等改造。

发展社会救助、社会福利和慈善事业,推进城乡一体化社会救助体系建设,完善专项救助机制,做好优抚安置工作,健全社会福利服务体系。

深入推进精准扶贫、精准脱贫,确保全县贫困人口全部脱贫,加快县域同步全面建成小康社会进程。

(四)提升可持续发展能力

1.推进资源节约集约利用

土地资源方面,节约集约高效使用土地,降低土地资源消耗强度。至2020年,耕地保有量保持在22.5万亩。

水资源方面,全县用水总量控制在2.53亿立方米以内。工业用水重复利用率达到75%以上,万元工业增加值用水量降低到60立方米以下;农田灌溉设计保证率90%以上,灌溉水有效利用系数提高到0.55以上。

矿产资源方面,提高矿产资源开采回采率和综合利用率,高效利用矿产资源。

海洋资源利用方面,实现集中集约用海。加强海洋生物多样性、重要海洋生态环境和海洋景观的保护,使海洋生态环境不受破坏。

2.强化环境综合整治

强化工业点源污染防治,全面推进主要污染物总量减排,实施大气污染防治行动计划,实施工业污染源全面达标排放计划。

推进农业面源污染治理,实施耕地质量保护与提升行动,推进畜禽规模化、标准化养殖,推广农业废弃物资源化利用。

加强城镇生活污染治理,切实抓好大气污染防治,提升污水、垃圾处理能力和水平,整体提升城镇市容保洁水平。

加强农村生活污染治理,开展农村人居环境综合整治,着力解决农村安全用水问题,推广普及农村卫生厕所。

加强水污染防治,至2020年,实现县城区污水集中处理率达88%,重要河道水功能区水质达标率87%以上。确保城乡集中式饮用水水源地达标率100%。

加强海洋污染防治，开展蓝色海湾整治行动，加强港口和船舶污染防治，大力推进海域污水处理、生活垃圾处理设施建设，加强海水养殖海域环境整治。

3.加强生态保护修复

加强生态修复，继续推进国家可持续发展实验区建设，加强防灾减灾能力建设，完善生态环境保护管理体制。

加强森林保护，巩固国家级园林县城成果，创建省级森林县城。至2020年，全县森林覆盖率稳定在31.3%，建成区人均公园绿地面积12.5平方米，道路绿化率提高至81%，水岸绿化率提高至80.9%。

加强水土保持，继续抓好重点区域的水土保持，加强矿山迹地生态修复和海砂开采退化区综合整治。

加强海岸带、近岸海域生态系统保护与修复，实施严格的围填海总量、自然岸线控制制度，推进滩涂地段红树林种植。

（五）增强发展动力和活力

1.推进重点领域改革

深化行政管理体制改革，依法公开县级政府管理权限和流程，实施行政审批目录化管理，理顺县镇两级政府的职责边界，加大村级财政转移力度。

深化金融服务实体经济改革，加大金融机构对实体经济支持力度，畅通民间资本对接实体经济渠道。

深化民营经济综合配套改革，推进民营企业制度创新，推动民营企业做大做优做强。

深化农村土地制度改革，引导农民以多种方式流转承包土地的经营权。建立农村土地承包经营权流转服务平台和农村产权交易中心。

推动军地融合发展，进一步规范国防动员建设和运行机制，引导经济社会领域更好地服务国防建设。

2.提升对外开放层次

积极融入“海丝”先行区建设，拓展与世界各国特别是“海丝”沿线国家和地区全方位、多层次、宽领域的交流合作。

推进对外贸易转型升级，加大国际市场开拓力度，大力调整出口结构，把跨境贸易电子商务打造成外贸新增长点。

提高利用外资水平，鼓励外商投资企业设立创业投资基金和股权投资基金。鼓励在境外上市企业“返程投资”。

推动企业“走出去”，鼓励有条件的民营企业到境外参与资源开发、承包建筑工程等，开展国际化经营。

3.深化台港澳侨合作

深化对台交流合作，吸引台湾大企业、好项目入驻，推进与台湾现代农业对接合作，推进对台文化交流交融。

拓展与港澳经济合作，加强与港澳投资贸易促进机构、组织的合作，加快引进和形成新行业、新业态、新商业模式。

继续用好侨力资源，密切与海外侨界社团、华裔新生代、新移民联系交往，鼓励和引导更多的海外侨胞回乡投资创业。

（六）推进社会治理法制化

1.推进法治惠安建设

维护宪法和法律权威，坚持依宪治县，健全宪法、法律实施监督机制。

深入推进依法行政，加快建设法治政府，深化行政执法体制改革。

保证公正司法，优化司法职权配置，完善对司法活动的法律和社会监督。

推进全民守法，健全普法宣传教育机制，增强全民法治观念。

2.推进社会治理创新

完善社会治理体系，加快形成党委领导、政府负责、社会协同、公众参与、法治保障的社会治理体制，构建全民共建共享的社会治理格局。

健全社会治理机制，建立健全相关机制，维护社会稳定。

加强社会综合治理，全力推进“平安惠安”建设，贯彻落实“党政同责、一岗双责”刚性要求，切实维护人民生命财产安全，全力推进

“平安惠安”建设。

3.推进精神文明创建

积极争创全国文明城市，提高城乡居民文明素质，营造良好社会风尚。

持续深化公民思想道德建设，在全社会形成讲公德、讲秩序、讲礼让、讲和谐的氛围。

持续开展基层基础创建活动，促进县域精神文明创建活动共建共享。

持续推进志愿服务制度化建设，开展各种形式的志愿服务活动。

持续加强未成年人思想道德建设，切实为未成年人办实事、办好事，推动全社会共同关心未成年人的健康成长，创建省级未成年人思想道德建设先进县。

（七）推进基础设施现代化

1.完善综合交通设施

继续推进境内铁路建设，加快推进公路路网建设，加快码头泊位建设，重点抓好泉惠石化工业区液体化工码头、中化乙烯和热电联产项目配套码头等建设，配合做好泉州新机场规划建设，增强陆海空港枢纽功能。

2.提升水利基础设施

加快建设“五库连通”工程、惠东应急备用水库等一批重点水利工程。全面完成中小河流治理、海堤及病险水库（闸）除险加固等建设任务。加快推进外走马埭海堤等重点堤段防洪治理工程。积极配合推进惠女水库分别至黄塘溪输水工程、至菱溪水库输水工程建设。

3.强化能源基础设施

新建220千伏输变电站1座和110千伏输变电站4座，扩建110千伏输变电站1座。新建惠安尖峰风电场、大寨风电场和泉惠石化工业区风电项目。推进新一轮农村电网改造升级工程，推进泉惠石化工业区热电联产项目建设；推进城南水厂三期扩建和第三水厂项目建设，推进西气东输三线惠安段、海西天然气管网支线惠安段等项目建设。

4.建设宽带信息设施

促进光纤网络和新一代移动通信网络融合发展，全面提升宽带网络接入速度和质量。实现公共服务网络平台互联互通。实现城镇光纤到户、农村宽带进村。加快智慧城市建设。

第三节　2016年良好开局

2016年，面对宏观环境严峻和要素紧缺的双重压力，全县人民在县委、县政府的领导下，积极应对、奋力攻坚，各项事业持续发展，实现“十三五”规划的良好开局。

一、经济发展稳中有进

出台推进供给侧结构性改革实施意见及降低企业成本等11项政策措施，兑现各级扶持资金4.63亿元，帮扶企业有效应对经济下行压力，全县实现工业增加值311.10亿元、增长9.0%。开展项目建设攻坚会战活动，完成全社会固定资产投资274.10亿元，100万吨乙烯及炼油改扩建项目获中化集团立项，17个石化中下游项目投产3个、投建12个，石化产业产值超400亿元。达利、惠泉、回头客等龙头企业加快产品研发和技术改造，市场销售保持稳定，食品饮料业产值超80亿元。雕艺文创园入驻项目37个、投建18个，大力引导石雕企业向高端化、艺术化、个性化和高附加值方向转型，石雕产业产值超200亿元。惠东建筑产业化基地及3个现代化试点项目启动建设，建筑企业加快“走出去”步伐，积极拓展“一带一路”沿线国家和地区市场，建筑业施工产值超500亿元、回乡缴纳所得税3.8亿元。出台电子商务发展10条措施，成立县级电商协会，设立电商虚拟产业园，引导企业线上线下融合发展，电商交易额超100亿元。通过省级旅游标准化试点县评估验收，建成旅游集散中心，新增2个省级观光工厂，举办“海丝泉州·风情惠安”旅游推介会，全年接待境内外游客722万人次、增长20.5%，实现旅游收入57.6亿元、增长20.5%。

表 5-4　2015—2016 年惠安县综合经济主要指标

指标名称	2016 年	2015 年	为 2015 年的百分比（%）
全县收入总值（现价）	6266807 万元	5810320 万元	109.5
全县生产总值（现价）	5783640 万元	5367911 万元	109.6
其中：第一产业	235609 万元	235700 万元	106.5
第二产业	3725433 万元	3427026 万元	110.1
其中：工业	3111000 万元	2853037 万元	110.8
第三产业	1828598 万元	1705005 万元	109.0
人均 GDP	78601 元	72198 元	107.1
总消费	1961119 万元	1769426 万元	111.1
其中：居民生活消费	1587258 万元	1472776 万元	108.5
工业总产值	11011110 万元	10437576 万元	106.8
规模以上工业总产值	10149380 万元	9553089 万元	107.6
建筑企业业总产值	5016175 万元	5229965 万元	95.9
全社会固定资产投资完成额	2741041 万元	2509268 万元	109.2
运输：客运量	1322 万人	1648 万人	80.2
货运量（含水运）	604.87 万吨	603.76 万吨	100.2
境内公路里程	921.2 千米	911.2 千米	101.1
境内铁路里程	44.1 千米	44.1 千米	100.0
高等级公路里程	818 千米	813 千米	100.6
邮政业务总量	4089.3 万元	3438 万元	118.9
电信业务收入	30425 万元	29908 万元	101.7
电话用户总数	17.01 万户	19.49 万户	87.3
社会消费品零售额	182.64 亿元	162.71 亿元	107.6
旅游总收入	58.57 亿元	47.82 亿元	122.5
旅游人数	699.43 万人次	599.35 万人次	116.7
新批利用外资合同数	5 个	8 个	62.5

续表

指标名称	2016 年	2015 年	为 2015 年的百分比(%)
三资企业总产值	133.82 亿元	125.12 亿元	107.0
本年度合同外资总额	8313 万美元	16159 万美元	51.4
本年度实际利用外资(验资口径)	13392 万美元	12161 万美元	110.1
出口(海关统计数)	46384 万美元	70656 万美元	65.6
“三来一补”合同数	7 份	10 份	70.0
“三来一补”合同成交额	320 万美元	480 万美元	66.7
实际工缴费	158 万美元	377 万美元	41.9
财政总收入	839846 万元	1282652 万元	65.5
公共财政预算收入	340789 万元	252934 万元	134.7
财政总支出	568150 万元	494155 万元	115.0

二、城市提升步伐加快

编制城乡总体规划，完成城市景观、中心城区停车场等 8 个专项规划，修编东岭、净峰 2 个镇总体规划。城南新区、洞口片区安置房项目竣工，群众顺利回迁。24 个城建重点项目完成投资 29.6 亿元，46 个试点小城镇项目完成投资 13.6 亿元，县道 310 线辋川至紫山段建成通车，动车站综合交通枢纽主体竣工验收，惠东应急水库及“五库连通”工程开工建设。新建公交停靠站 51 座、公交首末站 3 个，新增停车位 4043 个，打通 9 处城区“断头路”。完成溪滨公园、中新花园提升工程，新增城区绿地面积 40 亩(2.67 公顷)。加强城市精细化管理，理顺老旧小区物业管理等 13 项城市管理职能，开展城市管理综合考评，数字城管平台投入运行。常态化开展八大系列专项整治行动，清理违章广告牌 619 个，纠正占道经营点 974 处，拆除“两违”建筑 48.5 万平方米。

三、农业农村工作扎实推进

兑现支农惠农补贴 2177.6 万元，完成粮食产量 8.2 万吨。大力鼓励农业规模化生产，流转土地 3050 亩（202 公顷），新建智能温控大棚 973 亩（约 65 公顷），台湾农民创业园新引进优良品种 7 个。新建钢质渔船 6 艘，改造工厂化养殖池 7000 平方米。崇武国家中心渔港项目申报验收，完成崇武渔港经济区概念规划。8 个“美丽乡村”示范村和 33 个整治村的 107 个项目完成投资 1.2 亿元。全面铺开农村土地承包经营权确权登记颁证工作，累计确权土地 8 万亩（5336 公顷）。打好脱贫攻坚战，落实挂村包户责任制，兑现各类扶贫资金 1412 万元，年度脱贫 5000 人。

表 5-5　2015—2016 年惠安县农业农村经济主要指标

指标名称	2016 年	2015 年	为 2015 年的百分比（%）
农业总产值	460843 万元	430090 万元	100.5
农业:农作物耕种面积	455989 亩	457306 亩	99.7
粮食总产量	80165 吨	80903 吨	99.1
水果产量	10151 吨	10286 吨	98.7
肉类产量	16844 吨	20389 吨	82.6
蔬菜总产量	102397 吨	100045 吨	102.4
奶类总产量	23 吨	22 吨	104.5
禽蛋产量	2152 吨	2116 吨	101.7
水产品产量	252876 吨	248434 吨	101.8
农林牧渔业总产值	460843 万元	430090 万元	103.5
林业	367 万元	515 万元	72.4
畜牧业	71951 万元	74610 万元	88.9
渔业	308445 万元	280296 万元	102.6
农林牧渔服务业	13600 万元	12400 万元	107.7

四、绿色发展取得实效

编制生态文明示范县建设规划，开展“碧水蓝天净土”行动，生态环境质量持续改善。建成黄塘溪 10 千米安全生态水系，12 个近海水域水环境综合治理项目完成投资4357万元。实施泉三高速南惠支线惠安段生态提升等7个重点绿化项目，创建“四旁”绿化示范村51个，新增造林绿化面积8937亩(596公顷)，恢复废弃矿山植被236亩(15.74公顷)，治理水土流失8040亩(536公顷)。铺设污水管网30千米，县城污水集中收集率86%。出台主要污染物减排财政以奖代补政策，15家企业实现清洁能源替代，16家企业通过市场化交易取得排污指标。持续开展大气污染专项整治，关停“石粉尘”企业38家，整治油烟污染餐饮单位63家，淘汰黄标车869辆。泉惠石化园区入选全省首批绿色开发区示范区。

五、社会民生保障有力

投入37.2亿元用于社会民生建设，完成42个为民办实事项目。实施更加积极的就业政策，新增城镇就业人数1.1万人、登记失业率1.08%。建设6所镇级第二中心幼儿园，建成9个中小学新改扩建项目。高考再创佳绩，本科上线率达76.2%。完成县体育中心整修工程及县群艺馆改造，新建镇级文化站2个、标准化篮球场12个、健身路径36条。第三届“薯花文艺奖”表彰文化精品35件。5项公立医院综合改革任务扎实推进，建立县镇医疗联合体，形成公立医院与民营医疗机构相互补充、共同发展格局。实行家庭医生签约服务制度，进一步减轻群众就医负担。落实“全面两孩”政策，计生政策符合率91.34%。出台完善城乡居民医疗救助体系实施意见，发放困难群众医疗救助金1317万元。建成19个城乡居家养老服务中心，为3985名70周岁以上老年人购买居家养老服务。改造石结构房屋413万平方米、农村危房500户。实施“平安惠安”三级联创行动，深化“三个千万”活动，持续开展“盗抢骗”“黄赌毒”和非法传销、安全生产、道路交通、食品药品安全等专项整治，群众安全感和满意率得到提高。此外，国防动员、军民融合、支前双拥、防汛防台、民族宗教、侨台外事、广播电视、档案方志、慈善、老龄、妇女儿童、残疾人等工作取得新成绩。

表 5-6　2015—2016 年惠安县社会事业主要指标

指标名称	2016 年	2015 年	为 2015 年的百分比（%）
学校总数	185 所	184 所	100.5
其中：普通中学	37 所	37 所	100.0
职业中学	3 所	3 所	100.0
小学	135 所	135 所	100.0
其他	10 所	9 所	111.1
普通中小学在校学生数	89681 名	85767 名	104.6
其中：普通中学	33633 名	32754 名	102.7
小学	56048 名	53013 名	105.7
普通中学小学教职工数	6550 名	6536 名	100.2
其中：普通中学	3488 名	3481 名	100.2
小学	3062 名	3055 名	100.2
普通中学小学专任教师总数	6046 名	6071 名	99.6
其中：普通中学	3177 名	3184 名	99.8
小学	2869 名	2887 名	99.4
普通中学小学毕业生数	17982 名	17478 名	102.9
其中：普通中学高中	3203 名	3365 名	95.2
普通中学初中	7358 名	6615 名	111.2
小学	7421 名	7498 名	99.0
普通中学小学招生人数	22403 名	21773 名	102.9
其中：普通中学高中	4671 名	4124 名	113.3
普通中学初中	7067 名	7021 名	100.7
小学	10665 名	10628 名	100.3
小学学龄儿童净入学率	100.0%	100.0%	—
各类技术合同签订数	4 份	1 份	400.0
广播综合覆盖率	99.88 名	99.85 名	—
电视综合覆盖率	99.88 名	99.85 名	—
常驻总人口	75.1 万人	74.6 万人	100.7

续表

指标名称	2016 年	2015 年	为 2015 年的百分比（%）
城镇化率	56.6 名	55.4 名	—
在岗职工年末人数	213684 人	189668 人	112.7
在岗职工年平均人数	211590 人	183982 人	115.0
从业人员平均工资	57129 元	58047 元	98.4
其中：企业从业人员	55853 元	56771 元	98.4
在岗职工年平均工资	57628 元	58562 元	98.4
其中：企业职工年平均工资	56075 元	56981 元	98.4
城镇居民人均可支配收入	37526 元	35365 元	106.1
农村居民人均可支配收入	17336 元	15970 元	107.4
城镇居民消费支出	1097743 元/人	1007185 元/人	108.2
农村居民消费支出	489542 元/人	465591 元/人	105.6

第四节　老区建设发展规划

一、指导思想

2019 年 3 月 10 日下午，中共中央总书记习近平参加福建代表团审议，就促进老区苏区发展做出重要指示。习近平要求，要饮水思源，决不能忘了老区苏区人民。要梳理排查、抓紧工作，确保老区苏区在全面建成小康社会进程中一个都不掉队。要坚持精准扶贫、精准脱贫，找到问题根源，增强脱贫措施的实效性。各级领导干部要有不怕疲劳、连续作战的顽强作风，深入一线，深入群众，及时解决脱贫攻坚中的难点问题，确保各项目标任务如期完成。加快老区苏区发展，要有长远眼光，多做经济发展和生态保护相协调、相促进的文章，打好污染防治攻坚战，突出打好蓝天、碧水、净土三大保卫战。要以党的政治建设为统领，全面落实新时代党的建设总要求，全面推进党的各方面建设，以坚强有力的党组织确保工作任务落实。习近平的这些讲话为我们开展革命老区工作指明方向。

发展规划老区建设要以习近平新时代中国特色社会主义思想为指导，深入贯彻党的十九大精神，按照党中央、国务院、省委、省政府和市委、市政府决策部署，继续加大力度支持革命老区开发建设，进一步明确扶持革命老区建设的目标任务和各成员单位的职责要求，调动各方力量，扶持革命老区基础设施建设提升，加快发展老区现代产业，促进老区群众持续增收，强化老区公共服务与文体事业健康发展，推进生态文明建设，构建老区和谐社会，实现全县老区经济社会持续协调发展。

二、工作目标

以改变我县老区村发展面貌为目标，进一步加大政策支持力度，在实施精准扶贫、精准脱贫的基础上，着力加快基础设施建设提升，着力扶持现代产业发展，着力推进生态文明建设，着力保障和改善民生，着力加快改革创新步伐。到 2020 年，实现全县老区村综合经济实力显著增强：基础设施体系趋于完善，现代综合交通运输体系和能源保障体系基本形成；特色优产业进一步发展壮大，现代产业体系基本建立；生态环境得到最大限度的保护；城乡基本公共服务更加均等，教育和文化体育事业持续健康发展；老区革命精神得到弘扬，全社会关心、支持老区建设氛围良好；居民收入增长与经济发展同步，人民生活水平不断提高，现行扶贫标准的农村贫困人口全部脱贫并巩固稳定，农民人均可支配收入增长幅度高于全县平均水平，基本公共服务主要领域指标达到全县平均水平，与全县同步进入小康。

三、工作重点

（一）加强老区村基础设施建设

第一，推进综合交通体系建设。提升老区村重要通道通行能力，加强老区村国省干线公路建设，拓改提升交通拥堵和瓶颈路段，提高老区三级及以上公路比重；推进老区村公路提级建设、单车道拓宽改造和联网路建设，促进老区村公路建管养运协调发展。推进干线铁路以及港口支线和专用线规划，加快辖区内普通国、省干线路网等项目建设，大力完善老区村公共基础建设。

第二，推进能源基础设施建设。支持老区村适度发展绿色火电，有序推进陆上风电规模化开发、生物质发电和地热能等示范项目的开发利用，积极发展太阳能光伏发电等分布式能源。加快推进农村电网改造升级工程，争取上级资金，优先投资扶持老区村。通过逐步增加变电站布点、优化配电网架结构、合理规划低压区布点、加大老旧设备改造力度等措施，解决老区村"低电压""卡脖子"、重过载问题，全面提升老区村农网电能力。

第三，推进水利基础设施建设。不断加强全县小溪流整治力度，推进万里安全生态水系建设；通过完善山洪灾害监测预警平台等措施，进一步加强老区村山洪灾害防治体系建设，加快水库连通和除险加固、外走马埭海堤提级加固等一系列重点民生水利工程建设。

第四，推进信息化建设。实施宽带进村工程，加快老区村网络建设，实现建制村100%通光纤。不断完善优化老区村的3G无线网络覆盖，扩大4G网络的覆盖面，推进电信普遍服务试点工作，不新提升宽带接入能力，进一步提升老区村无线网络覆盖水平。加大对老区村互联网基础设施、公共服务、创业孵化项目、公共平台建设、人才引进培育等倾斜扶持力度。加快发展老区村通信，推进有线网、无线网、移动网等多种形式信息网络向老区村延伸，提升老区村信息化水平。

（二）扶持老区村现代产业发展

第一，支持优势矿产资源开发利用。支持符合条件的老区村申报自然资源部矿产资源综合利用示范基地建设。

第二，支持发展现代农、林、渔业。按照农业部特色农产品区域布局规划，扶持森林人家、林下经济等优势项目扩大规模、壮大主业，促进形成专业分工明确、产业配套的区域优势产业。培育老区村休闲农业知名品牌，支持休闲农业企业参与全国、全省、全市、全县休闲农业示范创建活动，扶持建设一批具有历史、地域、民俗、人文特点的"休闲农庄""休闲林业""水乡渔村"等休闲农业示范点和特色休闲村镇。支持老区村因地制宜地开发旅游资源，兴办休闲农业。进一步调整渔业生产结构，加强陆上渔业设施建设。水产养殖方面，重点支持养殖池塘基础设施配套升级、陆上工厂化循环水养殖、环保型网箱养殖、消波堤和苗种良种场建设，对首次通过无公害农产品、绿色食品、有机食品等“三品”认证给予相应补助；水产捕捞方面，大力扶持建造大吨位大功率钢质渔船及远洋渔业，给予相应补助。增强渔业科技支撑能力，努力提高渔业组织化程度和产业化水平。推荐老区村争取“十三五”期间基础设施建设、产业发展等市扶贫开发项目。

第三，支持发展先进制造业。落实《泉州制造2025发展纲要及2020行动计划》，实施《关于进一步推动产业转型升级的实施意见》和重点产业转型升级路线图，加快制造业转型升级，推动主导产业、特色产业、新兴产业协调发展，构建可持续发展的现代制造业体系。支持老区村深入对接国内外行业龙头，有针对性地引进与老区村产业相促进的生物医药、新能源、新材料等新兴产业和“互联网＋”“中国制造2025”等新兴业态项目。优先扶持老区村企业采用先进适用的新技术、新设备、新工艺和新标准实施技术改造。推进产业转移，鼓励沿海劳动密集型、资源利用型、集群延伸型、生产服务型产业向老区村有序转移、共同开发，支持建设产业转移园，有效整合山海发展优势，加速老区村的工业化进程。积极向上争取资金补助，支持老区村增强制造业核心竞争力、新兴产业等重大制造业项目申请中央预算内投资、国家专项建设基金等。

第四，支持发展现代服务业。提升发展旅游产业，扶持建设一批红色旅游项目，高起点建设一批红色旅游精品景区和经典路线，积极争取旅游基础设施建设中央和省市补助资金支持。加强生态、文化、乡村等旅游资源整合，发挥老区村生态优势，挖掘红色文化，打造一批经典红色旅游基地和红色体验旅游精品，推动落实全省“百镇千村”乡村旅游建设，促进“旅游＋农业＋红色”融合发展、支持老区村完善物流园区、物流通道、枢纽场站等物流设施，打造区城性物流配送中心。优先支持老区村物流服务体系建设，对老区村商贸企业和物流企业申报商贸物流项目放宽申报条件。优先支持老区村建设商贸物流仓储中心,集中存储货物。支持老区的水果、花卉、粮油、水产品等市场项目建设,促进农产品流通,带动相关产业发展。全方位推动老区村电子商务发展,推动电子商务与传统制造业融合和跨境电商发展。鼓励老区村发展农村电商,健全农村快递物流配送、人才培训、融资授信等配套服务体系,为老区村农村电商发展提供完善配套设施。

第五,支持发展文化创意产业。深入挖掘老区村红色文化资源和历史文化名城名镇名村的文化内涵,大力发展文化旅游、文化创意、工艺美术、旅游演艺等文化产业。支持老区村建设一批文化产业基地(园区),推动符合条件的文化企业和园区申报国家级、省级文化产业基地(园区),加大对老区村地方戏曲非物质文化遗产传承保护支持力度,培育壮大老区村文艺团体和文化单位,扶持创作一批反映老区村优良文化传统、展现老区村精神风貌的优秀文艺作品和文化产品,加大文化产业专项资金、文化产业投资基金等对老区村的支持力度,推动实施批文化与创意、文化与生态、文化与旅游、文化与科技融合的项目,培育具有地域特色的优势文化品牌,做大做强老区村骨干文化企业,加大老区村文化资源对外宣传推介,推动文化精口"走出去"。

第六,支持发展金融业。推动金融机构将老区村列为金融支持重点区域,协调各银行业金融机构在信贷资金和非信贷资金安排上加大对老区村建设的支持力度,积极推动各类优惠、政策性金融资源向老区村集聚。积极稳妥推进老区村发展以农村承包土地的经营权、农民住房财产权、林权等为抵押担保的贷款业务。鼓励保险机构开发老区村特色优势农作物保险产品,推动农业保险增点扩面,加快推进蔬菜及生猪价格保险试点工作。推广小额贷款保证保险、完善"政府+银行+保险"合作机制。支持注册地在老区村的上市公司及其控股股东采取并购重组、增发、配股等多种方式做优做强,支持老区村根据自身情况发行规模相当、成本可控的债券。推动老区村更多企业发行短期融资券、中期票据、企业债、公司债等融资工具,括宽融资渠道。鼓励各类投资基金投资老区村开发建设项目。支持老区村中小企业通过海峡股权交易中心开展股权、债权融资,拓展企业融资渠道。

(三)提升老区村人居环境水平

第一,加强生态环境建设。推动老区村落实大气、水、土壤污染防治行动实施细则和工作方案,加大对老区村生活污水集中处理、工业污水处理设施的建设运行以及工业固废处置等生态环保基础设施建设支持力度,优先支持老区村污水管网及垃圾转运设施项目申报中央预算内投资,加大对老区村污水垃圾治理的倾斜支持,加强对重点流域、小流域、近海水域的综合整治和饮用水源地保护,加大农村环境综合整治力度,优先推动老区村新一轮农村环境综合整治工作。对老区村上报的旧村复垦项目,优先出具审核意见上报省自然资源厅核定增减挂钩指标。对受地质灾害威胁村(社区)群众自愿易地搬迁并拆除旧宅的,全部纳入地质灾害补助范围,应补尽补。

第二,加强村镇饮用水源地保护。健全落实水源保护多方联动协作机制(环保、农林、水利、卫计等相关部门),加大集中式饮用水水源地周边排污口及建设项目的调查与环境整治工作力度,加强水质自检与监测能力建设,全面开展集中式饮用水水源地水质监测工作。倾斜支持老区村饮水安全工程巩固提升(拾遗补缺)建设,统筹解决部分因工程标准低、规模小、老化失修等原因出现的饮水安全问题,优先解决老区村贫困人口饮水问题,进一步提高农村集中供水率、水质达标率和供水保证率。

第三,加强循环经济建设。支持老区村建设国家级和省级循环经济示范城市、示范园区(基地)、示范企业,强化老区村属地企业节能管理,开展资源综合利用,深化行业对标行动,提升资源节约、废物利用和环境保护水平,支持老区村发展绿色清洁生产,重点扶持石化、建材、造纸、医药、冶金、纺织、印染等行业清洁生产技改项目,并积极争取国家和省市资金支持。加强水资源保护和用水总量控制,大力推广节水技术和产品。

第四，加强美丽乡村建设。支持老区村大力发展绿色建筑和低碳、便捷的交通体系，加快推动生产生活方式绿色化。支持老区村优先列入“千村整治、百村示范”美丽乡村建设工程，加强老区村美丽乡村建设的技术指导和服务，推进美丽乡村特色景观带建设。

（四）深入开展老区村精准扶贫脱贫

第一，持续推动精准施策。扎实做好精准识别、建档立卡工作，对老区村建档立卡贫困人口定期进行全面核查，实行有进有出的动态管理。坚持分类施策、因人因地施策、因贫困原因施策、因贫困类型施策，切实精准帮扶到户，让老区村贫困户真正受益脱贫。

第二，持续推动“造福工程”。在群众自愿的基础上，对居住在生产生活条件恶劣、解决“五通”问题难度大的边远、偏僻、分散的老区村自然村以及地质灾害隐患点的老区村群众优先安排“造福工程”搬迁指标，切实帮助老区村群众彻底改善生产生活条件。

第三，持续推动老区村发展。结合扶贫项目建设，对老区村产业发展、基础设施建设、村财创收等项目予以重点扶持，发展壮大老区村集体经济，财政专项资金及各类扶持资金继续向老区村倾斜支持。在组织实施脱贫攻坚“五个一批”工程中，对老区村及当地贫困户予以优先扶持。县级财政应统筹自身财力和上级补助资金，加大对本区域老区村的帮扶力度。

（五）优化老区基本公共服务

第一，提升教育发展水平。加快老区村义务教育管理标准化学校创建。实施乡村教师支持计划，鼓励有条件的地方对到本地农村学校任教的高校毕业生代偿学费，实施乡村校长助力工程和乡村教师素质提升工程，培训重点向老区村倾斜。深入开展老区村校企合作。

第二，优化基层医疗卫生体系。实施基层医疗卫生服务体系提升工程，支持老区村发展卫生所等医疗机构建设，重点支持设施设备建设。深化基层医疗卫生运行机制改革，加强基层医疗卫生人才队伍建设。不断推进老区村卫生所医疗责任保险工作，扩大覆盖面，加快老区村卫生所纳入新农合定点医疗机构，落实医疗救助对象新农合报销和医疗救助“一站式”服务。

第三，完善就业和社会保障服务体系。统筹推进老区村就业困难人员、农村转移劳动力等重点群体就业，将老区村贫困家庭劳动力纳入“就业创业证”登记范围。支持老区村基层就业创业服务平台和职业技能实训基地建设，落实职业培训补贴和职业技能鉴定补贴，鼓励和指导技校、职校开展老区村贫困人员免费学历教育。加大“三支一扶”计划向老区村倾斜力度，组织招募高校毕业生到老区村属地从事支教、支农、支医和扶贫工作。积极推进老区村全民参保登记工作，扩大基本养老参保覆盖面，落实老区村基本养老保险优惠政策。支持农村危房改造上级补助资金向老区村分散供养的五保户、低保户、贫困残疾人家庭、革命“五老”等人员倾斜，加快危房改造进度。加大老区村符合条件的对象享受保障性安居工程各项优惠政策的支持力度。

第四，加强文化体育及综合服务设施建设。加强完善老区村公共文化设施，加大对公共文化、体育项目的规划与建设，支持老区村文化室、图书室、广播室、体育室、农家书屋等文化基础设施建设；支持老区村建设基层综合性文化服务中心，配套建设文体广场并配备活动器材。鼓励社会力量参与老区村公共文化设施建设，提供公共文化产品和服务，支持社会力量在符合条件的情况下利用闲置用地、历史街区、老旧民宅村落等兴办公共文化项目。加强老区村革命历史纪念场所和烈士纪念设施建设维护，对重要革命遗址进行维修保护，加快老区村数字农家书屋建设，统筹推进数字农家书屋与各类公共数字文化服务项目融合发展；支持老区村广播电视节目制作和播出系统设备数字化改造、广播电视发射台基础设施和无线数字覆盖建设；推进老区村数字影院建设工程。

第五，建立健全基本民生保障体系。支持老区村加快完善城乡体制对接、定标科学、管理精细的社会救助体系。完善农村低保制度，将无法通过扶贫开发措施实现脱贫且无劳动能力的农村贫困人口全部纳入低保。逐步提高医疗救助筹资标准，将建档立卡贫困人口全部纳入医疗救助对象范围，全面实施重特大病医疗救助，深入推进老区村社会治安综合治理，促进老区村社会和谐稳定。加快推进老区村养老、社会福利和殡葬服务体系建设，提升基本公共服务质量和水平。支持老区村老年养护院、医养结合设施、光荣院、儿童福利设施、老年人日间照料中心等项目建设。对老区村相关建设项目予以优先安排、适当倾斜。

（六）加快推动老区村改革创新

第一，推进体制机制创新。深化医药卫生体制改革，落实《福建省深化医药卫生体制改革综合试点方案》和《泉州市深化医药卫生体制改革实施方案》，突出医保、医药、医疗“三医联动”和体制机制改革创新，引导医疗资源向老区村倾斜、向基层下沉。在国家、省开展村级土地利用总体规划编制试点等国土资源管理制度改革试点工作时，向上申报优先将有条件的老区村列为试点，发挥试点对扶攻坚的支持作用。推进水资源管理体制改革，健全覆盖省、市、县三级的水资源管理“三条红线”控制指标体系和监控评价体系。建立和完善基层水利服务体系，推进农村小型水利工程产权制度改革和小型水利工程管理体制改革。

第二，加快科技创新步伐。支持老区村申报各级各类科技计划项目、科技特派员示范基地、科技型农民专业合作社、科技创新平台、农业科技园区，同等条件下予以优先支持。支持老区村建设和完善企业技术中心等自主创新平台。引导省级行业技术开发基地等创新公共服务平台发挥技术、人才、信息等优势，为老区村中小企业提供科技服务。充分发挥“6·18”平台、产学研专场对接会等作用，推动产学研合作，对老区村产学研合作项目在符合条件的情况下给予积极支持。推动国家、省级工程（技术）研究中心、重点（工程）实验室、企业技术中心“6·18”虚拟研究院产业技术分院、公共技术服务平台等落地老区。推动设立战略性新兴产业、创业创新等省级创投基金，优先考虑支持老区村战略性新兴产业、创业创新相关工作。

第三，提升对外开放水平。鼓励老区村外贸企业开拓国际市场。推动沿海加工贸易优先向老区村转移。引导老区村出口企业创建出口品牌及国际营销网络。引导老区村做好招商基础性工作，支持老区村有条件的企业积极参与国际产能合作，扩大境外投资。支持老区村加强对台经贸合作和人文交流，鼓励老区村组织人员赴台推介地方特色产品，推动老区村参与两岸民间交流交往，密切惠台文化纽带联系。引导台商通过结对帮扶等形式参与老区村扶贫开发。

（七）加大政策支持力度

第一，财政政策。优先支持老区村危旧公共建筑改造、安保工程等项目建设，所需资金除中央、省、市、县补助外，镇级财政给予适当补助。对里程长、建设难度大的边远老区村给予特殊补助，尽量不给老区村增加财务负担。对符合补助条件范围的老区村所申报的交通基础设施、生态环境保护项目给予重点扶持。落实老区村农村金融机构定向费用补贴政策和老区村农村金融税收优惠政策。加大财政支持力度，“十三五”期间，每年安排老区村专项补助资金，用于支持老区村基础设施建设。

第二，投融资政策。积极争取国家和省、市、县加大相关专项资金投入，在重大项目规划布局、审批核准、资金安排等方面对老区村给予倾斜，争取国家、省、市、县加大对老区村公路、铁路、水路、民航、水利等建设的投入力度。继续推动落实《赣闽粤原中央苏区振兴发展规划》《关于明确福建省有关县（市、区）执行西部地区中央预算内投资政策问题的复函》等文件精神，对接落实各项优惠政策。积极向中国农业发展银行了解相关扶贫政策，用好用足“易地扶贫搬迁贷款”“易地扶贫搬迁地方政府补助资金专项贷款”和“光伏扶贫贷款”等一系列长期低息贷款。

第三，国土资源政策。优先对老区村安排土地开发复垦整理项目。鼓励老区村开展补充耕地和高标准基本农田建设，对超额完成省级下达的年度补充耕地和高标准基本农田建设任务的部分，予以追加补助。支持开展补充耕地山海协作，对超额完成年度补充耕地任务的，积极帮助指标调剂交易。对划定为基本农田的，可从县新增建设用地土地有偿使用费、土地出让金等资金中安排补助，用于基本农田管护。

第四，资源开发与生态补偿政策。探索建立与财政收入同增长的生态公益林补偿增长机制。持续推进老区村造林绿化，加大沿海基干林带、森林景观带、生物防火林带和重点区位修复等“三带一区”建设力度。加快推进生态环境保护试点建设，加强水土流失综合治理，继续做好主要河道两旁、交通干道两侧、水库和城镇周边一重山等重点区城的水土流失治理工作；加强崩岗治理、坡地茶果园水土流失整治和小流域水土流失综合治理；大力开展生态修复、生态清洁型小流域建设和重要水源地水土保持生态建设，积极支持废弃采石场矿山生态治理和土地整治再利用项目申报自然资源部矿山地质环境恢复治理示范工程。

第五，优待抚恤政策。全面落实革命“五老”人员定期生活补助标准与优抚对象抚恤补助标准同步自然增长机制。严格执行革命“五老”人员定补不计入家庭收入的有关规定。严格落实享受医疗补助的革命“五老”人员医疗保障政策。通过政府购买服务等方式积极为革命“五老”人员提供基本养老服务，优先安排符合供养条件的革命“五老”人员入住敬老院相关福利机构。结合造福工程、农村危房改造等民生工程建设，优先帮助符合条件的革命“五老”人员改善居住条件。加大对革命“五老”人员家庭成员就业政策落实力度，符合就业困难人员条件的优先安排公益性岗位。全面实施革命“五老”人员基本殡葬服务费用免除政策。完善落实相关政策，妥善解决其遗偶生活困难问题。

第六，人才帮扶政策。加强老区村领导班子和干部队伍建设，推进老区村与沿海发达地区干部交流。完善挂钩帮扶老区村制度，支持老区村之间山海协作、对口帮扶。实施老区村人才支持计划，加大向老区村选派科技服务团力度，优先选派科技特派员，加强农村实用技术培训，支持老区村实施本土人才培养计划；在引进高层次人才评价认定、骨干科研人员招聘等方面向老区村倾斜。鼓励各类人才扎根老区基层建功立业，对表现优秀的人员在职称评聘等方面给予倾斜。支持老区村企事业单位引进一批创业创新能力强、引领带动产业发展的高层次人才(团队)。

(八)老促会工作

党的十九大开启了中国特色社会主义新时代,新“两步走”战略安排擘画了全面建设社会主义现代化国家的远大目标和中华民族伟大复兴的宏伟蓝图,广大革命老区呈现出无比美好的光明前景。在“两个一百年”奋斗目标的历史交会期和阔步走向社会主义现代化新征程中,老区正经历着更大范围、更深层次的时代变革,迎来了前所未有的发展机遇。县老促会要深刻认识、准确把握新时代老区发展的新特点、新要求,认真研究、积极解决新时代老区建设面临的新情况、新问题,扬帆起航,砥砺奋进,开创老区工作新的局面。

第一,自觉坚守和践行初心。中共中央总书记习近平在党的十九大报告中指出:“中国共产党人的初心和使命,就是为中国人民谋幸福,为中华民族谋复兴。”这个初心和使命源于共产党人对理想信念的坚定追求,源于对党的性质宗旨的笃定践行,源于对人民幸福安康的赤子情怀。老促会是在老一辈无产阶级革命家的倡导和支持下成立的,是我们党不忘初心的历史见证。新时代做好老促会工作,必须把践行初心使命作为出发点和落脚点,把服务老区之为,变为老区脱贫和发展之果,更好地凝聚老区人民对党的衷心拥护和坚定信赖。

第二,不断加大红色基因传承力度。传承红色基因是接续革命事业的铸魂工程。县老促会要把传承好红色基因作为神圣使命,全力推动革命老区县发展史丛书编纂工作,深入进行红色历史的挖掘整理,积极推进红色遗址遗迹的修缮保护,充分发挥红色文化的教育功能,播撒红色火种,赓续光荣传统,在接续奋斗中激荡同心筑梦的磅礴力量。进一步总结推广发扬老区精神和改革开放精神的新经验、新典型、新作为,持续开展讲好老区革命故事、讲好老区脱贫攻坚和振兴发展故事、讲好老促会故事“三个故事”活动,努力在弘扬老区精神、传承红色基因、激励老区人民斗志、凝聚老区建设力量上做出新的贡献。

第三,当好党委、政府的参谋助手。当前,脱贫攻坚进入决战决胜的冲刺阶段，乡村振兴战略指明了新时代老区乡村的发展方向和光明前景，落实“1258”政策体系实现老区振兴发展的任务还十分艰巨，老区发展中面临的不平衡、不充分问题依旧比较突出。县老促会要认真贯彻党的十九大精神，以中共中央总书记习近平关于脱贫攻坚和老区建设一系列重要指示为指引，依据中办、国办《关于支持深度贫困地区脱贫攻坚的实施意见》，紧跟党和国家关于深度贫困老区脱贫攻坚决策部署，紧贴老区深度贫困村脱贫攻坚实际困难和问题，紧盯全面建成小康社会和老区振兴发展，加强靶向调研和对老区政策贯彻落实情况的跟踪问效，积极向各级党委和政府建言献策，提供决策参考。

第四，凝聚动员支持老区的广泛力量。广泛动员和凝聚社会力量关心支持老区事业发展，继续保持和发扬老促会动员工作的优势，团结凝聚更多更广泛的力量，为老区建设多献一分爱、多出一分力。

第五，毫不放松地抓好自身建设。县老促会践行的是党的宗旨，代表的是党和政府的形象，承载的是老一辈无产阶级革命家的殷切嘱托，连接的是党联系老区人民的纽带，搭建的是社会各界关心支持老区建设的桥梁，是在各级党委、政府领导下的一支专门从事服务老区建设发展的重要力量。努力建设服务奉献老区的过硬团队，是老促会的责任。要紧紧抓住自身建设不放，着力在进一步建立健全组织上下功夫，充分发挥作用；在进一步加强对各级党委、政府的请示报告上下功夫，使主要领导更加重视和信任老促会，主管部门更愿关心和支持老促会；在进一步增强服务力量上下功夫，使更多有情怀、有担当的老领导、老专家和爱心人士加入进来，以强有力的队伍推动各项工作落实，为老区的美好明天做出新的贡献！

大事记

1919 年

6 月 23 日,县城教职员工和部分知识青年上街游行示威,声援五四运动,支持京沪铁路工人大罢工。

1920 年

8 月,上海的部分惠安籍青年在共产主义小组和社会主义青年团的领导下,开始接受马克思主义的教育和影响。

1921 年

7 月,一批在外地求学的惠安籍青年学生在刚成立的中国共产党的影响下,接受马克思主义的教育,开始把无产阶级革命火种带回惠安。

1922 年

5 月 1 日,蓝飞鹤主持召开泉州明新乡村学校“五一国际劳动节纪念大会”,会后带领全校师生、员工到浮桥一带游行宣传。

1923 年

11 月,北京燕京大学惠安籍进步学生庄竹秋回家乡,到山腰、郭厝、峰尾等地发动农民,联合反抗军阀王永彝征收“鸦片捐”。

1924 年

1 月 11 日,惠北农民抗缴“鸦片捐”,发动“打杨团事件”,消灭王永彝驻惠安的杨增福团所部 90 多人。

1 月 24 日,著匪汪连带领王永彝部民军进犯坝头、山腰等乡,酿成轰动海内外的“山腰惨案”。省内外各界人士奋起声讨。

8 月 31 日,崇武人民掀起“罢市”“罢海”斗争,反对军阀高义抽征“百货捐”，取得胜利。

1925 年

5 月 15 日，在集美学校求学的惠安籍学生组织反日运动宣传队，走出校门，回到家乡，开展反对侵略、抵制日货的宣传运动。

6 月，王德彰、柯联定、吴敦仁、吴国珍、苏克明等惠安青年参加福建青年协进社，积极参与对社会实际问题和国际政治状况的研究。

冬季，集美学校师范部惠安籍学生王德彰、柯联定、吴国珍参加中国共产主义青年团，为团集美支部的早期团员。

1926 年

3 月，王德彰由罗善培（罗明）介绍，加入中国共产党。

春季，陈平山在黄埔军校加入共产主义青年团，后加入中国共产党。

4 月，厦门大学预科班共青团员吴国珍加入中国共产党。

10 月，王德彰、柯联定、吴国珍等人返回惠安开展革命斗争。

11 月 8 日，王德彰组织带领“集美同学回乡宣传队”返回惠安开展活动。

11 月 25 日，北伐军张贞师所部黄克馨团进驻惠安县城，惠安宣告光复。

12 月初，王德彰发展吴敦仁、陈玉聪等人加入中国共产党。

12 月中旬，中共惠安支部（亦称公学支部）、共青团惠安县支部在县城惠安公学成立。

12 月下旬，王德彰、庄玉辉协助国民党人建立国民党“惠安县临时党部”。与此同时，成立惠安县学生联合会、惠安县总工会筹备处、惠安县农民协会。

1927 年

1 月，中共惠安县临时委员会（简称县临委）成立。

同月，武装查封县城反动会道门——“同善社”，解散涂寨、崇武、洛阳、东园、涂岭等地的“同善社”。

2 月 16 日，县临委在县城考棚广场召开讨回著匪汪连所把持的惠（惠安）洛（洛阳）公路权的大会。

2 月下旬，县临委以时化学校学生会为骨干，发动时化学校师生开展反帝、反奴化教育等斗争，举行罢课、罢考活动。

3 月中旬，王德彰以“兴泉永政治监察署”特派员身份，率领武装人员取缔劣绅李荆瞻所把持的惠安县保甲局办事处。

6 月下旬，农民协会严禁赌博，惩治赌棍，抗击土匪。

7 月 14 日，涂岭农民协会、农民自卫军在林角铺成立。

12 月 1 日，近千人的涂岭农民自卫军改编为 13 个连队，更名为“惠安工农革命军”。

12 月 4 日，惠安与仙游、莆田被上级划为全省第三游击暴动区。

12 月上旬，工农革命军武装击溃对洪厝坑进行打劫的仙游股匪陈安裕。

1928 年

年初，县临委领导工农革命军加紧政治军事训练，准备实行武装暴动。

1 月 10 日，中共福建（临时）省委召开紧急扩大会议，省委支持惠安农民抗捐斗争，并指示惠安的工作由武装斗争转为游击战争。

1 月 16 日，吴敦仁、吴国珍、陈冬水等领导指挥工农革命军击败进犯的国民党林寿国海军陆战队杨献秋营。

7 月间，陈平山受中共福建省委指派参与领导晋江、南安、惠安等县地下革命斗争。

冬季，蓝飞鹤前往东岭创办民团，掩护陈平山开展党的地下活动。

1929 年

春季，陈平山、蓝飞鹤在小岞、净峰、东岭等地开展兵运工作。

6 月底，朱思受中共福建省委调派到惠安工作。

6—7 月，朱思在县立中学先后发展一批党员，并建立党支部；同时，发起成立惠安县学生联合会。

至 8 月，全县恢复发展党员 75 名，建立 6 个党支部。

9 月 7 日，中国共产党惠安县第一次代表大会召开，正式成立中共惠安县委（简称县委），朱思为县委书记。

9 月下旬，县委在惠东后洋召开活动分子会议，部署进一步开展学运，工运、农运、兵运工作和“五抗”（抗捐、抗税、抗租、抗债、抗粮）斗争。

10 月，县委以县立中学为中心，再次发动清算“包税”斗争。

12 月，陈平山接任县委书记；全县党组织改为 12 个党支部。

1930 年

3—4 月，省委先后调派苏文波、杨道平前来惠安协助县委工作。

7 月下旬，中共泉属特委、惠安县委召开联席会议，决定改调泉属特委宣传部部长蓝飞凤任惠安县委书记。

7 月，成立中共三朱支部。

同月，惠安全县建立 2 个区委、12 个党支部，有 60 名党员（另一说基层有 23 个党支部、100 多名党员），是全省地方党组织发展最快的县份之一。

9 月 15 日凌晨，红一团包围惠枫车站，惠北暴动开始。

9 月 16 日早，红二团由后洋村出击，打响惠东暴动第一枪，旋即宣告成立泉属地区第一个乡级红色政权——五陈乡苏维埃政府。

10 月中旬，中共福建省委常委王德到涂岭，传达省委决定：惠安党组织划归中共莆属特委领导，书记蓝飞凤。

11 月，涂岭党组织迅速恢复，整顿涂岭、大路等地党、团和农会组织，形成武装游击的“赤色区”局面。

1931 年

2 月，中共莆属特委撤销，中共惠安县委随之失去隶属关系。

3月，中共福建省委驻厦办事处、晋南特支指派唐言福返回惠安，着手恢复党组织的工作。

5月初，中共泉州特支指派唐言福返回惠安恢复发展党团组织。

6月，县委迅速恢复涂岭、甘蔗园等地的党、团和群众组织，建立普安打银店地下交通站，开辟以三朱为中心的游击根据地，组建一支游击武装队伍。

9月，李文端受中共厦门中心市委指派，前来惠安接任县委书记。

11月，普安、前黄、三朱等10多个乡村发展党的组织或党员联络点。

12月16日，县委发动“下九乡”农民自卫军围缴征收“油园捐”的匪军，拉开惠北武装抗捐的序幕。

1932年

2月，蔡协民、李文端、唐言福等县委领导人在三朱、普安、曾炉寺、大圣岩相继召开8次会议，研究布置发动群众、组织武装抗捐斗争有关事项。

同月，惠北抗捐大同盟在三朱昆山寺正式成立，并举行仪式。唐言福为该同盟领导人。

3月14—17日，县委发动惠北民众武装抗捐。

4—6月，蔡协民、李文端、唐言福先后被调回厦门，受到中共厦门中心市委的批判。

7月初，黄如海任中共惠安县委书记。

8月，县委以涂岭、古县、三朱为据点，以甘蔗园、洪厝坑等“十三乡”为基点，继续开展小规模的武装活动，惩治小股反动官兵。

9月，县委在东张村召开会议，决定把对敌斗争转入地下。

11月，中共惠安县委改为特支建制，特支书记黄如海。

1933年

春季，中共惠安特支（简称惠安特支）发动五柳、南庄等10多个乡村恢复或组织赤色农会，并在西山组织一支30人枪的武装队伍。

4月（一说1934年），惠安特支发动社会知识界成立惠安县青年反帝大同盟，开展反对日、美、英帝国主义侵华的宣传活动。

同月，惠安特支发动组织华北义勇军抗日后援会，开展抗日宣传，募捐慰问品，发动学生书写慰问信，慰问前线抗日将士。

12月20日，惠安特支组织领导农民、饥民抗捐抗税，加紧冬季反对保甲制度的斗争。

1934年

3—4月，黄如海调回厦门，曹海接任特支书记，曾炉任组织委员，李昭秀任宣传委员。全县党员20名、团员20余名。

春末，惠安特支创办机关刊物《警钟》小报，开展反苛捐杂税的宣传工作，揭露反动政府的种种罪行。

4月，惠安特支在涂岭小坝建立隐蔽点和联络站；东张、赤埕、五柳等地恢复或建立秘密农会。

夏季，惠安特支通过各地农会、盐民会、渔民会等群众组织，开展抗租抗债、反迫害斗争。东关面业工会为改善待遇进行4次罢工斗争，均获胜利。

1935年

5月，林顺在锦水祠堂不幸被捕，当天在大坪山英勇就义，时年28岁。

7月，中共厦门中心市委指派曾炉任惠安特支书记，柳锦兴、陈江能任委员，先后恢复路口、大路、卷头、西龙等地党、群组织。

8月，李刚、曾炉受中共晋南县委老潘（化名）指派抵莆田，与苏华、王于洁、藩涛接谈，研究“建立横的关系”。

12月，中共厦门中心市委遭敌破坏而停止活动，惠安特支中断与上级党组织的联系。

1936 年

年初，曾炉遭敌通缉，转移到惠北三朱、涂坑、西龙、仑头、涂岭后头、甘蔗园等村进行隐蔽活动。

8 月，曾炉与由莆田转惠安隐蔽的中共闽中特委蔡先镳接上组织关系，惠安特支即改隶属于中共闽中特委。

冬季，晋南县委负责人李刚到三李，以该村为据点发展沿海一带地下革命力量。

1937 年

2 月，中共闽中特委改为中共闽中工委，惠安特支即隶属之。

3 月 7 日，西龙联络站遭敌破坏，蔡先镳、林蛤被捕，惨遭活埋，光荣牺牲。

5 月 31 日上午 8 时，日寇 7 架飞机轰炸惠安县城，炸死居民 8 人，重伤 4 人。

7 月初，惠安特支下辖割上、南庄 2 个党支部和城关、侨光中学 2 个党小组，党员 24 名。

7 月下旬，曾炉奉中共闽中工委指示，在三坪山区发动群众，组织农民协会、学生会、互助会，并在三台龙建立晋江、南安、惠安、莆田、仙游等 5 个县的地下交通站；同时成立抗日救亡工作组。

7 月，增补曾木生为特支委员。

8 月下旬，李刚同曾炉到三李一带恢复旧关系，重建中共青山支部。

11 月，惠安特支抓住国共合作的有利时机，以学校为阵地大力发动群众，掀起抗日救亡运动热潮。

1938 年

2 月，惠安特支决定：共产党员以个人身份通过朋友关系兴办学校，公开或半公开地开展抗日救亡活动。

4—5 月，特支书记曾炉在惠南一带开展工作。

5月17日上午，日寇军舰炮击崇武。

7月，惠安特支在西山、东园、割上建立活动据点。

8月，中共泉州中心县委成立，惠安特支受其领导。中心县委书记李刚隐蔽在惠安县前见村，直接指导惠安特支工作。

9月，曾炉深入惠北及三坪山区，指导各地农会开展工作。

秋至冬季，成立中共东园割上支部，下设县城东门头交通站。

冬季，成立中共南庄支部，下设南庄、西山交通站。

1939年

年初，在县城东门水关尾建立党小组。

1月，惠安特支召开扩大会议，决定惠安地下斗争由半公开转入隐蔽状态，特支主要领导人实行分区负责制。

4月中旬，在侨光中学建立党小组。

4月，陈忠烜、陈忠炳在洛阳岭头村建立交通点，配合割上沿海交通站解决陆上的交通联络问题。

7月，中共福建省委确定泉州、莆田、福清等3个中心县委合并，成立中共闽南特委(后改为中共闽中特委)。惠安特支隶属之。

10月，曾炉在三坪山区进一步巩固农会组织，加强抗日民族统一战线工作。

1940年

春季，惠安地下党又由半公开转入隐蔽活动。

4月4日，惠安特支指派柯昆山、侯如海、陈忠烜等10多人前往泉州，参加中心县委组织发动的“抢米斗争”。

5月初，中心县委委员许运伙接任惠安特支负责人。

7月16日，日寇制造“崇武惨案”(时称“七一六”惨案)，民众死95人、伤60多人，烧毁船521艘、房屋566间，劫财物无数。

秋季，侯如海、陈忠烜到惠安岭头据点，在洛阳、黄塘一带开展隐蔽活动。

10月，许运伙调任中心县委书记，中共闽南特委指派陈忠烜负责惠安特支工作。

1941 年

1 月，惠安县地下党组织的领导体制由委员制改为特派员制。

2 月，惠安特支负责人陈忠烜同中心县委主要领导人许运伙、吴天亮、朱伦炎召开会议，研究恢复旧关系、开辟新据点等问题。

4 月，中心县委指派陈毕明任中共惠安县特派员。

7—8 月，陈毕明与刘祖丕接上组织关系。刘祖丕负责恢复、发展惠东党组织的工作。

秋季，中共惠安县特派员刘祖丕以荷山小学教员为身份掩护，开办民校、夜校，宣传抗日思想。

1942 年

1—2 月，中共泉州临时工委书记吴天亮、宣委朱伦炎经常到涂寨赤埕小学、前林狮峰小学指导惠安工作。

6 月，陈毕明提出不担任中共惠安县特派员，中共泉州临时工委宣委朱伦炎兼任惠安县特派员。朱伦炎在惠北开辟三川一带工作，在割山、城关一带发展党员。

同月，在三朱建立惠安党组织的活动中心，并作为中共闽南(闽中)特委与泉州临时工委联系的主要交通站。

秋季，在三朱后宅村建立晋、南、惠、莆、仙等 5 个县的重要交通站。中共泉州临时工委主要负责人和交通员在此开展隐蔽活动。

1943 年

2 月，朱伦炎调回泉州临工委工作。3 月，刘祖丕任中共惠安县特派员。

春季，上级党组织经常通过三朱交通站送来指示信件，指导惠安工作。

7—8 月，刘祖丕、朱伦炎在县城北门刘厝建立活动据点，并油印《反对党八股》等革命书籍及宣传品，在教育界、文化界秘密传阅。

暑期，发动青年渔民开办“渔民夜校”，组织“补习班”“读书会”，宣传革命道理，教唱抗日歌曲，扩大惠东地区的革命力量。

9月，刘祖丕暂留中共闽南特委机关机关工作，陈纯元代理惠安地下党工作。

1944年

1—2月，陈纯元等人在惠北田里国民学校秘密组织马列主义学习小组。

4月，刘祖丕返回惠安，继续担任特派员工作。

7—8月，相继恢复沿海的交通站、点，重新恢复一些革命基点村。

秋季，刘祖丕到东岭前林、五刘一带活动，发展党员。

年底，在崇武港墘据点村创办渔民夜校，为据点村、交通站（点）的工作打下群众基础。

1945年

2月，陈纯元在三川一带，领导群众发起反抗“放青苗”剥削的斗争，并取得胜利。

3月，陈纯元接任惠安特派员。

4月，“安海会议”决定成立中共惠安直属区委会，归中心县委领导，陈纯元任书记。区委下设三川、前林、港墘等3个党支部。

同月，开辟惠东北沿海主要港口据点，打通经三朱、涂岭、三坪、岭北等点、线，配合党组织在湄洲、南日岛开展的武装斗争。

6月，中共闽中特委常委粘文华在听取刘祖丕汇报海上情况后，即部署惠安县各地党组织转入隐蔽。

8月，惠安地下党组织的隶属关系再次中断，所属党员和地下工作者分散进行隐蔽活动。

1946年

1月中旬，中心县委指派王经贤到惠安协助工作。

2月，在港墘建立海上交通站，筹集武器、弹药，组织武装队伍。

3月，何家沛在陈三坝开展革命工作，开辟新区，发展党、团组织。

6月初，中共(闽中)惠安县工委成立，林平凡任书记，张海天、王福庆任委员。

6月中旬，全县分为惠北、惠东(包括县城、惠西部分)、惠东南3个工作片，恢复三朱、前林2个党支部。

秋季，中共(闽中)惠安县工委指派人员到泉州海疆专科学校开展工作，发展党员，建立党的组织。

冬季，中共(闽中)惠安县工委领导人在东园玉坂村召开会议，决定继续贯彻“分散发展”的地下斗争方针。

年底，武工队袭击崇武国民党接兵部队和敌东园乡公所。

1947年

3月，中共(闽中)惠安县工委把分散隐蔽活动引向半公开或公开的武装斗争，建立武装游击队伍。

7月，在港墘海上交通站筹建海上武装队伍。

8月初，建立中共惠东南支部。

8月，海疆学校地下党员利用暑假，在惠安前林村召开会议，成立中共惠安海疆支部。

8月底至9月初，恢复建立中共涂坑支部，重组中共港墘支部。

10月，粘文华任中共(闽中)惠安县工委书记，林平凡、张海天、王福庆任委员，增补朱汉膺为县工委委员；同时，成立惠东区工委。

11月，相继恢复或建立五刘、峰崎、东园、涂坑、钟眉等地党的支部或小组。

12月，中共(闽中)惠安县工委进一步打通直至闽中根据地的水陆交通线，在三朱、港墘和三川各组建1支武装队伍。

1948年

2月，朱汉膺任中共(闽中)惠安县工委书记，林平凡、张海天、王福庆、何邦基(增补)为委员。

3 月,中共涂坑总支成立,下设 3 个党支部,党员 17 名。

春季,中共洛阳总支成立,下辖洛阳、陈三坝、晋江等 3 个支部。

6 月,中共港墘支部改为中共海燕总支。

9 月,中共(闽中)惠安县工委在惠安中学开展学生工作,发展党的组织,建立中共惠中支部。

同月,中共(闽中)惠安县工委指导中共涂坑总支组织武装人员阻击国民党接兵部队。

10 月,成立中共三朱区工委。尔后,区工委先后建立 12 个党支部,发展 98 名党员。

11 月,组织人员在山腰开办惠远票局,大量印发货币,流通于惠北各地,扰乱反动当局的货币市场。

冬季,中共(闽中)惠安县工委陆续派员打进敌军、警组织,开展策反工作。

1949 年

1 月底,中共(城工部)惠东南支部组建 1 支 10 多人枪的武装队伍。

2 月,中国人民解放军闽浙赣游击纵队闽中支队惠安人民游击大队正式成立,朱汉膺任大队长兼政委。

6 月,中共闽南地委决定成立中共惠安县工委,何家沛任书记;并成立闽粤赣边区纵队第八支队第四团惠安武工队。

7 月初,中共(闽中)惠安县工委领导游击队和群众武装击败国民党反动军队对三朱进行的“围剿”。

7 月上旬,朱汉膺率领游击队 60 多人枪转战于惠(惠安)仙(仙游)交界山区,有力地打击了山区部分国民党基层反动政权。

8 月 18 日,中共(闽中)惠安县工委接受 157 名盐警官兵起义。当天下午,举行解放锦凤乡(包括山腰、坝头)的游行庆祝活动。

8 月 21 日,中共(闽中)惠安县工委在三朱三宝寺召开扩大会议,决定武装解放惠安县城,并做出具体部署。

8月22日，国民党驻惠安县交警部队连夜撤逃泉州，伪县长覃斌率领保安队潜逃崇武。中共(闽中)惠安县工委接受县警察干警和国民党县党部秘书长投诚。

8月23日清晨，惠安人民游击大队会同盐警从三朱向县城挺进，在中共(闽西南)城关支部的配合下，解放惠安县城。惠安武工大队进驻国民党惠安县党部、商会和海滨日报社。

8月24日，中共(闽中)地委任命朱汉膺为中共惠安县委书记，张海天为惠安县政府县长，林平凡为惠安县农会主席，并通知成立惠安县人民政府(未正式公布)。

8月27日，闽中地委会议宣布：尚书翰任中共惠安县委书记，朱汉膺任惠安县人民政府县长。

同日，中国人民解放军第八十七师首长宣布：经中国人民解放军朝阳部队批准，成立惠安县人民办事处，主任朱汉膺，副主任何家沛。

8月31日，中国人民解放军朝阳部队进驻惠安，与惠安地下游击队胜利会师。

同日，地下党惠安县工委所属各区相应成立支前工作队，维持社会治安，动员民工、船工，筹借粮食、船只，支援解放军解放泉州、厦门。

9月5日深夜，南下干部、战士20人，在尚书翰、王振海的带领下，由何邦基陪同抵达惠安县城。

9月6日，南下干部、战士在旧县政府大厅与当地干部胜利会师。何邦基宣读上级对县委、县人民政府领导干部的任命书：尚书翰任县委书记，朱汉膺任县政府县长。

9月23日，县委召开全体委员会议，讨论接管、教育管理旧人员以及借粮、动员组织支前民工等工作。

10月4日，全县区域划分为8个区。

10月，朱汉膺兼任支前民工总队长和政委，带领全县1000多名支前干部民工，随军挺进同安前线，支援厦漳战役。

同月，朱汉膺调动工作，王振海接任县政府县长。

同月，台湾国民党飞机扫射山腰海面船只，打死船民 3 人。

11 月下旬至 12 月底，全县开展“剿匪反霸、合理负担、减租减息”的三位一体活动。

12 月 12 日，省第五军分区派兵进驻惠安，配合县公安局县大队开展剿匪工作。至月底，全县击伤土匪 5 人，捕匪 29 人，土匪自首 33 人，缴获各种枪支 108 支、子弹 700 发。

1950 年

1 月初，县委针对反动武装势力不甘心失败而进行破坏活动的现实，重点开展“剿匪反霸”运动。

1 月，惠安獭窟乡支前船工曾亦成晋京出席全国工农兵劳动模范和功臣代表会议。曾亦成为泉州市获得国家级劳动模范第一人。

2 月 27 日，惠安县首届各界人民代表会议第一次会议召开。会议选举惠安县各届人民代表会议常务委员会主席、副主席。

2 月间，县第一届农民代表大会召开，正式成立县农民协会。1954 年 8 月，县农民协会机构撤销。

5 月 5 日，县委发出“剿匪”指示。至 6 月底，上半年全县累计击毙土匪 5 人，击伤 14 人，捕匪 210 人，匪徒自首 251 人。

同月，全县发起反对美帝国主义武装日本的签名运动。

6 月 13 日，全县废除保甲制度，设置 11 个区公所，辖 187 个乡政府。

同月，福厦公路惠安段修复通车。

7 月初，县民工大队长成立。至 10 月，全县共有 2210 名石匠参加修建同安县莲塘机场，完成 3.5 万立方米的石工施工任务。

9 月初，县委开展整风运动。

9 月 21—23 日，县委召开扩大干部会议，提出深入发动群众开展“秋征”和“减租减息”运动。

10 月底，县委提出抓好“抗美援朝、镇压反革命、土地改革”三大任务。

12 月下旬，县委实施《惠安县土地改革计划》，并在涂岭、泗洲 2

个乡进行土地改革试点。

12月，全县开始镇压反革命（简称镇反）。1951年1月30日至2月3日，城关、涂寨、东岭等重点乡镇相继召开公审大会，镇压一批反革命首恶分子。1952年12月底，全县镇反运动结束。1955年9月底，县委针对部分地区"镇反"不彻底的实际，开展第三次镇反。

1951年

1月6日，县土地改革委员会成立，全县开展土地改革；至10月25日，土地改革完成。1952年8月8日，县委启动复查土地改革工作。

3月，黄塘蓝田乡孙天生互助组（共15户）成立，为全县第一个农业生产互助组。至1952年，全县基本建立临时互助组。至1953年，全县基本建立常年互助组。

4月21—23日，首届各界人民代表会议第五次会议（即抗美援朝各界代表会）召开，成立惠安县抗美援朝分会。6月，全县掀起抗美援朝热潮。各地群众纷纷捐款购买飞机、大炮，支援前线。

4月，全县首批适龄青年志愿参加中国人民解放军。

5月，全县干部、职工开始实行公费医疗制度。

8月13日凌晨，金门、乌丘海匪登陆袭击小岞，抢劫财物，杀害群众，烧毁房屋。中午，解放军主力部队赶到后，敌人逃跑。

9月4—13日，"东南人民反共救国军南海集训总队"由"泉州纵队司令"陈令德和"永安纵队司令"陈伟彬带领武装特务，分两路分别从后龙港和东园下坡湖内窟登陆。中国人民解放军和当地民兵给予歼灭，活捉陈令德，击毙陈伟彬。

11月，全县开展宣传《婚姻法》。省、专署法院派出工作队到惠安协助处理大量封建婚姻案件。

12月25日，县直各单位开展大规模以反对贪污、反对浪费、反对官僚主义为内容的"三反"运动。翌年春末，"三反"运动结束。1952年10月17日，"三反"复查工作结束。

1952 年

1月初至3月25日，全县开展“五反”（反行贿、反偷税漏税、反盗骗国家财产、反偷工减料、反盗窃国家经济情报）运动。

4月5日上午6时40分，台湾国民党的1架美式飞机在惠安第四区门头（今泉州台商投资区张坂镇）上空投掷细菌弹。8日，空投细菌被全部消毒处理。

7月6日，土地证颁发工作结束。

同月，全县区域改划为14个区，辖222个乡。8月，并为198个乡。

10月1日，县委、县政府在县城举行大规模庆祝首次国庆节的活动。

10月，全县开始推广速成识字法扫盲工作。

11月20—25日，县第二届各界人民代表会议第一次会议召开。会议选举各界人民代表会议常务委员会主席、副主席，县政府县长、副县长。

12月下旬，县委开展剿潜、散匪特的专项斗争。

是年，全县开展“清毒禁毒”专项斗争，并在东园等地抓捕毒贩，缴获大批毒品。

1953 年

1月1日，孙天生互助组试办农业生产合作社。该合作社为全县第一个农业初级生产合作社。

1月3日，县委公布三朱、港墘、潘湖为县老革命根据地。

1月9日，县委在凤安乡开展民主建政试点工作。

1月18—26日，县委召开第一次全县扩大干部会议。

2—4月，县委开展宣传贯彻《婚姻法》运动，成立贯彻《婚姻法》运动委员会。

3月，省人民政府委员会委员江一真到惠安视察，提出“解决水土流失问题，必先整治溪流，改造穷山恶水”。

同月，县委对私营粮商进行“对私改造”。

4月1日，全县取缔反动会道门。至6月，彻底摧毁“同善社”等反动会道门组织。

4月，在城关、涂寨、东园、北海、辋川、洛阳等地设立6个国营粮食市场交易所，并在洛阳、涂岭分设粮食检查站。

同月，在赤湖、连山荒沙地营造木麻黄林获得成功，并向全县推广。

7月10日至9月11日，全县第一批9个乡普选工作全面展开。

9月27日，台湾国民党飞机轰炸西华、前垵2个乡。

10月，全县沿海渔区恢复中断15年北上舟山渔场冬汛钓白(带)鱼生产。

11月14日，全县实行粮食、油料统购统销。

是年，县委对全县的手工业进行社会主义改造，至1956年基本完成。

1954年

1月，晋江专区第一个气象站在崇武建立。

3月，全县进行第一次基层选举。

同月，城区居民开始实行粮油定量供应。

同月，涂寨互助水库动工兴建，为晋江专区第一个小(二)型水库。

6月10日，新滨(莲城乡上村)渔业生产合作社成立，为全县第一个渔业初级社。

6月27日至7月1日，惠安县人民代表大会第一次会议(简称县一届人大一次会议，以下类推)召开。会议做出决议，全县开展互助合作大生产运动。

8月，全县掀起兴修水利运动。

9月15日，全县开始凭布票购买棉布。

是年，全县开始实行土地入股，建立初级农业生产合作社。至1955年，全县建立初级农业生产合作社241个。至1957年，全县建立初级社 477 个、高级社 514 个。

1955 年

1—3 月，台湾国民党数架飞机侵入惠安县境上空 85 次，投弹 13 枚，军民死伤 3 人。敌军舰、艇 54 艘在沿海活动 33 次，打炮 4 次 100 发，打死渔民 2 人，抓走渔民 32 人。

3 月 1—28 日，全县开展征兵工作，首批义务兵应征。

3 月 14 日，全县开展反对使用原子武器签名运动，共有 15.46 万人签名。

3 月 18—27 日，县委召开三级扩干会，全县有 1856 人参加会议。该会议是新中国成立以来我县规模最大的一次会议。

8 月 15 日起，县委发动群众移民沙县、崇安等地，开发建设山区；至 10 月 3 日，全县共移民山区 6898 人，其中男 4578 人、女 2320 人，另带家属 1251 人。

9 月 19 日，全县区域划分为 11 个区、1 个镇，辖 191 个乡。

9 月 26 日，涂岭区的东坪、义路、岭北、六户等 37 个自然村划归仙游县管辖。

9 月，全县首届革命根据地代表会议召开。

10 月 25 日，县委结合农业合作化运动开展整党建党工作。

12 月 27—29 日，县一届人大二次会议召开。县人民政府改称为县人民委员会，会议选举县人委县长、副县长，县法院院长。

12 月至翌年 1 月，全县实行粮食定产、定购、定销。

1956 年

1 月 8 日，菱溪水库动工兴建。6 月 6 日竣工，总库容 3060 万立方米；同月 13 日举行放水典礼。

1 月至 2 月初，全县掀起合作化高潮和大生产运动新热潮。相继成立 26 个高级农业生产合作社、2 个蚝农生产合作社。

2 月 4 日，全县区乡合并工作结束，共设立 7 个区、65 个乡。城关、山腰设立区级镇，辖 10 个街。

2月8日，崇武区成立大团结高级渔业生产合作社，社员2370名，渔船218艘，其生产组织规模居全省第一。

4月，省水土保持干部技术培训班在惠安举办。10月，全省水土保持现场会在惠安召开。

5月30日至6月4日，中共惠安县第一次代表大会召开。会议选举第一届县委书记、副书记、常委。

7月3—6日，政协第一届惠安县委员会第一次全体会议（简称县政协一届一次会议）召开。会议选举县政协主席、副主席。

同月，中共中央政治局候补委员陈伯达首次返回故乡惠安，调查了解农业合作化高潮中出现的问题。

12月18—22日，县二届人大一次会议召开。会议选举新一届县人委县长、副县长，县法院院长。

至年底，全县基本实现在所有制方面对资本主义工商业的社会主义改造。

是年，全县实现农业高级合作化。

1957年

1月21日起，县委深入开展整党整社工作，至1958年春结束。

2月17日，刘振秀出席在北京召开的全国农业劳动模范代表大会，并被推选为大会主席团成员。

5月，县委成立整风指导小组，在全县开展以反对官僚主义、宗派主义、主观主义为内容的整风运动。

9月13—26日，全县开展反右派斗争。1960年，县委成立摘“右派分子”帽子领导小组，摘掉一部分“右派分子”帽子。1961年10月30日，县委成立“改右”领导组，对“右派”进行摘帽和安排工作。

10—11月，县委在农村发动群众运用大鸣、大放、大辩论的形式开展社会主义思想教育运动。

11月14—19日，县二届人大二次会议召开。会议补选县人委县长。

11月14日，县委召开五级扩干会，提出开展贯彻以“40条”为动力的大规模生产运动。这次会议是新中国成立后惠安规模最大的一次生产“大跃进”的动员大会。

11—12月，东楼、美峰、石门坑等3座小(一)型水库先后动工兴建。

12月10日，县委结合全民开展社会主义大辩论，进行“镇反”斗争(包括“管制、拘留、斗争、戴帽子”等)。

至12月底，全县对私改造工作基本结束。

1958年

1月2日起，县委分批进行农村整社整党整团工作；至2月15日，第一批64个乡800个社、第2批18个乡223个社参加。

2月21日，县委推广种试验田。全县2858人参加搞试验田527公顷。

2月22日，走马埭治理工程全面动工。年底，800公顷涝田得到改良。

3月起，修建县城至黄塘、县城至蓝田公路；至10月，先后通车。

4月1日，县委创办《惠安报》。7月1日，《惠安报》改为《惠安日报》。1961年3月1日停刊。

4月9日，全省水土保持现场会在惠安县杏林乡召开。翌日，县委召开“锄头会议”。决定抽调30%—35%劳动力，大搞大规模群众性水土保持运动。

4月下旬至5月，县委开展“工业遍地开花”运动。一些企业由公私合营企业和手工业合作社(组)转制为国营企业。

6月1—6日，县三届人大一次会议召开。会议选举新一届县人委县长、副县长，县法院院长。

6月中旬，县委宣传鼓足干劲，力争上游，多快好省地建设社会主义的总路线，提出在各条战线掀起“大跃进”高潮。

6月24日，全省妇幼卫生工作会议在惠安召开。

7月1日，县钢铁办公室成立，孟进城任主任。10月12日，县委召开扩大干部会议，部署完成钢铁日产5吨任务。会后，全县掀起“大炼钢铁”运动。

7月3日，乌潭水库工程指挥部成立。8月，乌潭水库动工兴建。1959年3月，乌潭水库改名惠女水库。1963年3月，惠女水库竣工。

同日，泗洲水库工程指挥部成立。11月6日，泗洲水库开始拦河填坝。1959年11月4日，泗洲水库竣工，为全省第一个社办水库。

7月17日，凤旗人民公社成立，为全县第一个人民公社。8月17日，凤旗人民公社和城关镇合并为政社合一的红旗人民公社。

7月19日，全省财贸工作会议在惠安召开。

7月，国务院水土保持委员会发出通报，要求全国各地特别是南方各省学习惠安开展水土保持工作的经验。9月7日，国务院授予惠安县“全国水土保持特等红旗”称号。

9月2日，全省海防对敌斗争工作会议在惠安召开。

9月3—23日，全县大办人民公社，成立红旗、东红、超先、上游、飞跃等5个大型人民公社，分38个管理区、244个生产大队。

9—12月，全县大办“民兵师”，掀起练兵高潮。

10月中旬，全县大办公共食堂，5个公社实现“吃饭不要钱”的部分供给制加劳动补贴。

10月20日，全省水利工作会议在惠安召开。

10月30日至11月2日，县政协二届一次会议召开。选举新一届县政协主席、副主席。

11月8—11日，县委在超先公社涂岭大队召开生活集体化现场会议，推广涂岭大队“食堂管理、幼儿全托”的经验。

是年，县委根据省委的指示，在党内开展反地方主义斗争，一部分地方干部被错定为“地方主义分子”。1960年，“地方主义分子”得到甄别平反。

1959年

1月11日，县委、县人委联合发出《关于除“四害”的通知》。旋即，全县掀起除老鼠、麻雀、苍蝇、蚊子等“四害”热潮。

1月23日，全省水利暨水土保持现场会在惠安召开，省人委省长魏金水讲话。会后，魏金水赴乌潭水库工地检查、慰问。

3月20日，县委制定《关于坚决执行各级干部参加体力劳动锻炼的决定》，全县430名干部分期分批下到农村当社员或工厂当工人，实行“三共同”(同吃、同住、同劳动)，4年内轮完。

3月，中央政治局候补委员陈伯达视察乌潭水库大坝工地，并题写“英勇的惠安妇女万岁”“向支援惠女水库的人民解放军战士致敬”的条幅。

同月，乌潭水库更名为“惠女水库”。

同月，潘南围垦工程动工兴建。1967年竣工。围垦总面积320公顷，扩大耕地面积128公顷。

4月，县委开展生产自救和节约度荒运动，解决春荒缺粮问题。

同月，县三届人大二次会议召开。会议补选县人委副县长。

10月27日，县委召开五级扩干会，4232人参加。会后，全县第一批225个大队以保卫总路线、社会主义为中心的整社运动迅速开展。

10月，国家海洋局在崇武设立海洋站。

12月2日，省属国营惠安县赤湖沙荒保护林场创办。

12月22日起，全县干部进行“反右倾”学习；至翌年5月15日，全县共有1788名党员干部参加。

12月，省人委副省长刘永生视察惠女水库。

1960年

1月16日，县委开展全民造林运动，成立县造林种果指挥部。

1月27日，县委针对群众生活发生困难的实际，实行“以人定量、指标到户、集体保管、凭票吃饭、节余归己”的粮食分配政策。

2月8—9日，水利电力部和全国妇女联合会分别电贺惠女水库大坝落成。

3月5日至4月5日，县委开展全民皆兵运动，即实行劳武结合、以劳为主的方针，开展练武运动。

3月，水利电力部部长钱正英、副部长张含英视察惠女水库。

4月30日，县委成立煤铁指挥部，全县拟完成采煤5万吨、炼铁7150吨任务。

5月1日，县民兵司令部成立。

5月中旬起，县委组成新“三反”(反对贪污挪用、铺张浪费和违法乱纪、强迫命令)工作组，深入农村开展新“三反”整风运动，至11月底结束。

5月26—29日，省委在惠安召开全省盐卤化工现场会议，学习惠安盐卤化工经验。

6月，省委书记叶飞视察惠安化工厂。

7月7日起，全县开展群众性的学习毛泽东思想运动，至12月结束。

10月9日，全县开始发放“侨汇物资供应券”，增加侨眷、归侨的物资供应。

10月10—17日，县委召开五级扩干会，传达贯彻中共中央关于“大办农业、大办粮食”的指示，推行农村“三自一包”(即扩大自留地、自由一季、自由市场和大包干)工作。

10月12日，全县调低粮食定量标准，大搞“瓜菜代”，缓解粮食供应紧张状况。同时，贯彻“三留一保证”(留足种子、留低口粮、略加照顾饲料，保证完成征购任务)政策。1963年2月，恢复提高粮食定量。

11月3日，县直机关单位由39个精简为25个，精简干部182名，以加强公社及大队领导。公社实行党政合并办公，撤销红旗公社、东红公社和管区机构。

11月17日，县委贯彻中共中央“十二条”政策，清理“一平二调”的“共产风”，退还平调的房屋、家具、家禽、农产品和建筑材料等。

11月20日，县委开展队收保健费活动，组织全县实现全民医疗合作保健制度。

1961年

1—3月，县委贯彻中共中央关于国民经济实行“调整、巩固、充实、提高”的八字方针，全面开展整风整社运动。

4月11日起，县委取消分配供给制，停办公共食堂，划小社、队规模，至5月18日结束。

4月中旬起，县委逐片逐队落实包产指标，深入开展“三包一奖”工作，至5月11日结束。

9月8—12日，1961年第21、22号台风（最大风力达12级以上）从崇武登陆。接着，第23号、25号台风又相继正面影响惠安。县委迅速发动军民投入抗洪救灾活动。

9月，全县区域划分为15个公社，设立公社管理委员会。

10月18日，省委书记叶飞到惠安检查指导工作。尔后，叶飞到小岞蹲点10天，调研基层党建工作。

12月16—18日，县四届人大一次会议召开。会议选举新一届县人委县长、副县长，县法院院长。

12月16—18日，县政协三届一次会议召开。会议选举新一届县政协主席、副主席。

1962年

3月，全县调整粮食购销任务，实行以生产队为单位的粮食购销大包干，并对11种农副产品供应奖售粮。

7月5—7日，县四届人大二次会议召开。会议动员全县人民做好准备，随时粉碎台湾当局妄图窜犯大陆东南沿海地区的阴谋活动。

10月起，全县持续8个多月干旱。县委广泛发动群众开展抗旱运动，至翌年6月上旬结束。

11月16—21日，县委召开扩大会，传达贯彻中共八届十中全会精神，抽调20多名干部深入5个大队开展社会主义教育运动（简称“社教”）试点。

1963年

1月5—7日，中共惠安县第二次代表大会召开。会议选举新一届县委书记、副书记、常委。

1月下旬，县委抽调184名干部，分别到5个公社44个大队开展“社教”。11月5日至1965年底，县委分4批在全县15个公社开展农村“社教”。

11月24—30日，县政协四届一次会议召开。会议选举新一届县政协主席、副主席。

11月25—28日，县五届人大一次会议召开。会议选举新一届县人委县长、副县长，县法院院长。

12月11—26日，水利电力部部长钱正英等领导视察惠女水库及其配套工程。

1964年

1月，城关、崇武、洛阳等3个公社改为县辖镇。

4月10日，全县掀起学习毛主席著作热潮。

8月6日，城关镇欢送首批31户35人知识青年上山下乡。

11月25日，全县动员移民开发建设崇安、三明、长泰山区，有志愿劳动者57户258人、城镇上山下乡人员241人、沿海移民658人参加。

1965年

3月18日起，县委开展移民和上山下乡动员工作。全县农村移民崇安等地区2800人、城镇上山下乡250人、上“三场”150人，分3批完成移出任务。至1966年12月，县委发动农村移民1.2万人、城镇知青上山下乡500人。

3月，全县下拨增销粮2000万公斤，以平抑粮食价格。

6月5日起，县委开展第一批面上“四清”（清政治、清思想、清经济、清组织）的农村社会主义教育运动，至1966年1月结束。1966年2—8月，县委开展第二批面上“四清”社教运动。

8月，全县农村贯彻粮食统购“一定三年”政策。

9月5日，全县实行猪肉平价敞开供应。

11月14日夜，崇武海战发生。中国人民解放军海军舰艇部队在崇武以东海域击沉台湾国民党美制护航舰“永昌号”，击伤大型猎潜舰“永泰号”，俘敌9名。

1966年

5—6月，全县开展批判“三家村”、写大字报和揪斗“黑帮”“牛鬼蛇神”活动，“文化大革命”在惠安全面展开。

7月26日，县“文化大革命”领导小组成立。各公社、大队相应成立“文化大革命”领导小组。

8月，全县调高粮食购销价格，对干部、职工实行粮价补贴。

8—9月，全县中小学纷纷成立红卫兵组织，开始“停课闹革命”。

9月25日，惠安一中学生上京串联。

9月，全县城乡掀起破“四旧”（旧思想、旧文化、旧风俗、旧习惯）浪潮。

1967年

1月23日，全县各群众组织非法向各级党政机关夺权，县级领导“靠边站”，县委、县人委机构逐步瘫痪。

1月起，县境内突发流行性脑脊髓膜炎；至5月，发生4396例。

2月，中国人民解放军驻惠安部队介入地方，实行“三支两军”（即支左、支工、支农，军管、军训）；惠安县人民武装部农业生产领导小组成立，取代县党政机关的职能。

同月，全县各大队成立渔、农贫协会，参与管理学校。

3月9日，驻惠部队成立军管组，并对县公、检、法机关实行军事管制。

3 月 17 日，县革命委员会（简称县革委会）成立。

4 月 21 日，炮兵第七十二师介入惠安县地方“文化大革命”，实行“支左”。

9—10 月，全县宣传贯彻中共中央《关于“抓革命、促生产”，增加收入、节约支出的通知》。

1968 年

11 月 6 日，由中共陆军第二十八军委员会批准的军、干、群“三结合”的惠安县革委会成立。军队代表出任主任、第一副主任，各届代表出任副主任。

11 月 22 日，县革委会召开常委会议，决定县革委会下设办事组、政治组、生产指挥组等工作机构，总揽全县党、政、财、文一切权力；各群众组织停止串联，回本单位参加“斗、批、改”。

12 月 29 日，县革委会领导小组成立。

1969 年

5 月，县革委会发动城镇干部、职工家属上山下乡，仅黄塘公社就安置城镇居民 326 户 1596 人。

7 月 21 日，县革委会举办小教学习班，进行“清队整党”，有 203 人被重点审查。

7 月 31 日，县革委会开办五七干校。

11 月，县首批“工人毛泽东思想宣传队”进驻学校参加“斗、批、改”。

同月，南埔公社岭头大队林德机选育的大豆良种“花面豆”被全国 13 个省引种推广。

1970 年

2 月 10 日，“七一围垦”工程动工兴建。1971 年 11 月竣工，围垦总面积 1174 公顷。

3 月 12 日，县革委会掀起“一打三反”（即打击现行反革命，反对贪污盗窃、投机倒把和铺张浪费)运动高潮。

同日,"五一围垦"工程动工兴建。1972 年 9 月竣工,围垦总面积 1360 公顷。

6 月 27 日,中共惠安县革委会核心小组成立。

7 月 3 日,陈田水库动工兴建。1973 年 3 月竣工,总库容 2650 万立方米。

7 月底,县革委会开展精兵简政工作,县社两级共精简 5600 人,占总人数 26.35%。其中两委和县直精简 2092 人,占总人数 19.34%。

8 月 26 日,县革委会试行从群众中选拔推荐"工农兵"上大学。

9 月 1—4 日,中共惠安县第三次代表大会召开。会议选举新一届县委书记、副书记、常委。县委与县革委会合署办公,实行"一元化"领导。

10 月,全县开展"农业学大寨"群众运动。

是年,县城开始使用自来水。

1971 年

2 月 18 日至 6 月,全县培训农村赤脚医生 668 名,并大力推广"一根针、一把草"方法,开展群防群治。

4 月,全县粮食征购"一定三年"改为"一定五年"。1975 年 12 月,"一定五年"再延续 3 年。

6 月 21 日,晋江地区革委会批复同意洛阳桥工程基建征用土地。7 月 11 日,洛阳桥闸立体工程动工兴建。1973 年 7 月竣工;10 月,桥面正式通车。

11 月,全县建立县、公社、大队、生产队四级农业科技网 300 多个站(组)。

同月,全县引进推广"晋系小麦"获得增产。

1972 年

3 月 20—21 日,县委召开三届四次全委会,提出抓紧做好领导干部的“解放”工作。

5月3日，台湾单拖渔轮“永春号”首次停泊崇武港，得到热情接待，船员回乡与家人团聚。

9月，北关变电站兴建。

10月，山美水库惠安灌区动工兴建。1976年竣工，灌溉面积5900公顷。

同月，全县进行“批林整风”运动。

12月30日，《惠安县1973—1975年计划生育规划》出台。该规划提出：全县人口自然增长率1973年降到20‰，1974年降到17‰，1975年降到15‰以下。

1973年

6月18日，泉州后茂变电站至惠安北关变电站35千伏高压输电线路竣工、投产，担负惠安县城工农业用电。

11月，架设杏田—上仑—东溪35千伏输变电线路。1974年11月30日投入运行。

是年，全县森林覆盖率达31%，绿化程度94.7%，蓄积量3.79万立方米，被列为全省4个绿化县之一。

是年，全县对中小学进行整顿，恢复考试及升留级制度，加强基础知识教学。

1974年

3月，恢复小岞公社建制；析出崇武公社的垵固等16个大队，增设山霞公社。

9月10日，县委调整充实学校“工宣队”“贫管会”。

9月，崇武港被国务院公布为对台（湾）开放港口之一。

10月1日，国际航标——崇武灯塔重建落成，投入使用。

10月，全县超额完成粮油征购任务，地区革委会奖给拖拉机22部。

12月2日，张坂、崇武、东园、洛阳等4个公社发动群众围海造田 2668 公顷，筑海堤 7318 米。

是年，秀涂港区被交通部重申为外轮避风泊锚地。

1975 年

1 月 12 日，陈田水电站动工兴建。1978 年 5 月 1 日，完成 8000 千瓦机组安装任务，并投产运行。

5 月，石油化学工业部拨款筹建地方国营惠安制碘厂。1979 年 9 月，该制碘厂投产。

9 月，曲江渡槽动工兴建。1977 年 9 月竣工、通水。

是年，架设北关—山腰 35 千伏输变电线路，全长 15.9 千米。1976 年 10 月建成投产。

1976 年

2—9 月，全县开展“批邓、反击右倾翻案风”运动，并揪所谓“还乡团”和“投降派”，县直机关陷入停滞混乱状态。

9 月 9 日，中共中央主席毛泽东逝世，全县各部门各单位均设置灵堂、敬献花，以寄托哀思。18 日下午，惠安一中广场万余人集会，收听北京召开追悼大会实况，并举行悼念活动。

10 月下旬，县城和各公社举行集会及游行，庆祝中共中央政治局胜利粉碎江青反革命集团。

1977 年

1 月起，全县掀起揭批“四人帮”、普及“大寨县”运动新高潮，至 10 月告一个段落。

7 月 12 日，县委成立揭批“四人帮”办公室，清查与“四人帮”有牵连的人和事。

8 月 25 日，县委成立落实政策办公室，开展落实政策工作；至 1981 年 12 月，落实政策工作结束。

1978 年

2 月 4 日，全县石油产品实行统购、统配、定量供应。

2 月 5 日，县石渠化工程指挥部成立。此后，全县掀起以石渠化为重点的农田基本建设新高潮。至翌年 12 月，全县共完成石渠化 116 千米。

3 月 6—9 日，中共惠安县第四次代表大会召开。会议选举新一届县委书记、副书记、常委。

3 月 13—16 日，县七届人大一次会议召开。会议选举县革委会主任、副主任，县法院院长、县检察院检察长。

10 月，全县开展“实践是检验真理的唯一标准”的大讨论。

12 月，省政府宣布崇武港为对台接待港口及对台开放贸易点。

1979 年

1 月 13 日，县委成立领导小组，重新确定地富子女成分；至 7 月 15 日，全县共完成 983 名“四类分子”摘帽和地富子女 775 户 1540 人重新确定成分、改变出身的评审工作。

1 月，惠安台胞接待站在崇武建立，为全省四大接待站之一。

11 月 21 日，县落实对国民党起义投诚人员政策领导小组成立，开展调查落实上报工作。

12 月 14 日，秀涂港被定为省外贸港。

至 12 月底，全县清理“文化大革命”以后处理的各种人员 3127 人。至 1984 年，全县在“文化大革命”中发生的冤假错案全部得到平反、纠正。

是年，全县 203 个生产队（占 52%）实行小段包干，定额计酬；313 个生产队（占 80%）实行包工到组，联产计酬。

1980 年

2 月，县委开始对黄塘、辋川、净峰等公社进行扶贫，为全县首次开展农村扶贫工作。

7月31日，县政协四届五次会议召开，宣布政协第四届惠安县委员会正式恢复活动。

9月1日，县委提出学习张坂公社玉塘大队第七生产队建立商品生产基地的经验。省委书记廖志高到该队视察指导。

10月15日，全县选举日。首次由选民直接选举县第八届人大代表和乡(镇)人大代表。

10月，县委决定对沿海地区以渔为主、人均耕地在一分左右的队允许包产到户，定产抵销。至11月底，全县有793个生产队(占总数20%)分包耕地2141公顷(占总耕地面积8.2%)，其中58个生产队251公顷耕地全部分包到户。

10—12月，全县各公社(镇、场)相继取消革命委员会，恢复管理委员会。

是年，1958年被划为“不纯分子”的教师全部获得改正。

1981年

2月下旬，县革委会撤销，恢复县人民政府，设立惠安县人民代表大会常务委员会。

2月21—26日，县政协五届一次会议召开。会议选举新一届县政协主席、副主席。

2月21—26日，县八届人大一次会议召开。会议选举县人大常委会主任、副主任和县政府县长、副县长，县法院院长、县检察院检察长。

3月1日，台轮在惠安崇武港停靠，为台湾地区第一艘。

3月，全县开展“五讲四美”(即讲文明、讲礼貌、讲纪律、讲道德、讲卫生，语言美、心灵美、行为美、环境美)活动。

5月，县委与县政府分开办公，实行党政分开。

是年，惠安原盐出口销往香港等地区和新加坡、马来西亚、菲律宾、美国等国家。

1982 年

2 月 26 日，县委开始打击经济领域中的犯罪活动，端正党风。

3 月 26 日，全县财政实行“切分收支，分级包干”等制度。

3 月，全县落实农业生产责任制。至年底，全县基本完成家庭联产承包责任制。

至 6 月 30 日，全县有 907 家社队企业建立不同形式的经济承包责任制，占全县社队企业的 95％。

7 月 28 日，1982 年第 9 号台风袭击惠安，沿海风力 12 级。民房倒塌 1750 间、损坏 2.88 万间，经济损失 830 万元。县委迅速组织全县干部群众投入抗灾救灾工作。

8 月底，全县完成“四大运动”（反右派、反右倾、“四清”社教、“文化大革命”）案件复查任务。

同月，全省县级林业区划经验交流会在惠安赤湖林场召开。

12 月，全县 4538 个生产队有 95.7％实行包干到户；包产到组的 188 个生产队，随后也全部实行联产责任制。

1983 年

5 月至翌年 1 月，全县国营企业实施“利改税”改革。

8 月 19 日，全县进行严厉打击刑事犯罪活动第一战役第一次统一行动。至 1984 年 5 月 29 日，开展 3 次统一行动，共收审各类刑事犯罪分子和违法分子 602 名，依法审判 230 名。

11 月 5 日，山腰、崇武、洛阳等恢复镇建制。

至年底，全县发展各种专业户、重点户 4998 户，各种经济联合体 987 个 9646 户。

是年，惠泉啤酒在全省率先引进啤酒露天大罐发酵新技术，获得成功。

1984 年

1 月 24 日，县党政机关机构改革顺利完成。县委机关机构设置

6个，政府机构设置30个，其他组织机构按党章、宪法和有关规定进行设置。

9月，全县实现村村通邮路。

10月6日中午，惠安援藏石料工程公司的共产党员庄盛春在拉萨抢救一落水藏胞时，不幸牺牲。1985年1月30日，县委做出《关于向庄盛春同志学习的决定》。

10月11日，县委做出《关于惠安县专业技术干部待遇的八条规定》，并成立技术干部家庭“农转非”问题审批领导组。

10月25日，全县完成撤社建乡工作，共设14个乡、3个镇，辖370个村(街)。

10月29日至11月2日，中共惠安县第五次代表大会召开。会议选举新一届县委书记、副书记、常委。

11—12月，全县建立15个乡(镇)级和23个村级农经服务组织。之后，组建县农经服务站。

11月4—10日，县政协六届一次会议召开。会议选举新一届县政协主席、副主席。

11月6—11日，县九届人大一次会议召开。会议选举新一届县人大常委会主任、副主任和县政府县长、副县长，县法院院长、县检察院检察长。

12月10日，县委处理地下党历史遗留问题领导小组成立。1985年3月16—18日，县委召开处理地下党历史遗留问题工作会议，强调坚决、彻底、妥善、尽快地解决地下党遗留历史问题。

12月11日，中国科学院高能物理研究所名誉所长、一级教授张文裕回乡探亲，走访母校时化小学旧址。

12月12日，全县水产品价格全面放开，实行市场调节。

至年底，全年全县乡镇企业新增743家，总产值1.16亿元，首次实现超亿元。

1985年

1月，肖厝港万吨级杂货码头投建。1988年11月竣工，投入使用。

3 月 9 日，全国政协委员、省政协委员考察组到惠安考察科山寺和螺城镇基督教堂牧师楼。

4 月 11 日，省政府发出通知，设置惠安县肖厝镇。

4 月，全县停止使用粮票，粮食统购改为合同订购。

6 月，全县渔业生产实行股份合作经营。

7 月，全省重点乡镇农机服务站经验交流会在惠安召开，与会农机干部参观东园、东岭和南埔农机服务站。

8 月 10 日，县委、县政府重新核定县级党政群机关编制 781 名。其中县委机关 156 名，县人大常委会 20 名，县政府机关 525 名，县政协 8 名，群团 44 名，机动编制 28 名。

8 月 10 日，县委、县政府隆重召开庆祝第一个教师节大会，并给首批执教 30 年以上的教师颁发荣誉证书。

10 月，70 多名外国驻华使馆外交官参观惠安石雕厂。

12 月 19—21 日，省政协副主席倪松茂一行到惠安视察柠檬桉速生丰产林。

12 月 25 日，全县乡镇企业产品展销会首次在县城举办。《人民日报》海外版长篇赞誉。

是年，全县企业普遍推行多种形式的承包经营责任制。

1986 年

2 月，省委书记项南到惠安，召开建设福建炼油厂现场办公会议。

5 月起，全县开展以反盗窃为重点的严打斗争；至 7 月结束。

6 月 14 日，省委常委、宣传部部长何少川率工作组到惠安了解县委解决“部分地区存在早婚、童婚、非正常死亡现象”的具体办法。

6 月，辋川第一盐场研制的保健低钠盐通过省级投产鉴定，被确定为国内首创。

7 月，惠安县被列为国家“七五”重点攻关项目——桉树速生丰产林研究协作县。

8 月，崇武镇被定为厦漳泉地区首批工业卫星镇。

至年底，全县乡镇企业发展到 2197 家，螺阳、洛阳、东园、崇武、净峰、东岭、涂寨、辋川等 9 个乡(镇)总收入超千万元,有 7 个企业产值超百万元。全县乡镇企业产品出口创汇约达 722.9 万元,比上年增长 33.7%。

1987 年

1 月 1 日,螺城地区率先实施《惠安县人民政府关于殡葬管理有关事项的通告》。

4 月 1 日,泉州市扶贫工作队进驻南埔乡开展扶贫工作。

5 月 1 日,林业部部长杨钟一行视察东岭、小岞、崇武防护林和赤湖林场。

5 月 20 日,省政府省长胡平到惠安视察涂岭水土保持现场。

6 月 12 日,霞光 110 千伏输电站兴建。1988 年主体工程竣工,并投入运行。

9 月 10 日,1987 年第 12 号台风袭击惠安,公路路基塌方 7740 米,民房倒塌 917 间。省政府代省长王兆国赶至惠安现场指导抗灾工作。

10 月 22—27 日,县政协七届一次会议召开。会议选举新一届县政协主席、副主席。

10 月 23—27 日,县十届人大一次会议召开。会议选举新一届县人大常委会主任、副主任和县政府县长、副县长,县法院院长、县检察院检察长。

12 月 29 日,经省、市考核验收,惠安县达到中央规定的基本消灭血丝虫病的标准。

12 月,全县认定“五老”人员 729 名。

1988 年

1 月,省政府省长王兆国到惠安县境内湄洲湾南岸,视察即将动工兴建的福建炼油厂厂址。

3 月 17—19 日,中共惠安县第六次代表大会在螺城召开。会议选举新一届县委书记、副书记、常委。

11月,全县全面进行治理经济环境,整顿经济秩序,共入库偷漏欠税和违纪金额182.05万元,停、缓、压投资额750万元的16个在建项目,清理整顿21家各类公司,回收逾期贷款1548万元。

11月4—7日,1988年第25号台风袭击惠安,东岭西湖垦海堤被海潮冲开决口4处、75米。省政府省长王兆国到灾区指导抢险救灾工作。

1989年

2月23日,省政府省长王兆国到肖厝视察。

9月5—7日,全县开展"扫黄打丑"统一行动。

10月23日,王兆国到福建炼油厂召开建厂现场会。

11月22日,县义务兵养老保险工作会议推出《惠安县义务兵养老优待保险规则》,为全省首创。

12月1日,省委书记陈光毅到惠安检查工作,参加梅山干渠的修整劳动。

12月11日,全县社会主义教育活动第一阶段开始实施。

12月23日,省政府批准设立惠安县百崎回族自治乡。1990年8月2日,百崎从东园镇析出,成为全省唯一的回族乡。

至年底,全县385个建制村全部建立村级经联社。至1991年年底,19个乡(镇)全部成立本级经联社,并积极开展达标升级活动。

是年,全县90%的国营工商企业由厂长(经理)同政府签订承包经营合同。

是年,崇武千吨级对台贸易码头建成投入使用。

是年,全县水产品年总产量9.58万吨,居全市第一位、全省第二位。

1990年

1月13日,全县开展军民共学雷锋活动。

1月16日,全县广泛开展学习大庆精神活动。

3月15日,全县进行开荒滩改。至年底,全县垦荒466公顷、滩改233公顷。

6月22—24日,全省扫除文盲工作现场会在惠安召开。同年9月,惠安荣获"全国巾帼扫盲奖"。

7月1日下午14时,省政府省长王兆国,副省长苏昌培、施性谋等领导顶风冒雨到惠安看望受1990年第5号、6号强台风袭击的受灾群众。

9月7—9日,1990年第18号台风正面袭击惠安,全县50多处海堤决口、70多艘渔船毁坏、13个乡(镇)通信中断。省委副书记贾庆林到惠安察看灾情,指导抗灾工作。

9月15日,惠安举行集会,隆重纪念"惠安暴动"60周年。1993年4月1日,县政府修建的"惠安暴动"纪念碑在东岭镇屿头山落成。

10月起,惠安县掀起大打机井喷灌的群众性运动;至翌年底,全县共打机井1435眼,配套抽水机械882台。

11月22—25日,中共惠安县第七次代表大会召开。会议选举新一届县委书记、副书记、常委。

是年,全县国有企业普遍推行承包经营责任制和厂长(经理)负责制,并开展企业第二轮承包的衔接工作。

1991年

1月10—13日,县政协八届一次会议召开。会议选举新一届县政协主席、副主席。

1月27—31日,县十一届人大一次会议召开。会议选举新一届县人大常委会主任、副主任和县政府县长、副县长,县法院院长、县检察院检察长。

3月,县委决定用3年时间分期分批在全县农村普遍深入开展社会主义思想教育。同年,县委又决定在全县普遍深入开展城市社会主义思想教育活动。

8月起,全县广泛开展社会治安综合治理活动;至12月,该项活动结束。

9月28日，全县发行第二版《毛泽东选集》(4卷)10280套。

10月1日，东园、东岭、涂寨、张坂、辋川等5个镇被省政府批准为重点工业卫星镇。

至12月，全县新办乡镇企业307家，投资额3514万元；全年总产值6.27亿元，比1983年增长6.45倍。

至12月底，全县重新签订16941公顷土地承包合同。

是年，全县出口商品交货额首次突破亿元大关，达1.55亿元。

1992年

4月，中共肖厝镇委员会成立。9月，召开肖厝镇第一次党员代表大会，选举产生中共肖厝镇第一届委员会；同月，肖厝镇人民政府成立。

12月26日，全县投入4000多万元，引进日本富士通2万门程控电话交换机，割接开通。

12月，惠安县荣获全省经济发展“十佳县”称号。

至年底，全县共造林合格面积4148公顷，合格率达99.6%，占省定任务的119.3%。省政府特向惠安颁发“消灭荒山纪念碑”。1993年4月6日，经林业部、省林业厅组织验收，惠安县被确认基本完成消灭荒山任务，荣获“全国平原绿化先进县”称号。

1993年

3月23日，成立惠安县旧城改造建设领导组及指挥部。尔后，县城中山北街东侧改造工程动工，惠安旧城成片改造拉开帷幕。

5月12日，全县开始进行围歼“车匪路霸”统一行动。

6月22日，县委、县政府发出《关于切实减轻农民负担问题的通知》，要求取消25个不合理负担项目，发放农民负担卡，制止乱收费、乱罚款、乱摊派的“三乱”现象。

9月，撤销后龙、南埔、山腰、涂岭等4个乡(镇)党委会，成立4个办事处党委会。

12月16—18日，中共惠安县第八次代表大会召开。会议选举新一届县委书记、副书记、常委。

12月30日，崇武镇五峰村社会总产值达1.59亿元，为全县第一个亿元村。

是年，县财政收入首次突破亿元大关，达12657万元。

1994年

1月10—13日，县政协九届一次会议召开。会议选举新一届县政协主席、副主席。

1月11—15日，县十二届人大一次会议召开。会议选举新一届县人大常委会主任、副主任和县政府县长、副县长，县法院院长、县检察院检察长。

1月，国务院拨款500万元修复全国文物保护单位洛阳桥。

6月1日，福厦公路惠安段拓宽改造工程全线动工。12月底，主车道铺设全面竣工，全段42.15千米。

12月21日，崇武镇建成广播电视共缆传输网络。该网络为全省首家乡镇广播电视共缆传输网络。

12月，惠安县首次荣获福建省经济发展实力“十强县”称号。

同月，湄洲湾肖厝海域10万吨级航道开通。

是年，全县推行住房公积金制度改革。

1995年

2月，全县撤销村公所，恢复村民委员会。

3月31日，惠安县获对外经济贸易部赋予的对外贸易公司进出口经营权。

10—12月，《惠安城市总体规划》经省政府批准正式实施，规划区从6平方千米扩增至25.4平方千米，城市规划控制区达到245平方千米。

12月12日，惠崇公路改造工程竣工，全段22.7千米。

12月，惠安县获福建省经济发展实力“十强县”和经济增长幅度“十佳县”称号。

1996 年

3 月 1 日，省民政厅批准撤销肖厝镇，设立后龙、山腰、南埔、涂岭、埭港等 5 个镇。

4 月 1 日，惠安县人民武装部正式授名为“中国人民解放军惠安县人民武装部”，并隆重举行收归军队建制交接仪式。

4 月，崇武镇被定为省级星火技术密集区。

4 月 21 日，泉州市肖厝管理委员会获省政府批准成立，下辖山腰、后龙、南埔、涂岭、埭港等 5 个镇和山腰盐场。

6 月，惠安科教结合工作顺利通过省级“合格”验收。12 月 19 日，惠安县被指定为全省农科教结合示范县。

7 月，惠安县党政机构改革方案全面实施。县级党政工作机构共设 37 个，减少 22 个，精减 37.29%；核定行政编制 750 名，减少 289 名，精减 27.82%。

8 月 6—7 日，惠安县通过省、市专家验收组有关消灭无标准化生产的验收，被国家列入全国第一批消灭无标准化生产试点县（市）。

9 月 18 日，省民政厅批准东岭镇析出 18 个建制村设立东桥乡。1997 年 2 月 20 日，东桥乡正式成立。

12 月 28 日，惠安县侨资企业协会成立，为全省第一家侨资企业协会。

1997 年

1 月 2 日，全县进行“严打”统一行动。至年底，全县公安机关共立各类刑事案件 1375 起，破获 821 起。

6 月 23 日，举行县城八二三东街拓通工程竣工和惠安火车站进站公路首期工程建成通车庆典仪式。

1998 年

1 月 13 日，科山公园建设工程动工，首期建设面积 1.2 平方千米。科山公园的建设改变惠安县城无公园的历史。

1月16日，惠安县被国家教委认定为“基本普及九年义务教育和基本扫除青壮年文盲县”。

5月4日，惠安县被省委、省政府评为小康先进县。

5月下旬，惠安县荣获“全国科技工作先进县”称号。

6月29日，惠安被省委授予“1996—1997年度全省党建工作先进县”称号。

7月15日，全省农村水电初级电气化县建设工作会议在惠安召开。尔后，惠安顺利通过“中央级初级电气化县”验收。

7月17日，全县国有企业改革工作会议召开。至年底，全县完成25家(占70%)国有企业的改制工作。

11月19—21日，全省现代农业示范点建设现场会在惠安召开，省委副书记习近平出席会议。

11月22—24日，中共惠安县第九次代表大会召开。会议选举新一届县委书记、副书记、常委。

1999年

1月6—10日，县政协十届一次会议召开。会议选举新一届县政协主席、副主席。

1月8—11日，县十三届人大一次会议召开。会议选举新一届县人大常委会主任、副主任和县政府县长、副县长，县法院院长、县检察院检察长。

1月23日，惠安县在全省率先开展“爱心献功臣行动”，收到社会各界捐款81万元。

6月10—14日，'99深圳·福建(惠安)展洽会在深圳特区举办，共签订项目51个，合同金额9.3亿元，并设立惠安驻深圳展销处的企业6家。

8月，省民政厅批准镇级行政区划调整为南埔、界山、后龙、峰尾、山腰、前黄、涂岭等7个镇和国有山腰盐场。

9月7—8日，第一届世界惠安同乡联谊会暨第十届亚洲惠安社团联谊会在县城举办。其间,推出招商项目100个、总投资额50多亿元,签约项目56个、投资总额3020万美元,独资及中外合资项目占签约总数的55%。

2000年

3月起,在处级干部中开展以讲学习、讲政治、讲正气(简称"三讲")为主要内容的党性党风教育。至12月,"三讲"告一个段落。

6月8日,参加世界民俗摄影研讨会暨泉州民俗文化活动的联合国教科文组织官员及与会的18个国家的77名代表到崇武考察惠女民俗。

11月5日,惠安县顺利通过全国节水增产重点县验收。1999年被国家列为"九五"期间全国首批30个节水增产重点县之一。

2001年

2月19日起,在全县共产党员中开展"三个代表"学习教育活动,市委书记刘德章到惠安做学习教育活动的动员报告。县委把县直机关作为第一批参学单位,螺城镇作为试点;随后,15个乡(镇)作为第二批参学单位。

3月25日,惠安县在深圳举办投资环境说明暨招商项目推介会。会上签约投资项目28个,总投资6亿多元。

10月12日,崇武镇国家一级渔港正式开工建设。该项目首期工程总投资3286万元。

是年,据国家统计局公布,2000年惠安的地区生产总值居全国百强县第55位。

2002年

6月24日,全国绿化委、人事部、国家林业局授予惠安县"全国防沙治沙先进集体"荣誉称号。

8月8日,惠安县通过全国水土保持生态环境建设示范县达标验收。

9月7日，惠安县1999—2001年承担的国家级农业综合开发项目通过国家农业综合开发办公室验收。

2003年

3月11日，惠安县被文化部授予“中国民间艺术之乡”的称号。

3月21日，国家旅游局对惠安县崇武古城风景区申报国家AAAA级风景区进行评审验收。

8月20日，惠安县举行社会公益慈善捐赠大会，现场捐赠、认捐达8397万元。

8月，惠安县成功进行液化气储气库特许经营权拍卖，开创福建省县级燃气特许经营权公开拍卖的先例。

11月10—13日，中共惠安县第十次代表大会召开。会议选举新一届县委书记、副书记、常委。

12月30日至2004年1月2日，县政协十一届一次会议召开。会议选举新一届县政协主席、副主席。

是年，在黄塘镇区西侧创办泉州第一个台商创业基地，开创福建省首个由民营企业负责投资基础设施、台资企业协会负责招商、台资企业相对集中的台商创业基地开发建设的先例。

是年，全县财政总收入首次突破10亿元大关，达100068万元。

2004年

1月1—3日，县十四届人大一次会议召开。会议选举新一届县人大常委会主任、副主任和县政府县长、副县长，县法院院长、县检察院检察长。

1月31日，惠安县继续名列全国地级市经济“最发达100县”。

3月11日，惠安县被文化部命名为“中国民间雕艺之乡”。

4月1日，惠安县被中国食品工业协会授予“全国食品工业强县”称号。

8月15日，外走马埭围垦工程正式开工建设。2009年5月，围垦工程海堤建设竣工。

12 月 21 日，惠安县国税收入首次突破 5 亿元大关，超额完成全年国税征收任务。

2005 年

1 月 3 日，祖籍惠安县的台湾海峡交流基金会董事长、国民党中央评议委员会主席团主席辜振甫在台北病逝。泉州市人民政府、泉州辜氏宗亲向辜振甫家属发去唁电。

1 月起，全县在党内开展以实践“三个代表”重要思想为主要内容的保持共产党员先进性教育活动。至 2006 年 6 月结束，历时 1 年又 6 个月。

6 月 18 日，澳门妇女联合会理事长、全国政协委员招银英到崇武镇参观访问，并听取有关惠安县经济发展和妇女创业工作情况的介绍。

10 月，崇武镇被中央文明委评为第一批全国文明村镇。

2006 年

1 月 26 日，台商创业基地服务中心举行落成典礼。至年底，共有 25 家企业签约入驻，10 家企业开工建设。

12 月 5 日，崇武镇顺利通过国家卫生镇考核验收，成为泉州市首个国家级卫生乡镇。

12 月 9—12 日，县政协十二届一次会议召开。会议选举新一届县政协主席、副主席。

12 月 10—14 日，县十五届人大一次会议召开。会议选举新一届县人大常委会主任、副主任和县政府县长、副县长，县法院院长、县检察院检察长。

2007 年

2 月 3 日，县行政服务中心举行揭牌仪式。

4 月 2 日，惠安县正式启动新型农村合作医疗信息网，全县共有 535554 名农民参加新型农村合作医疗。

8月1日，泉州造船厂在湄洲湾南岸斗尾港区举行首艘万吨级船舶下水仪式。

是年，全县财政总收入首次突破20亿元大关，达20.005亿元。

2008年

1月9日，中央政策研究院、中央财办组成联合调研组到崇武镇和泉州修造船厂开展调研活动。

2月1日，惠安县县城获建设部命名“国家园林县城”，成为全省首个国家园林县城。

3月29日，中共福建省委宣传部、省文化厅、省文联和中共泉州市委、市政府主办，中共惠安县委、惠安县政府承办“他始终为光明歌唱”大型活动，纪念人民音乐家吴文季90周年诞辰。

4月20日，惠安县医保中心在全省率先投入使用门诊特殊病种计算机应用软件。我县成为全省首个实现门诊特殊病种实施补偿的县份。

7月20—23日，中共惠安县第十一次代表大会召开。会议选举新一届县委书记、副书记、常委。

8月5日，福建省的第十一届全国人大部分代表到惠安调研。

10月7日，市委常委会议确定惠安为深入学习实践科学发展观活动试点单位。县直党政群机关、直属企事业单位和部门管理的企事业单位等95个，涉及党组织267个、党员4444名，另有非中共党员干部职工924名列席参加学习。

是年，惠安县在全省率先启动并基本完成医改前被关闭、破产的国有和集体企业退休人员参加医保工作，共支付4160万元，参保2997人。

2009年

2月16日，福建联合石油化工有限公司青兰山30万吨级原油码头开港，正式投入使用。

2月，惠安县入榜首届“建设创新型国家百强县”。

5月8日，中共泉州市委发出《关于开展“弘扬惠女精神提振创业激情促进科学发展”活动的决定》，要求全市共产党员，特别是党员干部都要学习和弘扬惠女精神，学习惠女艰苦奋斗的意志、尊重科学的态度、无私奉献的品格和拼搏创业的激情。

5月28日，法国埃罗省政府代表团到惠安县参观考察。

7月，惠安名列第9届全国县域经济基地竞争力“百强县”第29位。

同月，惠安县螺城镇、崇武镇名列国家统计局公布的“2008年全国小城镇综合发展水平1000强”名单。

10月，惠安县在中国中小城市科学发展评价体系研究成果发布暨第六届中国中小城市科学发展高峰论坛上，被评为“2009年度中国中小城市科学发展百强”“2009年度中国最具投资潜力中小城市百强”“2009年度中国最具区域带动力中小城市百强”。

11月19日，第六届中国戏剧文学奖颁奖盛典在崇武西沙湾举行，大型话剧《1949年的故事》获唯一金奖特别奖。

11月，惠安县名列2009年中国商标发展百强县(市)第43位。

2010年

1月17—21日，县十五届人大四次会议召开。会议补选县人大常委会主任。

2月7日，达利集团捐资1000万元建立“献爱心敬老金”，县慈善总会和螺城镇党委、政府、老人协会在县文化中心举行“达利集团献爱心敬老金捐赠仪式”。

6月1日，惠安县举行洛阳、东园、张坂、百崎4个乡(镇)和惠南工业园区委托泉州台商投资区管理移交仪式。

8月，惠安名列第十届全国县域经济基地竞争力百强县(市)第29位。

10月，惠安县名列第七届中国中小城市科学发展高峰论坛公布的全国综合实力百强县入围名单第44位。

11月27日，惠安县国家级余甘标准化示范区建设顺利通过验收。

12月28日，惠安县首届“美丽惠安人”评选表彰活动暨颁奖典礼在县文化中心举行。

是年，全县财政总收入首次突破30亿元大关，达310129万元。

2011年

1月1日，惠安革命历史纪念馆开馆。该馆占地面积9980平方米，工程总建设面积近2584平方米。

3月，惠安县获科技部正式批准建立“国家可持续发展实验区”。

6月12日，惠安台湾农民创业园晋升为国家级台湾农民创业园。

6月20日，参加“6·18”第九届中国海峡项目成果交易会的台湾考察团到绿谷台商高科技产业基地考察。

6月23日，惠安新闻网正式开通。

6月，惠安县在中国建筑业协会举办的“中国建筑之乡”评审会上通过专家组评审，被命名为“中国建筑之乡”。

7月19日，泉三高速公路南惠支线正式通车。

7月19—21日，中共惠安县第十二次代表大会召开。会议选举新一届县委书记、副书记、常委。

9月9日，归真堂博士后科研工作站在福建归真堂药业股份有限公司正式挂牌成立。这是惠安县首个院士专家工作站。

9月28日，惠安小岞风电场第一台风机成功架设。该电场是全市首座风电场。

9月，达利集团入榜“中国民营企业500强”。

10月，惠安黄塘碧岭村村民杨福成入选中央文明办、全国总工会、共青团中央、全国妇联联合主办的“我推荐、我评议身边好人”活动的见义勇为“中国好人榜”。

12月16—19日，县政协十三届一次会议召开。会议选举新一届县政协主席、副主席。

12月17—20日，县十六届人大一次会议召开。会议选举新一届县人大常委会主任、副主任和县政府县长、副县长，县法院院长、县检察院检察长。

2012 年

1 月，县第三实验小学入选全国首批中华选秀文化艺术传承学校。

2 月，崇武镇入选福建省第四批省级文化名镇名村。

7 月 6 日，泉惠石化工业区与德国梅塞尔集团签订合作协议。

7 月 14 日，朝鲜青年友好代表团到惠安参观访问。

8 月 19 日，泉州与台湾首次联合举办 2012 年迎七夕中国鲎保护宣传日活动，在惠安县青山湾海域放流 10 只成年中国鲎与 3 万只中国鲎苗。

12 月 30 日 5 时 50 分，惠安县公安局副局长吴一心因长期超负荷工作，突发心脏病去世。2013 年 6 月 7 日，中共中央宣传部、中央政法委、公安部和中共福建省委联合举办的“吴一心同志先进事迹报告会”在人民大会堂举行。

2013 年

2 月，黄塘镇获全省小城镇试点建设一等奖。

5 月，惠安县山霞青山宫被列为第七批全国重点文物保护单位。

10 月，惠安县名列 2013 年度中国中小城市综合实力百强县市第 36 位。

11 月上旬，惠安县被中国民间文艺家协会确定为“中国雕刻艺术传承基地”，为福建省首个。

11 月 16 日，县委、县政府举行纪念大会，纪念荷山中学校主刘玉水先生 120 周年诞辰。

2014 年

2 月 28 日，县委在全县开展以为民务实清廉为主题的党的群众路线教育实践活动，1095 个基层党组织、26942 名党员参加第二批党的群众路线教育实践活动。

6月6日，惠安县基层反腐倡廉警示教育基地在惠安县崇武镇五峰村揭牌。该村成为福建省首个镇村干部警示教育基地。

12月8日，世界贸易中心协会主席加齐·阿布纳尔一行到惠安考察，并听取市、县领导关于泉惠石化园区的规划建设情况及招商推介项目介绍。

12月18日，惠安县品牌“惠之梦”在北京举行的中国品牌年会暨品牌金博奖颁奖盛典上荣获“品牌创新奖”。

2015年

5月下旬，世界手工艺理事会考评组全票通过惠安县申报“世界石雕之都”。

5月起，在县处级以上领导干部中开展“三严三实”专题教育，着力解决“不严不实”问题，争做“三严三实”的好干部。

6月，惠安县在第二十届亚洲旅游业金旅奖评选活动中，入选大中华旅游文化榜榜单，获最具特色魅力旅游目的地称号。

同月，惠安县入选由新华网主办的“2014最美中国榜”，获“第二届旅游业融合与创新论坛最美中国·民俗（民族）风情目的地城市”称号。

11月25日，惠安县顺利通过环保部技术评估组国家级生态县创建技术评估。

是年，全县财政总收入首次突破120亿元大关，达128.26亿元。

2016年

1月6日，国家教育督导检查组专家一行到惠安，评估认定我县“全国义务教育发展基本均衡县”创建工作。

1月，惠安革命历史纪念馆、净峰寺弘一法师纪念室、涂寨卢明堂革命烈士纪念碑被中共泉州市委宣传部命名为第四批泉州市爱国主义教育基地。

7月28—30日，中共惠安县第十三次代表大会召开。会议选举新一届县委书记、副书记、常委。

9 月，崇武镇大岞村入选 2016 年中国最美休闲乡村。

10 月，惠安县获环保部授牌表彰为“国家生态县”。

11 月，赤湖林场的木麻黄种质资源库入选国家林业局公布第二批国家级林木种质资源库。

11 月，中共中央宣传部、中央文明办等部门联合在全国推选志愿服务“四个 100”先进典型，涂寨乡村医生志愿者服务队入围“最佳志愿服务组织先进典型”，陈欠水入围“最美志愿者”。

12 月 15—19 日，县政协十四届一次会议召开。会议选举新一届县政协主席、副主席。

12 月 16—20 日，县十七届人大一次会议召开。会议选举新一届县人大常委会主任、副主任和县政府县长、副县长，县法院院长、县检察院检察长。

12 月 23 日，中化泉州石化有限公司举行“千人计划”专家工作站成立暨揭牌仪式。这标志着全国石化行业第一家、全省首家“千人计划”专家工作站正式在惠安落地。

是年，青沙湾海上志愿救护队被中央文明办、全国总工会、共青团中央、全国妇联列入“中国好人榜”。

是年，泉州市汽车运输总公司惠安公司被中华全国总工会评为全国“安康杯”竞赛优胜单位。

是年，惠安县城南二小被教育部定为“国家级足球特色学校”。

附 录

一、烈士英名录

康产条，惠安县第三区净西乡洋边村（今净峰镇洋边村）人，1889年生。1949年入伍，支前民工；10月，在参加解放厦门战斗中牺牲。

林佛送，惠安县后港乡琅山保（今泉州台商投资区东园镇琅山村）人，1890年生。1949年入伍，支前船工；8月，在大坠岛附近遭狂风沉船牺牲。

杨来吉，惠安县净峰乡奎峰保（今净峰镇杜厝村）人，1894年生。1949年入伍，支前船工；6月23日，因载解放军战士侦察厦门，遭敌轰炸牺牲。

朱成吉，惠安县坝头区三朱后林村（今属泉港区前黄镇）人，1898年7月生。1930年夏参加革命；7月6日，率"十八乡"武装群众围攻盘踞菱溪的政治股匪汪柴水，在战斗中牺牲。

张稚生，惠安县崇武镇海门保（今海门村）人，1901年生。国民革命军八十师二三九团一营少校营长，1944年10月1日，在福州市大北岭宦溪降虎阻击日寇进犯福州的战斗中阵亡。

曾文辉，惠安县洛阳镇后埭保（今泉州台商投资区洛阳镇后亭村）人，1901年生。1937年参加革命，菲律宾抗日工运支援祖国同盟会会员。1943年，在菲律宾开展抗日反奸地下斗争时被捕牺牲。

苏福泉，惠安县涂岭区路口乡（今泉港区涂岭镇路口村）人，1902年生。1927年参加革命，中共党员。1930年4月，在厦门开展地下活动时因叛徒出卖而牺牲。

杨谈成，惠安县净峰乡奎峰保（今净峰镇杜厝村）人，1903年生。1949年入伍，支前船工；6月，因载解放军战士侦察厦门而牺牲于海上。

陈钦，惠安县青山乡新田保（今山霞镇新塘村）人，1903年生。1929年参加革命，中共党员，福建红军惠安独立师二团战士。1930

年 9 月，参加惠安暴动，后在山柄被敌逮捕牺牲。

陈天赐，惠安县青山乡山霞保（今山霞镇山霞村）人，1903 年生。1935 年参加革命，地下工作人员；2 月，在崇武区开展地下工作时被捕牺牲。

洪天赐，惠安县螺城镇忠烈保（今螺城镇东南社区）人，1903 年生。1926 年参加革命，中共党员，同安县后建第八区农民协会领导人。1929 年 5 月，被土著军阀陈国辉杀害于同安县马巷。

黄玉升，又名奄兔，惠安县螺城镇北关保（今螺城镇北关社区）人，1903 年 12 月生。1933 年参加革命。1939 年，以第三党身份开展地下工作；同年在永定县被国民党反动派杀害。

刘有才，惠安县山腰区后张乡（今泉港区山腰街道后张村）人，1904 年 7 月生。1932 年参加革命，地下工作人员；3 月，在惠北武装抗捐时被国民党杀害。

曾赉弼，又名耳来，惠安县涂寨乡浔溪保（今涂寨镇大厅村）人，1904 年生。1927 年参加革命，中共党员，福建红军惠安独立师二团营长，中共惠安县委委员。1930 年 9 月，参加惠安暴动，在屿头山战斗中牺牲。

林逊，惠安县东园镇锦水保（今螺阳镇锦水村）东山人，1905 年生。1932 年参加革命，中共党员。1935 年 6 月，在惠安县开展地下工作时被敌杀害。

郭志雄，惠安县后港乡里春保（今泉州台商投资区百崎乡里春村）人，1905 年生。国民政府军政部第十三补充兵训练处装备团中校副团长，1941 年 5 月，在古田县大湖战役中与日寇作战阵亡。

辛进金，惠安县东岭乡潘湖保（今东岭镇湖埭头村）人，1906 年 5 月生。1930 年参加革命，地下工作者；9 月，参加惠安暴动；12 月 30 日，在湖埭头被捕，牺牲于山柄。

庄元顺，惠安县第三区东南乡（今小岞镇南赛村）人，1906 年生。1949 年入伍，支前船工；10 月，载解放军二五六团战士渡海时被敌炮击中牺牲。

张万金，惠安县第四区大岞乡（今崇武镇大岞村）人，1908 年 4

月生。1949 年入伍，支前船工；10 月，在解放厦门战斗中载解放军战士渡海时中弹牺牲。

陈献文，又名显文，惠安县青山乡新田保(今山霞镇田墘村)人，1908 年生。1930 年参加革命，福建红军惠安独立师二团战士；9 月，参加惠安暴动，在屿头山战斗中牺牲。

陈仰高，又名莲生，惠安县涂寨乡互助保(今涂寨镇山尾村)人，1909 年生。1930 年加入红军，参加惠安暴动；10 月下旬，调入福建红军二〇七团(莆田)。1931 年 1 月，在莆田县外坑被捕牺牲。

林蚶，惠安县梅东乡青龙保西龙自然村(今属泉港区南埔镇先锋村)人，1909 年生，中共党员。1943 年，在狮东被反动分子诱捕，牺牲于莆田县。

黄祝文，惠安县第二区狮山乡(今螺阳镇东风村)人，1910 年 3 月生。1949 年入伍，地下工作人员。1951 年 2 月 24 日，在该村与匪特战斗中牺牲。

陈天送，惠安县青山乡锦绣保(今山霞镇后洋村)人，1910 年生。1930 年参加革命，福建红军惠安独立师二团战士；9 月，参加惠安暴动，在屿头山战斗中牺牲。

张连富，惠安县第三区西湖乡竿岭村(今属东桥镇)人，1910 年生。1949 年入伍，任第三区中队副队长；10 月 18 日，在东岭西蔡为制止群众械斗而牺牲。

张德寿，惠安县群獭乡浮山保(今泉州台商投资区张坂镇浮山村)人，1910 年生。1933 年 4 月参加革命。1936 年，在漳浦县参加地下工作被捕，牺牲于漳州。

曾俊水，惠安县涂寨乡浔溪保(今涂寨镇大厅村)人，1911 年 1 月生。1930 年参加革命，福建红军惠安独立师二团战士，9 月，参加惠安暴动；9 月 19 日被捕，9 月 26 日牺牲于县城马山。

庄惠昌，惠安县辋川乡霞东保(今螺城镇中新社区)人，1911 年 8 月生。厦门市印刷厂工人，1949 年 8 月 3 日，在厦门参与地下革命被敌捕杀。

林水金，惠安县第三区梅庄乡(今东桥镇梅庄村)人，1914 年 3

月生。中国人民解放军第三十一军九十二师二七六团支前船工。1950年,在晋江深沪被敌机炸伤牺牲。

朱偷梨,惠安县圭峰乡(今泉港区峰尾镇联岩村)人,1914年4月生。1947年入伍,地下工作人员。1949年5月,在漳州石峰山被误杀。

曾戇兴,惠安县净峰乡奎山保(今净峰镇城前村)人,1914年生。1949年入伍,支前船工;10月,在解放厦门战斗中牺牲。

黄顺裕,惠安县第五区东园乡(今泉州台商投资区东园镇东园村)人,1915年2月生。1946年12月入伍,中国人民志愿军第十二军三十五师一〇四团通讯连上士。1951年8月,在朝鲜战场上牺牲。

曾尾九,惠安县第二区松林乡曾厝村(今属涂寨镇)人,1915年生。1948年入伍,中国人民志愿军战士。1953年,在朝鲜战场上牺牲。

吴庆水,惠安县第二区凤旗乡(今螺阳镇盘龙村)人,1916年生。1949年入伍,后任盘龙乡乡长。1951年9月,在该村剿匪战斗中牺牲。

陈少荣,惠安县贺潘区民心村人,1916年生。中国人民解放军第十一军三十一师九十三团战士,1950年7月18日,在四川省长寿县(今重庆市长寿区)战斗中牺牲。

张强,惠安县洛阳镇后埭保后埔村(今属泉州台商投资区洛阳镇)石任自然村人,1916年生,中共党员。1949年5月,在永春坑仔口被误杀。

郑聘昌,惠安县第一区洛安乡玉埔保(今泉州台商投资区洛阳镇白沙村)人,1916年生。新四军政治部干事,1941年,在皖南事变中作战牺牲。

曾志祥,惠安县第二区美里乡(今螺阳镇尾透村)人,1916年生。1946年入伍,中国人民志愿军第二十军八十五师一七三团三营九连战士。1953年,在朝鲜作战中失踪。

何丽水,又名立水,惠安县第六区陈坝乡(今泉州台商投资区洛阳镇陈坝村）人，1917 年 1 月生。1947 年 1 月入伍，中国人民志愿军第三十八军三三九团二连战士。1951 年 2 月 23 日，在朝鲜汉江北岸战斗中牺牲。

何适水，又名何虹，惠安县辋川乡峰北保（今辋川镇峰崎村）山尾村人，1917 年 8 月生。1938 年 3 月入伍，中共党员，国民革命军八十师二三九团一营机枪连连长。1944 年 9 月底，在福州市大北岭宦溪降虎与日寇作战阵亡。

庄昌文，惠安县涂寨乡普光保（今涂寨镇庄内村）人，1917 年生。1937 年参加革命，中共党员，任东岭前林支部书记。1946 年 3 月，在隐蔽斗争中殉职。

张渊水，惠安县第一区新霞乡（今螺阳镇霞光村）人，1918 年 6 月生。1950 年 4 月入伍，中国人民解放军福建省军区晋江军分区独立九营侦察员。1951 年 9 月，在仙游县义路剿匪中侦察敌情牺牲。

陈财元，惠安县第十二区割山乡（今泉港区后龙镇割山村）人，1918 年 9 月生。1948 年 10 月入伍，中国人民志愿军第二十六军七十七师二三一团战士。1952 年，在朝鲜上甘岭战役中牺牲。

陈绍痕，惠安县洛阳镇安峰保（今泉州台商投资区洛阳镇下曾村）人，1918 年 9 月生。1938 年入伍，中共党员，中国人民解放军第三野战军六纵十六师四十八团副团长。1948 年冬，在淮海战役中牺牲。

李吉成，惠安县第四区霞溪乡（今山霞镇下坑村）人，1918 年生。1947 年 10 月入伍，中国人民解放军第二野战军十二军三十五师教导队学员。1950 年春失踪。

李金钞，惠安县第七区恒德乡后垵村（今属紫山镇）人，1918 年生。1951 年入伍，民群乡民兵；9 月，在石字岭剿匪中牺牲。

张门，惠安县第六区后埭乡后埔村（今属泉州台商投资区洛阳镇）石任自然村人，1918 年生。1947 年 12 月入伍，中国人民志愿军第三十九军一一七师救护营战士。1951 年 2 月 19 日，在朝鲜第四次战役洪川战斗中牺牲。

黄灿煌，又名墩甫，惠安县青山乡园中保（今泉州台商投资区张坂镇苍霞村)人,1918 年生。1938 年 5 月参加革命,中共党员,八路军第一二九师三八五旅卫生队政治指导员。1942 年 8 月,在战斗中负伤,在延安和平医院牺牲。

刘清和,惠安县东岭乡彭城保(今东岭镇彭城村)五刘人,1919 年生。1948 年入伍,五刘武工队负责人。1949 年 3 月,带领武工队执行任务,因枪支走火牺牲。

林兴海,惠安县后港乡琅山保(今泉州台商投资区东园镇琅山村)人,1919 年生。1949 年入伍,支前船工;8 月,在大坠岛附近遭狂风沉船牺牲。

郑飞来,惠安县第六区松溪乡(今黄塘镇苏塘村)人,1919 年生。1949 年入伍,中国人民志愿军第二十军五十九师炮团副班长。1951 年 4 月 8 日,在朝鲜第五次战役中牺牲。

曾方如,惠安县第六区浮山乡(今泉州台商投资区张坂镇浮山村)人,1919 年生。1949 年 5 月入伍,中国人民志愿军第二十三军六十七师二〇一团八连战士。1953 年 7 月 11 日,在朝鲜战场上牺牲。

黄扣来,惠安县坝头区前黄乡(今泉港区前黄镇前黄村)人,1920 年 3 月生。1948 年 11 月入伍,中共党员,中国人民志愿军第二十七军八十一师二四三团副排长。1951 年 4 月,在朝鲜战场上牺牲。

郑朝土,惠安县第五区东园乡(今泉州台商投资区东园镇东园村)人,1920 年 8 月生。1948 年入伍,中国人民志愿军第二十三军六十七师三团二营五连战士。1951 年,入朝参战失踪。

陈从龙,惠安县第一区松光乡尾透村(今属螺阳镇)人,1920 年 10 月生。1949 年 12 月入伍,中国人民解放军第一军三师九团三营副班长。1949 年 12 月,在青海省大通县战斗中牺牲。

王土法,惠安县第六区万安乡(今泉州台商投资区洛阳镇万安村)人,1920 年生。1949 年 8 月入伍,中国人民志愿军第五十三军二一九师六五六团三营八连战士。1950 年失踪。

杨树青,惠安县三高村人,1920 年生。1948 年 10 月入伍,中国人民解放军第四野战军一三三师战士。1949 年,在天津战役中牺牲。

杨廷玉,惠安县第五区凤浦乡(今泉州台商投资区东园镇凤浦村)人,1920 年生。1948 年 10 月入伍,中国人民志愿军第四十二军一二四师炮营三连战士。1950 年 11 月 28 日,在朝鲜宁远郡松南里作战中牺牲。

程荣桂,惠安县第一区许埭乡(今辋川镇许厝村)人,1920 年生。1949 年 5 月入伍,中国人民解放军第二十六军七十八师二三二团二营四连战士。1950 年失踪。

曾明成(又作照成),惠安县第四区霞西乡(今崇武镇霞西村)人,1920 年生。1947 年 12 月入伍,中国人民志愿军第三十八军一一三师三三七团一营一连战士。1953 年 6 月,在朝鲜战场上牺牲。

梁吉木,惠安县第一区琼田乡村下村(今属螺阳镇)人,1921 年 6 月生。1949 年 4 月入伍,中共党员,中国人民志愿军第二十七军八十师二十八团二营班长。1950 年 11 月 28 日,在朝鲜新兴里战斗中牺牲。

王保水,惠安县第二区涂寨乡(今涂寨镇涂寨村)人,1921 年生。1948 年 11 月入伍,中共党员,中国人民解放军第三十八军一五一师四二四团战士。1949 年 11 月 28 日,在广西省香河战斗中牺牲。

苏深渊,惠安县青山乡苏坑保(今泉州台商投资区张坂镇苏坑村)人,1921 年生。1930 年参加革命,同安县地下工作人员。1944 年 1 月,在南安县水头被敌逮捕,牺牲于莆田县。

陈顺基,惠安县第七区天竺乡(今泉港区南埔镇天竺村)人,1921 年生。1949 年入伍,中国人民志愿军第十九兵团第二十军一七九团战士。1951 年 4 月,在朝鲜第五次战役中牺牲。

钟顺来,惠安县山腰区钟厝乡(今泉港区山腰街道钟厝村)人,1921 年生。1949 年入伍,中国人民志愿军战士。1952 年 10 月,在朝鲜三八线战斗中牺牲。

曾庆全,惠安县第一区后埭保(今泉州台商投资区洛阳镇后埔村)石任自然村人,1921年生。中共党员,菲律宾大同盟特别工作队队长。1941年10月11日,在菲律宾开展地下抗日活动被捕牺牲。

朱连丁,惠安县山腰区三朱乡(今泉港区前黄镇三朱村)人,1922年6月生。1948年入伍,中国人民志愿军第二十三军六十七师二〇〇团二连副班长。1953年6月,在朝鲜战斗中牺牲。

王永居,惠安县第八区清美乡(今泉港区涂岭镇清美村)人,1922年生。1949年10月入伍,中国人民志愿军第二十三军六十七师二〇二团三营战士。1952年11月,在朝鲜文川郡战斗中牺牲。

庄伙金,惠安县第三区东南乡(今小岞镇南赛村)人,1922年生。1949年入伍,支前船工;10月,在解放厦门战斗中牺牲于海上。

何泉金,惠安县第十一区峰北乡(今辋川镇峰崎村)人,1922年生。1949年入伍,中国人民解放军第十九兵团第六十五军一九四师五八二团一连战士。1951年失踪。

黄天发,惠安县坝头区前黄村(今属泉港区前黄镇)人,1922年生。1948年11月入伍,中国人民志愿军第四十二军一二四师三七一团二营六连战士。1950年入朝参战失踪。

潘殿全,惠安县贺潘区民心村人,1922年生。1949年11月入伍,中国人民解放军第四野战军四六一团三营八连战士。1950年3月,在广西省平南县同和村作战中牺牲。

郑连纪,惠安县第八区松园乡(今泉港区涂岭镇松园村)人,1923年6月生。1949年入伍,中共党员,中国人民志愿军第二十军六十师一七九团战士。1950年12月,在朝鲜黄草岭战斗中牺牲。

唐友进,惠安县坝头区新宅乡(今属泉港区山腰街道新宅村)人,1923年8月生。1948年11月入伍,中国人民志愿军第四十军七十八师二五二团一营战士。1951年4月,在朝鲜第五次战役中牺牲。

黄亚明,惠安县涂岭乡邱后保(今泉港区涂岭镇邱后村)人,1923年9月生。1940年参加革命,厦门地下革命组织成员。1946年3月,在厦门虎头山被敌逮捕而牺牲。

郭廷辉，惠安县后港乡白奇保（今泉州台商投资区百崎乡白奇村）人，1923年11月生。1947年11月入伍，中国人民解放军华东野战军第三纵队九旅战士。1948年1月，在安徽省太湖战斗中牺牲。

方伙土，惠安县第十一区后社乡（今辋川镇后坑村）人，1923年生。1948年入伍，中国人民志愿军第二十六军七十八师五连战士。1951年，在朝鲜战斗中牺牲。

陈芳楚，惠安县崇武公社山霞大队（今山霞镇山霞村）人，1923年生。1946年入伍，中共党员，长泰县粮食局股长。1963年9月，在长泰病故。

郑如祥，惠安县山腰区荷池乡（今泉港区山腰街道荷池社区）人，1923年生。1948年12月入伍，中国人民解放军第六十军新九师五大队战士。1952年，参加志愿军入朝失踪。

陆乌法，惠安县第八区樟脚乡（今泉港区涂岭镇樟脚村）人，1923年生。1948年12月入伍，中国人民志愿军第二十六军七十八师二三三团一营一连战士。1951年4月，在朝鲜上邱洞北山战斗中牺牲。

郭洪山，惠安县坝头区郭厝乡（今泉港区后龙镇郭厝村）人，1923年生。1948年11月入伍，中国人民志愿军第十二军三十四师一〇〇团战士。1951年，在朝鲜作战中失踪。

马玉峰，惠安县锦凤乡叶厝保（今泉港区山腰街道叶厝村）人，1924年生。1949年入伍，中国人民解放军第三野战军第七兵团第二十三军六十七师二〇〇团三营七连战士。1949年4月21日，在渡江战役中牺牲。

朱顺发，惠安县第一区南埔乡（今黄塘镇南埔村）上坑湖人，1924年生。1947年入伍，中国人民志愿军第三十八军战士。1950年11月5日，在朝鲜桑谷峰战斗中牺牲。

何水成，惠安县第十一区峰北乡（今辋川镇峰崎村）人，1924年生。1949年4月入伍，中国人民志愿军第二十三军六十七师二〇一团二营五连战士。1952年，在朝鲜光大岱战斗中牺牲。

陈天福，惠安县第一区南埔乡（今黄塘镇南埔村）人，1924 年生。1949 年 5 月入伍，中国人民志愿军第二十七军八十师二四〇团一营二连战士。1951 年 5 月，在朝鲜观音山战斗中牺牲。

陈瓦水，惠安县第六区后埭乡（今泉州台商投资区洛阳镇后埔村）人，1924 年生。1949 年入伍，中国人民志愿军战士。1951 年，在朝鲜战斗中牺牲。

陈晏法，惠安县第八区前欧乡（今泉港区涂岭镇前欧村）人，1924 年生。1949 年 11 月入伍，惠安县公安队战士。1951 年 8 月，在第十区古县乡陈兜被敌杀害。

陈燕堂，惠安县第一区中街（今螺城镇中新社区）人，1924 年生。1949 年 12 月入伍，中国人民志愿军高炮第十二团连队文化教员。1952 年 1 月，在朝鲜安州郡战斗中牺牲。

郭庆风，惠安县坝头区郭厝乡（今泉港区后龙镇郭厝村）人，1924 年生。1949 年入伍，中国人民志愿军战士。1951 年，在朝鲜战场战斗中牺牲。

林锦泉，惠安县第五区锦水乡（今螺阳镇锦水村）人，1925 年 6 月生。1948 年 12 月入伍，共青团员，中国人民志愿军炮兵第二十三军六十九师二〇五团二连代排长。1953 年 6 月 1 日，在朝鲜三八线反击战中牺牲。

陈添法，又名陈炳辉，惠安县第四区新塘乡（今山霞镇新塘村）人，1925 年 8 月生。1948 年 11 月入伍，中共党员，中国人民志愿军第四十七军一三九师四十五团三营八连副班长。1951 年 5 月，在朝鲜仁川战斗中牺牲。

陈赞生，惠安县第六区后埭乡（今泉州台商投资区洛阳镇后埔村）石任自然村人，1925 年 9 月生。1949 年入伍，第六区公所勤务员。1949 年 11 月 15 日，在洛阳街为保卫区公所与匪作战牺牲。

刘益金，惠安县第一区五音乡后田村（今属螺阳镇）人，1925 年 10 月生。1945 年入伍，中国人民志愿军第四十二军一二四师三七〇团一营二连战士。1950 年冬，入朝后失踪。

林清水，惠安县第十区古县乡（今泉港区前黄镇古县村）人，

1925年11月生。1949年4月入伍，共青团员，中国人民志愿军第二十四军七十师二〇八团二营副班长。1953年6月，在朝鲜二七五高地战斗中牺牲。

黄木法，惠安县第十区三朱乡（今泉港区前黄镇三朱村）人，1925年12月生。1949年3月入伍，共青团员，中国人民解放军二四四团二连副班长。1953年7月，在东山岛战斗中牺牲。

王青年，惠安县东园镇玉坂保（今泉州台商投资区东园镇玉坂村）人，1925年生。1948年入伍，中国人民解放军第三野战军二七二团二营一连战士。1949年5月17日，在解放上海作战中牺牲。

王德贵，惠安县第五区锦厝乡（今泉州台商投资区东园镇锦厝村）人，1925年生。1947年9月入伍，中共党员，中国人民志愿军第三支队二营五连战士。1952年10月，在朝鲜三九四点八高地战斗中牺牲。

庄金泉，惠安县第三区梅庄乡（今东桥镇梅庄村）人，1925年生。1948年5月入伍，中国人民志愿军第四十二军一二四师三七〇团一营二连战士。1950年冬，入朝后失踪。

吴天桂，又名吴添桂，惠安县第八区寨后乡（今泉港区涂岭镇寨后村）人，1925年生。1947年7月入伍，中国人民志愿军第十二军三十六师一〇六团机炮连战士。1951年，入朝后失踪。

陈秀堂，惠安县第七区恒德乡杏林村（今属紫山镇）人，1925年生。1949年入伍，恒德乡民兵副队长。1951年9月，在七坵山剿匪中牺牲。

陈金山，惠安县辋川乡王孙保（今螺阳镇前型社区）人，1925年生。1948年入伍，中国人民解放军第四十二军一二四师三七一团二营四连战士。1948年9月，在山东省济南战役中牺牲（又一说，1949年9月在河南省洛南战役中牺牲）。

陈春山，又名柯金标，惠安县第十一区溪南乡（今螺城镇溪南村）人，1925年生。1948年入伍，中国人民志愿军第四十二军一二四师三七一团四连战士。1951年11月，在朝鲜烟台峰战斗中牺牲。

林金木，惠安县第五区锦水乡锦峰村（今属螺阳镇）人，1925年生。1948年入伍，中国人民志愿军战士。1952年，在朝鲜作战中失踪。

黄协德，又名合德、何德，惠安县东园镇长新保（今泉州台商投资区东园镇长新村）人，1925年生。1948年10月入伍，中国人民解放军西北野战军炮兵二十六团六营二炮手。1949年4月，在山西省太原市的战斗中牺牲。

苏谋丁，惠安县第六区门头乡（今泉州台商投资区张坂镇门头村）人，1926年2月生。1950年入伍，张坂门头村民兵通讯员。1951年9月，在张坂山高富剿匪中牺牲。

杨银杯，惠安县第四区山腰乡（今山霞镇山腰村）人，1926年4月生。1948年7月入伍，中共党员，中国人民志愿军第二十三军六十七师七一九团三连排长。1953年4月15日，在朝鲜二七五高地战斗中牺牲。

吴细木，惠安县第八区五社乡（今泉港区涂岭镇五社村）人，1926年5月生。1947年11月入伍，中国人民志愿军第三十九军一一七师卫生部救一连战士。1951年4月，在朝鲜战斗中牺牲。

庄银盛，惠安县山腰盐场埭港工区（今属泉港区前黄镇）人，1926年6月生。1951年2月入伍，中国人民解放军第二十八军八十二师二四四团一营三连战士。1954年2月，在莆田县城执勤中因车祸牺牲。

林辉贺，惠安县第九区外厝乡（今泉港区南埔镇外厝村）埭头人，1926年7月生。1949年1月入伍，中国人民志愿军第三十九军一一七师三五一团战士。1950年11月，在朝鲜第三次战役中牺牲于龙山洞。

孙马天，惠安县东园镇玉塘保（今泉州台商投资区张坂镇玉塘村）人，1926年9月生。1947年入伍，中国人民解放军东北野战军第九纵二十六师七十八团一营一连战士。1948年10月，在辽宁省锦县战役中牺牲。

朱兴成，惠安县后港乡琅山保（今泉州台商投资区东园镇琅山村）人，1926年生。1949年入伍，支前船工；8月，在大坠岛附近遭狂风沉船牺牲。

杨士成，惠安县第三区杜厝乡（今净峰镇杜厝村）人，1926 年生。1949 年入伍，支前船工；10 月，在解放厦门的战斗中牺牲。

陈神贵，惠安县第三区净东乡（今净峰镇赤土尾村）人，1926 年生。1949 年入伍，支前船工；10 月，在解放厦门的战斗中牺牲。

陈海滨，惠安县第六区后埭乡后亭村（今属泉州台商投资区洛阳镇）人，1926 年生。1947 年入伍，中共党员，广东省花县区中队特派员。1949 年 12 月，在花县第四区狮登乡剿匪时牺牲。

郑顺水，惠安县辋川乡五峰保（今辋川镇五峰村）人，1926 年生。1949 年入伍，中国人民解放军第四野战军第四十二军一二四师三七一团二营六连战士；4 月，在河南省安阳战斗中牺牲。

周乌呵，又名贵堂，惠安县涂岭乡承天保（今辋川镇梧山村）人，1926 年生。1947 年入伍。1949 年 4 月，在江苏省南京战斗中牺牲。

黄德法，惠安县第五区东园乡（今泉州台商投资区东园镇东园村）人，1926 年生。1948 年 11 月入伍，中国人民志愿军第三十八军一一四师三四〇团三营八连战士。1951 年，在朝鲜作战时失踪。

廖秀仲，惠安县涂寨乡瑞东保（今涂寨镇廖厝村）人，1926 年生。1949 年 4 月入伍，晋南地下游击队班长。1949 年 7 月，在南安县官桥被敌毒害。

魏永西，惠安县第四区潮莲乡（今崇武镇潮洛村）人，1927 年 3 月生。1948 年 10 月入伍，中国人民解放军两广纵队二师四团卫生队战士。1950 年失踪。

庄文富，惠安县第十区锦联乡（今泉港区山腰街道锦联村）人，1927 年 4 月生。1950 年 3 月入伍，中国人民志愿军第二十七军教导团二连二排副班长。1951 年，在朝鲜第五次战役中失踪。

连成玉，惠安县第十区凤林乡（今泉港区前黄镇凤林村）人，1927 年 6 月生。1949 年 4 月入伍，共青团员，中国人民志愿军二〇一团八连副班长。1953 年 7 月，在朝鲜战场上牺牲。

肖士贵，惠安县坝头区肖厝乡（今泉港区南埔镇肖厝村）人，1927 年 6 月生。1949 年 11 月入伍，中国人民志愿军第十二军三十四师一〇〇团战士。1950 年 5 月，入朝后失踪。

黄细湖，惠安县第四区潮莲乡（今崇武镇潮洛村）人，1927 年 7 月生。1948 年 10 月入伍，中共党员，中国人民志愿军第四十七军一四〇师四一八团八连战士。1952 年 11 月 26 日，在朝鲜高旺里战斗中牺牲。

卢伙金，惠安县第二区松林乡（今涂寨镇温厝村）人，1927 年生。1947 年 11 月入伍，中国人民志愿军第三十八军一一二师三三六团一营战士。1950 年，在朝鲜作战时失踪。

任昌，惠安县第十一区辋城乡（今辋川镇后任村）人，1927 年生。1948 年 9 月入伍，中国人民解放军第四野战军第四四军教导大队三中队炊事员。1951 年失踪。

黄天送，惠安县第一区双忠乡（今螺城镇西北社区）人，1927 年生。1949 年入伍，中国人民志愿军第二十军五十八师一七四团二营四连班长。1951 年 4 月 28 日，在朝鲜战场的战斗中牺牲。

郑金水，惠安县第五区东园乡（今泉州台商投资区东园镇东园村）人，1928 年 5 月生。1948 年 10 月入伍，中共党员，中国人民志愿军战士。1951 年，在朝鲜平金淮阳战斗中牺牲。

王志谋，惠安县红旗公社北关大队（今螺城镇北关社区）人，1928 年 8 月生。1955 年入伍，中共党员，泉州市公安局消防队民警。1959 年 12 月，在泉州防护执勤时因车祸牺牲。

黄幼水，惠安县崇武镇西华乡人，1928 年 8 月生。1956 年入伍，漳州地委海防部干事。1957 年，在东山县因雷管爆炸牺牲。

王伙成，惠安县第一区东关乡（今螺城镇东关社区）人，1928 年 10 月生。1948 年 10 月入伍，中国人民志愿军第四十军后勤部汽车二队司机副手。1952 年 5 月，在朝鲜中和郡大井里战斗中牺牲。

陈德厚，惠安县第六区安峰乡（今泉州台商投资区洛阳镇下曾村）人，1928 年 10 月生。1948 年入伍，中国人民解放军第四野战军一二七师二八一团警卫连战士。1950 年 4 月，在解放海南岛战斗中牺牲。

苏炳义，惠安县第四区苏坑乡（今泉州台商投资区张坂镇苏坑村)人,1928 年 11 月生。1949 年入伍,苏坑乡乡长。1951 年 9 月,在苏坑村剿匪中牺牲。

连良水,惠安县第十区凤山乡(今泉港区前黄镇凤山村)人,1928 年生。1951 年 1 月入伍,中国人民解放军二四四团一营二连战士。1953 年 7 月,在东山岛战斗中牺牲。

陈安茹,惠安县第三区莲峰乡(今净峰镇莲峰村)人,1928 年生。1949 年入伍,中国人民志愿军战士。1951 年 10 月 25 日,在朝鲜战斗中牺牲。

张水金,惠安县第七区恒德乡南安村(今属紫山镇)人,1928 年生。1949 年入伍,中共党员,民群乡副民兵队长。1951 年 9 月,在南田七丘山剿匪中牺牲。

郭来财,惠安县坝头区郭厝乡(今泉港区后龙镇郭厝村)人,1929 年 4 月生。1949 年 10 月入伍,郭厝乡副乡长。1951 年 5 月,在该村与海匪的战斗中牺牲。

杨细成,惠安县第三区莲城乡杜厝村(今属净峰镇)人,1929 年生。1948 年入伍,中国人民志愿军第四十六军一三六师四〇七团一营战士。1951 年,在朝鲜三八线东段战斗中牺牲。

陈产笑,惠安县第三区莲峰乡(今净峰镇莲峰村)人,1929 年生。1949 年入伍,支前船工;10 月,在解放厦门战斗中牺牲。

陈志云,惠安县第三区净东乡山前村(今属净峰镇)人,1929 年生。1950 年 9 月入伍,厦门碾米厂工人;12 月,在厦门对敌斗争中牺牲。

曾连枝,惠安县第一区东湖乡(今东桥镇后建村)后曾自然村人,1929 年生。1948 年 5 月入伍,中国人民志愿军第四十二军一二四师三七一团二营六连通讯员。1950 年,入朝参战失踪。

张木兴,惠安县东岭区延寿乡西头村(今属净峰镇)人,1930 年 4 月生。1955 年 4 月入伍,中共党员,中国人民解放军 9167 部队二分队炮连班长。1957 年 10 月 8 日,在南安县大嶝岛炮击金门时牺牲。

李丁水,惠安县第二区互助乡山尾村(今属涂寨镇)人,1930 年

10 月生。1951 年入伍，任文峰乡民兵小队长，同年在前曾村与海匪战斗中牺牲。

庄昆桂，惠安县第二区钱塘乡（今螺阳镇钱塘村）人，1930 年生。1951 年 3 月入伍，中国人民解放军福建省军区晋江军分区警备团九营二连通讯员。1951 年 9 月，在仙游县义路剿匪牺牲。

张秋法，惠安县第二区曲江乡东宅村（今涂寨镇曲江村）人，1930 年生。1950 年 2 月入伍，共青团员，中国人民解放军福建省军区晋江军分区警备五团三营八连六班副班长。1952 年 5 月，在仙游县义路剿匪时牺牲。

林德辉，惠安县第六区乐耕乡（今泉州台商投资区洛阳镇前园村）人，1930 年生。1948 年入伍，第六区中队战士。1949 年 11 月，为保卫第六区公所与匪作战牺牲。

黄阿启，惠安县坝头区诚平乡（今泉港区后龙镇诚平村）人，1930 年生。1949 年入伍，支前船工；12 月，在浙江省定海县舟山桃花岛战斗中牺牲。

蔡玉河，又名玉和，惠安县坝头区双田乡（今泉港区涂岭镇双田村）人，1930 年生。中国人民解放军三七九团二营六连战士，1949 年 9 月，在广东省佛岗作战中牺牲。

张德木，惠安县崇武镇港墘乡（今港墘村）人，1931 年 6 月生。1955 年 3 月入伍，中共党员，中国人民解放军 9245 部队三分队副班长。1957 年 2 月 25 日，在莆田县站岗执勤中因枪支走火牺牲。

王铁山，惠安县涂寨区松林乡（今涂寨镇上村村）人，1931 年 11 月生。1955 年 3 月入伍，共青团员，中国人民解放军 9042 部队独立六分队一连战士；11 月，在同安县马巷因抢救战友牺牲。

朱来成，惠安县后港乡琅山保（今泉州台商投资区东园镇琅山村）人，1931 年生。1949 年入伍，支前船工；8 月，在大坠岛附近遭狂风沉船牺牲。

汪国音，惠安县第一区钱塘乡金山村（今属螺阳镇）人，1931 年生。1948 年 8 月入伍，厦门前线支前民工。1949 年 9 月，在厦门金鸡亭支前战斗中牺牲。

薛来福，惠安县第七区后港乡阳光村（今属泉州台商投资区东园镇）山前自然村人，1932 年 5 月生。1955 年 3 月入伍，中国人民解放军第二十八军八十三师三六三团二营电话兵。1956 年 4 月，在南安县大嶝岛战斗中牺牲。

汪法生，惠安县第八区乐耕乡前园村（今属泉州台商投资区洛阳镇）人，1932 年生。1949 年 4 月入伍，中国人民志愿军第二十四军七十四师二二三团运输连战士。1953 年 6 月 9 日，在朝鲜江元道毛康即县战斗中牺牲。

黄细涂，惠安县第四区锦溪乡上塘村（今属泉州台商投资区张坂镇）人，1932 年生。1950 年入伍，上塘乡民兵；同年从浮山押解犯人时与匪搏斗而牺牲。

张开法，惠安县驿坂区群山乡（今泉港区前黄镇后张村）人，1933 年 9 月生。1955 年 3 月入伍，共青团员，中国人民解放军 9054 部队三营八连副班长。1956 年 8 月，在军训游泳中溺水牺牲于莆田驻地。

王锦春，惠安县红旗公社东关大队（今螺城镇东关社区）人，1934 年生。1955 年入伍，共青团员，山西省大同市第一汽车拖拉机管理学校排长。1960 年 5 月，在教练课时为抢救学员牺牲。

庄来水，惠安县第三区梅庄乡（今东桥镇梅庄村）人，1934 年生。1947 年 12 月入伍，中国人民志愿军 0136 部队第一支队机枪连战士。1951 年 3 月，在朝鲜低平里战斗中牺牲。

苏秀辉，惠安县崇武公社东莲大队（今山霞镇东莲村）人，1934 年生。1951 年 8 月入伍，中共党员，中国人民解放军济南军区 6036 部队六十五分队指导员。1967 年 5 月 20 日，在山东省牟平县营格庄公社执勤因失事而牺牲。

肖锦华，惠安县第三区嘉墩乡墩中村（今净峰镇墩中村）人，1934 年生。1951 年入伍，嘉墩乡民兵队长。1955 年 10 月，在墩中执勤因枪支走火而牺牲。

欧伙清，惠安县涂寨公社红星大队东山自然村（今属涂寨镇东坂村）人，1934 年生。1962 年 6 月入伍，福建省公路局工程二处五级砌石工。1981 年 3 月,在北也门哈贾市为扑灭火灾牺牲。

郭宗华,惠安县后龙乡郭厝分社(今泉港区峰尾镇郭厝村)人,1935 年生。1955 年 3 月入伍,中国人民解放军 9245 部队二分队副班长。1958 年 8 月,在南安县大嶝岛炮击金门时牺牲。

李明英,惠安县崇武区霞东乡(今山霞镇下坑村)人,1937 年 10 月生。1957 年 3 月入伍,共青团员,中国人民解放军第二十八军七团化学排战士。1958 年 1 月 8 日,在莆田县笏石执勤中牺牲。

庄昆生,惠安县东园区玉群乡(今泉州台商投资区张坂镇群贤村)人,1937 年 12 月生。1955 年 3 月入伍,共青团员,中国人民解放军 9054 部队二分队六连班长。1957 年 11 月,在莆田县执勤中因战友枪支走火牺牲。

李细总,惠安县红旗公社东南大队(今螺城镇东南社区)人,1937 年生。1958 年 3 月入伍,中国人民解放军 5997 部队指挥连通讯员;9 月 4 日,在南安县水头执勤时因车祸牺牲。

陈永泉,惠安县超先公社后龙大队(今泉港区后龙镇后龙村)人,1938 年 7 月生。1959 年 3 月入伍,共青团员,中国人民解放军 9075 部队一分队卫生员。1960 年 9 月,在莆田县执勤中因车祸牺牲。

张春标,惠安县东岭公社厝斗大队(今东桥镇厝斗村)埔脚自然村人,1938 年 10 月生。1962 年 10 月入伍,中共党员,中国人民解放军福建省军区四〇四分队学员。1963 年 7 月 4 日,在军训游泳时溺水牺牲。

杨明如,惠安县红旗公社中新大队(今螺城镇中新社区)人,1939 年生。1958 年 3 月入伍,中国人民解放军炮兵十三团指挥连通讯员。1959 年 1 月 8 日,在南安县水头执勤时因车祸牺牲。

郑成辉,惠安县山腰公社荷池大队(今泉港区山腰街道荷池社区)人,1940 年 9 月生。1958 年入伍,中共党员,南昌铁路局第一工程段副排长。1973 年 9 月,在支援赞比亚铁路建设中牺牲。

苏金土,惠安县城关公社联群大队(今螺阳镇联群村)人,1941 年生。1959 年 3 月入伍,中共党员,中国人民解放军 1676 部队一营三连副指导员。1970 年 10 月 9 日,在太原 264 医院病故。

谢德山,惠安县张坂公社玉霞大队(今泉州台商投资区张坂镇玉霞村)人,1941 年生。1961 年 8 月入伍,共青团员,中国人民解放军 6566 部队后勤生产队副班长。1964 年 6 月 28 日,在莆田县西天尾因抢救溺水同志而牺牲。

陈连伙,惠安县黄塘公社松溪大队(今黄塘镇松溪村)人,1942 年 4 月生。1964 年 3 月入伍,中共党员,邵武铜冶炼厂职工。1981 年 12 月 26 日,在邵武扑灭山林火灾时牺牲。

郭进顺,惠安县后龙公社郭厝大队(今泉港区后龙镇郭厝村)人,1943 年 4 月生。1966 年 3 月入伍,共青团员,中国人民解放军昆字 907 部队一中队炮手。1968 年 1 月,在中越边界执行任务时牺牲。

黄文辉,惠安县涂寨公社互助大队(今涂寨镇互助村)人,1943 年生。1963 年 3 月入伍,中共党员,中国人民解放军 53023 部队汽车连政治指导员。1976 年 7 月 28 日,出差唐山地区因地震殉身。

刘宗良,惠安县后龙公社诚峰大队(今泉港区后龙镇诚峰村)人,1944 年 3 月生。1964 年 10 月入伍,中国人民解放军步兵二五二团三营机枪连战士。1965 年 3 月,在连江县官坂军事演习中失事牺牲。

王进祥,惠安县后龙公社峰前大队(今泉港区后龙镇峰前村)人,1944 年 6 月生。1964 年 3 月入伍,共青团员,中国人民解放军二七八团三营机枪连战士;7 月,在厦门市军工生产中因陷井而牺牲。

陈振辉,惠安县崇武公社潮洛大队(今崇武镇潮洛村)人,1944 年生。1961 年 8 月入伍,中国人民解放军第九十一师独立营高机连副班长。1964 年 9 月 4 日,在漳州市军训游泳中溺水牺牲。

陈玉财,惠安县南埔公社玉湖大队(今泉港区界山镇玉湖村)人,1944 年生。1964 年 3 月入伍,中共党员,中国人民解放军 6695 部队给养员。1968 年 10 月 16 日,因公外出遇车祸在东山县西埔牺牲。

张兴金，惠安县后龙公社上西大队（今泉港区后龙镇上西村）人，1944 年生。1966 年 3 月入伍，中共党员，中国人民解放军炮兵第六十四师六一二团汽车连政治指导员。1979 年 5 月，因车祸牺牲。

陈文德，惠安县城关公社东莲大队（今螺城镇东莲村）人，1945 年 8 月生。1966 年 3 月入伍，中国人民解放军 4203 部队战士。1976 年 2 月，在温州市执勤守卫营房仓库时被敌杀害。

林荣吉，惠安县后龙公社奎壁大队（今泉港区后龙镇奎壁村）人，1945 年生。1966 年 3 月入伍，中共党员，中国人民解放军 6710 部队八十三分队副班长。1969 年 10 月，在漳州市军训游泳中溺水牺牲。

郭步钦，惠安县东园公社莲埭大队（今泉州台商投资区百崎乡莲埭村）人，1945 年生。1965 年 3 月入伍，共青团员，中国人民解放军 8739 部队十二分队战士。1966 年 4 月，在河北省涞水县铁路施工中遇难。

许荣文，惠安县东岭公社东埭大队（今东岭镇东埭村）人，1946 年 10 月生。1968 年 4 月入伍，共青团员，中国人民解放军 8738 部队二十七分队战士。1970 年 1 月，患病去世。

陈金华，惠安县南埔公社玉湖大队（今泉港区南埔镇玉湖村）人，1946 年生。1968 年 4 月入伍，中国人民解放军 8739 部队六十七团三营战士。1969 年 12 月，在河北省涞源县为扑灭火灾而牺牲。

陈永才，惠安县后龙公社奎壁大队（今泉港区后龙镇奎壁村）人，1947 年 12 月生。1968 年 4 月入伍，中共党员，中国人民解放军 8740 部队十六小队副班长。1971 年 10 月，在山西省国防施工中牺牲。

李银裕，惠安县张坂公社张坂大队（今属泉州台商投资区张坂镇张坂村）人，1947 年生。1968 年 4 月入伍，共青团员，中国人民解放军 8740 部队班长；10 月 22 日，在河北省涞源县战备施工中牺牲。

杨晏来，惠安县黄塘公社松溪大队（今黄塘镇松溪村）人，1947 年生。1968 年 4 月入伍，中国人民解放军六十九团二营七连战士。

1970 年 1 月 22 日，在河北省易县周家庄战备施工中失事牺牲。

周振文，惠安县崇武公社靖江大队（今崇武镇靖江村）人，1947 年生。1966 年 3 月入伍，中共党员，中国人民解放军炮兵六一二团二营五连连长。1972 年 1 月 7 日，在厦门市高崎组织军训投弹出事故牺牲。

庄火水，惠安县山腰公社锦山大队（今泉港区山腰街道锦山村）人，1948 年生。1968 年 4 月入伍，中国人民解放军 8739 部队六十七团三营战士。1969 年 12 月，在河北省涞源县为扑灭火灾牺牲。

刘其顺，惠安县涂岭公社清美大队（今泉港区涂岭镇清美村）人，1948 年生。1968 年 4 月入伍，中共党员，中国人民解放军 8738 部队副班长。1970 年 8 月，在京广铁路施工中牺牲于河北省涞源县。

陈琼华，惠安县螺城镇东南街（今东南社区）人，1950 年 1 月生。大田县黄城国有林场工人，1996 年 2 月 11 日，在林场为扑灭火灾牺牲。

王其清，惠安县南埔公社沙格大队（今泉港区南埔镇沙格村）人，1950 年生。1969 年 4 月入伍，共青团员，中国人民解放军 4277 部队后渚供应站战士；当年，在后渚执勤中触电牺牲。

庄华阳，惠安县城关公社村下大队（今螺阳镇村下村）人，1950 年生。1969 年 4 月入伍，中共党员，中国人民解放军兰州部队空军后勤部汽车营教导连副班长；5 月 13 日，在陕西省铜川煤矿执行任务时牺牲。

刘顺金，惠安县后龙公社诚峰大队（今泉港区后龙镇诚峰村）人，1950 年生。1968 年 4 月入伍，中共党员，中国人民解放军 8740 部队四中队十八小队副班长。1970 年 12 月，在山西省国防施工中牺牲。

黄志斌，惠安县城关公社中新大队（今螺城镇中新社区）人，1950 年生。1968 年 4 月入伍，共青团员，中国人民解放军福安军分区独立营二连副班长。1969 年 3 月 15 日，在福安县潭头支农时牺牲。

黄振芳，惠安县张坂公社霞美大队（今泉州台商投资区张坂镇霞美村）人，1950年生。1971年1月入伍，中共党员，中国人民解放军福州军区司令部维修班长。1978年10月15日，在172医院病故。

戴锡荣，惠安县城关公社中新大队（今螺城镇中新社区）人，1950年生。1973年1月入伍，中共党员，中国人民解放军福州军区空军86287队班长。1977年11月8日，在部队执勤时遇难。

庄盛春，惠安县山腰乡（今泉港区山腰街道）锦川村人，1951年12月生。1972年11月入伍，中共党员，援藏工程指挥部惠安石料公司物资科科长。1984年10月6日，在西藏拉萨抢救落水藏胞时牺牲。

肖美聪，惠安县南埔公社惠屿大队（今泉港区南埔镇惠屿村）人，1952年生。1970年1月入伍，中国人民解放军5757部队三十七小队战士；4月，在四川省达县执勤中因机枪走火牺牲。

卢细锦，惠安县涂寨公社瑞东大队（今涂寨镇瑞东村）人，1952年生。1970年1月入伍，中共党员，中国人民解放军5834部队二中队六小队副班长。1974年9月，在四川省达县参加国防施工时牺牲。

庄美华，惠安县螺城镇东南街(今东南社区)人，1954年7月生。大田县黄城国有林场工人，1996年2月11日，在林场为扑灭火灾牺牲。

刘炳辉，惠安县东岭公社西埔大队（今东岭镇西埔村）人，1954年生。1976年3月入伍，中国人民解放军基建工程兵二〇三师后勤部修理营战士；7月，在部队军训游泳时溺水牺牲。

庄瑞明，惠安县山腰盐场埭港工区（今属泉港区前黄镇）人，1954年生。1975年3月入伍，中共党员，中国人民解放军53051部队八十二分队班。1979年2月，在对越自卫反击战中牺牲。

庄照辉，惠安县辋川公社坑南大队（今辋川镇坑南村）人，1954年生。1975年1月入伍，中共党员，中国人民解放军53254部队八十三分队九班班长。1979年2月，在对越自卫反击战中牺牲。

程桂林，惠安县辋川公社下埭大队（今辋川镇许埭村）下埭自然村人，1954 年生。1973 年入伍，共青团员，中国人民解放军青海空军一师一团某连雷达操纵手。1974 年 2 月，在营地执勤时失事牺牲。

庄绍辉，惠安县山腰公社锦山大队（今泉港区山腰街道锦山村）人，1955 年生。1974 年 1 月入伍，中共党员，中国人民解放军 32266 部队九十分队副班长。1977 年 11 月，在顺昌县执勤时因车祸牺牲。

吴庆金，惠安县涂岭公社汶阳大队（今泉港区涂岭镇汶阳村）人，1955 年生。1975 年 1 月入伍，共青团员，中国人民解放军八十五师二五三团八连战士。1976 年 10 月，在莆田县涵江出差途中牺牲。

何溪辉，惠安县辋川公社试剑大队（今辋川镇试剑村）人，1955 年生。1976 年 3 月入伍，中共党员，中国人民解放军三七六团二营机枪排排长。1979 年 2 月，在对越自卫反击战中牺牲。

邱来华，惠安县南埔公社邱厝大队（今泉港区南埔镇邱厝村）人，1955 年生。1976 年 3 月入伍，共青团员，中国人民解放军 32110 部队七十二小队战士。1977 年 3 月，在将乐县高唐野战训练中因车祸牺牲。

黄建国，惠安县洛阳公社万安大队（今泉州台商投资区洛阳镇万安村）人，1955 年生。1975 年 1 月入伍，中共党员，中国人民解放军 53254 部队三七三团九连班长。1979 年 2 月 19 日，在对越自卫反击战中牺牲。

张冬法，惠安县东岭公社东湖大队（今东桥镇东湖村）人，1955 年 12 月生。1975 年 1 月入伍，共青团员，中国人民解放军 37893 部队十二分队战士。1976 年 5 月 18 日，在浙江省义乌县施工时因事故牺牲。

卢汉金，惠安县辋川公社五柳大队（今辋川镇五柳村）人，1956 年生。1975 年 3 月入伍，中共党员，中国人民解放军三七六团二营五连战士。1979 年 2 月，在对越自卫反击战中牺牲。

胡清海，惠安县辋川公社许厝大队（今辋川镇许厝村）人，1956 年生。1976 年 3 月入伍，中共党员，中国人民解放军三七六团二营四连班长。1979 年 2 月，在对越自卫反击战中牺牲。

程炳玉，惠安县辋川公社下埭大队（今辋川镇许埭村）下埭自然村人，1956 年生。1976 年 3 月入伍，中共党员，中国人民解放军三七六团三营七连战士。1979 年 3 月，在对越自卫反击战中牺牲。

曾文碧，惠安县东岭公社石井大队（今东岭镇石井村）人，1956 年生。1977 年 1 月入伍，中共党员，中国人民解放军 53053 部队二连战士。1979 年 3 月 4 日，在对越自反击战中牺牲。

吴炳清，惠安县涂寨公社廖厝大队（今涂寨镇廖厝村）人，1957 年 4 月生。1976 年 3 月入伍，中共党员，中国人民解放军 00251 部队二营战士。1980 年 11 月 5 日，在江西省全南县国防施工中为抢救国家财产而牺牲。

张建川，惠安县东岭公社厝斗大队（今东桥镇厝斗村）人，1957 年生。1977 年 1 月入伍，共青团员，中国人民解放军 37831 部队九分队电话兵；7 月 2 日，在浙江省温岭营地执行任务时触电牺牲。

郑省谷，惠安县城关镇解放大队（今螺城镇北关社区）人，1957 年生。1976 年 3 月入伍，中共党员，中国人民解放军 53016 部队七十四分队副班长。1979 年 2 月 25 日，在对越自卫反击战中牺牲。

胡胜德，惠安县辋川公社梧山大队（今辋川镇梧山村）人，1957 年生。1976 年 3 月入伍，中共党员，中国人民解放军三七六团一营三连班长。1979 年 3 月，在对越自卫反击战中牺牲。

连惠山，惠安县山腰公社坑内大队（今泉港区前黄镇坑内村）人，1958 年 11 月生。1980 年 1 月入伍，中共党员，晋江县公安局祥芝派出所民警。1981 年 4 月，在与违法分子搏斗中牺牲。

何志敏，惠安县辋川公社峰崎大队（今辋川镇峰崎村）人，1958 年生。1978 年 2 月入伍，共青团员，中国人民解放军三七六团战士。1979 年 3 月，在对越自卫反击战中牺牲。

陈茂龙，惠安县黄塘公社南田大队（今紫山镇南田村）人，1958 年生。1976 年 3 月入伍，中共党员，中国人民解放军 53015 部队八十五分队副班长。1979 年 3 月 16 日，在对越自卫反击战中牺牲。

林育法，惠安县黄塘公社南安大队（今紫山镇南安村）人，1959 年生。1976 年 3 月入伍，共青团员，中国人民解放军 53014 部队八十三分队战士。1979 年 2 月 21 日，在对越自卫反击战中牺牲。

陈望阳，惠安县洛阳公社西塘大队（今泉州台商投资区洛阳镇西塘村）人，1960 年 9 月生。1978 年 4 月入伍，中共党员，中国人民解放军海军工程兵第五工建处加工连班长。1981 年 5 月，在上海市黄浦江为救人而牺牲。

黄土金，惠安县黄塘公社油园大队（今紫山镇油园村）人，1960 年生。1976 年 3 月入伍，中共党员，中国人民解放军 53047 部队二连班长。1979 年 2 月 17 日，在对越自卫反击战中牺牲。

蒋灿放，惠安县崇武公社五峰大队（今崇武镇五峰村）人，1960 年生。1978 年 3 月入伍，共青团员，中国人民解放军福州空军司令部管理处战士。1980 年 2 月，在部队搞卫生时，推卫生车翻下水沟时牺牲。

林晓强，惠安县后龙乡奎壁村（今属泉港区后龙镇）人，1970 年 1 月生。中共党员，湖南省溆浦空军 86360 部队警卫连上士代理排长。1991 年 5 月 20 日，被歹徒伤害牺牲。

康志浓，惠安县小岞乡前海村（今属小岞镇）人，1976 年 9 月生。中国人民解放军 83423 部队 57 高炮一营三连战士，1995 年 9 月 1 日，在江苏省射阳县实弹战备演练中牺牲。

蔡先镳，生年不详。1937 年 3 月 7 日，西龙联络站遭敌破坏时被捕，惨遭活埋，光荣牺牲。

林蛤，生年不详。1937 年 3 月 7 日，西龙联络站遭敌破坏时被捕，惨遭活埋，光荣牺牲。

李仕生，惠安县净峰乡奎山保（今净峰镇城前村）水头自然村人，生年不详。中国人民解放军东北野战军一三七师四一〇团一连战士，1948 年 10 月，在锦州战役中牺牲。

林占美，惠安县三高村人，生年不详。1948 年 3 月入伍，中国人民解放军第四野战军三九〇团六连战士。1949 年 1 月，在天津围歼乐局子敌军的作战中牺牲。

黄扁头，惠安县辋川乡王孙保（今螺城镇王孙村）人，生年不详。1948 年入伍，中国人民解放军第四十七军四二二团二营五连战士。

1949年7月，在湖北省宜昌市东山作战中牺牲。

庄毓玉，惠安县人，生年不详。1949年入伍，中国人民解放军第四十九军一四五师四三四团三营战士。1950年，在广西省恭城县莲花乡作战中牺牲。

黄金法，惠安县第五区长新乡（今泉州台商投资区东园镇长新村）人，生年不详。1947年入伍，中国人民志愿军战士。1951年8月，在朝鲜作战中牺牲。

杨连才，惠安县第四区净西乡东洋村（今属净峰镇）人，生年不详。中国人民志愿军第四十军二八一师炮团三营七连战士，1952年8月21日，在朝鲜守备战中牺牲。

张忠泽，惠安县东岭公社石井大队（今东岭镇石井村）人，生年不详。福建生产建设兵团独立营十四连战士。1974年8月4日，在龙岩看押罪犯时与罪犯搏斗牺牲。

二、县委、县人大常委会、县政府、县政协领导一览表

表附2-1　新中国成立前惠安县级中共组织书记、副书记、常委(委员)名表

县级中共组织名称	姓　名	职　务	任职时间
中共惠安支部	王德彰	书　记	1926年12月至1927年1月
中共惠安县临委	王德彰	负责人	1927年1月至1927年7月
中共惠安县临委	王德彰	书　记	1927年8月至1928年1月
中共惠安县委（1929年9月至1929年11月）	朱　思	书　记	1929年9月至1929年11月
	陈平山	委　员	1929年9月至1929年11月
	骆拔才		1929年9月至1929年11月
	王　裕		1929年9月至1929年11月
	陈冬水		1929年9月至1929年11月
中共惠安县委（1929年12月至1930年6月）	陈平山	书　记	1929年12月至1930年6月
	林权民	委　员	1929年12月至1930年6月
	骆拔才		1929年12月至1930年6月
	王　裕		1929年12月至1930年6月
	陈冬水		1929年12月至1930年6月

续表 1

县级中共组织名称	姓　名	职　务	任职时间
中共惠安县委（1930 年 7 月至 1931 年 1 月）	蓝飞凤（畲）	书　记	1930 年 7 月至 1931 年 1 月
	陈平山	委　员	1930 年 7 月至 1931 年 1 月
	蓝飞鹤		1930 年 7 月至 1931 年 1 月
	林权民		1930 年 7 月至 1931 年 1 月
	吴敦仁		1930 年 7 月至 1931 年 1 月
	陈　琨		1930 年 7 月至 1930 年 9 月
	王　裕		1930 年 7 月至 1931 年 1 月
	陈冬水		1930 年 7 月至 1931 年 1 月
	庄毓英	委　员（增补）	？—1931 年 1 月
	陈仰高		？—1931 年 1 月
中共惠安县委（1931 年 6 月至 1932 年 11 月）	沈玉泉	书　记	1931 年 6 月至 1931 年 9 月
	李文端		1931 年 9 月至 1932 年 5 月
	唐言福	代理书记	1932 年 5 月至 1932 年 7 月
	黄如海	书　记	1932 年 7 月至 1932 年 11 月
	唐言福	委　员	1931 年 6 月至 1932 年 5 月
	庄毓英		1932 年 1 月至 1932 年 4 月
	曹　海		1932 年 7 月至 1932 年 11 月
	陈江能		1932 年 7 月至 1932 年 11 月
	陈昭秀（女）		1932 年 7 月至 1932 年 11 月
中共惠安特支（1932 年 11 月至 1937 年 7 月）	黄如海	书　记	1932 年 11 月至 1934 年 3 月
	曹　海		1934 年 4 月至 1935 年 6 月
	曾　炉		1935 年 7 月至 1937 年 7 月
	陈江能	组织委员	1932 年 11 月—？
	曾　炉		？—1935 年 7 月
	曹　海	宣传委员	1932 年 11 月至 1934 年 4 月
	李昭秀		1934 年 4 月至 1934 年 10 月
	陈剑秋	委　员	1936 年—？
	曾木生		？—？
	柳锦兴		1935 年 7 月至 1937 年 7 月
	陈江能		1935 年 7 月至 1937 年 7 月

续表 2

县级中共组织名称	姓　名	职　务	任职时间
中共惠安特支（1937 年 7 月至 1939 年 6 月）	曾　炉	书　记	1937 年 7 月至 1939 年 6 月
	柳锦兴	委　员	1937 年 7 月至 1939 年 6 月
	曾木生		1937 年 7 月至 1939 年 6 月
中共惠安特支（1939 年 6 月至 1941 年 3 月）	曾　炉	书　记	1939 年 6 月至 1940 年 5 月
	许运伙	负责人	1940 年 5 月至 1940 年 9 月
	陈忠烜		1940 年 10 月至 1941 年 3 月
	柳锦兴	委　员	1939 年 6 月至 1941 年 3 月
中共惠安县特派员（1941 年 4 月至 1945 年 4 月）	陈毕明	特派员	1941 年 4 月至 1942 年 5 月
	朱伦炎		1942 年 6 月至 1943 年 2 月
	刘祖丕		1943 年 3 月至 1945 年 2 月
	陈纯元		1945 年 3 月至 1945 年 4 月
中共（闽中）惠安县工委（1946 年 6 月至 1949 年 9 月）	陈纯元	书　记	1945 年 4 月至 1945 年 6 月
	林平凡		1946 年 6 月至 1947 年 10 月
	粘文华		1947 年 10 月至 1948 年 2 月
	朱汉膺		1948 年 2 月至 1949 年 9 月
	张海天	委　员	1946 年 6 月至 1949 年 9 月
	王福庆		1946 年 6 月至 1949 年 9 月
	林平凡		1947 年 10 月至 1949 年 9 月
	朱汉膺		1947 年 10 月至 1948 年 2 月
	何邦基		1948 年 2 月至 1949 年 9 月
中共（闽南）惠东南区工委	林祖慰	书　记	1949 年 4 月至 1949 年 6 月
中共（闽南）惠安县工委（1949 年 6 月至 1949 年 9 月）	何家沛	书　记	1949 年 6 月至 1949 年 9 月
	林祖慰	组　委	1949 年 6 月—？
	曾联辉	代理组委	？—1949 年 9 月
	曾联辉	宣　委	1949 年 6 月—？
	苏炳文	代理宣委	？—1949 年 9 月

表附 2-2　1949 年 9 月至 2016 年中共惠安县委书记、副书记、常委名表

县委届次	姓名	职务	任职时间
中共惠安县委（1949 年 9 月至 1956 年 6 月）	尚书翰	书　记	1949 年 9 月至 1952 年 4 月
	王振海		1952 年 4 月至 1954 年 4 月
	朱义斌		1954 年 4 月至 1956 年 6 月
	王振海	副书记	1949 年 9 月至 1952 年 4 月
	朱义斌		1952 年 10 月至 1954 年 4 月
	席振忠		1953 年 5 月至 1956 年 6 月
	马三聘		1955 年 8 月至 1956 年 6 月
	刘朝金		1955 年 11 月至 1956 年 5 月
	张增禄		1955 年 12 月至 1956 年 6 月
	陈金源		1956 年 3 月至 1956 年 6 月
	张海天	常委	1949 年 10 月至 1951 年 9 月
	张加清		1949 年 10 月至 1952 年 10 月
	林平凡		1952 年 10 月至 1955 年 11 月
	危伯祥		1952 年 10 月至 1953 年 1 月
	刘朝金		1953 年 2 月至 1955 年 11 月
	马三聘		1954 年 10 月至 1955 年 8 月
	陈金源		1954 年 10 月至 1956 年 3 月
	赵德奇		1956 年 4 月至 1956 年 6 月
	刘玉琢		1956 年 4 月至 1956 年 6 月
	王明文		1956 年 4 月至 1956 年 6 月
	胡　笛		1956 年 4 月至 1956 年 6 月
	杨忠训		1956 年 4 月至 1956 年 6 月
第一届（1956 年 6 月至 1963 年 1 月）	朱义斌	书记	1956 年 6 月至 1956 年 8 月
	马三聘		1956 年 10 月至 1958 年 2 月
	孟进城	第一书记	1958 年 2 月至 1958 年 10 月
	刘玉群		1958 年 10 月至 1962 年 12 月
	马三聘	第二书记	1958 年 2 月至 1958 年 7 月
	江坤元		1959 年 7 月至 1961 年 1 月
	马三聘	书记	1959 年 7 月至 1963 年 1 月
	岳伟玉		1960 年 10 月至 1963 年 1 月

续表 1

县委届次	姓名	职务	任职时间
第一届（1956 年 6 月至 1963 年 1 月）	马三聘	副书记	1956 年 6 月至 1956 年 10 月
	席振忠		1956 年 6 月至 1956 年 11 月
	张增禄		1956 年 6 月至 1961 年 1 月
	陈金源		1956 年 6 月至 1958 年 8 月
	王志贤		1958 年 8 月至 1963 年 1 月
	朱成才		1959 年 7 月至 1963 年 1 月
	刘朝金		1960 年 1 月至 1963 年 1 月
	赵德奇	常委	1956 年 6 月至 1957 年
	刘玉琢		1956 年 6 月至 1960 年 9 月
	王明文		1956 年 8 月至 1958 年 8 月
	朱成才		1958 年 8 月至 1959 年 7 月
	王聚山		1960 年 3 月至 1963 年 1 月
	姜玉山		1961 年 10 月至 1963 年 1 月
第二届（1963 年 1 月至 1968 年 11 月）	马三聘	书　记	1963 年 1 月至 1968 年 10 月
	王志贤	副书记	1963 年 1 月至 1968 年 11 月
	朱义振		1963 年 6 月至 1968 年 11 月
	刘银（女）		1964 年 5 月至 1968 年 11 月
	刘朝金		1964 年 4 月至 1965 年 6 月
	张三枝		1965 年 10 月至 1968 年 11 月
	刘朝金	常　委	1963 年 1 月至 1964 年 4 月
	朱成才		1936 年 1 月至 1964 年 10 月
	刘玉琢		1963 年 1 月至 1964 年 9 月
	王聚山		1963 年 1 月至 1968 年 11 月
	姜玉生		1963 年 1 月至 1968 年 11 月
	柴全壁		1963 年 1 月至 1968 年 11 月
中共惠安县革委会核心小组（1970 年 6 月至 1970 年 9 月）	张明志	组　长	1970 年 6 月至 1970 年 9 月
	李德印	副组长	1970 年 6 月至 1970 年 9 月
	刘桂忠		1970 年 6 月至 1970 年 9 月

续表 2

县委届次	姓名	职务	任职时间
第三届（1970 年 9 月至 1976 年 10 月）	张明志	书　记	1970 年 9 月至 1975 年 5 月
	季　海		1975 年 11 月至 1976 年 10 月
	李德印	副书记	1970 年 9 月至 1973 年 6 月
	许友山		1970 年 9 月至 1975 年 9 月
	狄超荣		1975 年 5 月至 1976 年 10 月
	季　海		1975 年 7 月至 1975 年 11 月
	洪文广		1975 年 7 月至 1976 年 10 月
	王杰云	常　委	1970 年 9 月至 1976 年 10 月
	刘桂忠		1970 年 9 月至 1976 年 10 月
	陆鼎隆		1972 年 6 月至 1976 年 10 月
	黄宗南		1972 年 6 月至 1976 年 10 月
	张三枝		1972 年 6 月至 1976 年 10 月
	朱菁华（女）		1973 年 8 月至 1976 年 10 月
	狄超荣		1973 年 8 月至 1975 年 5 月
	吴金桂		1973 年 8 月至 1975 年 10 月
	朱秀杰		1973 年 8 月至 1976 年 10 月
	刘银（女）		1973 年 8 月至 1976 年 10 月
	王聚山		1975 年 11 月至 1976 年 10 月
	黄永源		1975 年 11 月至 1976 年 10 月
粉碎江青反革命集团后的惠安县委（第三届县委的延续）（1976 年 10 月至 1978 年 3 月）	季　海	书　记	1976 年 10 月至 1977 年 6 月
	洪文广		1977 年 6 月至 1977 年 8 月
	张田丁		1977 年 8 月至 1978 年 3 月
	洪文广	副书记	1976 年 10 月至 1977 年 6 月
	陈安芝		1976 年 12 月至 1978 年 1 月
	刘银（女）		1977 年 5 月至 1978 年 3 月
	江炳其		1977 年 8 月至 1978 年 3 月
	黄永源		1977 年 8 月至 1978 年 3 月
	庄秋金		1977 年 8 月至 1978 年 3 月
	王起才		1978 年 2 月至 1978 年 3 月

续表 3

县委届次	姓名	职务	任职时间
粉碎江青反革命集团后的惠安县委（第三届县委的延续）（1976 年 10 月至 1978 年 3 月）	刘银（女）	常　委	1976 年 10 月至 1977 年 5 月
	王聚山		1976 年 10 月至 1977 年 5 月
	黄永源		1976 年 10 月至 1977 年 8 月
	吴根生		1976 年 12 月至 1978 年 1 月
	相怀珍		1976 年 12 月至 1978 年 1 月
	林仙芝		1976 年 12 月至 1978 年 1 月
	李永增		1977 年 4 月至 1978 年 3 月
	庄秋金		1977 年 4 月至 1977 年 8 月
	庄文玉		1977 年 4 月至 1978 年 3 月
	陈亚考		1977 年 5 月至 1978 年 3 月
	李文龙		1977 年 8 月至 1978 年 3 月
	陈水生		1977 年 8 月至 1978 年 3 月
	林荷妹（女）		1977 年 8 月至 1978 年 3 月
	王泮池		1977 年 8 月至 1978 年 3 月
第四届（1978 年 3 月至 1984 年 11 月）	张田丁	书　记	1978 年 3 月至 1980 年 12 月
	王起才		1981 年 9 月至 1983 年 11 月
	张千秋	代理书记	1983 年 11 月至 1984 年 11 月
	王起才	副书记	1978 年 3 月至 1981 年 9 月
	刘银（女）		1978 年 3 月至 1983 年 11 月
	江炳其		1978 年 3 月至 1984 年 11 月
	庄秋金		1978 年 3 月至 1983 年 11 月
	王永生		1980 年 7 月至 1983 年 4 月
	陈秋贵		1981 年 7 月至 1984 年 11 月
	李永增	常　委	1978 年 3 月至 1983 年 11 月
	庄文玉		1978 年 3 月至 1983 年 11 月
	陈亚考		1978 年 3 月至 1983 年 11 月
	李文龙		1978 年 3 月至 1983 年 11 月
	陈水生		1978 年 3 月至 1984 年 11 月
	林荷妹（女）		1978 年 3 月至 1983 年 11 月
	王津池		1978 年 3 月至 1983 年 11 月
	朱秀杰		1978 年 3 月至 1978 年 6 月
	林庆成		1978 年 3 月至 1983 年 11 月

续表 4

县委届次	姓名	职务	任职时间
第四届（1978 年 3 月至 1984 年 11 月）	张水成	常　委	1979 年 4 月至 1983 年 11 月
	姜国英		1979 年 4 月至 1983 年 11 月
	陈曾煜		1979 年 7 月至 1983 年 11 月
	陈秀莲（女）		1983 年 11 月至 1984 年 11 月
	胡凤才		1984 年 8 月至 1984 年 11 月
第五届（1984 年 11 月至 1988 年 3 月）	张千秋	书　记	1984 年 11 月至 1987 年 8 月
	梁奕川	代理书记	1986 年 5 月至 1987 年 8 月
	刘佳景	书　记	1987 年 8 月至 1988 年 3 月
	梁奕川	副书记	1984 年 11 月至 1986 年 5 月
	刘木连		1984 年 11 月至 1987 年 11 月
	张碧聪		1986 年 12 月至 1988 年 3 月
	王水坤		1987 年 9 月至 1988 年 3 月
	陈曾煜		1988 年 1 月至 1988 年 3 月
	陈秀莲（女）	常　委	1984 年 11 月至 1987 年 11 月
	詹汉民		1984 年 11 月至 1987 年 11 月
	胡凤才		1984 年 11 月至 1986 年 5 月
	陈清发		1984 年 11 月至 1988 年 3 月
	张碧聪		1985 年 4 月至 1986 年 12 月
	庄奇碧		1985 年 4 月至 1987 年 8 月
	黄金辉		1986 年 8 月至 1988 年 3 月
	黄谋源		1987 年 9 月至 1988 年 3 月
	邱锦水		1987 年 9 月至 1988 年 3 月
第六届（1988 年 3 月至 1990 年 11 月）	刘佳景	书　记	1988 年 3 月至 1990 年 11 月
	张碧聪	副书记	1988 年 3 月至 1990 年 11 月
	王水坤		1988 年 3 月至 1990 年 10 月
	陈曾煜		1988 年 3 月至 1990 年 10 月
	杨俊峰		1990 年 8 月至 1990 年 11 月
	陈万里		1990 年 10 月至 1990 年 11 月
	吴家灿		1990 年 10 月至 1990 年 11 月

续表 5

县委届次	姓名	职务	任职时间
第六届（1988 年 3 月至 1990 年 11 月）	黄谋源	常　委	1988 年 3 月至 1990 年 11 月
	陈清发		1988 年 3 月至 1990 年 11 月
	邱锦水		1988 年 3 月至 1990 年 11 月
	黄金辉		1988 年 3 月至 1990 年 11 月
	蔡瑞沛		1988 年 3 月至 1990 年 11 月
	吴龙昭		1988 年 3 月至 1990 年 11 月
第七届（1990 年 11 月至 1993 年 12 月）	刘佳景	书　记	1990 年 11 月至 1993 年 12 月
	杨俊峰	副书记	1990 年 11 月至 1993 年 12 月
	陈万里		1990 年 11 月至 1993 年 12 月
	吴家灿		1990 年 11 月至 1993 年 12 月
	丁金碧		1990 年 11 月至 1993 年 12 月
	陈清发	常　委	1990 年 11 月至 1993 年 12 月
	黄金辉		1990 年 11 月至 1993 年 12 月
	蔡瑞沛		1990 年 11 月至 1993 年 12 月
	吴龙昭		1990 年 11 月至 1993 年 12 月
	陈新兴		1992 年 1 月至 1993 年 12 月
	占汉民		1992 年 10 月至 1993 年 12 月
	黄亚泉		1993 年 5 月至 1993 年 12 月
	李成佑		1993 年 12 月至 1993 年 12 月
第八届（1993 年 12 月至 1998 年 11 月）	刘佳景	书　记	1993 年 12 月至 1995 年 4 月
	郑栋梁		1995 年 4 月至 1998 年 9 月
	廖小军		1998 年 9 月至 1998 年 11 月
	陈万里	副书记	1993 年 12 月至 1997 年 12 月
	吴家灿		1993 年 12 月至 1994 年 11 月
	丁金碧		1993 年 12 月至 1996 年 3 月
	毕仲明		1994 年 3 月至 1997 年 10 月
	潘燕燕（女）		1995 年 7 月至 1998 年 9 月
	葛晓华		1996 年 3 月至 1998 年 5 月
	吴共湖		1996 年 4 月至 1998 年 5 月
	廖小军		1997 年 5 月至 1998 年 9 月
	黄源水		1998 年 9 月至 1998 年 11 月

续表 6

县委届次	姓名	职务	任职时间
第八届（1993 年 12 月至 1998 年 11 月）	吴龙昭	常　委	1993 年 12 月至 1998 年 11 月
	蔡瑞沛		1993 年 12 月至 1995 年 6 月
	陈清发		1993 年 12 月至 1996 年 4 月
	李成佑		1993 年 12 月至 1998 年 11 月
	黄亚泉		1993 年 12 月至 1997 年 12 月
	卓秀华（女）		1994 年 8 月至 1998 年 9 月
	林晓英（女）		1995 年 8 月至 1998 年 9 月
	尤猛军		1997 年 10 月至 1998 年 11 月
	李转生		1997 年 4 月至 1998 年 11 月
第九届（1998 年 11 月至 2003 年 11 月）	廖小军	书　记	1998 年 11 月至 2001 年 8 月
	黄源水		2001 年 8 月至 2003 年 11 月
	黄源水	副书记	1998 年 11 月至 2001 年 8 月
	郑文伟		1998 年 11 月至 2003 年 11 月
	潘启水		1998 年 11 月至 2000 年 12 月
	王春来		1998 年 11 月至 2003 年 11 月
	李转生		2001 年 6 月至 2003 年 11 月
	曾　巍		2002 年 3 月至 2003 年 11 月
	刘　奇		2000 年 6 月至 2001 年 6 月
	宋德华（女）		2002 年 5 月至 2002 年 11 月
	杨　石	副书记（挂职）	2002 年 10 月至 2003 年 11 月
	李成佑	常　委	1998 年 11 月至 2003 年 11 月
	李转生		1998 年 11 月至 2001 年 6 月
	朱团能		1998 年 11 月至 2001 年 11 月
	曾　巍		1998 年 11 月至 2001 年 11 月
	郑建清		1998 年 11 月至 2003 年 11 月
	曾玉山		1998 年 11 月至 2003 年 11 月
	傅梓堆		2000 年 8 月至 2001 年 11 月
	张培坤		2001 年 11 月至 2003 年 11 月
	杨庆军		2001 年 11 月至 2003 年 11 月
	庄建辉		2002 年 3 月至 2003 年 11 月
	林万明		2002 年 3 月至 2003 年 11 月
	柯跃峰		2002 年 7 月至 2003 年 11 月

续表 7

<table>
<tr><th>县委届次</th><th>姓名</th><th>职务</th><th>任职时间</th></tr>
<tr><td rowspan="13">第十届
（2003 年 11 月至
2008 年 7 月）</td><td>黄源水</td><td rowspan="2">书 记</td><td>2003 年 11 月至 2005 年 10 月</td></tr>
<tr><td>李转生</td><td>2005 年 10 月至 2008 年 7 月</td></tr>
<tr><td>郑文伟</td><td rowspan="2">副书记</td><td>2003 年 11 月至 2006 年 8 月</td></tr>
<tr><td>曾 巍</td><td>2003 年 11 月至 2008 年 7 月</td></tr>
<tr><td>杨 石</td><td>副书记（挂职）</td><td>2003 年 11 月至 2004 年 10 月</td></tr>
<tr><td>郑建清</td><td rowspan="2">副书记</td><td>2003 年 11 月至 2008 年 7 月</td></tr>
<tr><td>曾玉山</td><td>2003 年 11 月至 2008 年 7 月</td></tr>
<tr><td>林万明</td><td rowspan="6">常 委</td><td>2003 年 11 月至 2008 年 7 月</td></tr>
<tr><td>洪川夫</td><td>2003 年 11 月至 2008 年 7 月</td></tr>
<tr><td>张培坤</td><td>2003 年 11 月至 2008 年 7 月</td></tr>
<tr><td>杨庆军</td><td>2003 年 11 月—？</td></tr>
<tr><td>柯跃峰</td><td>2003 年 11 月至 2008 年 7 月</td></tr>
<tr><td>郭萍萍（女）</td><td>2003 年 11 月至 2008 年 7 月</td></tr>
<tr><td rowspan="18">第十一届
（2008 年 7 月至
2011 年 7 月）</td><td>李转生</td><td rowspan="2">书 记</td><td>2008 年 7 月至 2009 年 9 月</td></tr>
<tr><td>林万明</td><td>2009 年 9 月至 2011 年 7 月</td></tr>
<tr><td>林万明</td><td rowspan="8">副书记</td><td>2008 年 7 月至 2009 年 9 月</td></tr>
<tr><td>曾 巍</td><td>2008 年 7 月至 2009 年 10 月</td></tr>
<tr><td>曾玉山</td><td>2008 年 7 月至 2011 年 7 月</td></tr>
<tr><td>吴深生</td><td>2008 年 7 月至 2011 年 7 月</td></tr>
<tr><td>黄春淮</td><td>2008 年 7 月至 2009 年 10 月</td></tr>
<tr><td>庄建辉</td><td>2008 年 9 月至 2009 年 12 月</td></tr>
<tr><td>蔡荣清</td><td>2009 年 10 月至 2011 年 7 月</td></tr>
<tr><td>洪于权</td><td>2011 年 2 月至 2011 年 7 月</td></tr>
<tr><td>洪川夫</td><td rowspan="8">常 委</td><td>2008 年 7 月至 2009 年 8 月</td></tr>
<tr><td>张培坤</td><td>2008 年 7 月至 2011 年 7 月</td></tr>
<tr><td>柯跃峰</td><td>2008 年 7 月至 2011 年 7 月</td></tr>
<tr><td>郭萍萍（女）</td><td>2008 年 7 月至 2009 年 10 月</td></tr>
<tr><td>陈锦满</td><td>2008 年 7 月至 2008 年 9 月</td></tr>
<tr><td>蔡荣清</td><td>2008 年 10 月至 2011 年 7 月</td></tr>
<tr><td>邱经良</td><td>2008 年 10 月至 2009 年 8 月</td></tr>
<tr><td>庄灿霞（女）</td><td>2008 年 11 月至 2011 年 7 月</td></tr>
</table>

续表 8

县委届次	姓名	职务	任职时间
第十一届（2008 年 7 月至 2011 年 7 月）	陈　鸿	常　委	2008 年 8 月至 2011 年 7 月
	林振海		2009 年 10 月至 2011 年 7 月
	赖清正		2009 年 10 月至 2011 年 7 月
	尤剑国		2009 年 10 月至 2011 年 7 月
	林应欣		2009 年 10 月至 2011 年 7 月
第十二届（2011 年 7 月至 2016 年 7 月）	肖汉辉	书　记	2011 年 7 月至 2016 年 6 月
	洪于权	副书记	2011 年 7 月至 2016 年 7 月
	黄朝阳		2011 年 7 月至 2012 年 7 月
	黄春辉		2012 年 7 月至 2016 年 7 月
	林振海	常　委	2011 年 7 月至 2016 年 1 月
	张培坤		2011 年 7 月至 2016 年 7 月
	庄灿霞(女)		2011 年 7 月至 2012 年 8 月
	陈　鸿		2011 年 7 月至 2013 年 6 月
	赖清正		2011 年 7 月至 2016 年 7 月
	尤剑国		2011 年 7 月至 2012 年 7 月
	蒋向群		2011 年 7 月至 2016 年 7 月
	杨树青		2011 年 7 月至 2013 年 5 月
	王泽稷	常委(挂职)	2012 年 4 月至 2013 年 1 月
	阮海鹰		2012 年 5 月至 2014 年 5 月
	谢丽华(女)	常　委	2012 年 7 月至 2016 年 7 月
	陈海涛		2012 年 7 月至 2016 年 7 月
	欧阳其满		2013 年 6 月至 2016 年 7 月
	刘炳祥		2016 年 1 月至 2016 年 7 月
第十三届（2016 年 7 月至今）	黄文胜	书　记	2016 年 7 月至今
	赖清正	副书记	2016 年 7 月至今
	蒋向群		2016 年 7 月至今
	许贞丽(女)	常　委	2016 年 7 月至今
	吕建成		2016 年 7 月至今
	苏少波		2016 年 7 月至今
	陈国栋		2016 年 7 月至今

续表 9

县委届次	姓名	职务	任职时间
第十三届（2016 年 7 月至今）	许长春	常　委	2016 年 7 月至今
	刘炳祥		2016 年 7 月至今
	王春雷		2016 年 7 月至今
	王志明		2016 年 7 月至今

表附 2-3　惠安县历届各界人民代表会议常务委员会主席、副主席名表

届次	次	职　务	姓　名	任　期
第一届	一	主　席	张海天	1950 年 2 月至 1950 年 8 月
		副主席	林平凡	1950 年 2 月至 1950 年 8 月
			陈敦友	1950 年 2 月至 1950 年 8 月
	二	主　席	张海天	1950 年 8 月至 1950 年 11 月
		副主席	叶振汉	1950 年 8 月至 1950 年 11 月
			陈敦友	1950 年 8 月至 1950 年 11 月
	三	主　席	连家瑶	1950 年 11 月至 1951 年 1 月
		副主席	刘顺金	1950 年 11 月至 1951 年 1 月
			陈秀卿	1950 年 11 月至 1951 年 1 月
	四	主　席	连家瑶	1951 年 1 月至 1951 年 4 月
		副主席	叶振汉	1951 年 1 月至 1951 年 4 月
			张海天	1951 年 1 月至 1951 年 4 月
	五	主　席	连家瑶	1951 年 4 月至 1951 年 7 月
		副主席	庄俊奇	1951 年 4 月至 1951 年 7 月
			张海天	1951 年 4 月至 1951 年 7 月
	六	主　席	庄俊奇	1951 年 7 月至 1951 年 12 月
		副主席	张海天	1951 年 7 月至 1951 年 12 月
			连家瑶	1951 年 7 月至 1951 年 12 月
	七	主　席	尚书翰	1951 年 12 月至 1952 年 3 月
		副主席	庄俊奇	1951 年 12 月至 1952 年 3 月
			潘侨萃	1951 年 12 月至 1952 年 3 月
	八	主　席	尚书翰	1952 年 3 月至 1952 年 7 月
		副主席	庄俊奇	1952 年 3 月至 1952 年 7 月
			潘侨萃	1952 年 3 月至 1952 年 7 月
	九	主　席	王振海	1952 年 7 月至 1952 年 11 月
		副主席	张加清	1952 年 7 月至 1952 年 11 月
			潘侨萃	1952 年 7 月至 1952 年 11 月

续表

届次	次	职　务	姓　名	任　期
第二届		主　席	王振海	1952年11月至1954年6月
		副主席	朱义斌	1952年11月至1954年6月
			刘荣喜	1952年11月至1954年6月
			潘侨萃	1952年11月至1954年6月

表附2-4　惠安县人大常委会主任、副主任名表

届　次	职　务	姓　名	任　期
第八届（1981年2月至1984年11月）	主　任	刘银（女）	1981年2月至1984年11月
	副主任	陈亚考	1981年2月至1984年11月
		庄文玉	1981年2月至1984年11月
		李永增	1981年2月至1984年11月
		王兆祥	1981年2月至1984年11月
		卢书祥	1981年2月至1984年11月
		严锡藩	1981年2月至1984年11月
第九届（1984年11月至1987年10月）	主　任	江炳其	1984年11月至1987年10月
	副主任	林玉荣	1984年11月至1987年10月
		陈亚考	1984年11月至1987年10月
		庄文玉	1984年11月至1987年10月
		张水成	1984年11月至1987年10月
		卢书祥	1984年11月至1987年10月
		张云龙	1984年11月至1987年10月
		许如琛（女）	1984年11月至1987年10月
第十届（1987年10月至1991年1月）	主　任	江炳其	1987年10月至1991年1月
	副主任	林玉荣	1987年10月至1991年1月
		张水成	1987年10月至1991年1月
		庄文玉	1987年10月至1991年1月
		林文生	1987年10月至1991年1月
		许如琛（女）	1987年10月至1991年1月

续表 1

届　次	职　务	姓　名	任　期
第十一届（1991 年 1 月至 1994 年 1 月）	主　任	江炳其	1991 年 1 月至 1994 年 1 月
	副主任	林文生	1991 年 1 月至 1994 年 1 月
		邱锦水	1991 年 1 月至 1994 年 1 月
		许如琛（女）	1991 年 1 月至 1994 年 1 月
第十二届（1994 年 1 月至 1999 年 1 月）	主　任	江炳其	1994 年 1 月至 1999 年 1 月
	副主任	刘木连	1994 年 1 月至 1999 年 1 月
		林文生	1994 年 1 月至 1997 年 2 月
		许如琛（女）	1994 年 1 月至 1999 年 1 月
		陈德谋	1994 年 1 月至 1999 年 1 月
第十三届（1999 年 1 月至 2004 年 1 月）	主　任	陈清发	1999 年 1 月至 2004 年 1 月
	副主任	任秋来	1999 年 1 月至 2004 年 1 月
		杨松坡	1999 年 1 月至 2000 年 2 月
		饶水海	1999 年 1 月至 2004 年 1 月
		肖德星	1999 年 1 月至 2004 年 1 月
		刘忠民	1999 年 1 月至 2004 年 1 月
		刘荣富	2000 年 2 月至 2001 年 3 月
		张培坤	2001 年 3 月至 2001 年 11 月
		林文明	2003 年 2 月至 2004 年 1 月
第十四届（2004 年 1 月至 2006 年 12 月）	主　任	王春来	2004 年 1 月至 2006 年 12 月
	副主任	周云清	2004 年 1 月至 2006 年 12 月
		饶水海	2004 年 1 月至 2006 年 12 月
		肖德星	2004 年 1 月至 2006 年 12 月
		刘忠民	2004 年 1 月至 2006 年 12 月
第十五届（2006 年 12 月至 2011 年 12 月）	主　任	吴龙昭	2006 年 12 月至 2010 年 1 月
		黄春淮	2010 年 1 月至 2011 年 11 月
	副主任	饶水海	2006 年 12 月至 2010 年 1 月
		刘忠民	2006 年 12 月至 2011 年 12 月
		黄泉福	2006 年 12 月至 2011 年 12 月
		辜惠钦	2006 年 12 月至 2007 年 12 月
		程汉川	2010 年 1 月至 2011 年 12 月
		曾伟民	2010 年 1 月至 2011 年 12 月

续表 2

届　次	职　务	姓　名	任　期
第十六届（2011 年 12 月至 2016 年 12 月）	主　任	曾玉山	2011 年 12 月至 2016 年 12 月
	副主任	曾伟民	2011 年 12 月至 2016 年 12 月
		陈国栋	2011 年 12 月至 2012 年 8 月
		黄育聪	2013 年 1 月至 2016 年 12 月
		谢秀玲(女)	2011 年 12 月至 2016 年 9 月
		黄泉福	2011 年 12 月至 2016 年 12 月
第十七届（2016 年 12 月至今）	主　任	张培坤	2016 年 12 月至今
	副主任	黄泉福	2016 年 12 月至今
		黄育聪	2016 年 12 月至今
		骆育敏	2016 年 12 月至今
		黄少山	2016 年 12 月至今

表附 2-5　20 世纪 50—60 年代县政府、县人委县长、副县长名表

职　务	姓　名	任　期
县　长	朱汉膺	1949 年 9 月至 1949 年 10 月
	王振海	1949 年 10 月至 1952 年 6 月
	张加清	1952 年 6 月至 1952 年 10 月
	朱义斌	1952 年 10 月至 1954 年 10 月
代理县长	马三聘	1954 年 10 月至 1954 年 11 月
县　长	马三聘	1954 年 11 月至 1955 年 8 月
	赵德奇	1955 年 9 月至 1957 年 9 月
	孙　平	1957 年 10 月至 1958 年 5 月
	马三聘	1958 年 5 月至 1960 年 4 月
	黄奕恩	1960 年 4 月至 1963 年 3 月
	朱成才	1963 年 3 月至 1964 年 10 月

续表

职　务	姓　名	任　期
副县长	王振海	1949 年 9 月至 1949 年 10 月
	张海天	1949 年 10 月至 1951 年 9 月
	王安庸	1952 年 6 月至 1952 年 7 月
	胡　笛	1952 年 10 月至 1958 年 5 月
	张锐(女)	1953 年 2 月至 1954 年 9 月
	黄有才	1955 年 10 月至 1956 年
	李春敏(女)	1955 年 10 月至 1959 年
	朱德金	1955 年 10 月至 1956 年 11 月
	朱菁华(女)	1956 年 7 月至 1957 年 3 月
	张元法	1956 年 9 月至 1958 年 6 月
	黄奕恩	1958 年 12 月至 1960 年 4 月
	钟盛兴	1961 年 12 月至 1964 年 3 月
	李水法	1961 年 12 月至 1963 年 2 月
	黄奕恩	1963 年 2 月至 1968 年 11 月
	王兆祥	1964 年 11 月至 1968 年 11 月

注:1955 年 12 月,县政府改为“县人民委员会”(简称“县人委”)。

表附 2-6　20 世纪 60—70 年代惠安县革委会主任、副主任名表

职　务	姓　名	任　期
主　任	张明志	1968 年 11 月至 1975 年 5 月
	季　海	1975 年 11 月至 1977 年 6 月
	洪文广	1977 年 6 月至 1977 年 8 月
	张田丁	1977 年 8 月至 1980 年 12 月
第一副主任、军队代表	杨志雁	1968 年 11 月至 1969 年 3 月
副主任、军队代表	徐振富	1968 年 11 月至 1970 年 5 月
	王巨才	1968 年 11 月至 1969 年 3 月
	武芝贵	1968 年 11 月至 1970 年 11 月
副主任、干部代表	刘桂忠	1968 年 11 月至 1976 年 11 月
副主任、工人代表	林瓦木	1968 年 11 月至 1975 年 10 月

续表

职务	姓名	任期
副主任、农民代表	陈秀恋(女)	1968年11月至1978年3月
副主任、军队代表	李德印	1969年3月至1973年5月
副主任	许友山	1969年12月至1975年9月
	张三枝	1972年6月至1978年3月
	王杰云	1973年3月至1978年3月
	狄超荣	1973年8月至1978年3月
	刘润生	1973年10月至1976年1月
	王聚山	1975年11月至1978年3月
	刘玉琢	1976年1月至1979年12月
	陈水生	1976年10月至1981年2月
	李永增	1977年4月至1981年2月
	庄文玉	1977年4月至1981年2月
	林土法	1977年9月至1981年2月
	王起才	1978年2月至1981年2月
	林荷妹(女)	1978年3月至1981年2月

注:1981年2月,惠安县革委会撤销。

表附2-7　1981—2016年惠安县人民政府县长、副县长名表

届次	职务	姓名	任期
第八届(1981年2月至1984年11月)	县长	江炳其	1981年2月至1984年1月
	代理县长	陈秋贵	1984年2月至1984年10月
	副县长	许荣源	1981年2月至1984年1月
		李文龙	1981年2月至1984年1月
		陈水生	1981年2月至1984年1月
		陈增煜	1981年2月至1984年11月
		陈玉荣	1981年2月至1984年1月
		张碧聪	1981年2月至1984年1月
		庄兴发	1984年2月至1984年11月
		黄炯辉	1984年2月至1984年11月

续表 1

届 次	职 务	姓 名	任 期
第九届（1984 年 11 月至 1987 年 10 月）	县 长	张碧聪	1984 年 11 月至 1987 年 10 月
	副县长	庄其元	1984 年 11 月至 1987 年 10 月
		庄兴发	1984 年 11 月至 1987 年 10 月
		黄炯辉	1984 年 11 月至 1987 年 10 月
第十届（1987 年 10 月至 1991 年 1 月）	县 长	张碧聪	1987 年 10 月至 1991 年 1 月
	副县长	詹汉民	1987 年 10 月至 1991 年 1 月
		刘木连	1987 年 10 月至 1991 年 1 月
		庄兴发	1987 年 10 月至 1991 年 1 月
		黄炯辉	1987 年 10 月至 1991 年 1 月
		潘启水	1988 年 11 月至 1991 年 1 月
		杨俊峰	1990 年 9 月至 1991 年 1 月
第十一届（1991 年 1 月至 1994 年 1 月）	县 长	杨俊峰	1991 年 1 月至 1993 年 12 月
	代理县长	陈万里	1993 年 12 月至 1994 年 1 月
	副县长	詹汉民	1991 年 1 月至 1994 年 1 月
		庄兴发	1991 年 1 月至 1994 年 1 月
		刘木连	1991 年 1 月至 1994 年 1 月
		黄炯辉	1991 年 1 月至 1993 年 11 月
		潘启水	1991 年 1 月至 1994 年 1 月
		黄华德	1991 年 8 月至 1994 年 1 月
	副县长(挂职)	林一雄	1991 年 9 月至 1994 年 1 月
	副县长	宋学铿	1991 年 11 月至 1993 年 11 月
		卢林生	1992 年 11 月至 1994 年 1 月
	副县长(挂职)	郭永诚	1992 年 11 月至 1994 年 1 月
	副县长	朱团能	1993 年 6 月至 1994 年 1 月
		陈万里	1993 年 11 月至 1993 年 12 月
		吴共湖	1993 年 11 月至 1994 年 1 月
第十二届（1994 年 1 月至 1999 年 1 月）	县 长	陈万里	1994 年 1 月至 1997 年 5 月
	代理县长	廖小军	1997 年 5 月至 1998 年 2 月
	县 长	廖小军	1998 年 2 月至 1998 年 9 月
	代理县长	黄源水	1998 年 9 月至 1999 年 1 月

续表 2

届 次	职 务	姓 名	任 期
第十二届（1994 年 1 月至 1999 年 1 月）	副县长	王春来	1994 年 1 月至 1995 年 12 月
		詹汉民	1994 年 1 月至 1996 年 1 月
		卢林生	1994 年 1 月至 1999 年 1 月
		朱团能	1994 年 1 月至 1995 年 12 月
		吴共湖	1994 年 1 月至 1995 年 10 月
		林一雄	1994 年 1 月至 1995 年 3 月
		郭永诚	1994 年 1 月至 1995 年 2 月
		潘启水	1994 年 1 月至 1998 年 11 月
		刘德法	1995 年 3 月至 1995 年 12 月
		庄建辉	1996 年 1 月至 1999 年 1 月
		郭萍萍(女)	1998 年 11 月至 1999 年 1 月
		张建生	1998 年 11 月至 1999 年 1 月
第十三届（1999 年 1 月至 2004 年 1 月）	县 长	黄源水	1999 年 1 月至 2002 年 2 月
	代理县长	李转生	2002 年 2 月至 2002 年 2 月
	县 长	李转生	2002 年 2 月至 2004 年 1 月
	副县长	庄建辉	1999 年 1 月至 2002 年 4 月
		郭萍萍(女)	1999 年 1 月至 2004 年 1 月
		张建生	1999 年 1 月至 2004 年 1 月
		林万明	1999 年 1 月至 2004 年 1 月
		蔡荣清	1999 年 1 月至 2004 年 1 月
		黄金华	1999 年 1 月至 2003 年 12 月
		李 莹	2001 年 7 月至 2002 年 7 月
		林应欣	2002 年 4 月至 2004 年 1 月
		高宏斌	2003 年 10 月至 2004 年 1 月
第十四届（2004 年 1 月至 2006 年 12 月）	县 长	李转生	2004 年 1 月至 2006 年 4 月
	代理县长	林万明	2006 年 4 月至 2006 年 4 月
	县 长	林万明	2006 年 4 月至 2006 年 12 月
	副县长	林万明	2004 年 1 月至 2006 年 4 月
		张建生	2004 年 1 月至 2006 年 6 月
		蔡荣清	2004 年 1 月至 2006 年 11 月

续表 3

届　次	职　务	姓　名	任　期
第十四届（2004 年 1 月至 2006 年 12 月）	副县长	邱经良	2004 年 1 月至 2006 年 12 月
		林应欣	2004 年 1 月至 2006 年 12 月
		高宏斌	2004 年 1 月至 2006 年 12 月
		黄斌专	2004 年 1 月至 2006 年 12 月
		蒋向群	2004 年 1 月至 2006 年 12 月
		庄灿霞（女）	2004 年 1 月至 2006 年 12 月
		杨树青	2004 年 6 月至 2006 年 12 月
		马　昭	2005 年 4 月至 2006 年 12 月
		陈海涛	2006 年 11 月至 2006 年 12 月
		黄怀忠	2006 年 11 月至 2006 年 12 月
第十五届（2006 年 12 月至 2011 年 12 月）	县　长	林万明	2006 年 12 月至 2011 年 1 月
	代理县长	洪于权	2011 年 1 月至 2011 年 2 月
	县　长	洪于权	2011 年 2 月至 2011 年 12 月
	副县长	邱经良	2006 年 12 月至 2009 年 11 月
		林应欣	2006 年 12 月至 2009 年 11 月
		黄斌专	2006 年 12 月至 2010 年 9 月
		蒋向群	2006 年 12 月至 2011 年 12 月
		庄灿霞（女）	2006 年 12 月至 2007 年 12 月
		杨树青	2006 年 12 月至 2011 年 12 月
		陈海涛	2006 年 12 月至 2011 年 12 月
		黄怀忠	2006 年 12 月至 2011 年 12 月
		叶李艺	2007 年 4 月至 2010 年 9 月
		辜惠钦	2007 年 12 月至 2011 年 12 月
		赖清正	2009 年 11 月至 2011 年 12 月
		黄松友	2009 年 11 月至 2011 年 12 月
		许贞丽（女）	2011 年 1 月至 2011 年 12 月
		吕建成	2011 年 5 月至 2011 年 12 月
第十六届（2011 年 12 月至 2016 年 12 月）	县　长	洪于权	2011 年 12 月至 2016 年 7 月
	代理县长	赖清正	2016 年 7 月至 2016 年 12 月
	副县长	赖清正	2011 年 12 月至 2016 年 12 月
		陈海涛	2011 年 12 月至 2012 年 8 月

续表 4

届　次	职　务	姓　名	任　期
第十六届（2011 年 12 月至 2016 年 12 月）	副县长	辜惠钦	2011 年 12 月至 2016 年 7 月
		黄松友	2011 年 12 月至 2016 年 7 月
		许贞丽（女）	2011 年 12 月至 2016 年 7 月
		吕建成	2011 年 12 月至 2016 年 12 月
		汪水永	2011 年 12 月至 2016 年 12 月
		陈国栋	2012 年 8 月至 2016 年 7 月
		王也夫	2014 年 8 月至 2016 年 12 月
		高娜（女）	2014 年 11 月至 2016 年 12 月
		戴金电	2016 年 6 月至 2016 年 12 月
		刘东升	2016 年 6 月至 2016 年 12 月
		黄丽琼（女）	2016 年 6 月至 2016 年 12 月
第十七届（2016 年 12 月至今）	县　长	赖清正	2016 年 12 月至今
	副县长	吕建成	2016 年 12 月至今
		汪水永	2016 年 12 月至今
		王也夫	2016 年 12 月至今
		刘东升	2016 年 12 月至今
		黄丽琼（女）	2016 年 12 月至今
		李育杯	2016 年 12 月至今

表附 2-8　惠安县政协主席、副主席名表

届　次	职　务	姓　名	任　期
第一届（1956 年 7 月至 1958 年 11 月）	主　席	朱义斌	1956 年 7 月至 1956 年 8 月
	副主席	赵德奇	1956 年 7 月至 1957 年 9 月
		陈兴邦	1956 年 7 月至 1958 年 10 月
		潘侨萃	1956 年 7 月至 1958 年 10 月
第二届（1958 年 11 月至 1961 年 12 月）	主　席	马三聘	1958 年 11 月至 1961 年 12 月
	副主席	陈祖禹	1958 年 11 月至 1961 年 12 月
		陈兴邦	1958 年 11 月至 1961 年 12 月
		黄泰楠	1958 年 11 月至 1961 年 12 月

续表 1

届　次	职　务	姓　名	任　期
第三届（1961 年 12 月至 1963 年 11 月）	主　席	刘玉群	1961 年 12 月至 1962 年 12 月
	副主席	朱成才	1961 年 12 月至 1963 年 11 月
		陈祖禹	1961 年 12 月至 1963 年 11 月
		黄泰楠	1961 年 12 月至 1963 年 11 月
		陈兴邦	1961 年 12 月至 1963 年 11 月
第四届（1963 年 11 月至 1968 年 11 月）	主　席	马三聘	1963 年 11 月至 1968 年 11 月
	副主席	朱义振	1963 年 11 月至 1968 年 11 月
		陈祖禹	1963 年 11 月至 1968 年 11 月
		黄泰楠	1963 年 11 月至 1968 年 11 月
		李水法	1963 年 11 月至 1968 年 11 月
第五届（1981 年 2 月至 1984 年 11 月）	主　席	庄秋金	1981 年 2 月至 1983 年 11 月
		朱兴宗	1983 年 11 月至 1984 年 11 月
	副主席	潘侨萃	1981 年 2 月至 1984 年 11 月
		刘清源	1981 年 2 月至 1984 年 11 月
		林庆成	1981 年 2 月至 1984 年 11 月
		辜道德	1981 年 2 月至 1984 年 11 月
		高法昌	1981 年 2 月至 1983 年 11 月
		朱兴宗	1981 年 2 月至 1983 年 11 月
		狄超荣	1982 年 10 月至 1982 年 12 月
		何邦基	1983 年 10 月至 1983 年 11 月
第六届（1984 年 11 月至 1987 年 10 月）	主　席	朱兴宗	1984 年 11 月至 1987 年 10 月
	副主席	林庆成	1984 年 11 月至 1986 年 9 月
		刘清源	1984 年 11 月至 1987 年 10 月
		吴澄清	1984 年 11 月至 1987 年 10 月
		陈水生	1984 年 11 月至 1987 年 10 月
		辜道德	1984 年 11 月至 1987 年 10 月
		潘侨萃	1984 年 11 月至 1987 年 10 月
		谢良顺	1984 年 11 月至 1987 年 10 月
		王振鸿	1984 年 11 月至 1987 年 10 月

续表 2

届　次	职　务	姓　名	任　期
第七届（1987 年 10 月至 1991 年 1 月）	主　席	朱兴宗	1987 年 10 月至 1991 年 1 月
	副主席	陈水生	1987 年 10 月至 1991 年 1 月
		刘清源	1987 年 10 月至 1991 年 1 月
		谢良顺	1987 年 10 月至 1991 年 1 月
		吴澄清	1987 年 10 月至 1991 年 1 月
		王振鸿	1987 年 10 月至 1991 年 1 月
第八届（1991 年 1 月至 1994 年 1 月）	主　席	刘佳景	1991 年 1 月至 1994 年 1 月
	副主席	曾燕生	1991 年 1 月至 1994 年 1 月
		王振鸿	1991 年 1 月至 1992 年 2 月
		吴澄清	1991 年 1 月至 1994 年 1 月
		谢良顺	1991 年 1 月至 1994 年 1 月
第九届（1994 年 1 月至 1999 年 1 月）	主　席	吴家灿	1994 年 1 月至 1995 年 3 月
		郑栋梁	1995 年 3 月至 1996 年 3 月
		陈清发	1996 年 3 月至 1999 年 1 月
	副主席	曾燕生	1994 年 1 月至 1996 年 2 月
		周云清	1996 年 3 月至 1999 年 1 月
		甘端蓉（女）	1994 年 1 月至 1999 年 1 月
		萧德星	1994 年 1 月至 1999 年 1 月
		黄晋香（女）	1994 年 1 月至 1999 年 1 月
		黄泉福	1994 年 1 月至 1999 年 1 月
第十届（1999 年 1 月至 2003 年 12 月）	主　席	吴龙昭	1999 年 1 月至 2003 年 12 月
	副主席	周云清	1999 年 1 月至 2003 年 12 月
		卢林生	1999 年 1 月至 2003 年 12 月
		吴建民	1999 年 12 月至 2000 年 12 月
		黄泉福	1999 年 1 月至 2003 年 12 月
		陈赞法	1999 年 1 月至 2003 年 12 月
		万国章	2001 年 3 月至 2003 年 12 月
		程汉川	2001 年 3 月至 2003 年 12 月

续表 3

届 次	职 务	姓 名	任 期
第十一届（2003年12月至2006年12月）	主 席	吴龙昭	2003年12月至2006年12月
	副主席	任秋来	2003年12月至2006年12月
		黄泉福	2003年12月至2006年12月
		万国章	2003年12月至2006年12月
		程汉川	2003年12月至2006年12月
第十二届（2006年12月至2011年12月）	主 席	庄建辉	2006年12月至2011年12月
	副主席	任秋来	2006年12月至2011年12月
		程汉川	2006年12月至2011年1月
		张其聪	2006年12月至2011年12月
		蔡炳河	2006年12月至2011年12月
		陈锦满	2009年2月至2011年12月
第十三届（2011年12月至2016年12月）	主 席	蔡荣清	2011年12月至2016年12月
	副主席	陈锦满	2011年12月至2016年12月
		刘宗斌	2011年12月至2016年12月
		康丽红（女）	2011年12月至2016年12月
		张其聪	2011年12月至2016年12月
第十四届（2016年12月至今）	主 席	蔡荣清	2016年12月至今
	副主席	张其聪	2016年12月至今
		陈锦满	2016年12月至今
		刘宗斌	2016年12月至今
		康丽红（女）	2016年12月至今

注：表附2-1至表附2-8的资料出自1998年7月出版的《惠安县志》和《惠安县志（1990—2010）》，采用时对有些资料略作修改。

参考文献

1.惠安县地方志编纂委员会编:《惠安县志》,北京:方志出版社,1998 年。

2.刘西水主编:《从中共泉州特支到泉州中心县委的革命斗争史》,北京:中央文献出版社,2007 年。

3.泉州市地方志编纂委员会编:《泉州六十年记忆》,北京:九州出版社,2013 年。

4.泉州市地方志编纂委员会编:《泉州市志》,北京:中国社会科学出版社,2000 年。

5.泉州市老区建设办公室、泉州市老区建设促进会编:《泉州革命老区》,内刊,2003 年。

6.中共惠安县委党史研究室《烽火岁月》编委会编:《烽火岁月》,福州:福建教育出版社,2008 年。

7.中共惠安县委党史研究室编:《历史的足迹——中共惠安地方史大事记(1919—1999)》,内刊,2001 年。

8.中共泉州市委党史研究室:《中共泉州地方史(新民主主义革命时期)》,北京:中央文献出版社,1997 年。

后 记

为了贯彻落实习近平总书记关于“发扬红色资源优势，深入进行党史、军史、老区革命史优良传统教育，把红色基因代代传下去”的指示和中办发〔2015〕64 号文件《关于加大脱贫攻坚支持革命老区开发建设的指导意见》中提出的“积极支持老区精神挖掘整理工作，扶持创作一批反映老区优良传统，展现老区精神风貌的优秀文艺作品和文化产品”的要求，中国老区建设促进会于 2017 年 6 月 2 日发出《关于编纂全国 1599 个革命老区县发展史安排意见》。同年 6 月 5 日，福建省老区建设促进会下发《转发中国老促会〈关于编纂全国 1599 个革命老区县发展史安排意见〉的通知》，并要求做好本老区县发展史的 5 项相关工作。中共惠安县委、惠安县人民政府非常重视这项编纂工作，指示县老促会要做好相关工作。县老促会按照领导要求，成立编委会，由会长林应欣任主任，指定秘书长黄培泉总协调，特聘泉州市政协原文史委专职副主任、《泉州文史资料》原主编王明健为主编辑，县老促会杨宗仁、郑添泉、谢钦聪、郑明岩和县委党校教师林宇琛，退休干部黄黎平、柯春木参与编辑。

经过 1 年又 4 个月的收集、整理、修改，《惠安县革命老区发展史》终于成书。本书分为特记、概述、第一章烽火岁月、第二章红色文化、第三章建设成就、第四章老促会工作、第五章打造“五个惠安”、大事记、附录等部分，集中体现惠安老区人民革命斗争史，注重突出老区革命精神和光荣传统的弘扬和宣传，注意挖掘整理老区红色文化资源。本书内容贴近惠安老区实际，文字表述力求通俗易懂，力求做到历史的真实性、事件的准确性与内容的可读性相统一。相信本书的出版对于推动老区脱贫攻坚、振兴发展具有实用性和参阅价值。

我们在编辑《惠安县革命老区发展史》的过程中，得到县委、县政府的鼎力支持，赖清正县长亲自为本书作序；得到县委办，县人大办、政府办、政协办，县委组织部、宣传部、老干局、党史和地方志研究室，县发改局、统计局、民政局（老区办）、财政局、农业农村局、交通运输局、工信商务局、惠女局、文旅局、党建研究会的大力帮助，在此表示衷心的感谢！

《惠安县革命老区发展史》的史料参考中共惠安县委党史研究室《烽火岁月》编委会编的《烽火岁月》，中共泉州市委党史研究室著的《中共泉州地方史（新民主主义革命时期）》，泉州市老区建设办公室、老区建设促进会编印的《泉州革命老区》，中共惠安县委党史研究室、惠安县老区建设促进会编的《惠安革命遗址（老区村）通览》，中共惠安县委党史研究室编印的《历史的足迹——中共惠安地方史大事记（1919—1999）》，以及《泉州市志》《泉州六十年记忆》《惠安县志》等书相关内容，谨向这些书的编纂者表示诚挚的谢意！

限于编辑水平，本书尚不尽如人意。恳请老同志、老领导和党史专家学者以及关心发展史汇编的同仁批评指正。

惠安县老区建设促进会

2019 年 6 月